부흥의 계절

미국의 전도와 부흥운동역사

키드 하드먼 지음 ‖ 박응규 옮김

기독교문서선교회

기독교문서선교회(Christian Literature Crusade: 약칭 CLC)는
1941년 영국 콜체스터에서 켄 아담스에 의해 시작되었으며
국제 본부는 영국의 쉐필드에 있습니다.
현재 약 650여명의 선교사들이 59개 나라에서 180개의 본부를 두고,
이동도서차량 40대를 이용하여 문서 보급에 힘쓰고 있으며
이메일 주문을 통해 130여국으로 책을 공급하고 있습니다.
CLC는 청교도적 복음주의 신학과 신앙을 선포하는
국제적, 초교파적, 비영리 문서선교기관으로서, 하나님의 뜻에 합당한 책을 만들고
이 책을 통해 단 한 영혼이라도 구원되길 소망하며
이를 위해 주님이 오시는 그날까지 최선을 다할 것입니다.

Seasons of Refreshing

Evangelism and Revivals in America

by Keith J. Hardman
translated by Pak Ung-kyu

Copyright © 1994 by Keith J. Hardman
Originally published in English under the title as *Seasons of Refreshing: Evangelism and Revivals in America* by Baker Books A division of Baker Book House Company,
Grand Rapids, Michigan, 49516, U. S. A.
All rights reserved.

Translated by permission of Baker Book House
through the arrangement of Korea Christian Book Service

Korean Edition
Copyright © 2006 by Christian Literature Crusade, Seoul, Korea

소개의 글

키이스 하드먼의 『부흥의 계절』(Seasons of Refreshing)은 나를 무척이나 고무시켰으며, 여러 독자들에게도 미국의 복음전도와 부흥에 대한 새로운 관심과 열정을 회복하는 데 크게 기여하리라 확신한다.

이 책이 보여주는 것처럼, 미국의 역사는 독립선언 전부터 오늘날에 이르기까지 전도와 부흥의 역사와 밀접하게 관련되어 있다. 지금으로부터 약 250년 전, 식민지 시대의 미국은 조나단 에드워즈(Jonathan Edwards)의 설교와 다른 훌륭한 설교자들의 영향 속에서 첫 번째 영적각성을 경험했으며, 두 번째 각성은 두 세대가 지난 후에 다시 일어났다.

약 150년 전에는 찰스 피니(Charles Finney)가 성령의 깊은 감동을 받았다. 그는 신학적인 훈련은 부족했으나, 원대한 포부를 품은 사람이었다. 그는 개인 심령 속에 영적 각성을 도모하면서, 또한 노예제도와 습관성 악덕들로부터 거룩한 가정을 이루기 위한 필요에 이르기까지 다양한 사회문제에 대한 미국의 양심을 일깨우기도 하였다. 그래서 미국 사회에 대한 그의 영향력은 가장 심각한 국가적 위기인 남북 전쟁(Civil War) 전후에도 발휘되었다.

100년 전 무디(D. L. Moody)와 다른 전도자들은 미 대륙 전역에서 열린 대형집회를 통하여 복음을 전파함으로써 국가의 정신을 지켜냈다. 복음의 십자군들은 도시화와 산업화의 거대한 압박에 대응하여 남북전쟁 이후의 시기에 미국이 위를 바라보고 서로 의지하며 연합하도록 힘을 불어넣었다.

20세기 초에는 토레이(R. A. Torrey), 존 윌버 채프먼(John Wilbur

Chapman)과 빌리 선데이(Billy Sunday)과 같은 인물들이 미국이 성경의 교리와 회심, 그리고 성화의 교리를 지속적으로 유지해 나가는 데 없어서는 안 될 하나님의 도구였다.

광란의 1920년대(the Roaring Twenties)와 세계 대공황의 시기인 양 세계 대전 사이의 기간에 기독교인들은 불행하게도 복음 전파를 통해 미국에 영향을 끼치려 노력하기보다는 서로에 대한 갈등과 극심한 대결들에 몰두하였다. 그러나 제2차 세계 대전의 발발은 전도와 부흥 역사에 탁월한 에드윈 오어(J. Edwin Orr)에 의해 중기 부흥(mid-century revival)이라 불리는 새로운 폭발적 부흥이 일어나는 계기가 되었다. 연합군은 복음화되었고, 복음주의 연합회(National Association of Evangelicals)가 조직되었으며, 라디오 사역이 큰 활력을 얻었고, 탄탄한 성경적 기반을 갖춘 기독교 대학과 신학교들이 급증하였다. 그리고 수만 명의 대학생들이 회심했고, 수많은 남녀 평신도들이 매일매일의 전도와 제자훈련에 투신했으며, "크리스차니티 투데이"(*Christianity Today*)와 같은 영향력이 있는 잡지들이 그 운동에 정보를 제공하고, 운동을 동질화시켰으며, 또한 올바른 방향을 제시해 주었다.

그러나 그 중기 부흥은 베트남 전쟁의 결과와 여파로 인해 충격적인 중단 사태에 이른 것처럼 보였다. 정치·사회적 운동들로부터 얼마동안 거리를 두었던 회심한 기독교인들은 미국의 국가적 쇠퇴를 직시하자마자, 그들의 관심을 수도, 워싱턴 D. C.와 국가를 정치적으로 변화시킬 수 있는 권력으로 돌렸다. 또한 그들은 달라스와 L. A., 뉴욕을 비롯한 강력한 언론매체의 영향력을 행사할 수 있는 주요도시들에 대하여 지대한 관심을 가졌다.

두 개의 중요한 운동이 일어났는데, 그 첫째는 강력한 정치적 행동이었으며, 다른 하나는 전자 매체를 적극적으로 활용하는 것이었다. 이러한 추세는 1990년대의 미국 기독교 정신과 특성을 형성하는 데에 지대한 영향력을 남겨 놓았다.

그러나 중기 부흥 이후 50년이 지난 시점에서, 그 운동에 대한 재평가가 이루어지고 있다. 기독교인들이 그렇게 절박하고도 활발하게 사회·정치적 운동에 참여했음에도 불구하고, 좌절감은 피할 수 없었다. 복음주의 십자군이 마음에 꿈꾸었던 만큼 미국은 그렇게 근본적으로 변화되지 않았다. 그 증거들은 다음과 같다.

- 걷잡을 수 없이 만연하는 부패
- 가정의 붕괴
- 거리 폭력
- 사회에 대한 소금과 빛 된 영향력이 없는 피상적인 신앙의 고백들
- 성경에 대한 무지
- 재적이 40퍼센트에 이른다고 추정되지만, 실제 교회의 정기 출석률은 채 20퍼센트도 안 되는 현실

이런 혼란스러운 상황은 복음주의의 지도자와 학자들에게 미국의 지도력이 영적으로 도덕적으로 점유하고 있는 위치, 교회의 상태, 세속 매체 안에서 하나님을 인정하는 프로그램을 소외시키는 처사 그리고 학교 공교육에서 하나님을 배제시킴으로 인해 생겨난 젊은 세대의 이교도화되는 현상들에 대하여 재평가하도록 촉구하고 있다. 옛 이스라엘과 유대의 시대에 그러했던 것처럼, 쇠퇴는 이미 내부에서 시작되고 있었다. 일간 신문들과 방송들을 자세히 살펴보면, 나라가 얼마나 도덕적으로 부패하고 있는지, 그리고 심판과 파멸을 향해 얼마나 급속도로 기울어가고 있는지를 쉽게 확인할 수 있다.

우리는 다시 한 번 진정한 회심의 역사(役事)가 없이는 사람들의 마음에 생명의 변화가 있을 수 없음을 재확신한다. 회개, 죽으시고 부활하신 하나님의 아들 예수 그리스도를 믿는 믿음, 그리스도의 말씀과 명령에 대한 순종, 그리고 다시 오실 재림의 기대만이 어떤 국가든지 갱생과 변화를 향한 유일한 단계들이 될 수 있다. 오직 그리스도께서 그의 거룩한 영으로 미국인들의 마음에 내재할 때에만 기독교인(그리고 심지어 세속적) 행동주의자들이 염원하는 국가의 평화와 온전함을 발견할 수 있을 것이다.

이 책에서 하드먼은 직·간접으로 그의 통찰력 있는 역사적 분석을 통하여 우리에게 그리스도의 몸의 지체로서 참여할 것과 아울러 서로 도와주고 높이며 우

리 시대에 이 나라를 다시 복음화하기 위해 동역할 것을 요구하고 있는 것이다.

　예수 그리스도를 사랑하는 우리 모두는 우리 시대에 강력하고 신선한 전도의 폭발을 보길 원한다. 우리는 이 시대에 구원받은 수많은 생명들, 거룩하게 변화된 젊은이들, 점점 건강해지는 가정들, 그리고 새로운 활력이 넘치는 도시들을 믿음으로 상상할 수 있다. 하드먼은 그러한 일들은 우리 시대 이전의 역사에서 이미 일어났었음을 상기시키면서 우리 시대에 다시 일어나야만 한다고 강조하고 있다.

　우리가 예수 그리스도의 구원의 복음을 가지고 친구이든 적이든 가리지 않고 사랑의 마음을 품고 그 은혜의 복음을 전파하기 위하여 이 세대에 하나님의 말씀을 권위 있게 사용하며 전능하신 하나님의 이름으로 일어선다면, 역사는 머지않아 그러한 일들을 증거하게 될 것이다.

루이스 팔라우 전도협회 대표

루이스 팔라우(Luis Palau)

저자 서문

　이 책이 세상에 빛을 보게 된 것은 나를 가르치고 지도하며 영감을 준 수많은 좋은 사람들과 내게 큰 은혜를 베푼 사람들 덕분이라고 할 수 있다. 내가 처음으로 영적 각성에 관하여 관심을 갖게 된 것은 프린스턴 신학교, 콜롬비아 대학교, 그리고 펜실바니아 대학교에서 대학원 과정을 이수하는 동안이었다. 그런 즐거웠던 나날 이후, 이 분야에 대한 나의 관심은 더욱 점증되었다. 그리고 이 분야에서 나의 멘토가 되어준 사람들 중에 한 명은 부흥에 관한 한 최고의 권위자인 에드윈 오어(J. Edwin Orr)였으며, 옥스퍼드 대학교에서 열린 그의 여러 세미나에서 나는 많은 유익함을 얻었다.

　나는 아주 귀한 재능을 가진 수많은 사람들이 몸담고 있는 베이커 출판사(Baker Book House)의 스텝들이 내게 베푼 도움에 심심한 감사를 전한다. 특별히 교회역사에 대한 확실한 이해를 가지고 많은 오류들을 피할 수 있도록 도와주며 훌륭한 솜씨를 보여준 편집자인 폴 인그람(Paul R. Ingram)에게 고마운 마음을 표하고 싶다. 편집의 마지막 단계를 잘 마무리하도록 애쓴 웰즈 터너(Wells Turner)에게 또한 감사를 드린다. 잭 존슨(Jack Johnson)은 드와이트 베이커(Dwight Baker)와 댄 말다(Dan Malda)의 능숙한 감독아래 멋진 예술 작품을 만들어낸 세련된 디자인 편집자이다. 댄 밴트 컬크호프(Dan Van't Kerkfoff), 짐 위버(Jim Weaver), 그리고 마리아 덴보어(Maria denBoer)는 필요할 때마다 도움을 아끼지 않고 변함없이 후원해준 편집자들이다. 이들 모두에게 진정으로 나의 감사한 마음을 전하고자 한다.

휘튼 대학 내의 빌리 그래함 센터 박물관은 각성운동들과 전도에 관한 훌륭한 사진들이 소장되어 있는 곳이다. 부관장인 웬디 멕도웰(Wendy McDowell)은 이 책을 위해 수많은 삽화들을 제공해주었으며, 그녀가 베푼 모든 도움에 대하여 매우 감사하게 생각한다.

학문의 길을 함께 걷고 있는 많은 동료들이 귀한 도움과 통찰력을 제공해 주었다. 특별히 프린스턴 대학교, 장로교회 역사 학회, 하버포드 대학, 예일 대학교, 오벌린 대학, 펜실바니아 대학교, 프린스턴 신학교, 얼시너스 대학, 콜롬비아 대학교, 그리고 펜실바니아 역사학회 등에서 사역하고 있는 사서들의 도움이야말로 매우 필수적이었다. 또한 수년 동안 나의 많은 학생들의 관심이 저명한 부흥운동가들과 각성운동들에 관한 나의 관심을 더해 주었다. 나는 생동감을 불어넣은 학생들의 호기심을 고맙게 생각한다.

이 책을 나의 아내인 진(Jean)에게 헌정하면서, 나는 적으나마 그녀에게 나의 고마움을 표현하려고 한다. 그녀는 언제나 많은 방법으로 나에게 헤아릴 수 없는 도움을 준 사람이다.

역자 서문

　미국교회의 역사와 복음주의 신앙에 있어서 "전도와 부흥"이라는 주제는 매우 필수적인 부분을 차지하고 있다. 역자가 아세아연합신학대학원에서 "영미 부흥운동사"와 "부흥운동과 선교"라는 과목을 수년간 강의하고 대학원생들과 대화하면서, 이 분야에 대한 조망도(眺望圖) 역할을 할 수 있는 교재가 필요함을 절감하였다. 그러던 중, 키드 하드먼(Keith J. Hardman)의 귀한 저서인 『부흥의 계절』이야말로 그러한 필요를 아주 적절하게 충족시켜 주는 책임을 재발견하게 되었다.

　1999년부터 지금까지 원서로 이 책을 소개하고 전도와 부흥에 대해 토의하면서, 자연스럽게 이 책의 번역이 유용하리라 여겨졌으며, 100여년 전 우리 한국교회에 일어났던 부흥을 기념할 뿐만 아니라, 그러한 부흥을 열망하는 열기가 고조되고 있는 즈음에 번역이 마무리되어 출판되는 기쁨을 맛보게 되었다. 또한 이 책을 통해서 부흥과 영적 각성을 원하는 독자들에게 값진 보화를 발견하는 감격을 경험하리라 확신한다.

　무엇보다도 역자의 과목을 수강했던 많은 학우들이 한국교회의 부흥을 간절히 염원하고, 바른 성경적인 신학에 토대를 둔 영적각성이 본인들의 삶과 사역에서부터 일어나기를 기대하며 수업에 임하고 진지하게 토의했던 기억들이 아직도 신선한 감격으로 남아있다. 그러한 감동이 이 책을 읽는 독자들에게도 공유되어지는 기회가 되리라 확신한다.

　이 책을 번역하고 원고를 정리하는 과정에서 역자의 조교로 여러 해 동안 수고를 아끼지 않았고, 가정을 이루고 아들을 낳으며, 분주한 유학준비 가운데도 충실한 동역의 역할을 했던 이재근 전도사에게 진심으로 고마움을 표한다. 또한 이 책의 원고가 출판사로 넘겨지기 전에 문장을 가다듬고 교정하는 데에 시간과 노력을 아끼지 않았던 임재경 전도사에게도 심심한 감사의 뜻을 전한다. 이 책의 번역제의를 받고 흔쾌하게 승낙할 뿐만 아니라, 분주한 일정 때문에 번역이 늦어지는데도 인내로 언젠가 완성될 것을 확신하며 격려해주신 기독교문서선교회 박영호 박사님을 비롯한 여러 직원들에게 진심으로 감사의 마음을 전한다.

아무쪼록, 지난 20세기 초반에 한국을 비롯한 세계도처에서 일어났던 부흥의 역사(役事)가 지금 이 시대에도 일어나기를 기도한다. 진정한 영적 각성은 하나님의 주권에 속한 것임을 믿는 동시에, 하나님께서 그의 사람들을 통해 역사(歷史) 속에 펼쳐 가신 것을 확신한다. 그러기 위해서는 아무리 세상이 변해도, 영원히 변치 않는 하나님의 말씀에 비추어 일어나는 항구적인 "개혁"(reform)에서 비롯되는 "부흥"(revival)과 "전도와 선교"(evangelism & mission)야말로 교회를 교회되게 하고, 성도를 성도되게 할 것이다. 이 역서를 읽는 독자들의 마음에 그러한 부흥의 파장이 전달되며 확장되는 역사가 일어나기를 간절히 소망해 본다.

2006년 6월
아세아연합신학대학교 교수
박 응 규 識

목 차

소개의 글 / 5
저자 서문 / 9
역자 서문 / 11

서론 • 15
    제1장   현대 대중전도 운동의 시작 • 40
    제2장   프렐링하이젠: 경건주의 전도자 • 69
    제3장   에드워즈: 미국 역사상 가장 위대한 신학자 • 86
    제4장   휫필드: 전도의 촉매자 • 106
    제5장   동부에서의 제2차 대각성 운동 • 139
    제6장   서부에서의 제2차 대각성 운동 • 174
    제7장   피니: 기획된 대중전도의 개발자 • 200
    제8장   제3차 대각성 운동과 남북전쟁 • 239
    제9장   무디: 도시 전도의 완성자 • 278
    제10장   20세기 초의 복음전도운동 • 310
    제11장   그래함, 팔라우와 현대 부흥운동 • 347
  결론 • 397

참고문헌 / 404
색인 / 415

서 론

1. 복음

"**복음**"(Evangel)은 "기쁜 소식" 또는 "좋은 소식"을 의미하는 신약성경 안에 있는 헬라어 용어에서 유래한 것이다. 기독교적인 상황에서는 "**복음전도**"(evangelism), "**복음주의자**"(evangelical) 그리고 "**복음전도자**"(evangelist), 이 단어들 모두가 그리스도의 구원의 복음을 전파하는 것과 깊은 관계가 있다. "**복음**"(Gospel)은 앵글로-색슨 방언에서 왔으며, 그 의미 역시 "**좋은 기별**"(good tidings)이다.

"**전도**"(Evangelism) −구세주의 오심과 하나님의 나라, 그리고 구원과 관련된 좋은 소식을 전함−라는 개념은 신약성경의 연속된 진술 속에 기록되어 있으며, 예수 그리스도에 의하여 그리스도인의 신앙 속에 지울 수 없게 각인되었다. 마태복음 28장 18-20절에 언급된 그리스도의 지상명령은 시대에 상관없이 모든 그리스도인에게 울려 퍼지는 명령을 의미한다. "하늘과 땅의 모든 권세를 내게 주셨으니 그러므로 너희는 가서 모든 족속으로 제자를 삼아 아버지와 아들과 성령의 이름으로 세례를 주라." 마가복음 16장 15-16절에서도 유사하게 예수님은 직접 말씀하셨다. "너희는 온 천하에 다니며 만민에게 복음을 전파하라. 믿고 세례를 받는 사람은 구원을 얻을 것이요 믿지 않는 사람은 정

마틴 루터가 보름스 의회를 앞두고 "내가 여기 서 있습니다.
나는 다른 것을 할 수 없습니다"라고 선언하고 있다.

죄를 받으리라"(마 11:28-30; 16:24-28; 눅 19:9-10; 요 7:37; 그리고 복음서 전반에 걸친 다른 본문들도 참고하라).

전도(Evangelism). **각성**(Awakening). **부흥**(Revival). 대부분의 서구 그리스도인들에게 있어서 전도, 각성, 그리고 부흥 같은 단어들은 개인적인 이미지나, 텔레비전 복음전도자나, 어린 시절의 천막 집회에 대한 경험이라든지, 혹은 이웃 방문 프로그램에 의해 형성된 개인적인 기억을 불러일으킨다. 이와 같은 용어들을 둘러싸고 생기는 다양한 정의들과 감정적인 반응들을 고려해 본다면, 거기에 어느 정도의 혼돈이 있음은 당연하다. 대중 전도의 역사와, 하나님의 은혜로 거의 모든 공동체와 나라 전역에 불었던 부흥의 바람이 풍미했던 주요한 시대들을 고찰하면서, 다음과 같은 질문들을 통하여 이 책은 부흥에 대한 신비화(mystification)의 경향을 제거하려고 시도할 것이다.
- 복음이 수많은 사람들에게 직접적으로 전해지는 대규모 전도와 보통 "각성"이라고 불리는 성령의 강력한 역사(役事) 사이에는 관련성들이 있는가?
- 대중 전도는 단지 감정적인 조작인가, 혹은 하나님께서 특별히 1740년대, 1800년대 초기, 그리고 1850년대에 교회를 북돋우시기 위해 그의 사람들에게 허락하신 강력한 성령의 역사하심과 연관되는 것인가?
- 오늘날의 상황에서 누가 그와 같이 놀라운 하나님 은혜의 사역을 계승하고 있는가?
- 오늘날의 그리스도인들은 극도의 세속 문화 속에서 어떻게 성경적인 전도를 실행할 수 있을까?
- 오늘날 믿는 자들이 개인적으로 그리고 공동체적으로 교회와 사회에 부흥을 도모하기 위하여 무엇을 할 수 있는가?
- 더 많은 기독교의 위대한 영적 대각성 운동들이 전(全) 세계적으로 일어날 것인가?

"부흥"(revival) 또는 **"각성"**(awakening)이라는 단어는 "무관심과 쇠퇴의 시간이 지난 후에 일어나는 하나님의 사람들의 회복"으로 정의될 수 있다. 거기에는 두 가지 중요한 요점이 있다. 첫째는 수많은 믿지 않는 사람들의 회심 또는 구원이고, 다른 하나는 성경적 진리가 재정립되어 교회가 잃어버리고 죽어가는 세상 속에서 하나님의 역사를 위하여 능력을 부여받고 든든히 서게 된다는 사실이다. 부흥의 원리는 성경에 입각한 것이다(예를 들면, 시 85:6; 138:7; 사 57:15; 합 3:2을 보라). 부흥은 구약시대의 이스라엘에 수차례 있었는데, 주목할 만한 것이 요시아 왕의 통치 하에서(왕하 22-23장), 스룹바벨 시대에(스 5-6장), 그리고 느헤미야의 인도 아래서(느 8-9, 13장) 일어난 부흥이다. 신약에서는 오순절(행 2장)에 하나님의 사람들에게 일어났던 각성이 성령께서 일으키시는 부흥의 막을 여는 중요한 모범(paradigm)이 되었다. 이러한 첫 위대한 시기(행 4:23-27)는 뒤이어 일어난 혹독한 핍박들을 직면할 초대 유아기 교회(infant church)를 준비시킨 것이었다. 탁월한 설교자인 마틴 로이드 존스

(D. Martin Lloyd-Jones) 목사는 이렇게 적고 있다:

> 나는 오늘날 이 세상에서 가장 필요한 것은 하나님의 교회 안에서 부흥이 일어나는 것임을 깊이 확신한다. 그러나 슬프게도, 부흥에 대해 많은 그리스도인들이 왜곡된 이해를 갖고 있는 것처럼 보인다. 부흥이란 개념을 아주 부정적으로 보는 사람들이 있으며, 그들은 실제로 그것을 말과 글로 반대하고 있다. 그와 같은 태도는 성경에 대한 심각한 오해와 교회의 역사에 대한 한심한 무지 때문이다. 그러므로 이 문제에 대하여 하나님의 사람들을 올바로 교훈하는 것은 매우 환영할 만한 일이다.[1]

중생에 대한 이해가 전제되는 한, **각성**(awakening)은 믿지 않는 자들을 기독교 신앙으로 회심시키려는 목적을 위해 기독교의 메시지를 전파하는 **전도**(evangelism)라는 광범위한 개념과는 분리될 수 없다. 전도는 하나님의 값없이 주시는 은혜와 사랑과 예수 그리스도 안에 있는 죄로부터의 구원의 복음("기쁜 소식")에서 배태된 것이다. 전도에는 세 가지 기본적인 단계가 포함된다. (1) 개인에게 구원자의 필요성을 설명한다 (2) 결신자로 하여금 십자가에서 이루신 그리스도의 속죄 사역과 그리스도를 믿는 믿음에 대한 개인적인 고백(선언)을 할 수 있도록 격려한다 (3) 새로운 그리스도인을 영적으로 성장할 수 있는 신자들의 공동체로 인도한다. 일대일 만남(one-to-one)과 복음의 개인적 나눔과는 상반되는 **대형전도 집회**(mass evangelism)에 참석한 사람들은 조직된 모임들 속에서 한 번에 수많은 사람들과 함께 이 세 단계들을 밟아가게 된다. 가르치고, 설교하며 증거하는 것은 아래의 기본적인 요점들과 상호 연관되어 있다.

1) 우리는 모두 죄인이다. "모든 사람이 죄를 범하였으매 하나님의 영광에 이르지 못하더니"(롬 3:23). 죄인이란 말은 거룩하고, 윤리적으로 의로우신 하나님 앞에서 인간이 자신들을 용납할 수 없게 만든 불완전하고 "타락한" 인간의

---

1) D. Martyn Lloypd-Jones, foreword to *Lectures on Revivals of Religion*, by William B. Sprague (Edinburgh, 1958), v.

부패성을 지칭하는 성경적 용어이다. 현대의 통속적인 기독교(popular Christianity)가 "죄로 인한 상실", "지옥", "구원받음" 그리고 "거듭남"과 같은 성격적 용어들을 피하고 있지만, 이것들은 역사적인 복음전도의 개념들이다.

2) **우리는 모두 영적으로 잃어버린 자들이다.** "인자의 온 것은 잃어버린 자를 찾아 구원하려 함이니라"(눅 19:10). 거룩한 하나님은 악과 함께 교제할 수 없는데, 그것은 인간들이 악하게 되자 거대하고 깊은 간격이 하나님과 인간 사이를 분리해 놓았기 때문이다. 그들의 죄악이 완전하시고 의로우신 하나님으로부터의 영원한 분리를 유발하였기에 그들은 소망 없는 자가 되고 말았다.

3) **우리는 이 거룩하신 하나님의 공의로운 진노로부터 우리 자신들을 구원할 수 없다.** "너희가 그 은혜를 인하여 믿음으로 말미암아 구원을 얻었나니⋯ 행위에서 난 것이 아니니 이는 누구든지 자랑치 못하게 함이니라"(엡 2:8-9). 역사적으로 복음 전도는 스스로 자랑할 만한 행위로 인해 얻게 된다고 하는 자력 구원 사상을 거절했다.

4) **오직 예수만이, 그의 죽음과 부활을 통하여, 구원하시며 우리를 하나님께로 인도한다.** "수고하고 무거운 짐진 자들아 다 내게로 오라 내가 너희를 쉬게 하리라"고 예수님이 말씀하셨다(마 11:28). "다른이로서는 구원을 얻을 수 없나니 천하 인간에 구원을 얻을만한 다른 이름을 우리에게 주신 일이 없음이니라 하였더라"(행 4:12). 오늘날의 극심한 관용적인 풍토 속에서, 많은 사람들은 모든 길이 하늘에 이르는 길이며, 예수가 석가모니(Buddha)와 같은 위치에 있다고 믿는다. 그러나 성경은 인류 밖으로부터 죄가 만연한 인간 세상으로 오신 한 분이, 우리가 받아야 하는 형벌을 대신 지셨음을 강조하고 있다. 예수는 하나님이시며 동시에 인간이시다. 그리고 그의 죽음으로 인해 하나님과 함께 평화를 누리는 길이 만들어진 것이다.

5) **하나님은 자신의 죄를 고백하며 그리스도를 구주와 주(主)로 받아들이는 사람을 용서하시고, 씻기시며, 새롭게 하실 것이다.** "만일 우리가 우리 죄를 자백하면 저는 미쁘시고 의로우사 우리 죄를 사하시며 모든 불의에서 우리를 깨끗케 하실 것이요"(요일 1:9). 하나님은 인간들이 용서받기 위해 준비된 것 이상으로 용서하기 위해 준비된 분이시다. 인간 세상에 오셔서 우리를 대신하여

예수께서 죽으신 것, 그것은 바로 사랑 때문이었다.

> 우리의 죄 값을 치를
> 다른 좋은 것은 없네.
> 그만이 문을 여실 수 있는 유일한 분이시며,
> 하늘의 문, 그 문으로 우리를 들어가게 하시네.[2]

6) 완전한 용서함을 경험한 구원받은 자는 성령을 통하여 믿음 안에서 성숙으로 인도함 받으며, 하나님의 임재 안에서 육체의 죽음 후에 오는 삶에 대한 확신을 갖는다. "또 그리스도께서 너희 안에 계시면 몸은 죄로 인하여 죽은 것이나 영은 의를 인하여 산 것이니라"(롬 8:10). 죄를 고백하고 그리스도를 구주로 받아들이는 사람은 영광스러운 미래의 희망을 갖는다. 그 때문에 하나님 앞에서 거룩한 자가 되고 용납 받은 자가 된다. 구원은 하나님을 신뢰하며 하나님과 다른 사람을 사랑하는 성장을 통하여 개인의 삶 속에서 드러난다.

이 책에서 이미 기술한대로, 대각성과 대중전도는 사람들로 하여금 그리스도 안에 있는 구원을 소개하여 교회로 인도하는 가장 두드러진 수단이 된다. 기독교의 가장 주요한 역사 속에는 열정적으로 기도하며, 일대일로 전도했던 사람들의 이야기가 포함되어 있다. 초대교회 시대에 하나님의 역사를 잘 드러내 주고 있는 사도행전은 오순절 날에 모인 무리들을 각성시키는 베드로의 감동적인 설교를 잘 묘사하고 있지만, 그 역시 개인적인 회심에 관한 이야기라고도 할 수 있다.

이와 같은 관점에서, 이 책은 여러 가지 다양한 형태를 가진 광범위한 전도 사역에 관한 것이 아님을 명확히 하고자 한다. 만약 북미의 교회가 사람들을 그리스도인으로 만들기 위해 사람들을 초청하고 복음을 선포하기 위한 중요한 수단으로 대중 전도와 조직화된 "캠페인"을 의지해야 한다면, 그들은 곧 곤경

---

2) From the hymn "There is Green Hill Far Away," by Cecil F. Alexander.

에 빠지고 말 것이다. 교회는 교육 사업과 사회 사업에서부터 선교 단체의 해외선교에 이르기까지 다양한 방법으로 사람들을 그리스도에게로 인도한다. 그러나 미국의 역사에서 대각성과 위대한 복음전도자들의 사역은 더 특별한 관심의 대상이 될 수밖에 없다.

2. 부흥의 불길이 타오른 교회

예수님의 부활 후에, 구원은 오직 그리스도 안에서 믿음을 통하여 얻는다는 주제가 베드로와 다른 사도들에 의해 곧 선포되었다. 오순절 날에 베드로의 설교는 다음의 선언으로 끝을 맺는다. "…회개하여 각각 예수 그리스도의 이름으로 세례를 받고 죄 사함을 얻으라…"(행 2:38). 바로 그 날, 베드로의 의욕적인 전도를 통하여 3,000여명의 사람들이 구원을 받고 초대 교회에 더해졌다(행 2:41). 후에 바울이 회심했을 때에도 그가 전한 메시지는 베드로의 것과 동일했다. "우리도 약속을 너희에게 전파하노니… 형제들아, 너희가 알 것은 이 사람을 힘입어 죄 사함을 너희에게 전하는 이것이라"(행 13:32, 38).

초대교회가 전도에 전심전력하는 동안 꾸준히 성장했으며, 예루살렘을 기점으로 지중해 연안 지역까지 뻗어 나갔다. 기원후 65년, 사도 바울이 순교했을 때, 그리스도인과 교회는 소아시아, 그리스, 그리고 로마에까지 확장 되었다. 177년에는 남유럽 전역에 교회가 세워졌다. 프랑스 리용(Lyon)의 감독이었던 이레니우스(Ireanaeus)는 "성부는 아들을 이러한 목적을 위해 드러내셨는데, 이는 아들을 통하여 모두에게 나타내시며, 그를 믿어 의롭게 된 자들이 영원히 죽지 않고 영원한 부흥(eternal refreshment)에 참여케 하기 위함이다"라고 기록하였다.[3]

그러나 마침내, 전도의 열정은 꺼지고 말았다. 476년에 로마제국이 멸망하고 중세시대가 도래했으며 기독교의 영향권 속에 있었던 지역들이 이슬람 군

---

[3] Irenaeus, *Adversus Haereses*, 4.20.6

대 앞에 무너지기 시작하였다. 이슬람교의 창시자인 모하메드(Mohammed)는 632년에 죽었으나 그가 계획했던 정복은 그의 계승자들인 칼리프 오마르(Omar)와 오스만(Othman)에 의해 수행되었다. 이슬람 세력은 다마스커스를 653년에, 예루살렘과 안디옥을 638년에, 그리고 페르시아 제국을 641년에 무너뜨렸다. 7세기 말엽에는 북아프리카 전역이 정복되었고, 동시에 아랍 세력이 인더스 계곡(Indus Valley)과 중국의 외곽까지 진출하였다. 711년에는 회교(Muslim) 군대가 난공불락의 지브롤터(Gibraltar) 해협을 지나 스페인까지 침투하여 서(西)고트 왕국시대를 종결시켰고, 이윽고 프랑스로 진군해 가고 있었다. 전 유럽은 무기력하게 바라보고 있을 수밖에 없었다. 그렇다면 기독교는 완전히 근절될 위기에 처하게 된 것인가? 최후의 필사적인 방어전이 732년에 있었는데, 그때 찰스 마르텔(Charles Martel)이 갈리아(Gaul) 지방의 포이티에(Poitiers)와 투르(Tours) 전투에서 프랑크족을 지휘했다. 유럽이 승리하느냐 아니면 전멸 당하느냐 하는 기로에 서 있음을 절감했던 마르텔과 프랑크족은 결국 전쟁에서 승리했으며, 이슬람의 유럽 전진은 저지되었다. 그러나 이전에 기독교 국가였던 나라들은 이미 이슬람의 통치아래 들어갔으며, 그 지역의 기독교는 대부분 일소되었다.

중세교회는 부패한 행위와 사상에 매여 있었다. 중세시대 말엽에, 부유해진 로마 카톨릭, 특히 수도사들의 오만함에 대해 점증되는 날카로운 비판들이 쏟아졌다. 이러한 때에, 변혁의 과정을 가속화시키며 성경만이 유일한 권위라는 것을 재정립함으로써 복음을 다시 교회에 회복시키기 위하여 최전선에 서서 심혈을 기울인 두 인물이 있었다.

옥스퍼드(Oxford) 대학의 교수였던 존 위클리프(1328?-1384)는 성경을 교회의 유일한 법으로 가르쳤다. 교회의 중심은 교황과 추기경이 아니라, 교회는 선택받은 자들의 온전한 교제이며, 교회의 확고한 머리는 그리스도이시다. 성경이 하나님의 말씀이라는 확신 속에서, 위클리프는 1382년에서 1384년 사이에 라틴어 벌게이트(Vulgate) 성경을 영어로 번역하는 작업을 진행하였다. 위클리프 영역 성경은 광범위하게 확산되었다. 그가 번역한 성경은 종교개혁의 길을 예비하면서, 영국에 지대한 영향을 끼쳤다.

프라하(Prague) 대학의 교수였던 존 후스(1373?-1415)는 위클리프의 저서들을 매우 친숙하게 받아들였다. 그는 곧 중세 교회의 잘못된 교리들을 비판하는 열정적인 설교들로 말미암아 대중적인 인기를 얻게 되었다. 이로 인해 그는 콘스탄스(Constance) 의회에 호출 되었으며, 1415년 정죄 당한 후 화형에 처해졌다. 위클리프와 함께, 후스는 로만 카톨릭의 가르침에 대한 항거운동과 모든 사람에게 바른 성경적인 가르침이 전해지도록 최선을 다하는 열정을 후세에 남겨 주었다.

3. 변화된 세상에 대한 비전

위클리프와 후스를 비롯한 선구자들이 종교개혁의 길을 예비한 이후, 1517년 10월 31일, 어거스틴파(Augustinian) 수도사이자 독일 비텐베르그(Wittenberg) 대학의 교수였던 마틴 루터(1483-1546)가 95개 조항으로 이루어진 반박문을 비텐베르그 교회 문에 붙였다. 윌리스턴 워커(Williston Walker)는 "조직가도 정치가도 아니었던 그가 심오한 신앙의 능력으로 사람들을 감동시켜 하나님께 대한 확고한 믿음과, 하나님과의 직접적이고도 즉각적이며 개인적인 교제를 통하여 구원의 확신을 갖게 함으로 중세시대의 복잡하고도 위계적인 성례전적 구조에 어떠한 여지도 남기지 않았다"고 언급하였다.[4] 워커는 계속해서 마틴 루터를 세계의 역사를 크게 바꾼 몇 안 되는 인물들 중에 한 사람으로 인정한다. 처음에 루터는 주로 교회의 면죄부(연옥으로부터 죽은 자들을 풀어주는 것을 보장받기 위한 지불) 판매에 대해 화가 났었는데, 1517년 이후에는 중세적 예전(禮典)들을 더욱 비난하면서, 그것들을 진정한 성경적 개념으로 대체하기 위해 노력하였다. 개인적인 차원이든, 혹은 대중적인 차원이든, 전도는 루터가 시행하는 개혁운동의 일환이 아니었으며, 오히

---

4) Williston Walker, *A History of the Christian Church*, 3d ed. rev. (New York, 1970), 302.

인문주의 학자 존 칼빈은 스위스의 제네바에서
세계를 흔들도록 하나님께서 사용하신 놀라운 전도자였다.

려 그는 성경적 원리들로 다시 돌아감으로 순화되고 활력이 넘치는 교회를 사모하였다.

2세대 개혁자인 존 칼빈(1509-1564)은 기독교 교회를 다시금 전도의 반열 위에 올려놓았다. 프랑스 노용(Noyon)에서 태어난 칼빈은 감독 서기(notary)의 아들이었다. 칼빈의 회심에 대해 알려진 것이 별로 없지만, 그가 파리(Paris)와 오르레앙(Orleans)의 대학에서 학생으로 공부하면서 당시 종교개혁적 성향을 가진 사람들과 빈번한 접촉을 가졌다는 사실은 분명하다. 학문에서 뛰어난 능력과 명성을 가진 젊은이로서, 그는 파리의 소르본느(Sorbonne)에서 개신교(Protestant) 운동을 주도해 나가는 지도자들 중의 한 인물이 되었다. 1533년 11월, 그는 파리를 떠날 것을 강요받고, 그 다음 3년 동안 계속해서

박해나 체포를 피하기 위하여 프랑스, 이태리, 그리고 스위스로 옮겨 다녀야만 했다.

1536년, 칼빈은 바젤(Basel)에서 역사의 행로에 지대한 영향을 끼친 7장으로 구성된 다소 얇은 책 한 권을 출간하였다. 『기독교 강요』(Institutes of the Christian Religion)의 서문에는 개신교도들을 변호하기 위해 프랑스 왕에게 보내는 편지가 기록되어있다. 그리스도인의 믿음의 개요인 이 책은 탁월한 설명과 올바른 교리변증으로 개신교인들 사이에서 대중적인 인기를 누렸다. 최종판인 1559년 개정판은 처음의 부피보다 5배나 커졌다.

1536년 여름에 스위스 제네바에서 하루 밤을 묵고 있었던 칼빈은 기욤 파렐(Guillaume Farel, 1489-1565)의 방문을 받게 되었다. 파렐은 타오르는 열정을 가진 설교가로서 종교개혁 사상을 제네바에 소개하고 있었다. 파렐은 칼빈의 도움을 요청했지만, 칼빈의 의도는 남의 이목을 피해 은거하며 학자와 저술가로 활동하는 것이었다. 그들의 만남은 매우 극적이었으며, 역사적으로도 상당한 중요성을 지니고 있었다. 파렐은 "당신이 개혁운동을 우리와 함께 하기를 거절한다면, 하나님이 당신을 저주할 것이요"라고 고함을 쳤다. 칼빈은 당시를 회고하면서, 27세의 청년이었던 그는 너무나도 두려웠으며 나이 든 파렐의 무시무시한 위협에 떨었고, 마치 하나님의 손이 자기 위에 놓인 것처럼 느꼈다고 오랜 후에 증언하였다.

힘들고 고통스럽게 여러 해를 보낸 후에야 칼빈의 개혁운동에 귀한 열매가 맺어지기 시작했다. 1556년에 존 낙스는 "제네바는 사도시대 이후로 세상에 있는 가장 완벽한 그리스도의 학교였다. 다른 여러 곳에서 나는 그리스도는 진지하게 전파되어야 한다고 피력했다. 관습과 종교는 진정으로 개혁되어야 하는데, 나는 이제까지 이 곳 이외에 다른 곳에서 그러한 것을 본적이 없다"고 기록하고 있다. 전도의 성경적인 개념을 교회에 적용할 때 칼빈이 특별히 강조한 것은 하나님의 주권이었다. 루터가 그의 신학적 중심을 구원의 문제에서 발견했다면, 칼빈은 그 구심점을 무엇보다도 하나님의 영광과 주권에서 찾았다. 루터가 하나님에 대한 관념의 근거를 사랑에 둔 반면, 칼빈은 능력과 주권의 개념에다 두었다. 또한 루터는 성령의 증거를 구원받지 못한 사람들로부터 하나님의 선택된 구원받은 백성들을 구별하는 주된 기준으로 삼았다. 칼빈은 구원의 증거로서 믿는 자의 의로움과 도덕적 행동을 추가했다. 그 이유는 선행과 의로운 삶은 성령의 내주하심의 열매가 아니고서는 맺을 수 없기 때문이었다. 루터는 그리스도인들을 무엇보다도 위대한 행보를 위한 성령의 그릇들(vessels)로 보았고, 칼빈은 하나님의 뜻을 성취하는 도구들(tools)로 간주하였다. 그러므로 이러한 모든 존재의 목적은 인간의 유익에 있는 것이 아니라 궁극적으로 전능하신 하나님의 영광을 위해 있는 것이다.[5] 칼빈은 이렇게 기록했다.

> 우리는 하나님께서 그리스도의 의의 중보로 인하여 우리를 자신과 화목시키시며, 또한 값없이 죄를 사하심으로써 우리를 의롭다 인정하시며, 하나님의 선하심과 자비하심이 함께 함으로, 성령으로 말미암아 우리 속에 거하시며, 우리의 육체의 소욕을 날마다 더욱 더 극복하는 가운데, 우리 자신이 성화되어짐을 고백한다. 즉, 우리의 마음이 주의 법에 순종하도록 훈련되어질 때, 우리는 진정으로 거룩한 삶을 위하여 주님께 드려지게 된다. 그리하여 하나님의 뜻에 순종하며 모든 일에서 오직 그의 영광을 드높이는 것이 우리의 주된 소원이 되는 것이다.[6]

칼빈의 이러한 사상의 체계가, 특별히 『기독교 강요』안에서 명료해졌을 때, 이것은 세상에 지대한 영향을 끼치게 되었고, 유럽 전역의 수많은 사람들이 그의 제자들이 되겠다고 공언하였다. 존 맥닐(John T. McNeil)은 다음과 같이 기록하였다:

> 『기독교 강요』는 지난 3세기 동안 개혁주의 교회의 가장 중요한 신학 교과서가 되었다. 그것은 역사학자에게는 종교개혁 사상에 대한 최상의 준비된 관문이었으며, 신학자에게는 여전히 기운을 북돋아주는 신학저술이며… . 후대에 미친 이 책의 영향은 거의 모든 영역에 반영되었으며, 특히 현대 서양의 역사는, 칼빈의 지속적인 영향력이

---

5) Georgia Harkness, *John Calvin: The Man and His Ethics* (New York, 1931), 73-74.
6) John Calvin, *Institutes of the Christian Religion* (Grand Rapids, 1953), 3.14.9.

칼빈 시대의 제네바 전경

없었다면, 인지할 수 없을 정도로 전혀 다르게 전개되었을 것이다. 복음 신앙에 대한 그의 활력 넘치며 논리 정연한 확증은 그것을 파괴하려고 하는 세력들에 대항하여 개신교의 대의를 확고하게 지켜냈다.[7]

칼빈에게 배우려고 제네바로 온 사람들 가운데 많은 이들은 영국에서 왔다. 존 낙스(John Knox), 윌리암 위팅햄(William Whittingham), 크리스토퍼 굿맨(Christopher Goodman), 그리고 앤소니 길비(Anthony Gilby) 같은 지도자들이 제네바의 영국 회중들을 인도하였으며, 영국과 스코틀랜드에서도 칼빈의 신앙과 예배의 체계에 따라 개혁이 촉진되기를 열망하였다. 이들은 마일즈 카버데일(Miles Coverdale)과 함께, 두 세대에 걸쳐 폭넓게 사용된 제네바 성

---

7) John T. McNeill, *The History and Character of Calvinism* (New York, 1967), 234.

경을 1560년에 영역했다. 칼빈은 박해를 피해 영국과 스코틀랜드에서 온 피난민들과 각별한 우정을 나누었으며, 영국의 다른 지도자들과도 교제하고 있었다는 것은 잘 알려진 사실이다. 1548년 6월에, 칼빈은 서머셋 공작, 에드워드 세이머(Edward Seymour, ca. 1506-1552)에게 그의 『디모데전서 주석』(Commentary on I Timothy)을 헌정했으며, 몇 달 후에는 예배와 설교, 그리고 권징의 영역에서 영국의 교회가 온전한 개혁을 위한 본질적인 요소에 대하여 긴 권면의 편지를 서머셋에게 보냈다. 칼빈의 절친한 친구인 니콜라스 데 갈라(Nicholas des Gallars)는 1551년에 영국을 방문했고, 후에 돌아와서 서머셋과 어린 왕인 에드워드 6세(Edwards VI)에게 보낸 편지들이 매우 호의적으로 수신되었음을 칼빈에게 알려 주었다. 1553년에 16살이었던 어린 에드워드 왕이 죽자마자 로마 카톨릭 신자였던 메리가 왕위를 계승했음에도 불구하고, 영국에서의 칼빈의 영향력은 결코 중지되지 않았으며, 오히려 스코틀랜드에서는 존 낙스(John Knox; 1514?-1572)의 주도 하에 칼빈의 영향력이 점증하고 있었다. 칼빈의 문하생으로 공부하고자 제네바를 수차례에 걸쳐 제네바를 방문했던 낙스는 확고한 장로교인이 되었으며, 1559년 5월에는 스코틀랜드 개신교 영주들로부터 그가 개혁의 선봉장이 되어 헌신해야 할 본국으로 귀환해 달라는 종용을 받았다.

　칼빈주의로 인해 교회 안에 소개된 이 세계에 대한 비전(world vision)은 실제로 다른 전통들을 통해서도 계승되었다. 영국과 미국의 대각성과 대중 전도 운동은 모라비안 경건주의(Moravian Pietism)의 후예인 알미니안 감리교(Arminian Methodism)로부터도 강한 영향을 받았다. 그러나 감리교 신자들조차도 영국교회에 끼친 칼빈주의의 영향에 어느 정도의 빚을 지고 있는 것은 사실이다. 특히 찰스 웨슬리(Charles Wesley)는 하나님께서 주권적으로 인도하시며, 그리스도께서 이미 세상을 변혁하기 위하여 성령의 능력으로 충만케 하신 교회에 대한 칼빈주의적 개념으로부터 지대한 영향을 받고 있었다. 누구보다도 청교도들은 직접적으로 칼빈주의의 영향을 받았다. 그리고 만약 서양의 복음전도 역사에 등장하는 위대한 이들의 이름을 자세히 살펴본다면, 청교도들로부터, 조나단 에드워즈(Jonathan Edwards), 조지 휫필드(George

Whitefield), 찰스 스펄전(Charles Spurgeon) 그리고 빌리 그래함(Billy Graham)에 이르기까지 대부분 칼빈주의적 신학과의 연관이 있음을 알 수 있을 것이다. 비록 강하게 칼빈의 가르침을 거절했던 찰스 피니(Charles Finney)조차도, 칼빈주의 설교자로부터 양육을 받았다.

미국과 대영제국은 실로 대중 전도의 모체라고 할 수 있다. 이 두 나라의 수많은 그리스도인들은 잠언 29장 18절과 시편 33편 12절의 "여호와로 자기 하나님을 삼은 나라… 복이 있도다"하는 말씀을 진심으로 받아들였다. 세계 곳곳에서의 복음전도 운동과 미국에서 일어난 대각성 운동을 통해 교회의 증인들을 증가시키고, 교회를 위하여 지도자로 헌신할 확고한 믿음을 소유한 그리스도인들을 세우셨던 것이다.

4. 복음의 비명(碑銘, Epitaph)?

에드워즈, 횟필드, 티모시 드와이트, 피니, 드와이트 무디, 빌리 선데이, 그래함. 이들은 미국의 종교 역사 속에서 가장 명예로운 이름들로 기억되고 있다. 그들 모두는 전도자들이었으며, 사람들을 그리스도에게로 인도하는 것이 그들의 가장 큰 관심이었다. 그런데 이제 그들의 시대는 끝이 난 것인가? 어떤 저자들은 모든 사람들이 그렇게 생각한다고 언급한다. "부흥 집회의 감정적인 조작," "원시주의의 추악한 자국," "이성을 잃은 광란," "도살장 종교," 그리고 20세기에는 더 나쁜 비명들이 전도활동에 던져졌다. 사도행전 2장에 나오는 오순절 이래 실행된 전도와 그 실천적 전도를 지속해 온 보수 기독교는 이미 방부 처리된 유행에 뒤떨어지고 우스운 기독교라는 상표의 유물로서 묘사되었다.

"50년 전 꽤나 학식 있다고 자처하는 미국 종교 연구가들은 부흥사들, 근본주의자들, 그리고 오순절주의자들은 곧 사라져 소멸될 것이라고 예상했다"고 역사가 나단 해치(Nathan O. Hatch)는 기술하였다.

과거의 시대의 남은 자들(remnant), 또한 구시대적 정통과 초자연주의라는 표현들은 현대 시대와 결코 양립될 수 없다고 간주되었다. 학자들과 교단의 지도자들조차 생각하지 못했던 것은 평범한 미국 교회신자들 사이에서 부흥적 성격의 기독교가 지속될 수 있다는 것과, 그들이 그렇게 말했던 그 대상자들로부터 강력한 조직적 역공격을 당할 것이라는 사실이었다. 그들이 전혀 기대치 못했던 괄목할만한 성취들은 외부 관찰자들에게는 정말 놀랍고도 당황스러운 것이었다.[8]

자유주의자들 및 현대주의자들이 반세기 전에 "경건주의자들"과 "근본주의자들"에 대하여 행했던 비난으로 가득한 예언들을 읽는 것은 흥미가 있다. 그들이 즐겨 비판했던 목표는 전도운동의 한 형태인 부흥집회였다. 1946년에 하바드 대학교 신학부의 전(前) 학장은 "지난 세기를 통과하면서 부흥은 그것의 본래적인 진정함을 지켰지만, 시간이 지나면서 점차 관행화되고 틀에 사로잡히더니, 결국은 조작될 수 있는 것으로까지 전락하고 말았다. "빌리 선데이"는 우리의 주요한 종교적 제도들의 최종적인 변질의 모습을 대변하고 있다… 우리는 지난 반세기 동안 부흥 운동이라는 것에 식상해있다. 그들의 신학은 때때로 신뢰받을 수 없었으며… 그들의 기교는 너무나 쉽게 드러났고, 또한 너무 치장에 능했다."[9]

1930년에 거의 식어버린 복음전도운동에 대한 그러한 추모사(eulogy)는 사실인 것처럼 보였다. 무디, 피니, 그리고 에드워즈의 뒤를 이어가는 명백한 계승자가 없었다. 그러나 대중 전도는 사라지지 않았다. 대신 그것은 획기적인 비율로 성장했으며 세계적인 현상이 되었다. 여러 나라에서 열린 전도 집회에는 수백만 명의 사람들이 전례 없는 방법으로 반응하였다. 미국 내에서 많은 집회를 개최하면서도, 그래함, 루이스 팔라우(Luis Palau), 랄프 벨(Ralph Bell) 그리고 아크바르 학크(Akbar Haqq) 같은 전도자들은 복음의 불모지였던 동 유럽, 아프리카 그리고 남미 지역 등에 현대 복음주의를 소개할 수 있는 기회들을 포착하기 위해 세계적 전망(a global perspective)을 유지하면서 전

---

8) Nathan O, Hatch, "Can Evangelicalism Survive Its Success?" *Christianity Today* (5 October 1992): 22.
9) Willard L. Sperry, *Religion in America* (New York, 1946), 159-61.

개해 나갔다.

　이러한 전도 운동이 세계화되는 변화는 2차 세계 대전 이후 더욱 가속화되었다. 수년 동안 한 지역에서 거주하는 전문 선교사들의 사역이 더 이상 불신자들을 회심시키는 주요한 수단이 되지 못했다. 현장 선교사들은 접근할 수 없는 장소들을 파고드는 기독교 라디오와 TV 방송국, 문서와 서신을 통한 선교 방법, 다양한 캠페인, 대형집회 그리고 먼 도시에 있는 청중들에게 주요한 집회 실황을 연결해 주는 TV와 라디오 네트워크 팀을 대동한 유명 전도자들의 도움을 받게 되었다.

　지난 20세기 말에는 종교적이고, 기술적이며 역사적인 발전에 의해 고무된, 더욱 새롭고 역동적인 국면에 들어섰다. 1989년 11월 9일은 인류 역사상 가장 심대한 영향을 미칠만하고 극적이라고 할 수 있는 사건들 중의 하나가 벌어진 날이다. 즉, 동유럽 공산주의의 몰락을 상징하는 베를린 장벽의 붕괴였다. 1989년 봄에 헝가리와 체코슬로바키아는 그들의 국경을 개방했다. 1982년부터 모스크바에서 집회를 개최해왔던 그래함은 러시아 정권이 그의 사역에 대해 어떤 제약도 가하지 않는다는 사실을 발견했다. 완벽한 자유를 누리면서, 그래함은 4,902명의 기독교 지도자들을 5일 동안 열리는 세미나에 참석할 수 있도록 초청하면서, 1991년 7월 15일에 "전도 학교"(School of Evangelism)를 모스크바에 개설하였다. 그래함은 러시아 공화국의 대통령인 보리스 옐친(Boris Yeltsin)과 소련 연방의 대통령인 미하일 고르바초프(Mikhail Gorbachov)를 개인적으로 만나 새로운 자유와 도덕적이고 영적인 이슈들을 의논하였다. 1992년 10월에는 모스크바에서 열린 대형집회 실황이 폐쇄회로(closed-circuit) TV를 통해서 수십개의 도시들로 연결되기도 하였다.

　팔라우는 러시아, 헝가리, 루마니아, 체코슬로바키아, 그리고 불가리아에서 전도 집회를 열었다. 1989년에 레닌그라드(지금의 세인트 피터스버그)에 있는 올림픽 경기장에서 열린 집회에서는 그들이 얼마나 영적으로 갈급해 있는지를 증명하기라도 하듯, 그리스도를 영접하라는 초청에 약 50퍼센트의 청중이 응답하였다. 그 다음 해에는 루마니아의 세 도시에서 열린 집회에서는 46,100명이 결신하였다. 1991년 6월 4일, 팔라우는 루마니아의 콘스탄챠(Constanta)의

위: 설교단이 돌출되어 있어서 존 칼빈이 성 베드로 교회에 모인
제네바 시민들과 접촉하기가 용이했다.
아래: 1991년 9월 22일, 빌리 그래함이 요한복음 3장 16절 말씀을 중심으로 북미에서
가장 많은 25만 청중이 모인 뉴욕집회에서 설교하고 있다. 그는 한국의 수도인 서울에서는
백만 명 이상의 사람들에게 복음을 전했다(빌리 그래함 전도 협회).

독일 에센(Essen)에 개최된 루이스 팔라우의
"그리스도를 위해'93"(Pro Christ'93) 집회에서 헌신을 다짐하기 위해
수 백 명의 사람들이 강단 앞에 모여 있다(루이스 팔라우 전도 협회).

대경기장에서 10,500명의 군중 앞에서 그리스도를 영접하기 원하는 사람들은 강단까지 내려오라고 초청했다. 그때 8,100명이 넘는 사람들이 자신의 믿음을 공개적으로 선언하며 걸어 내려왔는데, **그 숫자는 청중의 80퍼센트에 가까웠다!** 그 후 팔라우는 불가리아의 소피아로 갔는데, 세 번의 집회에 참석한 16,200명 가운데 5,900명이 그리스도를 영접하기로 결단하였다. 팔라우의 모든 집회에 평균 36%의 결신이라는 기록이 세워졌다.

그리스도인들이 그런 숫자들에 너무 지나치게 사로잡혀 있는 것은 아닌가? 우리는 스가랴 4장 6절을 잊고 있는 것은 아닌가? "'이는 힘으로 되지 아니하며 능으로 되지 아니하고 오직 나의 신으로 되느니라'고 만군의 여호와께서 말씀하신 것을 잊었는가?" 팔라우는 다음과 같이 대답 한다.

저는 전심으로 일대일 전도를 믿습니다. 저는 그것을 실행하고, 가르칩니다. 그러나 그것은 단지 한 나라 안에서 하나님의 보다 큰 운동에 대한 보충이 될 뿐입니다. 당신은 기초공사를 준비할 수 있습니다. 그러나 사실상 대중들을 움직이고, 대중의 의견에 귀 기울이고, 대중 매체의 사상적 조류에 영향을 주어야 합니다. 소심한 방법으로 한 나라가 변화되지는 않을 것입니다… 제가 보기에, 우리는 날마다 수많은 신자들이 교회로 들어오고 급속도로 성장하는 전도열기의 막바지 고조 상황 속에 있습니다. 지난 50년 동안 얼마나 많은 사람들이 회심을 했습니까? 전 세계 인구의 비율과 전체 숫자에서 오늘의 시대보다 더 많은 기독교 신자들이 있었던 시대는 없었습니다.[10]

전도가 얼마나 영향력이 있는지에 대해 우리를 고무시켜 주는 많은 증거들이 있다. 전체 미국인들의 3분의 1은 그들 자신들을 "중생(born-again)"한 그리스도인으로 간주한다. "베이비-붐 세대"의 성인들 가운데에서의 비율은 더욱 높아진다. 물론 이런 통계조사의 많은 부분들이 피상적이다. 성경에 대한 무지가 만연하고, 많은 신자들의 삶의 방식은 믿지 않는 자들과 다를 것이 별로 없다. 이러한 사람들은 여전히 적어도 교회에 소속해 있으며, 어느 정도는 전도 활동을 지원하기도 한다. 결국 지난 영적 각성과 부흥운동을 통해 볼 수 있듯이, 이런 사실은 미국에서 또 다른 대각성이 일어나기 위한 기초가 마련된 것이며, 성령께서 감화하시고 능력을 베푸심으로 그러한 영적 각성이 일어나도록 간절히 기도해야 함을 의미하는 것이다.

전도의 능력이 단지 한 나라를 변화시키기 위해 내부적으로만 나타나는 것이 아니다. 미국의 복음주의자들은 사실상 외국 선교를 거의 독점하다시피 했다. 60년 전 복음주의 선교기관들은 전(全) 미국 선교사들의 40퍼센트를 파송했다. 오늘날에는 90퍼센트를 넘게 파송하는 반면, 개신교 주류(mainline) 교단들로부터 후원을 받는 선교사들의 수는 아주 현저하게 줄어들고 있는 실정이다. 오늘날 위클리프 성경번역 선교회(WBT)에서만 보낸 선교사들의 숫자가 미국의 주류 교단들이 보낸 이들의 수를 합친 것보다 더 많다.

---

10) Luis Palau, *Luis Palau: Calling the Nations to Christ* (Chicago, 1983), 200.

5. 전도와 죽어 가는 교회의 전형

이러한 사실은 적어도 서구에서 기독교가 죽어가고 있다는 익히 알려진 신화에 의문을 제기하게 된다. 현시대의 사건들을 바라보는 사람들은 최악의 상황을 두려워할 수도 있다. 미국 대법원에서 수십 년 동안 내린 일련의 판결들을 보면, 대체로 신앙생활을 하는 사람들에게, 특별히 그리스도인들에게 편파적인 것으로 보인다. 미국 헌법의 수정조항에 내재된 의도와 "특정종교를 국교화 하지 않는다"(no establishment)에 대한 조항 때문에 야기된 신랄한 비판과 분열을 조장하는 논쟁은 공공생활의 영역에서 어떤 종교적 영향력도 배제하려는 현대인의 구미에 편승함으로 미국의 건국자들이 국교를 금지한 근본적인 의도를 변질시키고 말았다. 복음주의적 그리스도인들은 세속적 인본주의로 전향한 기관들과 세계관으로 무장한 국가라는 포위망에 갇혀 있는 것처럼 보였다. 대중 매체는 그리스도인들과 그들의 가치에 대하여 매우 호전적인 입장을 취하면서, 부정적인 면들은 열심히 부각시키는 반면, 칭송받고 긍정적인 면들에 대해서는 무시하는 경우가 비일비재하다. TV에서 종교가 언급될 경우 그것은 전형적으로 시대착오적이며, 사멸되고 있으며, 문제투성이며, 혹은 자유와 진보와 쾌락의 적으로 묘사되어 왔다. 영화에서도 성직자는 균형 잡힌 인간으로, 또한 교회는 귀중하고, 참여할 만하고, 사회에 기여하고 있는 단체로서 거의 표현되지 않고 있다. 이러한 대중 매체들을 통해서는 성경을 믿는 신실한 복음주의들과 과격한 이교도들 사이의 차이점들이 거의 드러나지 않고 있다. 유대-기독교적(Judeo-Christian) 가치에 대한 편견에 가득 찬 공격은 대중매체 외에 거대한 오락산업, 학문세계 그리고 정치 분야에서 행해지고 있다. 한 유력한 텔레비젼 방송사의 소유주는 모든 그리스도인을 "패배자들"이라고 부르며, 매스 미디어는 "텔레비전 전도자들"(그리고 때로는 모든 목사들을 포함하여)을 짐 베이커(Jim Bakker)와 지미 스웨것(Jimmie Swaggart)와 같은 부류의 저속한 자들이라고 비아냥거린다.

그러한 언동은 그들에게도 피해를 끼치는 것이다. 프레드 반즈(Fred Barnes)는, "신 공화국"(*New Republic*)이라는 글에서 종교야말로 "미국 저널리즘의 맹점"이라고 비판한다. 그는 여러 연구결과들을 통해서 저널리스트들의 하나님께 대한 신앙이나 예배 참석률이 전체적으로 일반인들에 비해 낮다는 것을 언급하였다. 대중 매체와 시민들 사이의 이와 같은 이분법적인 현상은 여론조사에서도 여실히 드러난다. 1985년도의 「LA 타임즈」(*LA Times*)에 의한 여론 조사는 미국 시민의 74퍼센트가 공립학교에서 기도를 허용하는 것에 호의를 느끼지만, 기자들은 단지 25퍼센트 정도만이 그렇다는 것을 보여주고 있다.

「필라델피아 인콰이어러」(*Philadelphia Inquirer*)의 한 사설은 그 문제에 대해 솔직하게 인정하였다:

> 1989년의 한 갤럽 여론조사는 미국인들의 69퍼센트가 교회나 회당(synagogue)에 소속되어 있으며, 그 중 의 43퍼센트는 매주 예배에 정기적으로 참석하고 있음을 알려준다. 이러한 비율은 갤럽이 1930년대에 여론조사를 실시한 이래 거의 변화가 없었다. 다른 갤럽 여론조사에서는 미국인의 95퍼센트가 하나님을 믿는다고 말했으며, 85퍼센트는 규칙적으로 기도하고, 71퍼센트는 죽음 후의 내세가 존재함을 믿는다고 밝혔다… 이것은 무엇을 의미하는가? 확실하지는 않지만, 그렇다고 증명되지도, 또한 증명할 수도 없는 일이긴 하지만, 미국이 최근에 직면하고 있는 불안의 시대는 저명한 언론기관, 학계 그리고 오락산업과 같은 사회의 여러 분야가 근본적으로 사회의 기반이 되는 도덕적이고 영적인 기반과 단절되어 있다는 사실과 관련이 있을 것이다.[11]

"맹켄(H. L. Mencken)의 날" 이래, 개신교는 비판과 비웃음의 대상이 되어 왔다. 한때 신성시 했던 로마 카톨릭 역시 빈번히 조롱당하고 있다. 신자들이 줄어들고, 주요 개신교 교단들의 연간 헌금액이 줄어들고 있으며, 로마 카톨릭 사제가 되려는 지원자들이 줄어든다는 통계는 아주 만족해하며 기사화되고 있다. 1993년 4월 9일자 「월 스트리트 저널」(*Wall Street Journal*) 기사에서는, 어떤 논쟁을 '종교적'(religious)이라고 부르는 것은 그것을 포기하는 것과 동일한 것이라고 주장했다. 기독교는 좋은 언론을 가지고 있지 못하다.

---

11) *Philadelphia Inquirer*, 11 April 1993, D5.

그러나 이러한 기사 내용들이 과연 정확한 것인가? 「크리스차니티 투데이」(Christianity Today)에 따르면, 사실 그렇지 않다.

> 기독교는 여전히 세계의 최고의 종교이며, 기독교 신앙은 꾸준히 성장하고 있다. 어떤 사람들은 기독교의 황금시대는 끝났으며, 기독교 신앙의 성장은 이슬람이나 다른 종교를 믿는 신앙에 의해 침해받고 있다고 말한다. 그러나 기독교는 세계에서 가장 빠르게 성장하는 유일한 종교는 아니지만, 로잔 통계특별전문위원회에 따르면, 사실상 세계 인구보다도 빠르게 성장하고 있다.[12]

로잔 특별전문위원회를 비롯한 여러 전문 기관들이 몇몇 뛰어난 통계 자료들을 수집했다. 가장 규모가 큰 프로젝트는 데이빗 B. 바렛(David B. Barrett)이 편집하고 옥스퍼드 대학교 출판부가 출판한 『세계 기독교 백과사전』(World Christian Encyclopedia)에서 그 최상의 통계결과를 발견할 수 있다. 『세계 기독교 백과사전』은 헌신된 그리스도인들과 기독교가 주요 종교와는 거리가 먼 나라에 살고 있는 사람들, 그리고 모든 시민들을 단지 '명목상의 그리스도인'으로 고려되는 사람들과 주의 깊게 구별하고 있다. 바렛과 그를 돕는 인구통계학자들은 1998년에 세계인구가 약 59억이 될 것이라고 추산했다. 이 통계에 의하면, 17억 9천만 명(31퍼센트)은 적어도 명목상 그리스도인으로 인정될 수 있다.[13]

바렛이 이끄는 로잔 통계 특별전문위원회는 세계인구의 14.7퍼센트는 '헌신되고 성경을 믿는 그리스도인들', 혹은 복음주의자들로 분류될 수 있다고 언급했다. 그런데 최근 수십 년 동안 제3세계에서 일어난 변화 때문에 이 비율은 매우 현저하고도 인상적으로 높아지고 있는 추세이다. 1900년경까지 세계인구의 단지 3.7퍼센트만이 복음주의자들이었다(1/27). 1950년에는 약 4.8퍼센트가 복음주의자들이었다(1/21). 그러나 놀랄만한 변화들이 일어났다. 1980년대까지 복음주의자들의 수가 세계인구의 9.1퍼센트까지 급상승했으며(1/11) 현

---

12) *Christianity Today* (20 November 1992): 64.
13) David B. Barrett, ed., *World Christian Encyclopedia* (Nairobi, 1982), 796-97.

재는 약 14.7퍼센트이다(1/6.8). 특별전문위원회의 연구조사자들은 복음주의 운동이 세계의 인구 성장보다 3배정도 빠르게 진행되고 있다고 결론지었다.[14]

이 헌신된 사람들이 세계에 끼친 영향과 충격은 경이롭게 확산되고 있다. 1900년 이후로, 기독교는 제3세계에 있는 개발도상국, 특별히 아프리카에서 대표적인 종교(the religion)로 수용되고 있다. 이러한 확산에 기여한 다양한 요소들 가운데, 세계 전역에 확장된 문서사역과 텔레비전, 라디오를 통한 전도 방법의 발달을 들 수 있다. 1994년까지 기독교 라디오와 TV 프로그램들을 정기적으로 매달 듣는 전체 청취자들의 숫자는 어마어마하게도 약 14억, 혹은 전체 세계 인구의 26퍼센트에까지 증가하고 있다.

6. 승리주의도 절망도 아니다

이러한 인상적인 통계들에 지대한 관심을 가진 그리스도인들이 승리주의의 함정에 빠져서는 안 될 것이다. 이 통계들은 영적 전쟁에서 대체로 승리하고 있다는 것을 의미하는 것이 아니다. 영적으로 틀에 박혀 죽어가는 교회의 모습과는 판이하게 기독교인들의 수가 급속하게 성장하고 있다는 소식은 종종 그러한 숫자 속에 피상적이고 승리주의적인 면이 강하다는 것을 여실히 드러내준다. 그것은 바로 그 자체가 현 상황에 대한 피상적인 해석이라고 할 수 있다. 외적인 성장 혹은 숫자적인 성공이 반드시 영적 깊이를 나타내는 것은 아니며, 또한 그렇다고 해서 그것들이 말기적인 병적 증세를 의미하는 것도 아니다. 조직적이고 제도화된 교회가 하나님의 나라와 동일한 것은 아니다. 숫자는 단지 외적인 성공과 인기를 나타내는 것일 수는 있으나, 그리스도인은 언제나 주님께서는 거센 광풍이나 지진이나 그리고 불을 통하여 행하시는 것이 아니라, 열왕기상 19장 12절의 말씀처럼 "세미한 소리" 가운데서 역사(役事)하고 계심을 기억해야 한다.

---

14) *Ibid.*, 19.

지난 수세기 동안 그랬던 것처럼, 전도운동의 주춧돌이자 버팀목인 각 개인들이 주님께로 회심하는 **전도**(evangelism)는 지금도 변함없이 지속되어야 한다. 미국과 여러 나라에서 복음주의자들이 계속 늘어나는 한, 아마도 세계적인 규모의 대중전도는 계속될 것이다. 지난 반세기동안 복음주의는 뜻하지 않게 제도적 교회에 미치는 영향과 능력이 점진적으로 약화되면서, 많은 관심과 재원이 선교나 자선 단체들로 옮겨가는 추세에 있다. 20세기의 지난 반세기 동안 비록 주요 개신교 교단들에서 동시적으로 신자들이 줄어들고 있음에도 불구하고, 미국 교회 전체의 출석률은 10퍼센트까지 늘었다. 그 성장 요인의 절반은 로마가톨릭교회의 성장에 있었지만, 1980년대에 이르러서는 이 비율이 현저하게 줄어들고 있다. 다른 절반의 원인은 미국 안의 복음주의자들의 숫자가 크게 증가한 것의 직접적인 결과라고 할 수 있다.

이와 같은 추세가 계속되는 한, 대중 전도를 지속하려는 우리의 노력을 위해서는 유익한 것이다. 작가이자 신학자인 오스 기니스(Os Guiness)는 "우리는 이것저것 물건을 쇼핑하듯, 문제해결을 애타게 구하는 세대 속에 살고 있다"(our generation is in a shopping mood for answers)라고 언급한 바 있다. 세계도처에는 아직도 복음을 심고 그리스도의 십자가로 영혼들을 인도하여 희망, 평화, 기쁨 그리고 삶의 목적을 전해 줄 전례 없는 기회들이 우리를 기다리고 있다.

현대 대중전도 운동의 시작

청교도주의는 엘리자베스 여왕 1세의 통치 기간 중에 시작된 영국국교회 개혁운동이었으며, 완전한 칼빈주의적 개혁(Calvinistic reformation)을 이행하는 것이 주된 목적이었다. 1558년에 개신교도였던 엘리자베스가 왕위에 오르자, 라인 지역과 스위스로 피신했던 영국의 망명자들은 영국교회에 대하여 원대한 소망을 품게 되었다. 그러나 그들은 1559년에 엘리자베스 타협(Elizabeth Settlement)안이 채택되었을 때, 그만 크게 실망하고 말았다. 왜냐하면 로마가톨릭 잔재들이 여전히 많이 남아 있었기 때문이었다. 의회의 지도자들과 함께, 그들은 하나님의 말씀과 제네바와 같은 최상의 개혁교회의 실례에 따라 보다 더 확실한 개혁을 추구하였다. 그들은 중세교회로부터 물려받은 모든 관습, 성의, 그리고 의식으로부터 교회를 철저하게 정화시키기 원했기 때문에 **청교도**(Puritan)라고 불려졌다.

청교도 운동의 기수였던 토마스 카트라이트(Thomas Cartwright, 1535-1603)는 1569년에 캠브리지 대학의 신학교수로 임명되었다. 그는 장로교 교회정치제도가 영국교회의 감독제 대신에 채택되어야 한다고 의회에 요청하기 시작했다. 1582년경에 이르게 되면 상당수의 청교도 인사들이 유명한 청교도 지도자 로버트 브라우니(Robert Browne)가 제창했던 "기다림 없는 개혁"(reformation without tarrying for anie)을 적극 지지하였다.

신대륙의 해안에 도착한 청교도들이 안전한 항해를 허락하신 하나님께 감사드리고 있다. 그들은 하나님께 온전히 순종하는 자들과 함께 하나님이 하시는 일이 무엇인지 세상에 알리기 위하여 전도의 열정을 품고 "광야로 들어가는 심부름꾼" 역할을 기꺼이 떠맡았다(저자 소장 판화).

제임스 1세(1603-1625)의 통치기간동안 청교도들은 힘과 수에 있어서 계속 성장했다. 대다수는 영국교회 내에 머물면서 개혁운동을 도모하였다. 캔터베리 대주교의 자리는 칼빈주의자인 동시에 어느 정도는 청교도라고 할 수 있었던 토마스 크렌머(Thomas Cranmer, 1489-1556), 매튜 파커(Matthew Parker, 1504-1575), 에드먼드 그린들(Edmund Grindal, 1519?-1583), 존 윗기프트(John Whitgift, ca. 1530-1604), 리챠드 밴크로프트(Richard Bancroft, 1544-1610) 그리고 조지 애봇(Geroge Abbot, 1562-1633)과 같은 사람들이 차지하였다.

찰스 1세(1625-1649)가 영국의 왕위에 오르게 되자 교회를 개혁하기 위한 청교도들의 희망은 점점 희미해져만 갔다. 윌리엄 로드(William Laud, 1573-1645)는 1633년에 캔터베리 대감독의 자리에 오르자 강력한 국교신봉 운동을 펼치며 영국에서 청교도들을 추방하기 위해 노력했다. 로드는 영국국교회의 의식뿐만 아니라 신조의 해석에 있어서도 칼빈주의에서 알미니안주의적 입장으로 옮겨갔고, 기독교인들은 구원을 상실할 수 있으며, 하나님의 은혜에 저항할 수 있다는 교리를 도입하였다. 이것은 청교도들에게 있어서 매우 중요한 칼빈주의적 가르침을 부인한 것이었다. 그들에게 불리한 정책이 시행되자, 다수의 청교도들은 그것을 아메리카 대륙으로 이주할 계기로 삼게 되었다. 만약 영국이 "하나님이 선택한 나라"가 될 수 없다면, 아마도 신대륙에 일종의 신정국가라고 할 수 있는 하나님의 시온(Zion)이 세워져 그 토대 위에서 더 거룩하고 진실한 기독교 사회가 이루어질 수 있다고 믿었다.

1. 신대륙으로

1620년대와 30년대에, 아메리카로 이주한 청교도들 가운데에는 광야에 새로운 사회를 건설하기를 열망하는 저명한 학자들, 정치 지도자들, 그리고 훌륭한 설교자들이 많이 있었다. 그들의 글 속에는 하나님께서 세상에 그 존재를 알리지 않고 미국 대륙을 보전하고 계시다가, 영국이 더 이상 청교도들의 자유와 소망에 우호적이지 않게 되자, 청교도들의 이주를 위해 적절한 시기에 탐험가들에게 발견되도록 허락하셨다는 확신이 자주 표현되었다. "장기 의회"의 찰스 왕과 로드에 대한 공개적인 반역으로 말미암아 종교적 동기로 신대륙으로 이주하는 것을 원천적으로 봉쇄한 1640년까지, 약 20,000명이 넘는 이주민들이 메사추세츠로 떠났다. 1640년대에 신대륙으로 이주한 사람이 거의 없다는 사실은 식민지 개척자들의 이주 동기는 압도적으로 종교적이었음을 가장 확실하게 증명하고 있다.[1]

---

1) John T. McNeill, *The History and Character of Calvinism* (New York, 1967), 337.

구(舊)세계는 청교도들이 떠남으로 점점 불모의 땅이 되어갔지만, 진실한 신앙과 특성을 소유했던 청교도들에게는 뉴잉글랜드의 황량한 해안가에 새로운 국가를 세우기 위한 기초를 놓아야 할 과제가 주어졌다. 새로운 정착의 과정에서 옥스퍼드와 캠브리지 대학의 졸업자들과 같은 교육받은 사람들이 그렇게 함께 모일 수 있었다는 것은 아마도 역사를 통틀어 전대미문의 일일 것이다. 청교도들은 구약의 이스라엘 국가의 형태에서 유래된 깊은 신앙적 확신을 소유한 자들이며, 필요하다면 그들은 그 확신 때문에 기꺼이 죽을 각오까지도 되어 있었다. 그러한 원칙들은 그들로 하여금 선조들의 전통들을 쇄신할 수 있도록 도와주었으며, 개척적인 과업을 수행해 나가는 데 따르는 불확실함과 고난을 잘 대처할 수 있도록 격려하였다. 이러한 일을 위해서 그들은 강한 도덕적 열심과 하나님에 대한 크나큰 사랑을 소유한 자들이어야 했다. 희생을 기꺼이 받아들이면서, 그들은 하나님의 영광과 그리스도 왕국의 확장을 위해 "광야의 심부름꾼"의 역할을 감당하고자 했다.

뉴잉글랜드를 건설한 청교도들은 인간의 진정한 본성에 관해 헛된 환상을 갖지 않은 존 칼빈의 전통 안에 견고히 서있었다. 본질적으로 인간의 본성은 전적으로 타락하고 죄악으로 가득 차 있으며, 십자가상의 그리스도의 대속의 죽음 속에 나타난 하나님의 사랑과 은혜만이 인간을 구속할 수 있는 것이었다. 이상향의 사회는 이 땅위에서는 불가능하며, 존 윈드롭(John Winthrop, 1588-1649), 윌리암 브래드포드(William Bradford, 1589?-1657), 그리고 윌리엄 브루스터(William Brewster, 1567-1644)는 광야에 낙원을 세우는 것은 실현될 수 없다고 믿었다. 브래드포드의 다음과 같은 고백에서 그 증거를 볼 수 있다.

> 그러나 나는 듣기 위해 잠깐 멈추지 않을 수 없고, 이 가난한 사람들의 현재 상태를 보고 반쯤 놀라지 않을 수 없다. 그리고 나는 독자들 역시 그런 것을 생각하게 될 것이라 믿는다. 준비도 되기 전에 거대한 대양과 고난의 바다를 지났다. 그러나 지금 그들에게는 환영해줄 친구 하나 없고, 그들의 쓰라리고 지친 육신을 머물게 해 주고 쉬게 할 여관도 없고, 집도 없고, 더군다나 재건하거나, 부를 구할 도시도 없다… 이 야

만인들과 만났을 때 이들은 싸울 준비를 하며 화살을 넉넉히 준비하고 있었다. 그리고 겨울의 계절이 왔고, 그들은 그 겨울이 그들에게 더욱 혹독하고 괴로운 날들이 될 것을 잘 알고 있으며, 잔인한 그 땅의 주인들, 모진 폭풍우를 잘 알고 있었다. 알려진 장소들을 이동할 때의 위험과 알려지지 않은 해안가를 찾을 때의 더 큰 위험을 알고 있었다. 거기에, 사나운 짐승과 사나운 사람으로 가득 차 있는 춥고 고립된 광야들 이외에 그들이 볼 수 있는 것이 무엇이 있었겠는가? 그들이 알지 못했던 다수의 사람들… 하나님과 그의 은혜의 영 이외에 그들을 지켜줄 수 있는 것이 있었을까? "선조들은 거대한 바다를 건너온 영국 사람들이었습니다. 그리고 이 광야에서 죽을 준비가 되어 있었습니다. 그러나 그들은 주님께 부르짖고 주님은 그들의 목소리를 듣고, 그들의 역경을 보았습니다. 그러므로 주님을 찬양합시다. 왜냐하면 그는 선하시며, 그의 자비들은 영원히 지속될 것이기 때문입니다."[2)]

2. 광야로 들어가는 심부름꾼

청교도들은 사탄이 구(舊)세계에서 그랬던 것처럼, 뉴잉글랜드에서도 역시 공격을 멈추지 않을 것이라 생각했다. 거듭나지 않은 사람들이 있었기 때문에, 뉴잉글랜드에서 채택된 첫 번째 공식 신앙고백서인 캠브리지 선언(Cambridge Platform, 1648)은 회심(conversion)이 교회의 회원으로 받아들여지기 전에 선행되어야 함을 강조하였다:

세상에 있는 그리스도의 교회의 문은, 하나님의 예정(God's appointment)에 의하여 좋은 사람, 나쁜 사람을 막론하고 모든 이들이 자유롭게 자발적으로 들어갈 수 있도록 넓게 열려있는 것이 아니다. 교회의 회원으로 인정된 성도가 되려면, 먼저 그들의 신앙이 평가를 받고 점검되어야 한다… 교회의 지도자들(officers)은 교회의 문을 지킬 책임이 있으며, 교회 안에 들어오고자 하는 이들이 적합한지에 대한 여부를 분명히 해야만 한다. 모든 교회 구성원에게서 요구되는 필수조건들은 죄에 대한 회개와 예수 그리스도에 대한 믿음이다…

---

2) William Bradford, "History of Plimoth Plantation," cited in Perry Miller and Thomas H. Johnson, *The Puritans* (New York, 1963), 1.100-101.

믿음이라는 최소한의 기준은 교회의 구성원이 되는 것을 허락 받고자 하는 자들에게서 요구되는 것이다. 왜냐하면 연약한 기독교인들은, 만약 그들이 진지한 자들이라면, 교회 구성원에게 요구되는 믿음, 회개 그리고 거룩함의 본질을 가지고 있으며, 그들이 은혜 안에서 확신하고 성장하기 위해서 은혜의 수단들(ordinances)을 필요로 한다.[3]

회심과 청교도 사회에서 지속적으로 강조되는 기독교적 성례와 상징에 대한 엄격한 주장 때문에, 2세대와 3세대들에게 문제점들이 나타나게 된 것은 불가피한 일이었다. 만약 그들이 교회의 교인 자격에 대한 그와 같은 요구들을 충족시킬 수가 없다면, 적어도 그들의 자녀들이 세례를 받을 수가 있겠는가? 문제는 교회의 교인됨이 언약 관계 속에 있는 어른과 아이를 모두 포함하는 청교도들의 계약 혹은 언약 신학에서 야기되었다. 스스로 분별할 수 있는 나이에 도달했을 때, 완전한 입교인(full communicant status)이 되기 위해서는 그들은 자신들의 개인적 회심의 경험을 직접 고백해야만 했다. 그러나 2세대와 3세대에게서 신앙의 열정이 쇠퇴함에 따라 많은 부모들은 이러한 자격을 부여받지 못했고, 따라서 이들은 "반쪽 언약자들(half-way covenanters)"이라고 불렸다. 그러나 부모들이 믿음의 고백을 하지 못한다 할찌라도, 그들의 자녀들은 세례를 받을 수 있는가? 캠브리지 신앙고백을 만들었던 1646-48년의 대회(synod)는 그 질문에 대한 결정적인 입장을 연기했다. 1662년 대회에서 "반쪽 언약자들"의 자녀들이라도 세례를 받아야 한다는 결정이 나오기까지 논쟁은 격렬하게 지속되었다. 많은 사람들은 이것이 더 큰 방종을 가져온다고 두려워했고, 결과적으로는 회중들의 숫자가 점차로 늘어남에도 불구하고 성직자의 위신과 권위가 계속해서 약화되고 있었다.

---

3) Quoted in H. S. Smith, R. T. Handy, and L. A. Loetscher, *American Christianity: An Historical Interpretation with Representative Documents* (New York, 1960), 1.136.

3. 시온의 떠나가는 영광

1660년대부터 뉴잉글랜드의 성직자들은 그들의 선조들이 품었던 열성으로부터 "쇠퇴"(declension)하는 현상을 목격하면서 평신도들을 질책했다. 예레미야의 설교에서 구현되었던 한탄과 회개를 촉구하는 형태의 설교인 **제레미아드**(jeremiad)를 통해서, 뉴잉글랜드에서 떠나가는 영광에 대한 애통이 하나님을 향하여 등을 돌린 사람들에 대한 심판의 메시지와 더불어 선포되었다. 제레미아드는 이 시대에서부터 대각성 운동의 시대에 이르기까지 청교도 설교자들에게서 강단의 무기로 빈번하게 나타나곤 하였으며, 이러한 형태의 설교는 청교도 목회자들이 당시의 영적 상태를 진심으로 걱정한 것이었으며, 단지 수사적으로 화려함을 드러내기 위해 고안된 것이 아니었다. 웨이마우스(Weymouth)에 있는 교회의 목사였던 사무엘 토레이(Samuel Torrey)는 1683년에 매사추세츠 식민시의 시방 십회에서 그 시대의 악을 매우 통탄해했다.

> 우리의 삶과 신앙의 심각한 쇠퇴로 야기된 치명적인 부패, 신앙 생명의 부패가 깊게 드리워져 있다. 거기에는 이미 거대한 신앙적 죽음이 있고, 이름 외에 남아있는 것은 매우 적고, 그것들은 이미 죽어 가는 상태에 있으며, 우리는 그것들과 함께 죽음의 커다란 위험에 처해있다. 이러한 현상은 우리가 깊이 각성하며 뉘우쳐야 할 현재 우리의 상태이자 조건이다… 그러면 회심역사의 일반적인 실패로 인해, 그분에 대한 존경이 얼마나 죽어가고 있는지에 대해 생각해보자. 회심의 역사에 의해서만 종교는 보급되고 지속된다. 사람들 안에서 참 존재(Being)는 살아난다. 회심의 역사가 멈춰질 때, 신앙은 죽는다. 지각은 사라지고, 회복의 가능성도 사라진다. 아! 은혜, 거룩, 그리고 경건의 능력의 쇠퇴 때문에 진실한 기독교인들의 마음에서 참된 신앙이 사라져간다![4]

보스턴 제2교회의 목사였던 인크리스 매더(Increase Mather, 1639-1723)

---

4) Samuel Torrey, "A Plea for the Life of Dying Religion," in Thomas Prince, Jr., ed., *The Christian History, Containing Accounts of the Revival and Propagation of Religion in Great Britain, America, & c.* (Boston, 1743), no. 13, May 28, 1743.

는 1677년에, "복음을 위해 이 땅에 온 첫 번째 기독교인들처럼 바벨론의 먼지를 그처럼 완벽하게 털어 버린 세대는 결코 없었다…"[5]고 선언하였다. 이러한 주장으로 말미암아 후대의 어느 세대든지 그들의 첫 세대보다 더 뛰어나기 위한 무거운 부담이 주어졌을 것이다. 그 다음 해에 매더는 그가 본 당대의 실패들에 대해 다음과 같이 말했다.

> 기도는 이런 이유 때문에 한층 더 필수적인 것이 되었다. 회심이 이 시대에 극히 드문 것이 되었다. 지난 세대, 우리의 선조들의 시대에는, 선포된 설교에 무서워하면서 상당한 사람들이 분명히 회심했고, 가끔은 설교를 통해 수백 명의 회심자들이 생기도 하였다. 오늘날 우리들 가운데 이와 같은 것을 보고 있는가? 분명히, 건전한 회심의 현상이 어떤 교회들에게는 아주 드문 일이 되고 말았다. 새로이 떠오르는 세대는 형편없고, 썩어가며, 회심이 없고 (주께서 그의 성령을 부어주시는 경우를 제외하고는) 몰락하는 세대이다. 그들 중 많은 이들은 세속적이며, 술에 찌들어있고, 입만 무성하고, 욕설을 입에 달고, 호색하며, 하나님의 능력에 대해 비웃으며, 선한 것들에 대해 경멸하며, 불순종하는 자들이다. 다른 사람들은 단지 교양 있고 그들의 교육받은 것 때문에 외향적으로는 선한 것에 순응하였지만, 실상은 새롭게 태어남의 의미를 전혀 알지 못했다.[6]

1679년은 **개혁 대회**(Reforming Synod)를 소집하는 것이 정당해질 만큼 영성이 쇠퇴한 해였다. 부족들의 연합에 대항하는 필립 왕의 전쟁, 천연두의 돌연한 창궐, 보스턴 대화재, 제임스 2세의 적의를 포함한 일련의 불행한 사건들은 인크리스 매더와 다른 저명한 목사들로 하여금 "하나님께서 당신의 뉴잉글랜드 백성들과 대적하고 있다"고 생각하게 하였다. "개혁의 필연성"에 대해 강조하면서 그 개혁대회는 "거룩한 신앙공동체"(The Holy Commonwealth)의 여러 죄악들을 지적하면서 13개항으로 구성된 거대한 제레미아드를 만들어냈다. (1) 기독교인들 가운데 나타나는 경건의 쇠퇴 (2) 영적 문제들과 예복에서

---

5) Cited in W. W. Sweet, *The Story of Religion in American* (New York, 1950), 2.
6) Cited in Prince, *Christian History*, no. 13, May 28, 1743.

의 교만 (3) 교회와 교회의 규범들에 대한 무시 (4) 신성모독과 불경한 행동 (5) 안식일을 지키지 않음 (6) 가정 내에서의 영성 쇠퇴 (7) "죄악에 대한 열정과 미움", "불의한 비난과 중상, 떠도는 중상모략" (8) 인내하지 못함과 술 취함 (9) "진리의 결핍" (10) 세속화와 우상화 (11) 개혁에 대한 완강함 (12) 이기주의와 다른 사람과 동료들에 대한 관심 부족 (13) 뉘우치지 않음과 불신앙.[7]

사회적 악들에 대한 이런 강력한 정죄와 분석에도 불구하고 쇠퇴는 계속 되었고, 인크리스 매더는 다음과 같이 1721년에 개탄한 것처럼, 그의 남은 생애 안에 어떠한 개선도 나타나지 않았다.

> 지금 나는 83살이다. 이 나라의 첫 세대 개척자들과 이야기하는 기회를 가졌고, 65년 동안 복음 전도자로 지내왔다. 그러나 나는 첫 번째 성전이 기초만 남아있는 것과 성전의 사역이 변하는 것을 보며 큰 소리로 울었던 고대 선조들의 처지와 같을 수밖에 없다… 나는 그 땅에 통탄할 경건의 쇠퇴가 있는 것을 한탄한다… 그리고 뉴잉글랜드의 가장 큰 관심이 신앙을 버리고 세속화하는 것으로 보일 뿐이다. 외 나의 머리는 물이 되었으며, 나의 눈은 눈물의 샘이 되었구나![8]

4. 영국 제도(British Isles)에서 일어난 부흥

청교도들은 종교개혁 이래로 놀라운 부흥이, 특별히 영국 제도에서 일어났던 것을 기억하고 있었다. 에딘버러의 브루스가 설교하는 중에 1596년의 스코틀랜드 총회에서 각성의 역사가 있었다. 각성운동들 가운데 가장 유명한 것은 1625년에 시작되어 여러 해 동안 지속된, 소위 스튜어튼 병(Stewarton Sickness)이었다. 이 역사는 1583년경에 태어난, 글라스고우의 부유한 상인의 아들이었던 데이빗 딕슨(David Dickson)의 사역과 관련이 있었다.

글라스고우 대학에서 석사학위를 받은 뒤, 딕슨은 8년 동안 그 학교의 철학

---

7) Smith, Handy, and Loetscher, *American Christianity*, 1, 204-16.
8) Cited in Prince, *Christian History*, no. 13, May 28, 1743.

과 교수로 일했다. 1618년, 그는 자신이 1642년까지 일했던 어바인(Irvine)이라는 지역을 돌보는 목사가 되었다. 당시 그의 사역은 스코틀랜드에서 가장 성공한 사역 중 하나였다.

영적 관심을 가지고 모인 군중들은 어바인 주변의 모든 교구에서 왔고, 그의 사역에 즐겁게 동참하려고 많은 사람이 주변에 정착했다. 용기를 얻은 딕슨은 어바인에서 시장이 열렸던 월요일마다 하는 주간강의를 시작했는데, 여러 지역에서 온 사람들로 인산인해를 이뤘다. 스튜어튼 교구에서 온 사람들은 특별히 그들의 목회자로부터 얻은 용기를 특권으로 적절히 활용하였다. 이들에게 생긴 이 감동은 매우 특별한 것이었다. 목사관에 있는 큰 홀에서 자주 수백 명의 사람들이 모여 신앙에 대한 깊은 감동을 목사와 나누기 위해 기다렸다. 공적인 대화를 통해 그들은 죄의 강력한 악독함을 깨닫고 "구원을 얻기 위해 우리가 무엇을 해야 하는가?" 하며 통곡하였다. 주중의 설교와 모임은 바로 유명한 "스튜어튼 부흥"-또는 조소거리로 불렸던 것처럼 "스튜어튼 병"-으로 시작되고, 후에는 여러 가정으로 확산되더니 에어셔(Ayrshire)의 골짜기를 따라 수 마일을 뻗어나갔다…

이 부흥으로 생겨난 영향력은 1625년부터 1630년까지 계속되었으며, 이때는 영국의 다른 지역에서도 성령의 역사의 유사한 현상들이 있었다. 바로 쇼츠의 커크(Kirk of Shotts)에서였다. 그리고 부흥의 기원이 된 그 영예가 교구의 목사에게가 아니라, 그 시대의 새로운 것들에 순응하지 않으므로 생기는 고통을 겪은 신실한 종들 가운데 한 사람에게 있게 되었다는 것은 주목할 만한 일이었다. 거대한 군중들이 1630년 6월 20일, 주일을 위해 정해놓은 교회 특별의식에 참석하기 위해 모든 곳으로부터 모여들었다. 이 일을 위해 초청 받은 목회자들 가운데 위대하고 존경받는 인물은 킨너드의 로버트 브루스(Robert Bruce)였는데, 그는 여느 때와 마찬가지로 위엄과 권위를 가지고 설교 할 수 있었던 사람이었다. 또한 존 리빙스톤(John Livingston)은 위그톤의 백작 부인의 지도목사였다.[9]

당시 리빙스톤의 나이가 27살이었고, 그는 다음과 같은 글을 남겼다:

내 전 생애에서 설교하는 가운데 하나님의 임재를 발견한 유일한 날은 바로 1630년 6

---

9) Thomas McCrie, *Sketches of Scottish Church History* (London, 1846), 1. 190-93.

월 21일로, 쇼츠(Shotts)의 교회 뜰에서 성찬식을 거행한 후 설교한 월요일이었다. 그 날 밤 이전에 나는 기도하며 회의에 참석했던 여러 명의 기독교인들과 함께 있었다. 내가 홀로 뜰 가운데 있었을 때는 아침 8시나 9시쯤으로 설교하러 가기 전이었는데, 내게 계신 성령에 대한 의심과, 나의 무가치함, 연약함과 많은 사람들의 기대에 대한 부담이 몰려왔다. 나는 내 자신에게 다른 곳으로 잠적해버리고 그 날의 설교를 거절하는 것이 좋지 않을까 하고 망설이고 있었다. 하지만, 나는 하나님을 의심하는 데까지는 감히 멀어질 수가 없었고, 결국 설교하러 갔다. 그리고 내가 생각하고 있었던 요점들을 가지고 1시간 30분 정도 나누며 좋은 도움을 주었다… 그리고 결론에서, 약 1시간 정도 권면과 경고의 말씀을 가지고 맺음을 하는 가운데 내 생애에서 공적인 자리에서는 전혀 경험해보지 못했던 말로 다할 수 없는 자유함과 마음의 녹아짐을 경험하게 되었다.[10]

그 이후 2세기가 넘도록 스코틀랜드 교회는 그 날을 공식적인 감사의 날을 교제를 나누며 기념했다. "하나님의 축복 아래, 5백 명이 넘는 사람들이 그들의 회심이 바로 이 설교 때문이라고 생각하였다… 그리고 다른 좋은 증명된 예들로부터 이러한 부흥이 우리나라와 그 밖의 다른 곳의 유사한 사건들에 대하여 불신을 야기한 과도한 특징들이 나타나지 않았다는 것을 잘 보여준다."[11]

5. 스토다드-광야에서 외치는 자의 소리

1669년부터 죽을 때까지 매사추세츠 노스앰튼(Nothampton) 교회의 목사였던 솔로몬 스토다드(Solomon Stoddard, 1643-1729)는 점점 증가하는 세속화의 압력 하에서 패배할 수밖에 없다는 사실을 받아들일 수가 없었다. 그가 복음의 생명력 있는 영적 목소리를 다시 일으키기 위해 제안한 수단들은 여러 분야에서 미국 개신교의 규범이 되었다. 그가 코네티컷 리버 벨리(Connecticut

---

10) *Ibid.*, 1.193-94.
11) *Ibid.*, 1.194, 196.

River Valley)의 유력한 목사였고, 또 성직자와 평신도 모두를 위해 매우 권위 있는 인물이었기 때문에, 그의 희망과 방법이 변경 지역에 적용될 수 있었으며, 복음주의적 접근이 다소 냉소적이고 복잡한 보스턴 지역에서보다는 그 지역에서 훨씬 더 성공적이었다.

스토다드가 자주 언급했듯이, 그는 복음주의자요 구령자(soul-winner)였으며, 또 거듭나지 않은 사람들에게 전도하고자 하는 강렬한 열망을 품고 있었다. 그의 노고는 수많은 성공으로 보답 받았는데, 그의 손자인 조나단 에드워즈가 설명하는 것처럼 "그는 많은 재능과 은사로 유명하고 알려진 사람이었다. 그는 축복 받은 자였고, 그의 사역에서는 시작부터 특별한 성공이 나타났고, 많은 영혼들이 그로 인해 회심하게 되었다. 그는 자신이 다섯 번의 추수를 했다고 말했다… 나는 내 할아버지께서 도시에 있는 대다수의 젊은이들이 주로 영원한 구원에 대하여 깊은 관심을 가지고 있는 것으로 보인다고 말하는 것을 들었다."[12]

스토다드는 수세기 동안 각성을 경험한 기독교 교회로부터 "추수"(harvests)와 "부흥"(revivals)이라는 개념을 이끌어냈다. 성경을 열정적으로 사랑했던 청교도들은 하나님의 사람들의 새롭게 되기를 원하는 기도를 시편 85편 6절("우리를 다시 살리사 주의 백성으로 주를 기뻐하게 아니하시겠나이까")과 같은 권고의 본문들 안에서 발견했다. 매더가 경험한 것처럼, 부흥이 일어나지 않은 것이 거대한 재난의 원인이었다. 다른 기독교인들과 마찬가지로, 청교도들은 오순절(행 2:1-47)에서의 성령의 부으심을 부흥의 패러다임으로 간주하였다. 종교개혁(교회의 위대한 부흥으로서 간주되는)의 시대에, 칼빈은 요엘 2:28-32절을 근거로 오순절 날의 베드로의 설교에 관하여 다음과 같이 기록하고 있다.

---

12) Jonathan Edwards, *A Faithful Narrative of the Surprising Work of God in the Conversion of Many Hundred Souls in Northampton and the Neighboring Towns and Villages* (Boston, 1737), 12.

그런 까닭에, 베드로가 주장하려 했던 것은… 교회는 하나님의 영에 의해 새로워지는 회복됨이 없이는, 다른 수단으로는 회복될 수 없다는 것을 유대인들에게 알게 하는 것이었다. 교회의 회복됨은 새로운 세계로 들어가는 것과 같기 때문에, 베드로는 그것이 마지막 날에 있을 것이라고 말했던 것이다. 그리고 교회가 축복 받고 완성된 상태에 이르는 것에 관한 이 모든 위대한 약속들은 그리스도께서 그의 오심으로 이 모든 것들을 회복시키기까지는 성취될 수 없다는 사실이야말로 유대인들에게는 일반적이고 익히 알려진 것이었다.[13]

청교도적 교회론에 의하면 교회가 번성하기 위해서는 주기적으로 부흥이 일어나야 한다. 그러나 신대륙 교회에 처음으로 각성을 가져다 준 사람은 스토다드였다. 스토다드의 사역의 무대인 매사추세츠 노스앰튼의 제일교회는 1661년에 세워졌다. 첫 번째 목사는 인크리스의 형제인 엘리져 매더(Eleazer Mather)였다. 1669년도에 매더는 그의 목회사역에 조력자를 필요로 하였다. 부유한 보스턴 상인의 아들 스토다드는 1662년에 하버드를 졸업한 후 매더의 조력자로서의 부름을 받아들였다. 얼마 지나지 않아 매더가 죽었다. 그때 스토다드는 흔히 있었던 결혼 관행에 따라 그의 전임자의 과부와 결혼했으며(그는 인크리스 매더의 친척이 되었다), 거의 60여 년 동안을 대단히 영향력 있는 목사로서의 사역을 시작하였다.

J. R. 트럼불(J. R. Trumbull)[14]과 페리 밀러(Perry Miller)[15]의 견해에 따르면, 많은 학자들은 "1700년도 이후 스토다드가 뉴헤이븐(New Haven)까지 이어지는 코네티컷 벨리를 지배했던" 사상을 받아들였고, 그의 바램과 실천은 일반적으로 이 지역교회들 안에 널리 퍼져나갔다.[16] 스토다드가 행한 사역 중의 하나는 열린 성찬식(open communion)으로, 14살이 넘는 모든 사람들은 교회

---

13) John Calvin, *Commentary upon the Acts of the Apostles* (Edinburgh, 1844), 2.84.
14) J. R. Trumbull, *A History of Northampton* (Northampton, Mass., 1898).
15) Perry Miller, "Solomon Stoddard," *Harvard Theological Review* 34(1941): 277-320.
16) Perry Miller, *The New England Mind: From Colony to Province* (Boston, 1953), 228.

의 구성원이 될 수 있으며, 그들이 기독교 교리를 이해하며 도덕적으로 높은 수준에 있는 사람들이라면 성찬에 참여할 수 있다는 그의 사상에 바탕을 둔 것이었다. 그러나 이 지역에 있던 여러 교회들은 이미 스토다드가 노스앰튼에 오기 전에 열린 성찬식을 실시하고 있었다. 그러므로 적지 않은 성직자와 평신도가 반대했다는 코네티컷 벨리의 교회 기록에 근거하여, 폴 R. 루카스(Paul R. Lucas)는 스토다드의 지배가 완전했다는 가정에 대해 이의를 제기하고 있다.[17]

하지만 그 자신의 교회에 대한 그의 영향력은 부인할 수 없을 만큼 지대하였다. 먼저, 그럴 수밖에 없었던 것이지만, 그의 회중은 그의 독재에 난처해하면서도, 그에게 "교황 스토다드"(Pope Stoddard)라는 별명을 붙여 주었다. 그러나 후에 이것은 사랑으로 변화되었는데, 그것은 "그의 마지막 수 년 동안 그는 진정으로 한 사람 한 사람과 깊은 관계를 맺었기 때문이었다."[18] 그는 노스앰튼에서 반쪽 언약(Half-way covenant)을 거부하면서, 성례를 모든 사람이 참여할 수 있는 것으로 개방하기 시작했다. 다른 교회들은, 특별히 코네티컷의 교회들은 개방된 성례를 실시하고 있었지만, 이것은 특히 보스턴에서는 "뉴잉글랜드의 길"(New England way)에 대한 반대이자 예기치 못한 이탈로 간주되었다. 스토다드는 오직 하나님만이 누가 진실하게 거듭났는지 아신다는 말을 함으로써, 성찬은 "회심시키는 의식"(converting ordinance)이라고 주장하며 자신의 입장을 변호했다. 그의 추론은 투명한 것이었다. 영향력 있는 목사로서 스토다드는 반쪽 언약자들을 성찬에 참여시킴으로써 그들에게 영향력을 발휘하고 시간이 지나면서 그들의 회심을 도모할 수 있었다. 강력한 설교를 통하여 많은 사람들의 양심에 감화를 끼침으로 대중들의 회심과 부흥을 초래했는지도 모른다. 스토다드에 따르면, "수치스럽지 않고"(nor scandalous) "자신들을 점검하며 주의 몸을 분별할 줄 아는 지식을 가진 자들"인 "가시적 성도들"(visible saints)은 비록 그들이 구원받은 은혜의 분명한 경험을 고백할 수

---

17) Paul R. Lucas, "An Appeal to the Learned: The Mind of Solomon Stoddard," *William and Mary Quarterly* 30 (1943): 257-92.
18) Miller, *New England Mind*, 228.

없을 지라도, 설교와 성찬에 참여하도록 격려해 주어야 한다. 스토다드에게 "가시적 성도들"이라는 개념은 "하나님이 거절하실 때까지 참된 신앙을 소유한 자들로부터 계승되어 내려오는 유산들과 함께 참된 신앙을 진실하게 고백하는" 모든 사람을 의미하였다.[19]

1) 신세계에서의 "추수"(Harvests)

페리 밀러는 큰 문제를 일으키지 않은 사람이라면 누구에게든지 성찬을 개방한 스토다드를 "보이는 교회를 더 이상 성도의 교제와 동일시하지 않고, 오히려 마을 모임과 동일시했다"고 비평한다.[20] 스토다드의 강력한 설교와 다양한 목회수단으로 1679년과 1683년, 1696년, 1712년, 1718년에 일어난 5번의 대각성(또는 그는 이들을 "추수"라고 불렀다)을 통해 회심한 자들의 숫자는 아마도 대각성 운동 전에는 뉴잉글랜드 어느 지역에서도 필적할 수 없는 열매였다. 그러므로 스토다드는 신적 은혜의 수단들에 관해, 특별히 목회자가 전능하신 하나님을 도와 부흥을 일으킬 수 있는 방법들에 대해 권위 있게 주장할 수 있었던 것이다.

그러나 대도시 보스턴에서 각성운동은 목회자들을 곤란하게 만들었고, 제레미아드는 긴장을 더욱 고조시켰다. 1687년에 스토다드는 그의 두꺼운 첫 번째 책 『심판의 날에 드러나는 안전』(Safety of Appearing at the Day of Judgment)을 완성하고 그의 친척인 인크리스에게 다음과 같이 말하며 서문을 써달라고 부탁했다. "당신 자신의 짧은 몇 마디가 이 책의 인지도를 상당히 높여 줄 것입니다." 그러나 매더는 수 년 동안 보스턴에의 지도체계를 무시한 스토다드의 독립과 성공에 반감을 갖고 있었으므로, 그는 서문 쓰기를 거절했다. 매더는 처음에는 반쪽 언약(Half-way covenant)을 반대했으나 1760년대

---

19) Solomon Stoddard, *The Doctrine of Instituted Churches Explained, and Proved from the Word of God* (London, 1700), 6.
20) Miller, "Solomon Stoddard," 298.

후반부터는 그것을 지지했다. 그는 이후 30년 동안 스토다드의 창안들(innovations)에 대한 분노 때문에 노스앰튼의 "교황"에 반대하는 소책자의 출판에 전념하였다.

> 최근에 출판된 출애굽기 12장 47-48절에 대한 스토다드의 설교에는 성경에서 배웠고, 그분의 이름을 위해 성전들을 세우는 데 그리스도의 도구들이 된 주님의 축복 받은 종들로부터 배웠던 교리와 대조적이며 뉴잉글랜드의 교회들에 해악을 끼치는 많은 구절들이 있다. 그러나 거기에는 특별히 두 가지의 이단적 주장이 있다. 하나는, 거룩함이 성찬식에 참여하는 데 있어서의 필수요건이 아니라는 주장이다. 다른 하나는, 성찬식은 회심시키는 의식이라는 것이다. 결론적으로 거듭나지 않은 상태에 있는 자신을 아는 이들도, 여전히 죄 가운데 거하면서, 주님의 거룩한 식탁으로 다가올 수 있고, 또 나아와야 한다…
>
> 그러나 S 씨(Mr. S.)는 이 세상에서 가장 특이한 관념을 가지고 있음이 틀림없다. 그의 주장에 따르면, 부르심을 받은 성도들은 그들이 회심했든지 아니면 하지 않았든지 상관없이 교회에 의해 받아들여져야 한다는 것이다. 그러나 당신은 먼저 부르심을 받았는데 회심하지 않은 성도들에 대해 들어본 적이 있는가? 그는 말하기를, 보이는 성도들과 겉으로 보기에 부름 받은 것으로 보이는 자들, 그러나 하나님의 시각으로는 진정으로가 아니고, 내적으로도 부르심을 받지 않은 자들이 교회에 의해 받아들여져도 좋다고 확고하게 주장한다. 그는 이것이 아무도 이의를 제기할 수 없는 것이라고 생각한다. 그러나 그가 표현한 것처럼, 그의 생각은 그 자체로 **악독한 모순**(Contradictio in ad jecto)을 지니고 있는 것이다. 확실히 거룩하다면 그들은 회심한 것이다. 만일 그들이 성도라 불린다면, 그들은 세상적인 것들과 자연인의 회심하지 않은 상태로부터 부름 받은 것이다(요 15:19).[21]

매더의 눈에 비친 이런 실천적인 경향들이 진정 의미하는 것이 무엇이었든 간에, 스토다드의 진정한 의도는 회심을 무시하는 것도 아니었고, 교회의 기초를 세운 사람들과 신학을 비난하려고 했던 것은 아니다. "사람들은 잡음을 내

---

21) Increase Mather, *A Dissertation Concerning the Strange Doctrine of Mr. Stoddard* (Boston, 1708), 1, 20-21.

는 데 참 익숙하다"고 스토다드는 불평했는데, 아마 마음에는 분명히 인크리스를 향한 비난을 의도하고 있었을 것이다. "우리는 개혁을 지향한다. 우리는 옛 길에서 떠나고 있다. 그러나 과오가 놓여있는 곳이 어디인지를 아는 것은 쉬운 일이 아니다. 우리는 아마도 우리의 조상들을 무시하지 않은 채로 그들이 행한 것들을 바꿀 수도 있다. 물론 우리 자신들의 지혜에 대해 자랑하지 않고, 물론 배교도 없을 것이다."[22] 어떻게 확고한 전도의 사람이 영적 쇠퇴를 초래한 것에 대해 책임을 져야하는가? 오히려 스토다드는 단지 전통주의를 지키려고만 하고 시대의 문제들에 대해서는 답변을 주지 못하는 사람들, 회심은 적은데 문제만 많아질 때까지 사람들을 퇴보시키는 동부 매사추세츠의 성직자들이 바로 그 책임을 져야할 사람들이라고 믿었다. 스토다드는 사람들의 잘못된 안도감에 대해 강하게 비판하는 것을 옹호했다. 그러나 만일 사람들이 교회를 무시하고 있다면 어떻게 양심에 대한 그와 같은 비난을 들을 수 있었겠는가. 그들은 능력 있고 확신에 찬 설교를 들을 수 있도록 회심하지 않은 자들을 데리고 오지 말아야 한단 말인가?

2) 전한 것을 실천함

스토다드는 수십 년 동안 일어났던 매더와 다른 공격자들과의 여러 논쟁들에서 숱한 공격들을 막아내며 자신의 정당성에 대해 확신하는 위대한 능력과 신념의 인물로서 크게 부각되었다. 밀러는 그를 "숭고한 사람"(magnificent individual)이라고 불렀다.

> 그는 우리들의 눈에 동부에 대항하는 서부, 17세기에 대항하는 18세기 그리고 새로운 세기와 새로운 땅의 선구자로서 다가온다. 그는 뉴잉글랜드의 첫 번째 위대한 "부흥사"였다… 당시 그의 설교는 신학과 논리의 껍데기들을 제거하여 사람들을 거룩한 성

---

22) Solomon Stoddard, *The Inexcusableness of Neglecting the Worship of God, Under a Pretense of Being in an Unconverted Condition* (Boston, 1708), preface.

품의 참여자들이 되도록 고무시키고자 한 결정으로 인해 매우 독특한 것이었다. 또한 그는 사람들을 공포에 사로잡히게 만들어 회심에 이르도록 지옥불과 유황에 대한 설교를 공개적으로 옹호한 뉴잉글랜드의 최초의 목회자였다.[23]

다른 목사들이 그들의 사역에 모방하기를 원했던 스토다드가 주창한 방법은 『심판의 날에 드러나는 안전』에서 처음으로 나타난 것으로, 뼈대가 되는 개념들을 정교하게 조직한 작업이었다. 그리스도의 사랑과 용서의 복음이 회심에 이르는 유일한 수단이다. 회심 전에, 모든 죄인들은 비록 준비가 그 자체로 구원을 가져다주는 능력을 가지고 있지는 않지만, 어떤 특별한 준비의 단계들을 겪어야만 했다. 이러한 준비는 구약 율법 시대의 틀에 근거한 "율법적 행위(law work)"가 죄인의 무능함과 영적 필요를 확연히 드러낸다는 청교도적 "확신"과 유사한 것이었다. 무능함에 대한 이런 가르침은 죄인들이 그리스도의 구원의 은혜에 입문할 수 있도록 준비시켰다. 스토다드가 말한 준비들은 겸손과 회개의 두 단계로 구성되어 있었다. 만약 교회의 의식-성찬, 설교, 말씀-에 참여하고 있다면, 그 사람은 은혜가 임할 그 순간을 위해 도움을 얻게 될 것이다.

신실한 목사가 죄인들의 회심에 그렇게 지대한 역할을 하기 때문에, 스토다드는 자주 그의 동료들에게 그들의 책임감이야말로 경이로운 것이라고 역설하였다. 공적으로 또는 사적으로 사람들을 다루면서 그는 다음과 같이 충고했다.

> 사람들은 모든 나쁜 행동들에 대한 진지한 경고를 들어야 한다. 그리고 만약 이것이 생략된다면, 그것은 약속의 땅을 엄청난 죄의 증가로 물들일 것이다… 신실한 설교는 두 가지 면에서 유익할 것이다. 하나는 분노의 원인들을 제거하여, 약속의 땅에 대한 하나님의 진노를 야기할 죄악을 방지할 것이며, 우리는 더욱 공적인 번영을 누릴 것이다. 다른 하나는 회심에 커다란 장애가 되는 악한 행위들로부터 사람들을 구출하는 것이다.[24]

---

23) Miller, "Solomon Stoddard," 316-17.
24) Solomon Stoddard, *The Defects of Preachers Reproved in a Sermon Preached at Northampton, May 19, 1723* (New London, Conn., 1724), 20-21.

그는 동역하는 동료들을 솔직하고 꾸밈없이 대하려고 했다. 그는 다음과 같이 말하곤 했다. 회심자가 적은 것은 **그들의**(their) 잘못이다. 어떤 설교들은 사실상 사람들에게 그들의 죄에 대해 더 완고하게 만드는데, 그 이유는 그 설교가 구원의 길을 명백히 보여 주지 못하고 있기 때문이다. 그 결과 죄인들은 구원을 갈망하지 않거나, 그것이 매우 어렵고 불확실한 것이라고 생각한다. "어떤 마을에는 신실한 사람들이 아주 적다. 대부분의 사람들은 그들이 결코 복음을 들어보지 않았던 것과 같은 악한 상황에 처해있는 것이다."[25] 설교자의 사역은 쉬운 일도 인기 있는 일도 아니며, 애초부터 사람들은 그들의 죄를 정죄하는 복음이 선포되는 것을 싫어할 것이다. 그러나 회심한 후에는 그들은 놀라운 축복을 받은 자로서 감사하게 되는 것이다.

> 수준있는 신앙고백은 한 많은 사람들이 거룩하지 못한 삶을 사는 것… 그것은 철저하게 다뤄지지 않았다. 그리고 그들은 자신들이 좋은 상태에 있고, 양심은 그런 타락한 삶을 사는 것에 대해 고통을 겪는다고 믿고 있다… 만약 그들이 날카롭게 질책 받는다면, 그것이 그들을 건강한 믿음을 키우는 수단이 될 수 있다(딛 1:3). 그것은 그들의 삶을 개혁할 뿐 아니라, 영원한 삶을 위한 더 좋은 토대를 놓기도 한다.[26]

3) 신실한 목자

그렇다면 어떻게 설교를 해야 하는가? 설교는 노트 없이 선포되어져야 한다. 스토다드는 원고 없이 설교한 것으로 유명했다. 이것은 그가 임시변통으로 즉석에서 설교했다는 것을 의미하는 것은 아니었다. 스토다드의 잘 정돈된 원고들은 그가 설교를 위해 많은 준비를 했음을 보여준다. 그는 강단에 서기 전에 설교 원고를 거의 외우고 암기한 것을 자유자재로 선포하거나, 최소한 원본과 거의 같게 전하려고 설교 연습을 꾸준히 지속하였다.

---

25) *Ibid.*, 26.
26) *Ibid.*, 27.

설교를 읽는 것은 지루한 설교 방법이다. 읽는 설교는 권위가 있고 또한 감동적으로 전달되지 않는다. 설교는 그리스도의 예언의 말씀이다(미 5:4). 설교자는 주님의 능력과 위대하신 주님의 이름으로 인하여 설 수 있으며 담대하게 전할 수 있다. 설교가 원고 없이 전달될 때, 목사의 모습과 제스처는 청중의 주의를 집중시키며 감정을 강하게 불러일으키는 중요한 수단이 된다. 사람들은 말씀을 듣는 가운데 졸기도 한다. 설교자가 가진 생명력은 청중의 주의를 강하게 불러일으키는 수단이며, 그들 안에 적합한 감정을 자아내어야 한다. 읽는 설교는 권위를 가진 설교로 전달되지 않는다. 그런 설교는 서기관들의 설교 냄새가 난다(마 7:29). 읽는 설교가 다른 설교들에 비해 유익하지 않는다는 것을 우리는 경험을 통해 안다. 논쟁이 될 수 있겠지만, 수사학에 입각한 설교는 이성적인 강연보다 기억하기가 더 어렵다. 그러나 성령의 증거 가운데 설교하는 것이 매혹적인 인간의 지혜의 말로 전하는 것보다 더욱 더 유익하다는 것이 해답이 될 수 있을 것이다.[27]

그러면 면밀하게 사리에 맞으며 잘 준비되고 열정적으로 선포되어지는 설교의 내용은 어떠해야 하는가? 이성적인 설교인가? 스토다드는 이점에 있어서 매우 엄격했다. 강단에서 흘러나오는 건전하지 못한 수많은 설교들을 고려해 볼 때, 회심이 거의 일어나지 않는 것은 이상할 것이 없었다. 뉴잉글랜드를 괴롭혔던 지루하고 열의 없는 설교는 영적 쇠퇴의 확실한 요인이었고, 죄인들로 하여금 하나님에 대하여 더 냉담해지고 멀어지게 하였다.

> 만약 누군가 사람들은 그들의 회심의 시기를 무시해도 좋다고 가르침을 받는다면, 그것은 좋은 설교가 아니다… 사람들은 자주 그들의 회심이 진짜인지 아닌지에 대해 자주 고민하게 된다. 확실히 회심한 사람들은 하나님께서 그들 안에 변화를 주신 시기를 주목해야 한다. 회심은 어둠에서 광명으로, 죽음에서 생명으로의 위대한 변화이다… 회심은 이 세상에서 살아가는 인간의 삶 가운데 가장 큰 변화이며, 확실히 그것은 우리의 관심 아래 놓여 있다.[28]

---

27) *Ibid.*, 18.
28) *Ibid.*, 20.

보잘것 없고 결점이 많은 또 다른 종류의 설교가 있는데, 그것은 바로 성화에 대한 충분한 강조를 하지 못하는 경우이다. 그래서 뉴잉글랜드 사람들은 회심 이후에 성도의 삶에 이루어져야 할 결정적인 변화에 대해 잘 알지 못했다. 어떤 설교자들은 이것을 칭의에 대한 교리적인 보완 정도로만 간주하고 별로 강조하지 않았다. 그래서 많은 회중들은 변화된 삶의 중요성에 대해 이해하지 못했다. 덧붙이자면,

> 만약 누군가 겸손이 믿음 전에 필요한 것이 아니라고 한다면, 그것은 좋은 설교가 아니다. 개인적으로 그리고 공개적으로 가르쳐온 그와 같은 교리는 어떤 사람들로 하여금 그들의 상태에 대해 잘못 이해하게 할 수 있는 수단이 된다. 그래서 그들이 비참해진 때에도 그들로 하여금 행복하다고 생각하게 만든다… 사람들은 예수 그리스도의 보혈을 믿기 전에 마음의 완악함과 율법의 엄격함으로 인도되어야 한다.[29]

이런 겸손함은 청교도 교리의 규범이었다. 이 사상은 겸손한 죄인은 준비된 죄인이라는 것이다. 이런 조명의 사역은 엄밀하게 말하자면, 성령의 일하심이다. 성령의 역사(役事)로 말미암아 그리스도 안의 진리는 영혼의 잃어버린 상태를 인식시키며 그 결과로 교만은 무너지며, 영혼은 그리스도의 구원의 부요함을 높이게 되며 다른 어떤 것보다도 귀중하게 여기게 된다. 스토다드는 이러한 영적인 자각을 **영적인 확신**(spiritual conviction), **영적인 지식**(spiritual knowledge) 그리고 **영적인 통찰**(spiritual sight)이라고 언급하였다. 이것은 반드시 자연인의 이성이 받아들일 수 있는 **일반적인 조명**(common illustration)과는 확연히 대조된다.

지옥의 형벌은 무엇인가? 스토다드는 계속해서 언급한다,

> 사람들이 지옥으로 떨어지는 위험에 대한 설교를 많이 하지 않을 때, 좋은 설교로서 미흡하다고 할 수 있다. 어떤 목회자들이 너무 지나치게 도덕적 의무들과 축복받는 경

---
[29] *Ibid*., 11-12.

건한 사람에 대해 설교하지만, 죄인들을 깨닫게 하고 자신들이 처한 위험에 대해 민감하게 만들려고 하지 않는다. 그들은 변화를 갈망한다. 이러한 주제들은 반드시 선포되어야 할 필요가 있으며, 죄인들이 심판과 지옥에 대해 듣지 않는다면, 아주 소수만이 회심할 것이다. 많은 사람들은 깊은 잠을 자고 있으며, 그들은 마치 지옥이 없는 것처럼 우쭐댈 것이다. 또는 적어도 하나님은 그들을 지옥에 던져 넣을 만큼 모질게 다루지 않을 분이라고 말할 것이다(시 36:2)… 목회자들은 그들에게 그런 상태에서는 안식이 없다는 것을 알려주어야 한다. 목회자들은 불붙은 나무를 꺼내듯이 그들을 끌어내야 한다… 목회자들이 점잖게 그들을 대한다면, 마치 엘리가 그의 아들을 바르게 책망하지 못한 것처럼, 잘못하는 것이다. 예수 그리스도는 자주 지옥의 위험성에 대해 사람들에게 경고하셨다(마 5:29-30).[30]

4) 전도의 새로운 시대

결국 스토다드는 전도의 새로운 시대를 출범시켰다. 그에게 있어서 바람직한 설교는 민감한 영혼들에게 마음을 상하게 하지 않는 계산된 설교를 거부하는 것이었지만, 그렇다고 뉴잉글랜드의 성직자들의 선지자적 설교인 제레미아드만이 가치 있는 것이라고 간주하지 않았다. 그들의 긴 설교들은 일반적인 위협과 흐느낌과 감언이설로 구성되어 있었는데, 이것들은 좋은 것이 아니었다. 왜냐하면 그 설교들은 죄악으로 더러워지고 위선으로 가득 찬 인간의 마음을 제대로 지적하지 못하기 때문이었다. 교회를 자발적이고 풍성하게 하기 위한 스토다드의 원칙은 율법의 공포에 대해 설교하고, 회중에게 열린 성찬식을 제공하며, 쉽게 설교하며, 신생(new birth)의 사랑과 율법의 두려움의 균형을 유지하면서, 이 모든 것들과 엄격한 교회 규율을 결합시키는 것이었다. 그는 사람들이 어떤 경우에는 다른 어떤 것보다도 자신들의 구원에 대해 더 많은 관심이 있는 것을 인정했다. 그는 또한 "경건은 사람들에게 자연스러운 것이 아니며, 그것을 그리 오랫동안 유지하지 못 한다"고 말했지만, 구원에 대한 새로운 관심을 증진시키기 위한 방법으로서, 공포와 소망을 적절하게 결합할 것을 다

---

30) *Ibid.*, 13-14.

른 목회자들에게 제의했다.

훌륭한 설교는 교리적 설교이며, 적절한 출발은 하나님의 주권과 인간의 죄로 인한 상실을 함께 전하는 것이라고 스토다드는 주장했다. "만일 사람들이 지옥의 무서움에 대한 두려움을 철저히 가지고 있다면, 그들은 기꺼이 그들 속에 있는 가능성을 증진시키고자 할 것이며, 성공에 대한 확신을 계속 유지할 수도 없을 것이다."[31] 설교는 회심과 결단이라는 목표에 맞추어 수정되어야 한다. 오늘날 많은 사람들이 멸망할 상태에서 잠자고 있으며, 설교의 일반적인 추세는 그들이 처한 위험을 알리기에는 전적으로 효과적이지 못하다.

> 그들은 아주 완고해서 온화하게 말하는 것은… 예배당의 의자에 앉아 있는 것 이상의 감동을 그들에게 줄 수 없다… 하나님은 적절한 수단들을 축복하신다… 어떤 목회자들은 마치 그들이 학교에서 연설을 하는 것처럼 설교의 수사학적 노력들에 관심을 기울인다. 이것은 사람들의 상상력을 자극하고, 가려운 귀를 긁는 것과 같다. 그러나 우리가 다루어야 할 것은 인간들의 양심이다… 우리는 우리의 재치나 언변을 과시하기 위해서가 아니라, 인간들의 양심에 불을 붙이기 위해서 설교자로 부름을 받았으며, 또한 우리는 헛된 인간의 웃음을 유발해 내기 위해서가 아니라, 오히려 인간들의 양심을 찌르고 고통을 주기 위해 설교자로 보냄을 받아야 한다.[32]

이것이 스토다드의 부흥신학이다. 실제로 이것은 그의 수많은 작품들 속에서 발전되었으며, 『심판의 날에 드러나는 안전』을 제외한 모든 후기 작품들은 그의 생애 후반에 강조했던 이 주제를 심도 있게 반영하고 있다. 밀러는 『복음전도자들과 함께 하는 그리스도의 임재』(The Presence of Christ with the Ministers of the Gospel, 1718), 『회심에 관한 논의』(A Treatise Concerning Conversion, 1719), 『설교자들의 드러난 결점들』(The Defects of Preachers Revealed, 1724)을 포함한 그의 작품들에 대해 "뉴잉글랜드에서 출판된 다른

---

31) Solomon Stoddard, *A Guide to Christ* (Boston, 1724), 39.
32) Solomon Stoddard, *The Presence of Christ with the Ministers of the Gospel* (Boston, 1718), 27-28.

글들과 같이 종교 심리학 분야를 철저하게 탐구한 저작들"[33]로 간주하였다.

5) 겨울나무처럼

스토다드는 대표작 『심판의 날에 드러나는 안전』을 하나님의 지혜는 언제나 이해하기 어려운 것이라고 언급하면서 시작한다. 그분은 인간을 다루실 때 필연적으로 죽을 수밖에 없는 존재들에게는 알려지지 않는 방법들을 사용하신다. 이 시대에 살고 있는 사람들은 대개 완고하고 "하나님은 때때로 당신의 자녀들로부터 소성케 하시는 그의 영의 임재를 거두어 가시기도 하신다."[34] 그러나 인간을 다루시는 하나님의 손이 그 어느 때보다 적은 것처럼 보이는 때라도, 그 시대의 사람들이 영적으로 무디고 느낌이 없고, 돌같이 굳은 무정함이 그들의 마음을 주장한다 할지라도, 하나님의 영은 결코 전적으로 물러서지 않으신다. 우리는 이러한 사실로부터 하나님의 교회라 할지라도 지대한 변동에 의해 지배받기 쉽다는 것을 배워야 한다.

어떤 시기에는 교회가 왕성하며, 다른 시대에서는 교회가 쇠퇴하기도 한다. 이것은 개인에게도 마찬가지인데, 어떤 때는 복음의 진전에 대해 지대한 관심을 가진다. "그러나 다른 때에 그들은 영적으로 정체 상태에 머물기도 한다. 그들은 마치 겨울나무처럼, 도무지 예배를 드릴 수 없을 만큼 병든 사람이 되기도 한다."[35] 그러나 영적으로 활발한 시대에는, 사람들은 하나님 나라를 세우기 위해 전심전력하고, 믿음의 열정과 세상을 비추는 빛을 통해 하나님께 영광을 돌린다. 따라서 교회가 쇠약한 상태에 있을 때, 우리는 그러한 쇠퇴를 언제

---

33) Miller, *New England Mind*, 282.
34) Solomon Stoddard, *The Safety of Appearing at the Day of Judgment, in the Righteousness of Christ* (Boston, 1689), 277.
35) Solomon Stoddard, *The Efficacy of the Fear of Hell* (Boston, 1713), 194. 이것은 특정한 제목이 없이 "하나님께서 사람들 가운데 신앙심을 현저한 방법으로 갱신시키는 아주 특별한 계절들이 존재함"이라는 주제에 관하여 1712년에 행한 일곱 번째 설교였다.

나 그런 것으로 단정해서는 안 된다. 이 모든 일은 하나님 주권에 달려 있으며, 부흥의 계절은 확실히 돌아 올 것이다.[36]

흥왕하는 시대이든, 쇠퇴하는 시대이든 그 책임은 목회자와 성도 모두에게 있다. 그리스도 밖에 있는 존재의 위험성, 갑작스러운 죽음, 영생의 위대함 그리고 지옥의 무시무시한 참혹성에 대해서 항상 상기 시켜주어야 할 의무가 목회자들에게 주어져 있다.

성도들의 책임은 언제나 신실한 믿음을 유지하는 것이다. 하나님은 계속해서 믿음의 삶을 살아가며 그의 말씀에 따라 하나님을 의지하도록 성도들을 세워 가신다. "하나님은 그의 섭리 속에서 행하시며 그들을 그 속에 놓으신다. 또한 하나님 외에 다른 의지할 것들을 제거하시는데, 이는 그들이 더욱더 하나님 한 분의 약속을 의지하도록 하기 위해서이다."[37] 하나님의 사람은 믿음으로 살고 표적을 의존하지 않는다. 때때로 하나님의 사람들은 하나님의 정확무오한 말씀에 대한 신앙보다 여러 표적에 대한 신뢰를 더 중요하게 간주하기도 한다. 표적은 경우에 따라 하나님께서 주시는 것이지만, 늘 표적을 주시는 것은 아니다. "하나님이 표적을 거절하실 때에는 우리에게 믿음을 요구하실만한 충분한 근거가 있는 것이다."[38] 하나님은 그의 백성들이 확고하게 믿음에 의지하는 것을 보기 원하시며, 또한 그것을 매우 기뻐하신다.

설교자와 평신도 모두가 자신들의 본분에 충실할 때, 부흥은 결국 온다. 스토다드는 자신의 경험을 통해서 각성이 일어날 때 무슨 일이 생기는지 다음과 같이 설명했다.

문: 부흥이 일어나면 사람들에게 어떤 일이 일어납니까?

답:
1. 성도들이 생기를 띠고 일어납니다.

---

36) Stoddard, *Safety of Appearing*, 277.
37) *Ibid.*, 279.
38) *Ibid.*, 343.

시편 92편 12절에 예언된 것처럼, 의로운 사람들이 거룩하게 되면, 부흥이 일어납니다… 경건한 사람들이 흥왕하는 시대는 마태복음 25장 5절에 나오는 것처럼, 유혹의 시기가 있게 됩니다. 신랑 되신 예수님이 더디 올 때, 그들 모두는 졸며 잠을 잤습니다. 그들은 세상을 점점 더 사랑했고, 교만하고, 형식적이었으며, 그리고 경건한 삶을 유지하려고 노력하지 않았습니다. 그러나 그들의 마음이 하나님의 방법으로 고양(高揚)되는 시기가 옵니다… 그들의 영혼들이 풍성하게 되고, 성령의 은혜로운 손길 아래 있을 때, 그들은 점점 더 은혜 안에서 강하게 됩니다. 때로 그들은 하나님의 계명을 향하여 달려갑니다. 하나님께서 그들의 마음을 넓히시기 때문입니다… 이것은 사람들 가운데 거룩함을 증진시키는 하나님의 역사였습니다.

2. **죄인들이 회심합니다.** 하나님은 때때로 복음을 매우 강력하게 하십니다. 그런 일들은 이미 오래 전 시대부터 있었습니다(롬 15:29)… 복음은 사람들이 믿고 구원을 받도록 하기 위해 기록된 것입니다(요 20:21). 그리고 그 목적을 위해 복음은 전파됩니다. 이따금 하나님은 그 일에 엄청난 성공을 주시기도 합니다… 아주 짧은 시간 속에 위대한 변화가 일어나기도 합니다. 그들은 죽었던 자들이었지만 산 자가 되었습니다. 그들은 잃어버렸던 자들이었지만 새롭게 발견된 자가 되었습니다. 복음은 많은 사람들을 위한 생명의 구원자가 됩니다. 때로는 이런 역사가 미약할 때도 있어서 불평이 있기도 합니다(시 121:1)… 그러나 어느 때에는 수많은 성도들이 엄청난 숫자로 증가하기도 합니다(행 9:31)…

3. **회심하지 않은 사람들이라도 보다 더 종교적이 됩니다.** 이스라엘이 이집트에서 나왔을 때, 거기에는 여러 혼합된 무리들이 있었습니다. 하나님께서는 많은 사람들이 회심하는 것을 기뻐하셨습니다. 그들의 마음 안에 성령의 역사하심을 경험한 많은 사람들이 있었습니다. 자신들의 모습에 감동을 받았고, 자신들의 악한 태도들을 고치고, 신앙적인 의무에 열심을 냈습니다. 그들은 아주 강한 열정을 소유했으며, 거룩한 정서(religious affections)로 가득 채워졌습니다. 하나님이 어떤 이들에게 구원의 역사를 나타내실 때, 다른 사람들에게도 공동의 조명(common illumination)을 갖게 하는 것은 흔히 있는 일입니다. 그리고 그것으로 인해 위대한 개혁이 일어나고, 신앙은 널리 전파되며, 사람들은 외적으로도 하나님과의 언약을 지키고자 하는 마음이 됩니다."[39]

---

39) Stoddard, *Efficacy*, 187-89.

6. 스토다드의 중요성

솔로몬 스토다드는 효과적인 복음전도를 지향하는 새로운 해답들을 가지고 미국의 신학적 문제들과 대면했다. 또한 그는 부흥 신학에 있어서 어떤 질문이 가장 우선적인 질문이 되어야 하는가 하는 것을 잘 소개했다. **성직자와 평신도가 각성을 일으키는 데 있어서 전능하신 하나님과 어느 정도까지 협력할 수 있는가?** 평생 자신의 신학의 가능성을 연구하는 동안 동부 매사추세츠의 성직자들은 기울어져 가는 교회에 절망하며, 애통의 신학(the ideology of jeremiad)과 언약 체계를 제외하고는 기여할 만한 새로운 것이 전혀 없는 무익한 교회론에 의존하고 있었다. 그들은 교회의 쇠퇴를 한탄했고, 회심자들이 거의 없음에 슬퍼했으며, 하나님의 진노가 임할 것이라고 위협했으며, 세례 언약을 향상시키기 위해 노력하고, 더 많은 자들이 세례를 받도록 언약에 맹세할 것을 강요했다. 그럼에도 불구하고 영적인 쇠퇴는 여전히 계속됐다.

구세계(Old-World)의 부흥신학과 동부 매사추세츠의 부흥신학은 주님의 정하신 때에 영적 각성이 임한다는 것이었다. 그것은 예견할 수 없는 것이었고, 설교자들도 그 부흥의 시기를 조절할 수는 없었다. 반면 스토다드는 "하나님께서 그의 백성들 안에 주목할 만한 방법으로 부흥을 주시는 특별한 시기들(seasons)이 있다"[40]고 주장했고, 그의 모든 접근은 성직자와 평신도 모두가 부흥이 임하는 데에 기여할 수 있다는 가정 아래 있었다. 그리고 그의 방법은 무엇보다도 하나님과 협력하기 위해 필요한 단계들을 자세히 기술하는 것이었다. 그는 부흥의 증명된 방법들로서 다음의 내용들을 수용해야 한다고 주장했다.

- 지옥에 대한 설교
- 오직 하나님만이 누가 중생 했는가를 아시며, 모든 사람들은 복음의 초청에 응해야만 한다는 가르침
- 죄인이 자신의 삶을 점검하고 연속적인 준비의 단계들을 경험하기 위해

---

40) *Ibid.*, 186.

반드시 필요한 겸손에 대한 요구
- 성령의 조명하심과 성령께서 불어 넣으시는 믿음의 근원에 대한 설교
- 이후에 연속되는 복음에 믿음으로 응답하는 죄인들의 능력
- 구원에 대한 확신을 확고하게 하고, 그 시기를 알 수 있는 사건인 회심의 경험[41]

미국의 후기 전도자들은 스토다드와 여러 다른 점들이 있었음에도 불구하고 대체로 이 체계를 따랐다.

만일 스토다드가 많은 사람들이 자신들은 선택받지 못한 자라는 가정 하에서 느꼈던 절망감만을 공격했더라면, 스토다드는 아주 큰 기여를 했었을 것이다. 그는 선택받은 것을 이 땅에서는 확실히 알 수 없기에, 모든 사람은 마치 자신을 선택받은 자로 간주하고 복음에 응해야 한다고 가르쳤다. 스토다드가 변형시킨 것은 칼빈주의 신학자들이 전통적으로 허용했던 것보다 사람이 자신의 구원을 성취하는 데 더 많은 영역이 있다고 가르친 것이었다.

이전에는 많은 사람들이 칼빈주의의 "작정"(decree) 교리에서 제시된 것과 같이 자신들이 무능하고 잃어버린바 된 자라면, 구원을 추구하라고 사람들을 도전하는 것 자체가 어불성설이 되는 것이라고 생각했다. 스토다드는 칼빈주의자들의 신학과 자신의 전도 사역 사이의 명백한 모순을 그 모든 것은 전혀 알 수 없는 것이라고 주장함으로써 해결코자 했다. 그는 하나님 앞에서의 인간의 전적 무능함이라는 성경의 가르침을 분명히 붙들고 있었지만, 동시에 스토다드는 그의 청중과 독자들이 중생에 이르는 여러 단계들 안에서 할 수 있는 것을 상세하고 정확하게 설명함으로써, "책임짐"(undertaking), "거룩한 격렬함"(holy violence), "나아옴"(coming), "선택함"(choosing)과 같은 개념들을 발전시켰다. 그는 사람은 하나님의 은혜를 받아들이기 위해 자신들을 준비시

---

41) See Thomas A. Schafer, "Solomon Stoddard and the Theology of the Revival," in Stuart C. Henry, ed., *A Miscellany of American Christianity* (Durham, N. C., 1963), 328-61.

키는 데에만 자유롭다고 주장함으로써, 신학과 실천 사이의 "모순"을 합리화하였다. 그러나 실제적인 은혜를 베푸는 것은 전적으로 하나님의 능력에 속한 것이라고 주장했다. 이것이야말로 정확히 대중 전도가 필요로 하는 해결책이었으며, 이러한 원리를 계속해서 그의 손자 조나단 에드워즈(Jonathan Edwards)와 조나단 디킨슨(Jonathan Dickinson), 그리고 대각성 운동의 다른 중요한 전도자들이 계승하였다.

프렐링하이젠: 경건주의적 전도자

뉴저지와 뉴욕의 화란 개혁 교회들은 1723년에 극도로 혼란한 상황에 처해 있었다. 이는 뉴저지의 래리탄(Raritan) 근교의 네 개의 작은 교회의 목회자였던 디어도어 제이콥 프렐링하이젠(Theodore Jacob Frelinghuysen)을 둘러싸고 벌어진 상황이었다.

네 교회에 속해 있던 세 명의 교인들이 그 해 3월 12일, 롱아일랜드 화란 개혁 교회의 버나드 프리맨 목사(Rev. Bernard Freeman)를 만나러 왔으며, 프리맨은 그들을 자신의 집으로 인도하였다. 이들 피터 듀몬트(Pieter DuMont), 사이먼 위코프(Simon Wyckoff), 그리고 헨드릭 브룸(Hendrick Vroom)이라는 세 사람은 즉각 프렐링하이젠이 하고 있는 사역에 대해 격렬하게 불평하기 시작했다. 그들의 첫 번째 비난은 그가 올바른 교리를 가르치지 않는다는 것이었다. 그러나 프리맨은 프렐링하이젠이 홀란드의 엠버랜드 총노회와 암스테르담 장로 감독회(Classis of Amsterdam)에 의해 충분히 정통으로 인정받았다고 반박하였다. 게다가 프리맨은 자신이 프렐링하이젠을 잘 알고 있을 뿐 아니라, 그들의 주장 자체가 진실하지 않음을 확실하게 인식하고 있었다. 논쟁이 계속되면서 이들 모두는 화가 치밀었다. 듀몬트는 프렐링하이젠이 회중 가운데 단 한사람도 죄에 대해 진정으로 통회한 사람이 없다고 강단에서 가르쳤다고 말했다. 프리맨은 그것은 이단도 아니고 영혼을 파괴시키는 교리도 아니라

1719년에 젊은 목사 디오도어 J. 프렐링하이젠이 식민지 미국에서의 새롭고도
어려운 삶을 선택하고 화란을 떠나왔다(저자 소장 판화).

고 대답하였다. 오랫동안 의견을 교환한 후에, 프리맨 목사는 이들 세 명의 교인들에게 증오와 복수의 마음으로 가득 찼다고 지적하면서 책망하였다. "만일 당신들의 목사가 실수했다면 당신들은 불만의 목록을 작성해서 교회의 게시판에 게시해야 합니다. 만약 그렇게 하지 않았다면, 사실상 당신들은 분파를 조장한 것이나 마찬가지입니다." 그런 후에 그는 그들에게 자신의 집을 떠나라고 말했다. 프리맨은 자신이 한 행동이 프렐링하이젠의 독특한 사역에 대한 비난이 점증하고 있던 상황에서 그가 할 수 있는 최선이라고 믿었다.[1]

---

[1] 전술한 대화의 내용은 다음의 문헌에서 거의 그대로 인용한 것이다: *Ecclesiastical Records (of the) State of New York* (Albany, 1902), 3.2197-2200.

1. 초기의 영향력들

　미국 중부 식민지의 매우 중요한 첫 번째 전도자는 불붙은 나무 같은 열정으로 가득 찬 31세의 젊은이로, 어느 누구도 그에 대하여 중립적인 입장을 취한다는 것은 쉬운 일이 아니었다. 그는 1692년에 독일의 베스트팔리아(Westphalia)에서 태어났다. 어린 시절에는 자신의 부모로부터 교육을 받았고, 1711년부터 1717년까지는 화란의 링엔 대학(University of Lingen)에서 공부했다. 교수의 강권 때문에 화란어도 독일어만큼 유창하게 구사할 수 있게 되었다.

　젊은 시절에 프렐링하이젠은 당시의 독일과 화란의 많은 교회들에 새로운 활력을 불어넣었던 "경건주의"(Pietism)로 알려진 운동의 영향을 받아들였다. 경건주의는 교리보다는 "하나님을 향한 열정"을 강조하는 정통 기독교로 이해할 수 있었다. 경건주의자들은 그리스도를 믿는 믿음을 통해 새로이 거듭날 것을 요구하였으며, 그리스도 안에서의 성도의 하나됨이 교파의 차이보다 훨씬 더 중요하다고 가르쳤다. 진실한 믿음은 지식보다도 이웃을 사랑하는 행위로써 나타난다는 것이었다. 결국 이들은 교리적 논쟁에는 무관심했다.

　독일 경건주의는 성경 연구의 중요성, 영적인 생활, 경건한 문서와 실천적인 가르침을 강조하는 필립 야콥 스페너(1635-1705)와 아우구스트 헤르만 프랑케(1663-1727)의 가르침을 통해 루터파 교회 내에서 일어났다. 화란의 경건주의는 영국 청교도주의에서처럼 칼빈주의 혹은 개혁주의 신학의 영향을 많이 받았다. 이 개혁파 경건주의는 프렐링하이젠의 젊은 시절에 왕성했다.

　모든 경건주의 일파들은 영생을 받기로 예정된 사람은 반드시 죄와 회개에 대한 확신을 경험한 후에 도달하게 되는 결정적 회심의 체험을 가진다는 중요한 유산을 공유하였다. 외면적인 경건과 겉치레 의식에 머무는 형식적인 종교를 경건주의자들은 강하게 비난하였고, 그들의 적들은 경건주의 사상을 이단으로 공공연히 비난하였다. 반대로, 경건주의자들을 반대했던 성직자들은 때로 회심하지 못한 자들이라고 비난을 받았다. 프렐링하이젠은 그의 성장기동안 이런 모든 일련의 배경에 영향을 받았고, 남은 생애에 그 모든 영향들이 투

사되어 나타났다.[2]

프렐링하이젠은 1717년에 목사 임직을 받았다. 여러 자리를 거친 후에 뉴저지의 필요한 지역에 파견될 젊은 사역자를 찾는 모집관(recruiter)과 접촉하게 되었다. 미국에서의 사역은 험난했고, 목사는 이곳저곳에 흩어져 있는 회중들에게 사역을 해야했기 때문에 그들은 자격을 갖춘 헌신자를 필요로 했다. 지원 의사를 표명한 프렐링하이젠은 1720년 1월에 뉴욕으로 이주하였다. 그러나 얼마 지나지 않아 그의 자극적인 설교와 기도, 주기도문 생략 같은 사역 스타일 때문에 뉴욕의 화란 개혁 교회의 도미네 보엘(Domine Boel)과 도미네 듀보이스(Domine DuBois) 목사 같은 권위있는 사람들은 기분이 언짢아졌다.

1720년 1월 31일, 순박한 화란인 농부들과 뉴저지의 래리탄 시민들(burghers)은 교회의 새로운 목사를 환영했다. 그러나 그가 봉사해야 할 작은 네 교회에 속한 그들은 그의 첫 번째 주일 설교를 마음으로 수용할 준비가 대체로 되어 있지 못했다. 그는 스스로 만족해있는 회중들에게 영생을 구하는 사람들은 우선 자신들의 죄에 오염된 상태에 대한 고뇌와 뉘우침을 경험해야 한다고 선포했다. 그런 사람들은 자신들의 자연인의 타락한 상태로 여전히 버려진 자들이며, 저주를 받고 있으며, 어떤 자연적 수단에 의해서도 구원받거나 구속될 수 없었다. 중생의 과정은 죄인들이 자신들의 영적인 상태 때문에 엄청난 낙심에 빠지고, 자유롭게 그들의 죄를 고백하며, 그들 자신에 대해 자책하고 혐오하는 시기에 이르게 한다는 것이었다. 마침내 그들은 그리스도의 의를 갈망하기 시작하며, 만일 중생의 과정이 완결되어 그들이 자신들의 소망을 그리스도에게 둔다면, 이로 말미암아 은혜 안에서 중생이라는 영적인 경험을 하게 되는 것이었다.

---

[2] James Tanis, *Dutch Calvinistic Pietism in the Middle Colonies: A Study in the Life of Theodorus Jacobus Frelinghuysen* (The Hague, 1967), 2. 이 책과 함께 경건주의에 관한 탁월한 저서로는 다음을 참조하라. F. Ernest Stoeffler, *The Rise of Evangelical Pietism* (Leiden, 1965). 이 두 저서는 이 전에는 알려지지 않았던 개혁주의적 경건주의에 대하여 잘 드러내주고 있으며, 루터란 경건주의와 개혁주의적 경건주의의 차이점에 대해서도 적절하게 구분해 주고 있다.

2. 구원에 대한 요청

프렐링하이젠은 이러한 회심의 과정을 통과한 사람만이 구원을 얻을 수 있다고 주장했다. 이러한 경험을 하지 못한 채 도덕적이고 올곧기만 한 사람, 그러나 자만하며 자기 의를 자랑하는 사람들은 영생에 대한 소망을 가지지 못하는 것이었다.[3] 그는 초기 설교에서 다음과 같이 선포했다.

> 나의 청중들이여, 여러분은 어떤 생각을 하고 계십니까? 여러분의 영혼이 가난합니까? 죄를 회개합니까? 하나님의 말씀에 떠는 사람입니까? 만일 여러분이 정직하게 관심을 기울인다면, 여러분은 이 점에서 자신이 지금 어떠한 상태에 있는지를 배울 수 있었을 것입니다. 모든 것을 보시는 하나님 앞에서 여러분 자신에게 조용히 물어보십시오.
> 1. 나는 영적으로 가난한가? 나는 나 자신의 슬프고 비난받을 만한 상태에 대하여 자각할 만한 지식을 가지고 있는가? 나는 나 자신이 매우 죄 많고, 불결하고 사악하며-하나님과 하나님의 생명으로부터 매우 멀어졌으므로-그래서 파선하였고, 궁핍하고, 절망적이고, 눈멀었고, 벌거벗었고 나 자신을 구출시킬 수도, 혹은 나의 구출을 위해 무언가를 하여도, 만일 내가 이렇게 그대로 남아있다면 나는 멸망당할 수밖에 없다는 사실을 알고 있는가?
> 2. 나는 나 자신의 영적 필요와 절망적인 상태를 깨닫고, 내가 통회하는 자이며, 근심하는 자이며, 잃어버린 자임을 인식하고 있는가? 나는 스스로를 고발하고 정죄하며 혐오하게 되었는가? 이러한 슬픈 상황으로부터 어떻게 구출함을 받아야 할까 고민하였는가?
> 3. 나는 죄에 대한 아픔을 통해 영적으로 회개하였는가? 나의 죄가 나를 압박하는가? 그것들이 짐이 되는가? 나는 죄에 대한 애통을 마음속 깊이 경험하는가? 하나님에 대한 사랑과 덕의 진보가 있는가? 미움과 죄에 대한 증오와 진보가 있는가? 하나님의 거룩하심과 선하심과 의로우심에 대항하여 범죄하는 나 자신에 대해 수치와 파괴와 혐오를 느끼는가? 마음의 의지가 하나님의 뜻에 따르려고 하는가?
> 사실 저는 여러분이 주님의 심판대 앞으로 나아갈 권리가 없다는 사실을 믿으려 하지 않을 것이라는 것을 압니다. 비록 여러분이 영적으로 궁핍하고 죄를 회개하며 하나님

---

3) Theodore J. Frelinghuysen, *Sermons* (New York, 1856), 25-36.

의 말씀에 떠는 사람들의 숫자에 들지 않는다고 분명히 인식할지라도, 그러나 (여러분이 그것을 믿든지 안 믿든지 간에) 저는 또한 압니다. 하나님의 말씀에 따르면, 여러분에게는 권리가 없다는 것입니다. 그렇다면 여러분은 자신들이 받을 정죄에 인을 치게 될 것입니다. 오! 여러분은 그러한 마음의 상태가 얼마나 필요한 지를 보았습니다. 만일 심령의 가난함과 뉘우침이 없으면, 하나님의 호의를 살 수 있는 사람은 아무도 없음을 발견하게 될 것입니다.[4]

그의 회중들 중에 농부들은 그러한 설교 자체를 받아들일 수 없는 것이라고 생각하지는 않았다. 그러나 그들의 새로운 사역자는 분명히 그들의 대다수가 구원받지 못했고, 바리새인 같은 자기 의를 추구하는 것으로 간주하였다. 프렐링하이젠의 통역자였던 윌리엄 데마레스트(William Demarest)는 "교회 전체에 널리 퍼져있는 극도로 느슨한 분위기는 자연스럽게 직분자들 일부를 무시하는 분위기로 연결되었고, 경마, 도박, 유흥을 비롯한 다른 여러 종류의 무질서를 일반화시켰다. 교회는 단지 휴식을 위해 출석하는 정도의 장소였고, 신앙은 단지 의무적인 순서와 형식을 따르는 것일 뿐이었다"[5]라고 말한다.

래리탄 근교 교회의 일부 화란인들은 프렐링하이젠이 거듭나지 못했다고 생각되는 사람들의 일부를 성찬식에서 배제시켰다는 데 분노하여, 이를 뉴욕의 목회자들인 보엘과 듀보이스에게 알렸다. 1720년 5월에 협의를 이끌어 내려는 여러 번의 시도가 있었으나 소득은 없었다.

3. 공격과 반격들

그에 대한 반감 때문에 사람들이 분노하는 만큼, 프렐링하이젠 자신도 그를 반대하는 비난 때문에 화가 나 있었다. 그는 1721년 6월에 3편의 설교를 출판하면서, 자신을 변호하는 글을 서문에 첨가하였다.

---

4) *Ibid.*, 43-47.
5) *Ibid.*, 7.

만일 여러분이 우리 뉴네덜란드 예루살렘에서 살았던 사람들이라면, 여러분은 내가 분파주의자와 잘못된 교리를 가르치는 거짓교사로 중상모략과 비난을 받아왔음을 알아야 한다. 내가 받은 고소는 증거가 너무 자명하기에 다른 증거를 요구할 가치도 없는 것이다. 나를 고소하는 사람들의 의무는 구두로든 서면으로든, 그들이 말한 것을 입증할 증거를 제시하는 것이다. 그러나 지금까지는 아무도 이것을 하지 않았기 때문에, 아무도 멋대로 상상하지 않도록 여기에 나 자신의 정당함을 입증하려고 한다. 아주 시시한 이야기들과 악명 높은 거짓말들이 내 주위를 돌아다녔다. 사람들이 음식에 탐을 내듯 듣고 받아들인 어떤 것들은 잘못을 논박하기조차 부끄러워 언급할 가치도 없는 것이다. 성만찬에 관한 내 방식에 말이 많다는 것은 사실이지만… 나는 이 규율에 대하여 다른 것을 가르친 적이 없다. 그것은 개혁교회가 어느 때고 가르쳐온 것이며, 어떤 한쪽에 치우치지 않는 공정한 사람들에 의해 이미 논의가 되었던 것들이다…

… 나는 개혁교회가 가르치는 신앙의 법칙과 참된 신조에 일치하지 않는 것은 어떤 것도 쓴 적이 없다. 나는 수많은 정통신학의 체계와 신실하고 경건한 사람의 저작을 수용하고 추구했다. 그것들을 개정해야 할 필요성을 느껴보지 못했기 때문이다(1721년 6월 15일).[6]

1723년에 반대파의 지도자들은 이 장의 서두에서 언급된 사례에서처럼 롱아일랜드 교회의 버나드 프리맨에게서 조언과 격려를 구했다. 그러나 프리맨은 그들을 말썽을 일으키는 자들로 간주했고, 오히려 그들을 꾸짖었다. 그 사건을 장로의회(consistory)에 탄원하라고 말했다. 반대파들은 필요한 조언을 더 얻기 위해 보엘에게 찾아가, 개인의 회심, 성찬 행정, 다른 성직자에 대한 비판 등의 문제에서 프렐링하이젠이 정통에서 벗어나 있다고 주장했다. 그러나 프렐링하이젠을 지지하는 그의 네 교회의 교인들은 이들 분파주의자들에 반대하면서 그들의 사역자를 지지하는 편지 한 통을 홀랜드(Holland) 당국에 보냈다.

우리는 우리 교회의 사역자를 둘러싸고 있는, 그가 잘못된 교리를 가르친다는 악의에 찬 보고서를 염두에 두고 있습니다… 보엘 씨와 변호사인 그의 형제는 우리 위에 교황과 주교처럼 임명된 적이 없습니다. 그럼에도 당신들은 이미 앞에서 말한 이 신사들의

---

6) *Ibid.*, 23-24.

견해에 동의하는 것처럼 보입니다. 이 사람들은 우리의 사역자가 잘못된 교리를 가르친다고 주장합니다. 그러나 그들은 3년 동안이나 이 주장을 증명하지 못했으며 사실 결코 할 수도 없는 것입니다. 당신들의 이런 진행방식은 여러 교회와 시민들을 불화하게 하고 반항하게 하기 쉽습니다. 우리들의 사역자는 그 자신이 많은 사람들의 죄악된 생활에 대하여 적극적이고 정직하게 반대하는 모습을 보여주었습니다. 그는 하나님의 말씀으로 그들을 권고하였으며, 하나님의 말씀으로 그들에게 경고하였습니다. 그들이 회개하지 않으면, 하나님의 진노와 영원한 저주가 그들 위에 머무르고, 그들은 영원한 형벌에 처해질 것입니다.[7]

프렐링하이젠의 교인들 가운데 특히 신실한 교인들은 분파주의자들이 하나님의 말씀에 대한 올바른 가르침과 자신들의 합법적인 목사를 반대한다고 생각했다. "미움, 질시, 분노, 복수, 중상, 거짓, 무지, 불신앙이 당신들 분리파 교인 사이에 널리 퍼져 있소!"[8] 장로의회는 프렐링하이젠을 반대하는 교인들에게 목사에 대한 고소장을 제출하라고 명령하였다. 그들이 고소장을 제출하지 않으면, 오히려 그 교인들이 출교 명령서를 받게 될 것이었다.

4. 천국의 열쇠

반대파는 장로의회에 출두하기를 거절했다. 프렐링하이젠은 반대파의 주동자들인 위코프와 헤이만, 브룸 그리고 듀몬트를 1723년 9월에 출교시켰다. 프렐링하이젠은 그리스도께서 천국의 열쇠에 대하여 말씀하신 마태복음 16장 19절을 본문으로 한 설교에서, 성경의 말씀에 따라 교회가 치리(discipline)를 시행해야 한다고 주장하였다.

베드로는 마술사 시몬(행8:21-23)에게 이 열쇠를 사용하였으며, 바울은 엘리마에게 이

---

7) *Ecclesiastical Records*, 3.2201-2.
8) *Ibid.*, 3.2202.

열쇠를 사용하였다. 죄인에게 하나님의 저주가 임한다는 경고는 더욱 큰 영향을 미칠 수 있다(고전 16:22)…

복음의 설교자는 천국을 열고 닫는 권세를 부여받았지만, 만약 그가 실족한다면, 그의 권세는 헛되고 힘없는 것으로 간주될 수밖에 없다. 그의 설교는 단순히 사람의 목소리가 아니라 하나님의 목소리로 인식되었기 때문이다…

치리(exclusion, 출교)의 작업은 다음의 네 단계로 구성되어 있다.
1. 개인적으로 (만일 이것이 해당되지 않으면 장로 법원에서) 권고, 경고, 책망을 받는다.
2. 그들이 주님의 상(성찬)에 참여하는 것을 금한다.
3. 그들의 잘못되고 사악한 행실이 계속될 때 회중에게 알린다. 천국의 열쇠를 사용함으로써, 잘못된 행실을 놓고 기도하며, 그 때문에 수치를 당하며, 결국 주님께로 돌아서야 한다. 일차적으로 회중의 명부에서 그의 이름을 보류한다. 죄악의 완고함이 지속될 때는 그 내용을 발표함으로, 보다 깊은 인상을 죄인과 회중에게 남긴다. 이 모든 것이 효과가 없을 때는, 네 번째 단계의 조치를 취하게 된다.
4. 마지막 단계에서 죄인은 제명되어 교회에서의 모든 친교 관계가 금지되며, 더 이상 형제와 자매로 인정되지 않는다. 그를 이방인과 세리로 간주한다. 이것은 사도의 명령이다. "악한 사람은 너희 중에서 내어 쫓으라"(고전5:13).

… 금지의 목표와 목적은 육체적인 형벌로 나타나지 않지만,
1. 부끄러움을 느껴 반성에 이르도록 하며(살후 3:14)
2. 그렇게 함으로, 교회의 권위의 실행이 바로 예수 그리스도의 슬픔의 표현임을 알게 함으로, 범죄자는 악한 행실로부터 돌아오게 된다(고전 5:5).
3. 다른 사람들에게 나쁜 종교적 영향이 전염되는 것을 염려하게 한다.[9]

여전히 프렐링하이젠에 반대하는 사람들은 1725년에 『프렐링하이젠에 대한 불만』(*Complaint Against Frelinghuysen*)이라는 제목의 책을 출간하였다. 이 책은 1723년의 장로의회의 판결에 대한 응답일 뿐만 아니라, 교인들에 대한 치리권을 주장하는 프렐링하이젠에 대한 불평을 정리한 것이었다. 교인들 가운데 반대파에 서명한 사람들은 69명이었다.

래리탄 회중의 분열은 1733년까지 계속되었다. 암스테르담 장로 감독회가 제출한 화해조항을 프렐링하이젠의 장로회와 불만자들이 수용하였다. 화해 조

---

9) Frelinghuysen, *Sermons*, 142-43.

항은 불만자들이 그들의 회중으로 돌아가야 하고, 이를 프렐링하이젠이 받아들여야 하며, 장로회는 출교시켰던 불만자들을 복귀시켜야 하며, 교인자격은 원상으로 회복되어야 한다고 규정하였다.[10] 두 명의 뉴욕의 반대자, 보엘과 듀 보이스가 프렐링하이젠에 대하여 전에는 의견이 일치하다가 이 시점에서 서로 분열되었다는 사실이 매우 흥미롭다. 도미에 보엘은 부흥에 대하여 계속해서 반대하였지만, 그의 손위 친구 도미네 듀보이스는 암스테르담 장로 감독회로부터 독립하기를 소망하면서 프렐링하이젠 지지자들과의 연합운동을 벌였다.[11]

5. 화란 개혁 교회의 부흥

프렐링하이젠의 생명력 있는 선교와 세심한 목회를 통해, 그의 네 교회의 교인들은 "성발로 다른 사람"이 되어 버렸다. 회중은 증가했고, 화란 개혁 교회에 새로 등록한 많은 사람들이 회심했다. 프렐링하이젠의 부흥은 이전에는 아무도 주장하지 않았던 특별한 회심의 경험, 즉, 주와 구주이신 그리스도께 접붙임 받은 자의 내면의 격심한 영적 투쟁과 그들의 생의 주된 목적인 지고한 도덕적 이상을 성취코자 하는 결단과 같은 것들을 경험하게 했다.

대각성 운동 이래 역사가들은 이러한 사건들을 프렐링하이젠이 설교를 통해 끼친 영향과 연관지어왔다. 그의 설교는 래리탄 지역에서 많은 사람들을 회심하게 했고, 중생을 거부하는 완고한 이들을 몰아냈다. 이 같은 평가는 믿을만 한 것이었다. 1739년 11월 20일에 중부 식민지에 도착한 후 얼마 되지 않아 휫필드는 래리탄 부근에서 설교한 후 그의 『일기』(*Journals*)에 다음과 같은 기록을 남겼다.

말씀을 들으러 온 많은 사람들 가운데에는 주님께서 영광을 주시기를 기뻐하며, 많은

---

10) *Ecclesiastical Records*, 3.2638-39, 3.2652-58.
11) Charles H. Maxson, *The Great Awakening in the Middle Colonies* (Chicago, 1920), 19.

주님의 자녀들을 영광스럽게 하시기 위한 주님의 도구가 된 여러 사역자들이 있었다. 한 명은 화란 칼빈주의파의 사역자, 프릴링 하우젠(Freeling Housen)이라는 이름의 사람으로, 뉴 브룬스윅에서 약 4마일 떨어진 어떤 교회의 목사였다. 그는 예수 그리스도의 노병(老兵)이라 할 만하고, 그는, 내가 믿기로, 주님께서 지속하시려는 위대한 사역의 첫 개척자이다. 그는 그의 육신의 형제로부터 심한 반대를 받아왔다.[12]

조나단 에드워즈는 그의 책 『하나님의 놀라운 역사에 대한 신실한 증언』 (Faithful Narrative of the Surprising Work of God)안에 포함되어야 할 최우선의 사람으로 프렐링하이젠을 주목하였다.

그러나 이같이 물 붓듯 쏟아지는 하나님의 축복은 벌써 매우 광범위하게 퍼져 있었다. 내가 뉴욕에 있을 때 들은 바로는 뉴저지의 어떤 지역에서는 그 축복이 어마어마했다 한다… 특히 활기차게 그 일을 하고 있는 사역자인 윌리엄 테넌트(William Tennant) 목사는 크로스 씨(Mr. Cross)의 사역 하에 마운틴즈(Mountains)라 불리는 지역에서 많은 사람들에게 엄청난 각성이 일어났다고 말해주었다. 또 그의 형제 길버트 테넌트 목사의 사역 하에 또 다른 곳에서 매우 유력한 종교 부흥이 일어나고 있고, 또 다른 지역에서도, 내가 기억하기에는 그의 이름이 프릴링후사(Freelinghousa)라는 화란인 사역자가 있는데, 이 경건한 젊은 신사의 사역으로 부흥이 있었다고 나에게 이야기해 주었다.[13]

6. 장로교의 활약과 테넌트 가문

프렐링하이젠의 사역이 시작되면서, 중부 식민지에서 나타난 전도운동의 활동망은 장로교로 그 주도권이 넘어갔다. 윌리엄 테넌트(William Tennant, Sr.)는 뛰어난 식민지 교육가이며 매우 유력한 집안의 가장이었다. 그는 1673

---

12) George Whitefield, *Journals* (London, 1960), 351-52.
13) C. C. Goen, ed., *The Great Awakening, in The Works of Jonathan Edwards* (New Haven, Conn., 1972), 4.155-56.

년, 스코틀랜드계 가문에서 태어났고, 1702년 아일랜드 카운티의 다운에서 저명한 장로교 성직자인 길버트 케네디의 딸인 캐서린 케네디(Catherine Kennedy)와 결혼하였다.

윌리엄과 캐서린의 장남인, 길버트 테넌트는 1703년 2월 5월에 태어났다. 그는 아일랜드 카운티의 알마에 소재한 길버트 생가에 가까운 비네카쉬의 사역자인 알렉산더 브루스(Alexander Bruce) 목사에게서 세례를 받았다. 이같이 유력한 장로교 배경을 볼 때, 윌리엄 테넌트가 1704년 7월 부사제(deacon)로써 아일랜드 교회에 들어가, 2년 후에 사제로 서품 받은 것은 이상한 일이었다. 윌리엄의 나머지 아들들은 영국 국교회 교회에서 세례를 받았다. 윌리엄 2세는 1705년 태어났고, 존은 1706년에, 엘리너는 1708년에, 찰스는 1711년에 태어났다.

1718년에 윌리엄 테넌트는 미국으로 가기로 결정하고, 그가 아일랜드 교회에 동의하지 않는 이유를 보여주는 양심의 가책(scruples) 복록표를 제출함으로 장로 교회의 회원으로 받아들여졌다.[14] 뉴욕의 베드포드에서 사역자로 수년간을 보낸 후, 1727년에 그는 펜실바니아의 벅스 카운티의 네샤미니(Neshaminy, Bucks County, Pennsylvania)의 교회의 사역자로 자리를 옮겼다.[15] 그 당시에 아일랜드로부터 많은 이민자들이 도착하기 시작하였고, 많은 사람들이 필라델피아 주변 시골지역에 정착하였다. 교회의 목사들이 부족했기 때문에 테넌트는 사역자를 양성하는 과정을 개설하기로 결심했다. 이 일에 이보다 적합한 사람을 찾을 수 없었을 것이다. 학자와 교사로 그만큼 탁월한 인물은 장로교회에 없었다. 그 당시 미국에는 3개의 대학이 있었는데, 하버드(Harvard)는 1636년 매사추세츠의 캠브리지에 세워졌고, 윌리엄 앤드 메리

---

14) Marilyn J. Westerkamp, *Triumph of the Laity: Scots-Irish Piety and the Great Awakening, 1625-1760* (New York, 1988), 167.
15) Leonard J. Trinterud, *The Forming of an American Tradition: A Re-examination of Colonial Presbyterianism* (Philadelphia, 1949), 35, 53. 전도에 대한 장로교회의 열정에 관해서는 다음을 참고하라. Trinterud, *Forming*, 53-108; Westerkamp, *Triumph*, 165-213.

(William and Mary)는 1693년에 버지니아의 윌리암스버그에, 예일(Yale)은 1701년에 코네티컷의 뉴 헤이븐에 세워졌다. 교육받기를 원하는 많은 사람들에게 따르는 불편이 너무도 컸다. 특히 미래의 사역을 위해 준비하는 사람들은 먼 거리의 대학까지 여행을 해야만 했다. 그래서 테넌트는 펜실바니아에 대학을 세워야 한다는 실제적 필요성을 가슴에 절실히 느끼고 있었다. 네샤미니의 변두리 지역에 "통나무 대학"(Log College)이 세워졌고, 1734년에는 테넌트가 훈련시켰던 4명의 젊은 사역자들이 교단에 영입되었다. 그들은 바로 그의 세 아들들인 길버트와 존, 윌리엄 2세와 사무엘 블레어(Samuel Blair)였다.[16]

길버트 테넌트는 이미 어린 시절부터 아버지의 지도 아래 사역에 대한 공부를 시작하였다. 그러나 한 가지 점에서 그는 자신이 사역자 공부를 하기에는 자격이 없다고 느끼고 실망하여, 대신 공부의 방향을 약학으로 돌리게 되었다. 15살이 되던 해에, 길버트는 "죄에 대한 자각"(convictions)과 "율법의 행위"(law work)를 추구하는 시기를 경험한 후, 대서양을 건너는 배 안에서 회심하게 되었다. 그의 회심은 전형적인 청교도적 회심이었다.

길버트는 분명히 "통나무 대학"에서 그의 아버지 밑에서 철저하게 훈련받았을 것이다. 그는 1725년 필라델피아 노회(Presbytery of Philadelphia)에 의해 자격을 부여받았고, 얼마간 예일대학에도 출석하여 같은 해에 문학석사 학위도 받았기 때문이다. 1726년에는 뉴저지의 뉴 부른스윅에서 새 교회를 시작하기 위해 장로회에서 목사 안수를 받았다. 처음에 프렐링하이젠은 테넌트에게 교회를 시작하는 책임을 맡기는 것을 반대하였다.[17] 그러나 테넌트의 헌신이 워낙 열의로 가득했기에 곧 그는 곧 그 개혁파 목사에게 인정받게 되었고, 두 사람은 친구가 되었다. 테넌트는 프렐링하이젠의 전도 설교에 깊은 감명을 받았다. 그때 그 개혁파 목사(프렐링하이젠)는 테넌트에게 "이 정한 때에 하나님의 축복의 각각의 몫을 모든 사람에게 나누어주시오"라며 격려편지를 보냈다.[18] 테넌트는 프렐링하이젠의 방법으로부터 상당히 많은 것을 배워야 했다.

---

16) Maxson, *Great Awakening*, 25-30; Trinterud, *Forming*, 53.
17) *Ecclesiastical Records*, 4.2557.
18) Thomas Prince, Jr., *The Christian History* (Boston, 1743-1744), 2.293.

그러나 테넌트 가문의 기본적인 복음주의 정신으로 인해 길버트는 이미 회심에 대한 청교도적 이해를 갖고 있었다.[19] 두 목사들의 협력 사역은 성장은 암스테르담의 장로 감독회의 주요한 관심의 대상이었다. 그 시기부터 프릴링하이젠을 비롯한 래리탄 지역의 사역자들에게 사람들이 품은 주요한 불만의 하나는 테넌트에게 여러 교회, 특히 스테튼 섬(Staten Island)에 있는 교회에서 설교하도록 허락했다는 것이었다. 그러나 화란인 사역자들은 테넌트의 정통성을 지지하는 것으로 반응했다. 일반적으로 장로교회는 종교적 관용을 주장함으로써, 또 교회의 회중들이 테넌트의 설교를 듣기를 요청하고 있다는 사실을 장로 감독회에 확증시켜 줌으로써 이 불만에 대응하였다.[20]

길버트 테넌트는 후에 그의 초기 사역에 대하여 다음과 같이 기록했다.

화란 칼빈주의 사역자 프릴링후사(Freelinghousa, 쁘렐링하이센)[21] 목사의 수고는 뉴 브룬스윅과 인근 지역, 특히 그들에게 그가 부임했던 당시의 사람들에게 엄청난 축복이었다… 내가 거기에 갔을 때는 이미 7년이 지난 때였는데, 나는 그의 사역의 많은 열매들을 보고 기뻐했었다… 나는 그가 말씀을 바르게 판단할 필요성을 담은 내용으로 나에게 보내왔던 친절한 편지 때문에 그곳에 갔다… 그는 사역의 수고보다도 성실한 태도로 내게 더 큰 자극을 주었다. 나는 성공에 대한 나의 욕망 때문에 심각하게 고민하기 시작하였다… 질고의 그 시간 동안 나를 괴롭게 한 것이 결국 하나님을 기쁘시게 하였다. 결국 나는 영원을 사모하는 마음을 갖게 되었다. 그때 나는 내가 하나님을 위하여 한 것이 별로 없다고 생각하여 과도한 슬픔에 빠져있었다. 그리고 만약 그것이 그 분의 뜻이라면, 반년만 더 살고 싶었다… 하나님께서는 내가 많은 영역에서 간구하는 것을 기뻐하셨고, 그 간구는 나로 하여금 어느 정도 나의 결심을 지켜 나가게 해 주었다… 나는 많은 대적자들을 발견하였다… 사역 속에서 나를 실망시키는 것은 하나님의 선하심이 아니었다. 나는 그때 원죄, 회개, 회심의 성격과 필요성에 대해 깊이 연구했고, 특별한 방법으로 자주 설교했다. 하나님의 심판의 나팔소리를 울리게

---

19) Westerkamp, *Triumph*, 167-77.
20) *Ecclesiastical Records*, 4.2556-57, 2567-69.
21) 테넌트가 잘못 기재한 것이 아니라, 화란식 발음대로 기록한 것이다.

하기 위해 보잘것없는 시간을 투자하여 수고했다. 주님에 대한 두려움이 안이함에 경종을 울린다… 내가 앞서 말한 곳에서 살았을 때, 어떤 시간에 얼마나 많은 영혼들이 모였는지는 기억하지 못한다. 그러나 하나님의 자비로 인해 여기 저기에 적지만 매우 빈번한 이삭줍기가 있었다. 그것은 전체적으로는 주목할 만한 숫자였다… 그러나 내가 수고를 기울인 지역 가운데 하나인 스테튼 섬에서는, 그곳에서는… 구원의 역사에 관한 관심이 일반적인 관심보다 높은 곳으로, 소망을 주는 매우 많은 회심자들이 나왔다.[22]

7. 프렐링하이젠의 사역의 열매

대각성 운동 이후 프렐링하이젠은 의심할 바 없이 대각성 운동의 분명한 원천으로서 뿐만 아니라, 래리탄 밸리 전역의 초기 부흥의 지도자로도 인식되는 것이 통례였다.[23] 아직 프렐링하이젠의 사역에 관해서는 알려진 바가 거의 없다. 그와 그토록 가까웠던 길버트 테넌트는 소량의 자료만을 제공해 주었을 뿐이다. 프렐링하이젠이 사역하던 여러 지역에 관한 기록인 『뉴욕 주의 교회 기록들』(*Ecclesiastical Records of the State of New York*)의 방대한 자료들 속에서 많은 수의 사람들이 회심하고 있었다는 증거를 찾을 수 없다는 것은 정말 믿기 힘든 일이다. 프렐링하이젠에 의해 이루어졌던 부흥의 역사는 실제로 있었던 일이다. 그것은 다가올 더 큰 역사를 위한 준비였던 것이다.

우리는 단지 테넌트의 편지가 있었던 해인 1726년에 7명의 새로운 성찬교인(communicants)이 래리탄 교회에 이미 있었던 20명에 더하여졌다는 사실이 확실하다는 데에 대해서만 안다. 프렐링하이젠의 28년 간의 사역을 통틀어 44명이 회심해서 교인이 되었다.[24] 다른 한편으로, 비록 그가 중생했음이 확실한 신자들에게도 교인 자격을 부여하는 것을 금했다는 증거는 없을지라도, 그의

---

22) Prince, *Christian History*, 2.292-93.
23) Trinterud, *Forming*, 53-57.
24) Peter H. B. Frelinghuysen, Jr., *Theodorus Jacobus Frelinghuysen* (Princeton, 1938), 37.

교인 치리에 대한 접근 방법이 교인 자격을 얻는 것을 어렵게 만들었음은 분명하다. 그러나 부흥운동에 끼친 그의 영향력은 새로운 회심자의 숫자만으로 판단해서는 안된다. 프렐링하이젠은 최근에 회심한 자들일지라도 모두가 높은 수준을 유지하는 것은 아님을 알았기 때문에 교회의 정식 교인 자격을 허락하는 데 매우 엄격했을 가능성이 있다. 어쨌든, 역사가 찰스 맥슨이 "수년 동안에, 특히 1726년에 휫필드가 전국을 타오르게 했던 시기가 시대의 서광이 열리는 매우 균형 잡힌 수확"[25]이라고 주장한 것은 좋은 증거는 아니다. 오히려 가치가 있는 증거는 프렐링하이젠의 설교와 사역이 테넌트와 휫필드가 일으킬 부흥을 위해 뉴저지인들의 가슴을 뜨겁게 데웠다는 사실에 덧붙여, 비록 통계적으로는 그 열매가 적었다 해도, 1720년에 그의 사역을 통하여 작은 부흥이 일어났다는 사실에서 찾아야 한다.

1) 식민지의 여러 문제들에 대한 해결책

프렐링하이젠의 사역과 관련해서 확실한 설명이 가능한 부분들이 있다. 첫 번째로, 프렐링하이젠은 식민지의 교회들이 직면한 문제들에 해결책을 준 최초의 사람들 가운데 하나였다. 그의 철저한 교회 치리와 회심 체험에 대한 요구는 미국의 변경 교회들에게 힘을 불어넣었고, 목사의 권위를 확고하게 하였다. 프렐링하이젠 자신이 교인들에게 행한 "전제정치"(專制, tyranny)의 놀랄 만한 결과는 많은 사람들이 이러한 엄격한 권위에 긍정적으로 반응하였다는 사실이다. 그는 수년 동안 그렇게 했다. 그러나 그가 책임있는 정식 교인이 되는 자격에 부여한 기준은 그 당시로서는 일반적이던 평신도에 대한 무관심과는 반대되는 것이었다. 시대의 문제에 대한 두 번째 해결책은 그가 경건주의자

---

[25] Maxson, *Great Awakening*, 16. 다음의 논문은 가능한 모든 자료들을 동원하여 프렐링하이젠의 삶과 사역에 대하여 재구성하고 평가하고 있으나, 큰 규모의 대각성이 존재했다는 증거는 없다. Herman Harmelink Ⅲ, "Another Look at Frelinghuysen and His 'Awakening,'" *Church History* 37.4 (December 1968): 428-38.

들의 "경건의 모임"(Collegia Pietatis) 혹은 작은 비밀집회소(conventicles)와 유사한 개인 헌신 모임을 발전시켰다는 것이다. 그는 회심한 사람들에게 열정을 더 불러일으키기 위해서 회심자에게만 개방하는 많은 개인 소모임들을 조직하였다. 그러나 1745년에는 그것들이 공동의 모임으로 바뀌었다.

세 번째로, 그는 자신의 보조 설교자(voorlesers: public reader and comforter of the sick, 역자주)로 평신도 설교자를 세웠다. 교회를 비우는 동안, 그는 자신을 대신하여 예배를 인도할 한두 명의 장로들을 임명하였다. 그는 그들이 자신의 재능을 개발하면서 설교할 수 있도록 성장시켰다. 헨리 멜키오르 뮬렌버그(Henry Melchior Muhlenberg)는 후에 자신의 루터파 교회에서도 유사한 방법을 사용하였는데, 이런 평신도 설교자의 증가는 이후 대각성 운동 기간 동안 심각한 논쟁의 주제가 된다.

덧붙여서, 의심할 바 없이 프렐링하이젠은 대각성이 도래했을 때 사람들이 대각성에 쉽게 반응할 수 있도록 기대감과 긍정적 태도를 심어주었다는 면에서 커다란 공헌을 한 것이다. 이런 태도는 그의 설교를 통해 화란어를 사용하는 평민들 가운데 널리 확산되었다.

이러한 영향들은 다른 장로교와 개혁파 성직자들에게 매우 큰 도움을 준 결정적인 요인이었기 때문에, 프렐링하이젠이 대각성의 아버지로, 그것이 지나치다면 최소한 중요한 선구자로서 기억되는 것이 마땅하다.[26] 그의 각성의 규모가 어느 정도였던 간에, 부흥에 대한 관심으로 사역을 재조직하고 구성했다는 공헌, 그리고 교회에 치리를 도입한 공헌은 미국 교회에서 이 같은 교회론을 확고하게 가르치는 사람들에게 프렐링하이젠이 얼마나 중요한 인물인지를 확실히 보여주는 것이다.

---

26) Sydney E. Ahlstrom, *A Religious History of the American People* (New Haven, Conn., 1972), 269.

에드워즈: 미국 역사상 가장 위대한 신학자

어린 시절부터 에드워즈는 학자적인 성향이 있었다. 그는 자신의 능력이 학구적인 환경이나 연구를 위해 시간을 보냈던 삭은 교구들에서 가장 많이 계발되었다고 믿었다. 그러나 그의 많은 경력이 실현된 것은 아니었다. 에드워즈는 유명한 저자로, 크고 중요한 교회의 목사로, 대각성 운동을 통해 복음주의 이론을 일반화시킨 것으로 크게 공헌하였다. 그의 천부적인 자질을 인정한 시드니 알스트롬은 "가장 크게 기념할만한 것은 자유, 죄, 덕 그리고 하나님의 목적(目的) 같은 단어들로부터 비롯된다. 이것들은 머나먼 미지의 세계를 종이 안으로 옮겨놓은 것이다"고 지적했다. 그의 주된 공헌은 끈기있게 지적으로, 또 영적으로 작업하고 실천하며, 엄밀한 정통주의 신학을 기념비적으로 재구성했다는 것이다. 그의 작품의 해석학적인 통찰력, 문학적 능력, 철학적인 웅대함은 정말 기억할 만한 것이었다.[1]

진지한 성품으로 학구적인 생활 방식을 지향해 온 에드워즈는 1727년에 큰 고민에 빠지게 되었다. 그는 크고 비중있는 교회의 청빙을 받았다. 그러나 그 청빙은 쉽게 거절할 수 있는 것이 아니었다. 왜냐하면 부목사로 청빙받은 그

---

1) Sydney E, Ahlstrom, *A Religious History of the American People* (New Haven, Conn., 1972), 298.

조나단 에드워즈의 출생지인 코네티컷 주의 윈저(Windsor, Connecticut) (저자 소장 판화).

교회는 그의 조부인 솔로몬 스토다드가 담임하던 매사추세츠 노스앰튼에 있는 교회였기 때문이다. 이 청빙은 에드워드에게 단순히 목사직을 수행해 달라는 요청이었을 뿐 아니라, 84세인 스토다드가 곧 육체적으로 쇠약해지고 소천할 것을 염두에 두고 이후에 그에게 모든 책임을 떠맡아 달라고 요구하는 자리임을 의미했다.

에드워즈는 열심을 다해서 새로운 직무를 1727년 2월부터 수행하였고, 그의 조부는 2년을 더 살았다. 이후 에드워즈는 서부 매사추세츠에서 매우 중요한 도시였던 노스앰튼의 유일한 목사가 되었다. 교회의 신학적 입장은 전적으로 스토다드가 정립시켰다. 60년 동안 노스앰튼 교인들은 힘있는 복음설교를 들

에드워즈가 자랐던 매사추세츠 주 노스앰튼의 킹 가(King Street)의 목사관(저자 소장 판화).

어왔다. 이 설교는 많은 사람들로부터 폭넓은 사랑을 받았고, 그는 폭넓은 지역에 큰 영향을 끼쳤다. 대각성 운동의 기원은 1721년 코네티컷 부흥으로 거슬러 올라간다. 그리고 대각성 이전에 뉴잉글랜드에서 가장 대규모로 이루어진 각성 운동은 스토다드 주도하의 1679년, 1683년, 1696년, 1712년 그리고 1718년 운동으로 올라간다. 에드워즈는 뉴잉글랜드에 가장 큰 영향을 끼친 설교자 중의 하나로 꼽히게 된다. 복음 전도와 부흥이 교회의 생명력의 결정적인 요인이었다. 덧붙여, 에드워즈는 코네티컷 리버 밸리(Connecticut River Valley)의 복음적 전통 아래서 태어났고, 특별한 지적 재능과 경건한 삶으로 구별된 가정에서 성장하는 축복을 누렸다.

1. 유년 시절

조나단 에드워즈는 1703년 10월 5일, 코네티컷의 윈저에서 태어났다. 그의 부친 티모시 에드워즈 목사는 60년 이상을 그 곳에서 목회를 했다. 그는 매우 사랑받는 목회자였다. 에드워즈는 열 명의 자매가 있는 집안의 외아들이었다. 그는 어린 시절부터 매우 조숙하였고 영적인 삶에 깊은 관심을 가지고 있었다. 그는 어린 시절임에도 불구하고 핵심적인 성경 지식을 알고 있었고 깊은 영적 경험을 했다. 14세에 에드워즈는 존 로크의 『인간 오성에 관한 소논문』(Essay Concerning Human Understanding)을 읽었다. 이 책은 미국에 새롭게 소개된 책이었고, 그 당시 단지 소수의 어른만이 이해할 수 있는 책이었다. 그는 13세가 되기도 전에 예일 대학에 입학하였고, 4년 후에 과수석으로 졸업하였다. 2년 후, 짧은 목사직을 수행하고 다시 예일대학에서 강사 생활을 하였고 1724년 문학석사 학위를 받았다.

노스앰튼 교회에서 에드워즈는 하루에 13시간 정도를 연구에 투자하였다. 강단에서 그는 쉬운 원고를 가지고 매우 깊이 있는 설교를 했다. 그는 학자로서 좋은 평판을 얻었다. 그러나 아직 부흥 설교가의 면모는 아니었다. 그는 동네 사람들의 "방탕함" 때문에 깊은 고민에 빠지게 되었다. "그들 대부분은 밤거리를 활보하였고, 때때로 선술집을 전전하며, 음탕한 짓거리에 중독되어 있었다… 쾌락과 음란을 위해 남녀가 부둥켜 함께 다니는 행태는 매우 일반적인 것이었다. 그들은 한량(frollics)이라고 불리었고, 그들은 밤을 하릴없이 낭비했다."[2]

더욱이, 그들 가운데 많은 이들은 "만나서 음란한 짓거리를 했고," "종교적인 것에 매우 둔감하였다." 그는 또한 알미니안 신학 사상에 대해서 불만을 가지고 있었다. 인간의 능력에 관한 교리를 포함한 이 사상은 얼마간 인간에게 자기 만족적인 답변을 주는 것이었다.

목사가 된 이후에 에드워즈는 성도들의 영혼에 깊은 관심을 기울였다. 그 결과 1734년 대성공을 거두었다. 대각성 운동은 지속적이고 확고한 복음 설교 위에서 세워졌다. 처음에는 가시적인 성과가 없었다. 그러나 1734년 12월에 갑작스레 각성이 일어났다. 에드워즈는 "하나님의 성령께서 비상하게 역사하기

---

[2] C. C. Goen, ed., *The Great Awakening*, in *The Works of Jonathan Edwards* (New Haven, Conn., 1972), 4.146.

시작하였고 우리 안에 놀랄만하게 나타났다. 이 사람, 저 사람, 다섯 명, 여섯 명, 매우 갑작스럽게 그들 모두에게 회심이 일어났다. 그들 대부분에게 괄목할 만한 모습이었다."[3]고 설명하였다. 그는 『하나님의 놀라운 역사에 대한 신실한 증언』(Faithful Narrative of the Surprising Work of God)을 통해서 놀라운 하나님의 역사와 일어난 현상을 객관적으로 설명해주려고 노력하였다. 또한 에드워즈는 지역 사람들에게 모든 일이 전능하신 분의 역사였음을 분명히 하였다. "이 하나님의 역사가 바로 이것을 가능하게 한 것이고, 참된 성도는 증가하였다. 곧 동네 안에 영광스런 변화가 나타났다. 봄, 여름이 지난 1735년, 동네는 하나님의 임재로 가득 차게 되었다. 결코 완전히 사랑과 기쁨만이 가득 찬 것은 아니다. 이전처럼 여전히 음탕함이 있었다. 그러나 주지할만한 하나님의 임재의 증표가 대부분의 집에 나타났다. 그들 가운데 나타난 구원 때문에 각 가정은 기쁨의 절정을 체험할 수 있었다."[4]

2. 불길이 타오르다

에드워즈를 통해 일어난 첫 추수잔치의 뚜렷한 기쁨은 일년 이상 계속 유지되었고, 그 성과는 스토다드가 60년 이상 사역하여 이루어놓은 것과 거의 같은 수준이었다. 그의 조부가 발전시키지 않았던 방법들을 에드워즈가 사용했다는 확실한 증거는 전혀 없다. 아마도 그의 성공은 젊은이들에게 미친 손길에서 연유한 듯한데, 그 접근은 매우 신선한 동시에 능숙한 것이었다. 어쨌든 『신실한 증언』은 마을이 완전히 영적인 관심으로 둘러싸이게 되었다고 보고하고 있다.

> 300명 이상의 영혼들이 구원을 받아 그리스도의 품으로 왔다. 이 동네에서 일년 반 가량의 기간 동안 대략 같은 수의 남녀가 구원을 받았다. 스토다드가 말한 것에 의하

---

3) *Ibid.*, 4.149.
4) *Ibid.*, 4.151.

면, 과거 1년 동안 일반적으로 나타난 것과는 차이가 있다. 왜냐하면 스토다드의 때에는 여자들이 남자들보다 훨씬 많이 회심했었기 때문이다. 나는 이 동네에서 16세 이상의 더 많은 사람들이 그들을 구원에 이르게 하는 예수 그리스도의 지식을 소유하기를 소망한다. 내가 들었던 바에 따르면, 다른 장소에서 (특별히 서덜랜드와 사우스 하들레이에서) 그런 일이 일어났다고 한다.[5]

에드워즈가 스토다드에게서 코네티컷 교회에 있으면서 배운 지도력의 증거가 부흥 운동이 확산됨에 따라 몇 개의 다른 도시에서도 나타났다. 윈저, 동부 윈저(이곳은 그의 부친이 목회하던 곳이다), 서필드, 디필드, 하들레이, 레바논, 커벤드리, 더햄, 맨스필드, 다른 코네티컷의 여러 동네에서 부흥의 물결을 느낄 수 있었다.

마침내 흥분은 잦아들고 있었다. 우리는 하나님의 은총이 32살의 젊은 목회자의 사역 가운데 함께 하셨다고 생각할 수 있다. 1735년 벨리에 부흥이 시작되어 1740년 뉴잉글랜드 전역으로 확산되었을 때, 그는 여러 곳에서 사역하며 불모의 지역에서 힘쓰는 여러 동역자들과 함께 보조를 맞추어야 할 필요가 있었을 것이다. 그러나 조나단 에드워즈는 그런 종류의 사람이 아니었다. 주요한 신학적 해결점을 도출하고자 고심하였고 그의 교구에서 의무에 충실하였다. 다른 교구목사들에게 자신을 따를 것을 부탁하고, 만일 그 사람들이 에드워즈를 따랐다면 성령께서 부흥운동을 더 크게 인도하셨을 것이다. 에드워즈는 햄프셔 밸리와 보스턴 등지와 같은 지역을 순회하였다. 그러나 그는 다른 부흥사들과 비교하여 볼 때, 그리 활동적인 편이 못되었다. 만일 부흥이 하나님의 역사라면, 하나님께서는 스스로 부흥을 중요한 목적지까지 인도하신다. 전능하신 분에게는 그의 작정을 실행하시는 데 무가치한 사람을 사용하시지 않는다. 하나님의 방식에 대해 연구하며 그는 다음과 같이 말한다.

하나님은 또한 그의 방법으로 그의 역사를 속히 이루시고, 신속히 성령께서 사람들의 마음을 움직이게 하신다. 사람들이 경악할 정도로 엄청난 변화를 보이는 것은 놀랄 일

---

5) *Ibid.*, 4.158.

이다. 하나님의 역사는 또한 특수한 방식으로 그의 능력 안에서 드러난다. 즉, 각성과 확신, 구원의 빛, 사랑, 많은 사람들이 경험하는 기쁨의 모습으로 나타난다. 그 확장은 매우 비상한 모습으로 나타난다. 그것은 마을에서 마을로, 신속히 확산되어간다. 그러나 이전에 이 마을에서 하나님의 영의 폭포수 같은 역사가 괄목할 만하게 나타난다 할지라도 다른 곳에서는 그보다 못할 수도 있다. 이웃 마을 모두가 계속적으로 무감각한 상태로 둘러 싸여 있을 수도 있는 것이다.[6]

노스앰튼 사람들에게 행한 한 설교에서 그는 다음과 같이 말한다.

하나님께서는 당신의 섭리로 옛 죄인들 중에 얼마를 선택하시는 것으로 보입니다. 그리고 실제로 그들은 지금 하나님께로 돌아왔습니다… 여러분은 이전 시대에 하나님의 성령이 이곳에 부어졌음을 보았습니다. 어떤 사람들은 그것을 받았으나 여러분들은 떠났습니다. 다른 이들은 어둠 가운데서 놀랄만한 빛으로 인도함을 받고, 영광스럽고 행복한 상태가 되었습니다. 그러나 여러분들은 좋은 것이 왔을 때 좋은 것을 부지 못했습니다. 만일 여러분이 이 기회에도 여전히 바깥에 서 있다면, 여전히 뒤편에 남아 있다면, 여러분은 얼마나 어둠 가운데 빠졌을 것입니까![7]

3. 성령의 인도하심 따라

이러한 냉철하고 학구적인 경향성은 전형적인 에드워즈의 모습이다. 그는 전형적인 부흥사들의 원리와 자신을 동일시하는 것을 거부하였다. 이것은 겸손해서라기보다는 하나님의 작정에 따르면 인간은 단순한 도구에 불과하다는 그의 믿음 때문에 그러하다. 에드워즈는 각성운동에서 개인의 지도력을 발휘하는 것을 거부했다. 그의 지도력이 실제로 드러나는 데는 얼마간의 시간이 필요했다. 오히려 그는 정확한 설명을 위해 『신실한 증언』(Faithful Narrative)

---

6) Ibid., 4.159.
7) Jonathan Edwards, "Pressing Into the Kingdom of God," in Puritan Sage, ed. Vergilius Ferm (New York, 1953), 290.

이라는 기록을 출판하여 하나님이 그것을 사용하시기를 원했다.

    1740년대 초기에는 각성운동에 대한 논쟁이 당연히 있었는데, 방관적인 부류도 있었고, 열광적인 지지자도 있었다. 그러나 그는 중도파의 자리에 섰다. 그는 인간의 본성은 다양하므로 어떤 극단에 빠져서도 안된다고 하였다. 중도파는 에드워즈의 입장에 동의하였고, 부흥운동에 열매가 있다는 것을 믿었다. 실제로 많은 사람들이 도움을 얻거나 빠른 변화를 체험하였고 이 결과를 보고 그들은 부흥운동을 유익한 것으로 받아들였다. 에드워즈와 중도파들이 열광주의자들이 마음의 변화에 관해 주장한 것에 동조한 것은 아니지만, 그렇다고 그들을 거부한 것도 아니었다. 결국, 에드워즈에게 중요한 것은 하나님께서 이 운동 가운데 역사하고 계신다는 사실이었다. 만일 하나님께서 운동을 통하여 역사하신다는 증거가 있다면, 그것을 누가 판단할 수 있겠는가? 그는 1742년에 쓴 『현재 뉴잉글랜드에 나타난 종교적 부흥에 관한 몇 가지 견해』 (Thoughts Concerning the Present Revival of Religion in New England) 라는 글에서 다음과 같이 기록했다.

> 이와 같은 위대한 일이 시작되고 수행되는 데 있어서, 하나님께서는 이런 과정을 취하지도 않으시며 또한 이런 수단들을 사용하지도 않으신다. 사람들은 자신들의 지혜가 쓸만한 것이며 하나님이 자신들의 지혜를 필요로 하실 것이라고 생각한다. 그러나 그렇지 않다. 나는 이와 같은 일들을 바라볼 때, 위대한 하나님께서는 당신 스스로 역사하신다고 말할 수밖에 없음을 알게 된다. 수 차례 주님의 영광을 바라보면서 나는 그의 통치하심과 능력과 모든 충족하심을 찬양하지 않을 수 없다. 하나님께서는 인간의 힘과 지혜와 신중함과 충족함을 조소하신다. 사람들은 신뢰하고 영광 돌리는 데 익숙하지 못하다. 예수님을 십자가에 대담하게 못박았듯 다른 사람들의 타락함과 자만심을 비난하고 힐난하는 데만 익숙할 뿐이다.[8]

    조나단 에드워즈가 쓴 부흥에 관한 처녀작인 『신적이고 초자연적인 빛』(A

---

8) Jonathan Edwards, *Some Thoughts Concerning the Present Revival of Religion in New England* (Boston, 1742), 6-7.

Divine and Supernatural Light), 『성령께서 영혼에 즉각적으로 주시는 선물』(*Immediately Imparted to the Soul by the Spirit of God*), 『성경적이면서 동시에 이성적인 교리』(*Shown to be both a Scriptural, and Rational Doctrine*)가 1734년 보스턴에서 출판되었다. 어떤 면에서는 이 글들은 대각성 운동의 헌장(憲章)과 같은 역할을 했다고 할 수 있다. 비록 에드워즈가 예견하지는 못했지만, 후에 부흥 운동은 두 가지 국면으로 나타났기 때문이다.

> 나는 이제 더 나아가려고 합니다… 자연적 방법으로 얻을 수 있는 것이 아니라, 어떻게 이 빛이 하나님에 의하여 즉각적으로 주어졌는지 보기 위해서입니다. 그러나 여기에서, 인간의 자연적 능력이 전혀 사용되지 않았다고 말하는 것은 옳지 않습니다… 그들은 이러한 상황에서 주체적으로 행하는 것이지 결코 단지 수동적인 것만은 아닙니다. 하나님의 손안에서 능동적으로 행합니다. 즉, 인간의 행동과 이해의 활동은 주님의 손과 관련되어 있고 그 안에서 사용됩니다. 하나님께서는 이 빛을 영혼 안에 두시고 인간의 그 본성에 따라, 또는 이성적 피조물로서 인간을 다루십니다. 그리고 인간의 능력을 사용하십니다.[9]

만일 이후에 대각성 운동을 반대하는 사람들이 이 연설문을 읽었더라면, 그들은 이것을 뉴잉글랜드의 일반적 교리로 수용하고 에드워즈와 신랄한 논쟁을 하지는 않았을 것이다. 또 이후에 그에 대해 불평하는 사람들이 이것을 읽고 정확하게 이해했더라면, 아마도 지나친 부흥운동의 과도한 양상은 나타나지 않았을 것이다. 코네티컷 벨리에서 에드워즈가 주도한 운동은 점차로 진전되어 갔다. 이것은 1740년에 시작된 뉴잉글랜드의 대각성 운동을 준비하는 것이었다. 점점 더 확산되어 『신실한 증언』을 읽은 존 웨슬리와 조지 휫필드까지 알게 되었다.

---

9) Jonathan Edwards, *A Divine and Supernatural Light, Immediately Imparted to the Soul by the Spirit of God, Shown to be both a Scriptural, and Rational Doctrine* (Boston, 1734), 15-16.

4. 횟필드의 도착

중부 식민지에 대각성 운동이 확산된 이후 뉴잉글랜드에도 부흥이 일어나기 시작했는데, 이는 테넌트 부자와 영국의 저명한 전도자 조지 횟필드의 노력 때문이었다. 그 당시 24세였던 젊은 청년 횟필드는 런던과 주변 도시들에서 일어난 부흥의 물결을 타고 1739년 11월 2일, 필라델피아에 도착했다. 영국에서 수천명의 청중에게 행한 그의 성공적인 설교와 활동에 대해 미국 신문들은 대대적으로 보도하였다. 윌리엄 테넌트 경과 그의 아들 길버트와 즉각적으로 합류한 그는 중부 식민지의 초기 부흥의 원동력인 "신파"(New Light) 운동을 지원하였다. 횟필드는 기꺼이 이 장로교인들과 함께 하였다. 그들에게는 식민지 부흥이 확산되는 기간 중에 그가 온 것은 뜻밖의 일이다. 대중적 관심을 창출하는 데 횟필드보다 나은 사람을 상상할 수는 없었다. 그는 모라비안, 장로교, 침례교, 회중교회 같은 다양한 그룹을 하나로 연합시켰다.

횟필드는 테넌트 부자의 기대를 능가하였다. 필라델피아에서의 그의 성공은 압도적이었고, 뉴저지 순회 설교를 통해 열광적인 각성의 물결은 더욱 강렬해졌다. 조지아 여행 후에, 횟필드는 중부 식민지에서의 성공적인 순회 전도를 1740년 5월 13일에 마쳤다. 거기에는 많은 군중들의 회심과 함께 확연히 대각성의 모습이 나타났다.

조지아와 캐롤라이나에서 여름을 지낸 후, 횟필드는 범선을 타고 로드아일랜드의 새 항구에 9월 14일에 도착하였다. 에드윈 고스타드(Edwin Gaustad)는 "기대와 열망이 뒤섞인 열광적인 분위기 속에서 횟필드가 도착했다"고 기록한다.[10] "경건한 뉴잉글랜드 주는 횟필드의 성공이 가장 잘 나타난 곳이다"라고 조셉 트레이시(Joseph Tracy)는 기록하였다. "지역의 부흥은 이미 진행되고 있고 다양하게 나타나고 있다… 그는 몇 명의 가장 저명한 목사들과 평신도들로부터 초청받았는데, 사람들은 조급하게 그의 도착을 고대하였다. 언제

---

10) Edwin S. Gaustad, *The Great Awakening in New England* (New York, 1957), 25.

조지 휫필드(빌리 그래함 센터 박물관)

나 사람들은 마음속으로 깊은 감명을 받았고, 그의 방문은 곧 거대한 종교적 부흥을 이끌어냈다"[11]

휫필드가 보스턴에서 설교한 몇 일 후에 "뉴스레터"(News-Letter)지는 "그는 오전에 사우스 교회에 운집한 청중들에게 설교하였고, 오후에는 약 5,000명의 사람들에게 설교하였다. 그리고 주일 오후에는 올드 블릭 교회에서 헤아릴 수 없는 많은 사람들에게 설교하였는데, 그 집은 그의 설교를 듣기 위해 모여든 사람들을 수용하기에는 너무 좁았다. 모든 준비가 완료된 후, 그가 설교하기 위해 마당에 나갔을 때 거기에는 적어도 8,000명의 사람들이 있었다."고

---

[11] Joseph Tracy, *The Great Awakening: A History of the Revival of Religion in the Time of Edwards and Whitefield* (Boston, 1842), 83.

보도하였다.[12] 군중들은 점점 더 늘어났다. 1개월 이상 휫필드는 보스턴, 롯스베리, 마블헤드, 뉴베리, 포츠머스, 그리고 뉴욕만큼이나 먼 북쪽의 메인에서 집회를 열었다. 10월 12일 주일에 있었던 보스턴에서의 그의 고별 설교를 들은 사람들은 어림잡아 30,000명 정도가 되었다.

보스턴에 있는 동안에 휫필드는 하버드 대학이 세속주의로 인한 침식과 더불어 영적인 침체에 허덕이고 있다고 진단하였다. 그는 에드워즈와는 비교되는 방법으로 노스앰튼에서 3개월을 지내고 있었다. 휫필드는 이 시기에 그의 설교를 들은 청중들이 감정적으로 반응하고 표현하는 것을 허락했다. 반면 에드워즈는 초기의 저작인 『신적이고 초자연적 빛』(A Divine and Supernatural Light)에서 감정의 역동성에 대해 다루었다. 감정주의에 대한 평가는 매우 다양하며, 비평가의 입장이 대각성 운동에 호의적인지 아닌지에 달려있다. 비평가의 한 사람인 찰스 촌시(Charles Chauncy)는 선동적인 기도와 찬양, 권면 등이 휫필드의 책임이라고 하였다. 또 다른 보스턴의 목사 벤자민 콜먼(Benjamin Coleman)은 "나는 그들이 보스턴에 있는 동안에 수많은 사람들의 영혼에 대해 지대한 관심을 보인 것은 보았어도, 부르짖음과 쓰러짐, 속임수 같은 것들이 휫필드나 테넨트의 목회 가운데 나타나는 것을 보지는 못했다"고 하였다.[13]

에드워즈와 휫필드의 상호 격려가 있은 이후에 에드워즈는 그의 담당 지역에서 다시 부흥이 일어나도록 모든 노력을 기울였다. 그의 가장 유명한 설교인 "진노하신 하나님 손안에 붙잡힌 죄인들"(Sinners in the Hands of an Angry God)은 1741년 8월 8일에 코네티컷의 엔필드에서 선포되었다. 이 설교가 죄인의 심성에 대한 냉혹한 비난이라 할지라도 에드워즈가 청중들에게 공포를 주려 한 것은 아니다. 오히려 그는 감정의 변화보다는 그들이 확신을 갖는 편에 서기를 기대하였다. 에드워즈의 이러한 설교 모습은 휫필드와는 사뭇 달랐다. 마을 사람 하나는 "에드워즈는 설교할 때 제스쳐를 사용하지 않고 앞

---

12) *News-Letter* (Boston) 20 September 1740.
13) Luke Tyerman, *Life of George Whitefield* (London, 1890), 2.127.

만 응시하였다"고 기억하였다. 기드온 클락(Gideon Clark)은 "그는 눈을 들 때까지 오직 종에 달린 줄만을 응시하였다"고 말했다.[14]

1) 자비의 문이 열리다

유명한 설교 "진노하신 하나님의 손안에 붙잡힌 죄인들"에서 에드워즈는 이전에 누군가가 실제 경험한 것처럼 생생하게 지옥에 대해 묘사하였다.

> 악한 인간이 지옥 밖에서 잠시라도 있을 수 있는 다른 길은 전혀 없습니다. 오직 하나님의 뜻 안에서만 가능합니다…
> 오 죄인들이여! 당신들이 무서운 위험 가운데 처해있음을 기억하십시오! 그곳은 거대한 진노의 용광로이고, 광활한 무저갱입니다. 진노의 불이 가득 찬 그 곳에서 당신은 하나님의 손안에 붙잡혀 있습니다. 하나님은 지옥에 떨어진 많은 이들에게 진노하시는 것만큼 당신에게도 진노를 품고 계십니다. 하나님의 진노의 불꽃이 당신을 매단 가느다란 실을 비추고 매순간 그것을 그을리고 있으며, 갈기갈기 찢어놓고 있습니다.[15]

비록 에드워즈가 이 설교 때문에 웃음거리가 되었다고 할지라도 "실제로는 지금도 남아있는 천 여편의 설교중에서 이런 저주설교는 열 편 정도에 불과하다. 이 설교가 편집자들에게 인기가 있었다는 사실은 언론의 해석의 방향이 에드워즈를 희생양으로 삼으려 했다는 사실을 증명하는 것이다"고 시드니 알스트롬은 평했다.[16] 공포를 조장하는 설교 같지만, 사실은 이 설교는 성경 본문의 내용을 단순히 요약한 것이기도 하다. 성경이 말하고자 하는 바로 그 주제인 것이다. 에드워즈는 이 때문에 통렬한 비판을 받았다.

반면, 에드워즈가 무관심한 회중에게 설교하는 동안 청중이 압도당하여 완

---

14) Perry Miller, *Jonathan Edwards* (New York, 1949), 51.
15) Jonathan Edwards, *Sinners in the Hands of an Angry God: A Sermon Preached at Enfield, July 8, 1741* (Boston, 1741), 9, 16.
16) Ahlstrom, *Religious History*, 301.

조나단 에드워즈(예일 대학 미술관)

전한 변화가 나타났다. 설교가 끝나기도 전에 회중들이 깊은 감명을 받고 자신들의 죄와 위기에 대해 큰 확신을 얻고 무릎 꿇게 된 것이었다.

2) 하나님의 공의

"진노하신 하나님 손안에 붙잡힌 죄인들"과 유사한 "죄인들을 저주하시는 하나님의 공의"(*The Justice of God in the Damnation of Sinners*)라는 설교가 있다. 이것은 회중들의 어떤 편집증적인 욕구를 배제하고 동일하게 감정적이지 않은 방식으로 설교한 것이다. 그러나 이 설교가 오히려 그리스도 없는 미래에 대한 두려움을 직시하게 만들어주었다. 조용한 설교, 움직임이 없는 이러한 설교가 행해질 때에도 회중들이 계속해서 앉아있었다는 사실은 무엇을 의미하는가? 감정에 호소하는 행위, 즉, 에드워즈가 하지 않았던, 하나님의 자비에 호소하며 흐느끼는 그러한 행위가 있을 때마다 에드워즈는 설교를 그치고 자신이 계속 설교할 수 있도록 조용히 해 줄 것을 요구하였다. 그의 설교의 전제는 하나님의 절대 주권에 기초하고 있었다.

> 하나님께서 당신의 기쁘신 뜻에 따라서 이 모든 것들을 명령하신다는 것을 알게 됩니다. 그분은 위대하시고 영화로우시기 때문에, 모든 만물 위에 영원하시기 때문에 그는 통치하시기에 합당하시며 그의 기쁘신 뜻은 모든 만물 가운데서 나타납니다…
> 이 교리에 대한 확신을 가지고 나는 저주 아래서 두려워하는 죄인들에게 선언합니다. 하나님께서 공의와 의로 여러분을 거절하고 저주하신다는 것은 믿음의 문제입니다. 이는 바로 여러분들이 위험에 처해있음을 말해주는 것입니다. 그리스도 없이는 죄인인 여러분은 비참하고 저주받은 피조물에 불과합니다. 하나님의 진노가 여전히 여러분에게 있고 저주의 현실이 여러분에게 임할 것입니다. 하나님의 손 안에 여러분이 있고, 그가 여러분을 인정하시는지를 우리가 알 수는 없습니다. 여러분은 어떻게 될까 두려워합니다. 작렬하는 불길에서의 영원한 고통이 여러분에게 임할까 두려움을 느낍니다. 여러분의 두려움은 근거가 있습니다. 여러분은 매 순간 근신이 있습니다. 그러나 결코 두려워하지 마십시오. 영원한 저주가 결코 여러분을 두렵게 하지 못하게 하십시오. 그것이 의입니다. 하나님께서 그렇게 하신다할지라도 하나님께서는 의로우시고 거룩하시고 영광스러운 분입니다.[17]

대각성 운동 기간에 에드워즈의 설교를 들은 사람들은 그를 하나님께로부터 와서 그들의 영혼에 말씀을 전달하는 사자라고 생각했다. 에드워즈의 심판의 날에 관한 주제 설교를 들은 어떤 사람은 "그토록 생생하고 엄숙한 설교는 완전히 내 마음에 감명을 주었고, 에드워즈가 설교를 마치자마자 심판이 임해 최후의 분류(分類)가 일어날 것 같았다"고 말하였다.[18]

---

17) Edwards, "The Justice of God in the Damnation of Sinners," in *Puritan Sage*, 298-99, 316, 324.
18) Miller, *Edwards*, 110.

찰스 촌시(빌리 그래함 센터 박물관)

5. 반대파의 형성

1741년까지 대각성 운동은 순조롭게 확장되었다. 처음에 부흥사들에게 냉소적이었던 많은 목회자들이 후에는 동조하였다. 새로운 교인들이 계속 늘어나고 있었기 때문이다. 보스턴 제일교회의 설교자 찰스 촌시는 교회의 중요한 지위와 권위를 갖고 있었다. 그는 지루하고 따분하고 무미건조하고 현학적인 "구빛"(Old Light)에 속한 사람이었고, 대각성 운동에 적대적 사람이었다. 그는 의문의 여지없이 뉴잉글랜드의 지성인의 선봉이었고, 몇 년 후에는 기독교 안에 알미니안주의와 보편주의, 유니테리언주의가 유입되는 데 영향을 미쳤었다. 1742년에도 그는 여전히 칼빈주의자라고 주장하였다. 그의 기질이 신학에 영향을 주었는데, 그는 이성적인 입장을 고수하였다. 그는 모든 사람이 동일한 구도를 따른다고 확신하였다.

촌시는 이성이 계시를 반대한다고 믿지 않았다. 오히려 성령께서 인간을 이

성적 존재로 다루시고 계시를 확인하는 이성으로 진리를 이해하고 설명할 수 있다고 보았다. 그는 감정은 이성의 통제 아래서 유지되어야 한다고 생각했고, 부흥운동이 무모하게 열광주의로 달려간다고 보았다.

이 모든 경향과 관점에 비추어 촌시는 에드워즈와 그의 동료들이 혁신가들이라고 생각하였고, 그의 지지자들과 존 윈스롭의 그늘 아래 있는 사람들, 토마스 쉐퍼드, 인크리스 매더, 코튼 매더 등을 의심의 여지없는 정통주의 청교도주의자들로 불렀다.

1742년 8월에 휫필드의 추종자와 테넌트, 제임스 데이븐포트가 보스턴으로 오자 사람들의 마음은 흥분되었다. 데이븐포트는 과장되고 잘못된 판단력과 감정으로 설교하는 사람이었다. 그가 도착하자 보스턴의 목회자들이 그를 둘러쌌는데, 그는 그들에게 회심을 하였는지의 여부를 물었다. 평소 때 그는 참을성이 있는 사람이었다. 그러나 엄청난 결과를 유발한 치명적인 실수를 저질렀고, 결국 촌시의 집 대문을 두드리는 격이 되어 버렸다. 그때까지 촌시의 반대는 온화한 편이었다. 그러나 이 때부터 그는 실제로 대각성 운동에 대한 분노를 표현하기 시작했다. 그는 3년 동안에 모두 일곱 편의 비난의 편지와 설교들, 그리고 대표작이라 할 수 있는 『뉴잉글랜드의 종교의 상태에 대한 적절한 견해』(Seasonable Thoughts on the State of Religion in New England)를 출간하여 대각성 운동에 반대를 표명했다.

1차 정보를 얻기 위해서 촌시는 300마일 가량의 뉴잉글랜드 지역을 돌면서 대각성 운동을 살피는 어려운 일에 착수하였다. 그 조사의 결과물로 1743년 이른 가을에 『적절한 견해』가 나온 것이다. 그 책은 양이 8절지 424페이지에 달하는 방대한 책이었다. 촌시는 "이 운동에 나타나는 나쁜 것들"의 목록을 제시하며 책을 시작했다. 그 목록의 최상단에 휫필드와 테넌트, 데이븐포트의 순회설교를 명시했다.

> 또한 다른 사람들의 교구 안으로 들어가는 이런 행위는 무엇을 의미하는가? 이는 명백한 것이 아닌가? 지역교회에 정착한 목사들은 자신의 직무에 충실하지 않고, 한 군데에 머무는 것은 신앙적이지 않다, 또는 그들은 영혼을 돌보는 데도 적합하지 않을뿐

더러 사람들에 대한 의무에 있어서도 매우 태만하다고 말하는 것이다. 더욱이 이 운동의 결과와 경향이 혼돈과 무질서를 가져다 주는 것 외에 다른 무엇이 있는가? 만일 어떤 목사가 다른 사람을 돌보기 위해 자신이 지금껏 돌보아 왔던 신자를 돌보기를 거절한다면, 그렇다면 그 신자는 누가 돌볼 것인가? 물론, 더 잘 돌볼 수 있는 사람이 있을 지도 모른다. 그러나 나는 주장한다. 비록 어떤 목사가 이런 식으로 행한다고 할지라도, 다른 이들은, 다른 이들은 여전히, 계속해서… "이 땅에서 교회의 질서라는 것이 사라질 때까지" 그 질서 안에서 행동해야 한다는 것이다.[19]

휫필드는 1744년 하반기에 보스턴으로 돌아왔고, 촌시가 그에 대해 언급한 많은 잡다한 글들을 읽었다. 두 상대자는 우연히 거리에서 만났다. 촌시는 공격적인 말투로, 다시 돌아온 휫필드를 만나게 되어 매우 유감이라고 말하였다. 휫필드는 "이런 악마 같으니!"라고 응수했다.

그러나 뜨겁고 열정적인 분위기는 계속되지 않았다. 스토다드가 40년 전에, 그의 부흥신학에서 성령의 오심과 떠나가심에 대해 설명했던 그대로였다. "최근의 행복한 부흥"이 가져다 준 축복과 유익에 대한 증언한 네 곳의 식민 지역에서 온 100명 이상의 성직자들의 『증언』(Testimony)이 출판되었다. 그러나 3년 이상 활활 불타올랐던 "특별한 계절"은 끝이 났다. 에드워즈는 이미 이러한 현상에 대해서 1743년의 그의 마지막 논쟁적 저술인 『현재 뉴잉글랜드에 나타난 종교적 부흥에 관한 몇 가지 견해』에서 예견하고 있었다.

분석 능력과 예리한 통찰력을 지닌 에드워즈는 성령의 다양한 역사에 대해서 심사숙고하게 되었다. 그는 이미 일어난 많은 일들에 대해 기록된 책들이 있을 것이라고 생각하였다. 그래서 그를 후에 유명하게 해 주었던 심오한 신학의 문제를 다룬 복잡하고 매혹적인 책을 지속적으로 저술하였다.

그러나 대각성 운동이 끝날 무렵, 에드워즈는 자신의 교구에서 큰 문제에 봉착하게 되었다. 그는 반쪽 언약 때문에 느슨해진 교회의 정회원 기준에 대해서 불만을 가지고 있었고, 성찬을 받는 기준에 여전히 영향력을 행사하는 할아버

---

19) Charles Chauncy, *Seasonable Thoughts on the State of Religion in New England* (Boston, 1743), 50-51.

지의 원칙에 대해서 탐탁하게 생각하지 않았다. 그는 진지한 회심의 경험을 가진 사람만이 교회의 회원이 될 수 있다는 주장을 지속하였다. 많은 사람들이 그를 반대하였다. 1748년에 그는 스토다드의 견해를 뒤집는, 주님의 만찬을 받는 데 자격의 제한이 필요하다는 내용의 설교를 시리즈로 전했다. 결과 그는 설교를 그만두게 될 뿐 아니라, 아예 교회에서 사직하라는 경고를 받았다. 1750년 8월 1일, 그는 고별 설교를 했다. 그를 뉴잉글랜드 전역에서 가장 잘 알려진 목사로 인정하려 하지 않았던 회중들의 속좁은 마음은 에드워즈의 특별한 능력이 가진 무언의 힘에 압도당했다.

교회의 지도자들 가운데서 이 탁월한 목사는 매사추세츠 스톡브리지 교회로 인정받고 청빙받았다. 이 작은 개척교회의 회중은 큰 노스앰튼 교회만큼 목사에게 요구하는 것이 많지 않았다. 스톡브리지에서 그는 4년 반을 투자해『의지의 자유』(Freedom of the Will)라는 탁월한 책을 썼고, 1754년 출간하였다. 이 어려운 주제에 대해서 이전에 쓰여진 어떠한 저술보다도 가장 탁월하다고 대부분의 사람들은 동의한다. 그의 소논문『원죄』(Original Sin)는 1757년에 저술이 끝났고, 성경이 가르치는 죄론에 대한 아주 탁월한 주해서로 인정받았다.

1757년에 장로교의 신파(New School) 학교인 뉴저지의 프린스턴은 갑작스레 새 학장을 선출해야했다. 이사회는 에드워즈의 봉사가 필요하다고 생각하고, 그를 청빙하고자 하였다. 심사 숙고한 후에 그는 수락하였다. 그는 초기 부흥운동의 열매인 학생들로 가득 찬 대학에서 기적의 의무를 수행하기 위해 1758년 뉴저지에 도착하였다. 그는 프린스턴에서 불변하시는 그리스도에 관한 주제로 첫 설교를 전했다. 듣는 이들은 깊은 인상을 받았다. 두 시간 이상이나 지속되었지만 회중들은 설교가 곧 끝나지 않을까 염려했을 정도였다.

6. 에드워즈의 죽음

천연두가 발병하여 전역으로 확산되었다. 에드워즈는 안전을 위해 예방 접종을 받았다. 처음에는 그 조치가 성공적인 것으로 보였다. 그러나 고열이 계속되었고, 에드워즈는 1758년 5월 22일 하나님의 부르심을 받았다. 조나단 에드워즈는 전통적인 청교도 설교자로서, 마음이 곧은 청중 앞에 가발을 쓰고 가운을 입은 채 거룩한 강대상 뒤에 서 있었다. 의로우신 하나님의 진노에 관해 선언하면서 천상의 능력을 전하는 경이로운 대사로 그는 그 자리에 서 있었다.

휫필드: 전도의 촉매자

조지 휫필드는 1714년 12월 16일, 영국 글로스터(Gloucester)에서 일곱 남매 중 막내로 태어났다. 그의 아버지는 벨 여관(Bell Tavern)의 소유주였고, 휫필드는 그 건물에서 태어났다. 이전에 그의 아버지는 주류상이었다. 조지가 겨우 2살이었을 때 그의 아버지가 죽었고, 따라서 조지의 어머니는 제한된 자산의 한도 내에서 줄 수 있는 모든 혜택을 그 아이에게 주기로 결심했다. 그는 성 메리 드 크립의 문법학교(grammar school of St. Mary de Crypt)에 다녔으나, 15살이 되던 해에 여관의 운영이 부실해지자 그는 학교를 떠나 "걸레질을 하고, 객실을 청소하면서" 거의 1년 반 동안 한마디로 평범한 전업 급사의 생활을 했다.[1]

---

1) George Whitefield, *Journals* (London, 1960), 40. 휫필드에 관한 결정적인 전기로는 다음의 저서가 있다. Harry S. Stout, *The Divine Dramatist: George Whitefield and the Rise of Modern Evangelicalism* (Grand Rapids, 1991). 아울러 다음의 저서를 참고하라. Arnold Dallimore, *George Whitefield: The Life and Times of the Great Evangelist of the Eigheenth-Century Revival* (Westchester, Ill., 1980).

들판에서 설교하는 휫필드
"이는 산을 그의 강단으로 삼으시고, 하늘을 공명판으로 삼으시며, 복음이 유대인들에 의해 거부되었을 때에는 그의 종들을 대로와 산울타리에까지 보내시는 나의 창조주에 대한 예배의 행위라!"
(빌리 그래함 센터 박물관)

1. 술 취한 시대

어떤 다른 하나의 요인, 또는 여러 요인들을 합쳐 놓은 것보다도 오히려 조지 휫필드와 요한 웨슬리가 선봉에 서서 이룬 복음주의 부흥(Evangelical Revival)이야말로 도덕적 정글과 같았던 영어권 세계를 발전시키고, 19세기 선교의 진보를 이루었으며, 노예제도를 철폐하고 사회 변혁을 모든 영역으로 확장시킨 가장 중요한 요인이었다. 이러한 복음 선포의 역동적 물결이 수많은 회심자를 일으키고, 도덕성과 품위를 회복시키는 도구가 되었다. 이 역사는 1736년경에 시작되어 19세기 내내 계속되었다.

18세기 전반에는 영국 전역이 도덕적, 종교적 위기에 처해 있었다. 왕정 복고의 와중에 생긴 극심한 혼돈 이래 상황은 다소 향상되었으나, 조각가 윌리엄 호가르트(William Hogarth, 1697-1764)의 작품들에 묘사된 바와 같이, 온 영국인의 삶에 해악을 주는 육체적, 정신적 빈곤과 도덕적 부패가 만연해 있었다. 혹독한 법 집행과 빈번한 사형이 이 시대의 빈약한 범죄 억제력을 드러내고 있었다. 소위 "술 취한 시대"(Gin Age, 진: 노간주나무 열매〈juniper berries〉를 향료로 넣은 영국의 대표적인 독한 술-역자주)라 불리던 시대였다. 이는 가난한 사람들이 음주를 그들의 유일한 여흥으로 여겼기 때문이다. 런던의 홀번(Holborn)에는 세 집 건너 한 집이 술집이다. 1751년에 런던 지사였던 헨리 필닝(Henry Fielding)은 진이 이 도시의 10만 명 이상의 사람들의 "주식"(the principle sustenance)-그렇게 불릴 수만 있다면-이라고 말했다.[2] 1735년 2월자 "런던 중앙 형사 법원 재판 기록부"(Old Bailey Session Paper)에 기록된 쥬디스 두포(Judith Dufour)의 사건은 수많은 이들에게 끼친 음주의 잔인하고 파괴적인 영향력을 보여주기 위해 인용될 수 있는 많은 사건들을 대표한다고 할 수 있을 것이다. 이 여인은 자신의 아이를 옷을 제공해 주는 소년원으로 데리고 갔다. 소년원을 떠나면서 그녀는 아이를 죽이고, 시체를 개천에 버렸다. 소년원에서 받은 옷은 1실링 4펜스에 팔아 술을 마시는 데 썼다. 게다가 이 술을 그녀의 살인을 도와주었던 한 여자와 나누기까지 했다.

"런던 사망률 보고서"(London Bills of Mortality)에는 복음주의 대부흥이 있기 전인 그 시대에 모든 계층의 아이들 가운데 74.5%가 5살 생일이 되기 전에 사망했음을 보여준다. 고아 병원 건설을 위해 국회로 보낸 탄원서에는 끊임없이 자행되는 "가난하고 비참한 유아 살인," 신생아를 거리에 방치한 채 죽어가게 하는 악독한 풍습, 극도로 적은 양만을 제공함으로써 "먹어야 하고 돌봄

---

[2] Henry Fielding, *Enquiry Into the Late Increase of Robbers* (London, 1751), 19.

을 받아야 하는 아이들을 굶기는" 사악하고 야만적인 보모들이 가득한 고아 병원, 거리에서 구걸하거나 훔치면서 살아가는 소수의 아이들에 대한 보고들이 기록되어 있다. 어떤 이들은 "눈이 멀었거나, 수족이 뒤틀려 있거나, 다리를 절거나 하는 모습으로 동정심을 일으켜," "비열하고, 무자비한 사람들"의 마음조차 감동시켜 충분히 구걸할 수 있는 도구가 되기도 했다.[3]

찰스 웨슬리의 일기에는 그가 한 감옥에서 설교할 때 10살짜리 어린아이를 포함해서 52명의 사람들이 교수형을 기다리고 있었다고 기록되어 있다. 반면 재판 연구가인 윌리엄 블랙스톤 경(Sir William Blackstone, 1723-1780)은 남자와 여자, 아이들이 160개 항목 가운데 어느 하나를 위반했다는 이유로 교수형을 당하고 있다면서 영국의 "비길 데 없이 완벽한 헌법"(unmatched Constitution)의 위용을 찬양하고 있었다. 1실링이 넘은 돈을 소매치기했다는 이유로, 작은 나무를 부러뜨렸다는 이유로, 영지의 토끼를 잡았다는 이유로, 심지어는 얼굴을 검게 하고 큰길에 나타났다는 이유로 교수형에 처해지기도 했다.

도덕적 목소리가 필요했던 그 시기에 영국 국교회는 권위 있는 기관이 되지를 못했다. 경제를 연구하는 역사가인 리처드 헨리 타우니(Richard Henry Tawney)는 이 시기의 교회가 타락된 사회 관습에 대항하는 지도적 역할을 포기하였다고 비난했다.[4] 동시대의 어떤 평론가도 성직자들을 비난하는 것보다 더 나은 소재를 찾지 못했다. 철학자 레슬리 스태픈 경(Sir Leslie Stephen)은 1700년대 중반의 설교를 "지루하고, 더 지루하고, 가장 지루한" 설교로 규정했다.[5] 자유사상가인 헨리 세인트 존 볼링브로크(Henry St. John Bolingbroke, 1678-1751)는 기독교 신앙에 대해 충분히 이해하고 있었기 때문에, 성직자 그

---

3) 다음의 문헌을 참고하라. Sir George Romilly, *Observations on the Criminal Code* (London, 1810).
4) R. H. Tawney, *Religion and the Rise of Capitalism* (New York, 1926), 188-89.
5) Sir Leslie Stephen, *English Thought in the Eighteenth Century* (New York, 1949), 2.337.

룹에 대해 다음과 같이 냉소할 수 있었다. "기독교의 실체야말로 세상에서 가장 위대한 기적이고, 종교라는 것은 그 기적을 계속해서 보존해 온 것이라고 한다면, 당신들처럼 그리스도인 같지도 않은 사람들의 손아래 그 기적의 설교가 들어간다면, 도대체 그것이 가당키는 한 이야긴지 내게 한번 진지하게 말해 보시오!"[6] 블랙스톤은 자료 수집을 위해 런던의 교회들을 방문해서 많은 목사들의 설교를 들었다. 그는 후에 "설교자에게서 들은 설교를 통해서 그 설교자가 공자를 추종하는 사람인지, 마호멧을 추종하는 사람인지, 그리스도를 따르는 사람인지를 구별해 내는 것은 거의 불가능했을 것이다"라고 썼다.[7] J. C. 라일 주교(Bishop J. C. Ryle)는 18세기의 영국 상황을 다음과 같이 기록했다.

> 이 시대에는 의심할 여지없이 학식 있고 양심적인 주교들이 있었다… 그러나 슬프게도 그들 중 최고라는 사람들마저도 그들이 살고 있는 시대의 요구 사항들을 잘못 이해하고 있었다. 그들은 그리스도의 복음의 중심 교리를 직접 가르치지 않으면 그들의 수고가 모두 헛되다는 사실을 알지 못하고 있었다. 주교의 대다수는 '부정적인' 악에 대해서는 강했지만, '적극적' 선에 대해서는 아무 것도 할 수 있는 것이 없었다. 복음운동이 과열될 때 그 시도들을 누르는 데는 강했으나, 그 시대의 악을 치료하는 데는 무력했다.[8]

이런 침울한 시기에 여관(tavern)이라는 기대치 못한 환경에서 젊은 휫필드가 등장했다. 17세였던 1732년에 그는 펨브로크 대학(Pembroke College)의 근로 장학생으로 보장받을 수 있었던 옥스퍼드 대학에 입학하는 기회를 얻게 되었다. 이런 혜택과 친절한 친구들의 도움으로, 그는 겨우 24파운드의 빚만을 진 채로 대학 3년을 마칠 수 있게 되었다.

---

6) A. D. Belden, *George Whitefield, The Awakener* (Nashville, 1930), 56.
7) C. J. Abbey and J. H. Overton, *The English Church in the Eighteenth Century* (London, 1878), 2.37.
8) J. C. Ryle, *A Sketch of the Life and Labors of George Whitefield* (Edinburgh, 1850), 12.

2. 홀리 클럽

휫필드의 일기를 보면, 그는 젊은 시절의 비밀스런 죄를 고백했을 뿐 아니라 자신의 영혼에 대해서도 진지한 관심을 갖고 있었다고 고백한 것을 보게 된다. 그는 "헬라어 성경연구"에 관심이 있으나, 비록 양심의 가책을 얼마간 갖기는 했어도 여전히 "카드놀이와 연극 관람이 절대적으로 죄악된 것이라는 확신을 갖지는 못했다"고 인정하였다.

그는 청교도 저자들의 글을 읽기 시작했고, "과도한 방탕에 함께 하자"고 그를 유혹하는 젊은이들을 무시했다.[9] 그 후 그는 조롱자들이 "홀리 클럽(The Holy Club)," 또는 "메소디스트(Methodists)"라고 별명 붙인 모임을 만든 학생들과 접촉하게 되었다. 존 웨슬리가 그 모임의 리더였고, 휫필드보다 11살 위였다. 그의 동생 찰스도 그를 도왔다. 그들은 거룩함을 추구하며 열심히 구원을 열망했지만, 그 구원을 얻는 방법에 대해서는 알지 못했음을 인정했다. 결국 그 때문에 그들은 거룩함을 더욱 열심히 추구할 수밖에 없었다. 구성원들은 옥스퍼드 공동체의 다른 이들이 그들에게 보낸 그 조롱을 유발했던 금욕적이고 율법적인 일상에 자신들을 투신했다.

자기 부인과 선행을 통해서 구원을 얻으려 하는 그러한 열의는 그 시대의 영국 국교회에서 실제 일상적이었던 현상이었다. 오직 믿음을 통해 얻는 구원은 강단에서 부정되었고, 중지되었다. 열심 있는 추구자(seeker)는 무미건조한 열변으로부터 믿음에 대한 확신을 가질 수 있게 해 준다는 맥빠진 도덕주의만을 얻을 수 있을 뿐이었다. 후에 휫필드가 동료 목사들로부터 공격받을 때, 휫필드가 그 시대에 필요했던 영적 방향성을 제공해 주지 못했던 성직자들의 무능함을 기억해 냈다는 것은 이해할 만한 일이다. 그는 일부 성직자들을 심하게 질책한다.

빈번한 극장 출입, 경마장 출입, 무도회와 집회에 가며 자주 술집에 가고, 그 시대가

---

9) Whitefield, *Journals*, 44-45.

제공하는 모든 오락을 좇으며… 그러나 나의 친애하는 형제여, 그들은 항상 가면을 쓰고 있음을 주시하시오. 목사들은 그들의 가운과 목사옷 안에 있는 실체를 보이는 것을 두려워합니다. 이유는 간단합니다. 그들의 양심이 그들 자신에게 복음을 전하는 목사가 하기에 적절한 본이 아니라는 것을 알려 주기 때문입니다.[10]

옥스퍼드의 "메소디스트들"은 구원의 확신을 얻기를 갈망하며 서로를 도우며 힘을 결집하였다. 한 전기 작가는 "각 개인의 영향력은 철저하게 상호보완적이었다. 또 이 세 명의 인물이 서로에게 미친 영향력만큼이나 거대하게 세상에 끼친 영향력의 규모가 그렇게 깊고, 멀리까지 이른 경우는 전 역사 가운데서 거의 예를 찾을 수 없다. 그들은 끊임없이 상호 교환으로 힘을 연결하는 삼각 구도를 형성한다. 존은 찰스를 붙잡고, 찰스는 횟필드를 붙들어 주며, 횟필드는 불 속으로 뛰어들고. 차례대로 개척자 존과 찰스는 그 세기의 가장 위대한 종교적 업적 안으로 자신을 믿어 넣는다"[11]고 기록했다.

상호 교훈의 한가지 중요한 열쇠로 찰스 웨슬리가 율법주의에 사로잡혀 있던 횟필드에게 자신의 성장에 커다란 영향을 끼친 스쿠걸(Scougal)의 책, 『인간의 영혼 안에 있는 하나님의 생명』(*Life of God in the Soul of Man*)을 주었다는 사실은 그들의 상호 계발(mutual edification)의 중요한 사례가 된다.

비록 금식하고, 경성하고, 기도하고, 오랫동안 성찬에도 참여했으나, 나는 참된 종교가 무엇인지를, 결코 잊을 수 없는 나의 친구의 손을 통해서 그 우수한 논문을 하나님께서 내게 주셨을 때야 비로소 알게 되었다. 처음 그것을 읽었을 때 나는 저자가 다음과 같이 말하는 것에 의아해 했다. "거짓된 기반을 가진 종교가 교회에 들어와서, 아무에게도 마음에 부담을 주지 않으면서, 은밀한 의무들을 수행해 나가고, 때때로 가난한 이웃들에게 구제를 베풀기도 한다." 나는 생각했다. "슬프다! 만약 이것이 참된 종교가 아니라면 무엇인가?" 하나님은 곧 나에게 해답을 보여주셨다. 몇 줄 더 읽는 동안, "참

---

10) George Whitefield, "Sermon 9: The Folly and Danger of Being Not Righteous Enough," *Works of Whitefield* (London, 1954), 5.129.
11) Belden, *George Whitefield*, 17.

된 종교는 하나님과 영혼이 결합하는 것이고, 그리스도가 우리 안에 형성되는 것이다." 신령한 빛줄기 하나가 나의 영혼을 즉각 비추었다. 그 순간부터 나는 새로운 피조물이 되어야 함을 깨닫게 되었다.[12]

이 기간 동안에 그를 가르친 교수들은 그의 행동을 참아 내야 할지 그를 미치광이로 인정하고 집으로 보내야 할지 몰랐다. 육체적 고통으로 그는 자리에 누울 수밖에 없었고, 7주 동안 그는 낙담하였다. 그러나 하나님은 그의 자기 고행을 멈추게 하시며, 그에게 말씀하실 기회를 만드셨다. "몸이 약했지만, 나는 종종 저녁 은거에 두 시간을 보내고, 헬라어 성경과 홀 주교(Bishop Hall)의 가장 뛰어난 "명상"(Contemplations) 기도에 따라 기도하였다. 그 후 그는 죄인의 소망과 칭의의 진정한 기반을 발견하였다." "나를 너무 무겁게 누르고 있었던 짐이 벗겨졌음을 내 안에서 발견하고 느꼈다. 통회의 영은 내게서 떠났고, 나는 구원자 하나님 안에서 기뻐하는 것이 무엇인지를 알게 되었다."[13]

휫필드는 홀리 클럽에서 처음으로 회심을 경험한 사람이었지만, 그 모임의 금욕 실천은 여전히 그를 형식에 매어 두었다. "그는 값싼 음식을 먹었고, 종종 금식했고, 기운 옷과 더러운 구두를 신음으로써 자신을 매우 비천한 자로 보이게 만들었다."[14] 점차로 그의 마음속의 혼란이 더 뚜렷해졌고, 그는 자아를 죽이는 것을 그만 두었다. 휫필드는 존과 찰스가 3년이 넘는 기간 동안 찾아 헤매다가 올더스게이트 경험(Aldersgate experience)을 통해 발견했던 구원의 확신을 1735년경에 발견했다.

옥스퍼드 졸업 직전이었던 1736년에 휫필드는 교회의 무능함과 악화된 시대 분위기 때문에 몹시 고통받고 있던 마틴 벤슨 주교(Bishop Martin Benson)에 의해 사제로 서품 받았다. 글로스터의 주교였던 벤슨은 조지의 재능을 간파하

---

12) Whitefield, *Journals*, 46-47.
13) *Ibid.*, 53.
14) Joseph Tracy, *The Great Awakening: A History of the Revival of Religion in the Time of Edwards and Whitefield* (Boston, 1842), 44.

고 있었고, 23세를 최소 연령으로 삼았던 그 자신의 규칙을 포기하면서까지 그가 성직 임명을 받아야 한다고 주장했다. 휫필드가 첫 설교를 했을 때, 15명이 미쳐 버렸다는 불평이 주교에게 제기되었다. 이에 대해 벤슨은 "다음 주일이 오기 전까지 그 광기가 제발 잊혀지지 않기를 바란다"고 대답했다.[15]

21살이라는 젊은 나이임에도 불구하고 휫필드의 용모와 능력은 남달랐다. 그의 키는 보통이었지만, 그의 태도는 우아했으며, 그의 용모는 평범했으나, 그의 얼굴은 아름다웠다. 눈은 작았고, 생기 있고, 진한 파란 색이었다. 한쪽 눈이 사시였는데, 이는 어린 시절 홍역에 걸렸을 때 보모의 부주의로 생긴 것이었다. 용모와는 대조적으로, 그의 목소리는 하나님이 그에게 주신 선물이었다. 믿을 수 없을 만큼 크고 강했지만, 그는 인간의 모든 감정의 영역을 매우 다양한 방식으로 두루 조절할 수가 있었다.

3. 하나님의 극작가(The Divine Dramatist)

20대 초반에 벌써 휫필드는 엄청난 인기를 누리게 되었는데, 그의 언변 능력뿐만 아니라 영국에서 그렇게 생명력 있는 방식으로 설교한 사람이 거의 없었기 때문이다. 수 천명의 사람들이 호기심 때문에, 또는 비판하기 위해 집회에 나왔다. 그러나 수많은 이들이 감명을 받고, 또 영감 받고, 확신하게 되고, 회심하게 되었다.

1736년 여름과 1737년 성탄절 사이에 휫필드의 설교는 런던, 브리스톨, 글로스터와 바스에서 널리 알려지게 되었다. 다른 설명들보다 그 자신의 생생한 진술에서 우리는 무슨 일이 있었는가를 더 잘 알 수 있다.

> (1736년) 8월 8일 주일 오후 나는 많은 회중이 모인 비숍스게이트(Bishopsgate) 교회에서 설교했다. 처음에는 좀 당황했지만, 그러나 하나님을 언급하며 그의 이름을 생각

---

15) Luke Tyerman, *Life of George Whitefield* (London, 1890), 1, 51.

하며 말하려 할 때 나의 마음은 평온해지고 권능으로 말씀을 전할 수 있었다. 그 결과는 즉각적이었고, 모든 이에게 가시적으로 드러났다. 내가 계단을 거의 다 올라갔을 때 대부분의 사람들이 내가 어려서 나를 비웃고 있는 것처럼 보였다. 그러나 그들은 곧 진지해졌고, 주의를 기울였다. 내가 내려온 후에는 대단한 경의의 표시를 보냈고, 내가 지나갈 때는 나에게 축복했고, 내가 누구인가를 놓고 수군거렸다. 그러나 아무도 답변을 줄 수 없었다. 왜냐하면 나는 이방인이었기 때문이다.[16]

그가 가서 설교한 모든 곳에서 유사한 반응들이 나타났다.

주일 아침에는 날이 밝기 전부터 오랫동안 교회에 가는 사람들이 손에 든 등불들로 거리가 가득 차 있는 것을 볼 수 있었다… 사람들의 물결이 높이 일기 시작했다. 보통 때처럼 더 이상 걸어갈 수가 없어서 어쩔 수 없이 마차를 타고 호산나를 외치는 무리들을 피해 가야 했다… 모든 사람들이 나를 좋게 이야기하지는 않았다. 아니, 나의 인기가 늘어갈수록 반대도 또한 늘어갔다. 처음에는 많은 성직자들이 나의 청중이었고, 지지자였다. 그러나 일부는 분에 겨워했고, 불평분자들이 교회를 몹시 소란스럽게 만들었다.[17]

1735년 10월 14일, 웨슬리 형제가 식민지 이주민들 사이에서 일하기 위해 영국의 새 식민지인 조지아를 향해 출발했다. 휫필드가 옥스퍼드에서 벗어났던 그 초기 영적 상태에 그들은 여전히 머물러 있었다. 의식주의가 그들의 전형이었다. 그들은 휫필드에게 조지아에서 그들과 동역하자고 요청했으며, 그들의 요청을 받아들여 휫필드는 1735년 12월 28일에 영국을 출발하여 미국으로 항해했다. 그는 이주민들을 위해서 세심하게 영국에서 물품을 수집하고 돈으로 의복을 구입하여 미국으로 건너갔다. 그때쯤 웨슬리의 엄격함에 사람들은 거부감을 느꼈고, 웨슬리는 자신들의 적절치 못한 신앙 행태가 문제의 원인이었다는 것을 얼마간 깨달으며 쓰라린 마음으로 영국으로 돌아왔다. 휫필드는 사

---

16) Whitefield, *Journals*, 77.
17) *Ibid.*, 88-89.

람들에게서 오는 그러한 거부감에 직면하지 않았다. 식민지인들은 그를 곧 받아들였고, 그는 그들의 필요를 위해 사역하기 시작하며 집 없는 아이들을 위해 고아원을 세우기 시작했다. 사반나 고아원(Savannah Orphanage) 사역은 그의 삶에서 가장 흥미진진한 일이었고, 그 후로 계속해서 그는 영국과 미국에 있는 회중들로부터 고아원에 기증할 물건을 수집하였다. 몇 달 동안 머무른 후에 휫필드는 1738년 9월 9일 만감이 교차하는 가운데 고향을 향하는 배를 타게 되었다. 새로운 친구들부터 헤어지는 것은 몹시 아쉬운 일이었지만, 다시 설교 사역을 감당하고자 하는 열망이 불타고 있었다.

　1738년경 웨슬리 형제는 믿음에 대한 충만한 확신을 얻게 되었고, 휫필드는 매우 기뻐하였다. 그들의 체험이 유사했다는 것은 세 사람의 유대가 훨씬 더 가까워짐을 의미하는 것이었다. 그러나 조지는 영국 국교회 강령의 분위기에 순응하며 신학적으로 칼빈주의자가 되었으나, 반면 웨슬리 형제들은 아르미니안 주의자가 될 만한 몇 가지 요소들의 영향을 받게 되었다. 이는 결국 그리스도인이 이 세상에서 죄 없는 완전함을 얻을 수 있다는 감리교의 가르침을 낳게 하였다. 휫필드는 이 가르침을 받아들일 수 없었고, 이것이 결국 그들의 기독교적 사랑과 서로에 대한 배려에 의해서만 극복될 수 있었던 논쟁의 골격으로 남게 되었다.

4. 유명 인사들

　점차 휫필드는 여러 해 동안 그를 괴롭힌 반대에 봉착하게 되었다. 웨슬리 형제는 모라비아 교도들을 모델로 삼아 여러 "신도회들"(societies)을 조직하며 유명한 인물들이 되었다. 그들이 휫필드와 연결되어 있다는 인식 때문에 그는 비난을 받았다. 이 기간은 휫필드의 사역의 틀을 형성하는 기간이었으며, 그 안에서 그는 후에 사용하게 될 모든 복음전도의 방법들을 개발시켰다. 성직 임명을 받은 후 그는 규모가 큰 교회에 가서 설교하기로 결정하였다. 이런 방식은 일부 사람들에게는 변칙적인 것으로 이해되었다. 이런 방식이 그때까지

휫필드가 군중들로부터 구타당하고 있다.
"나는 스데반을 생각했다. 나는 스데반처럼 소망 가운데, 이 피 흘린 승리 가운데,
우리 주님의 즉각적인 임재를 느끼며 의식을 잃었다."(빌리 그래함 센터 박물관)

는 단지 퀘이커교도나 다른 분파들에 의해서만 시행되고 있었기 때문이다. 그가 이 교회 저 교회에서 설교하려고 할 때, 그는 종종 성직자들의 냉담한 반응과 건물의 닫혀진 문을 직면하곤 했다. 조셉 트레이시(Joseph Tracy)는 "성직자들은 하나님 앞에서의 신생(new birth)과 죄인이 의로워지는 방법에 관한 휫필드의 교리와 자신들의 교리 중 어느 하나는 반드시 몰락할 것이라는 사실을 인식하기 시작했다"고 기록한다.[18] 여러 선전물들이 휫필드의 중생 교리들

---

18) Tracy, *Great Awakening*, 48.

군인들에게 설교하는 휫필드
"많은 빚진 자들이 다윗에게로 나아 와서 그를 그들을 다스리는 대장으로 삼았습니다"
(빌리 그래함 센터 박물관).

을 공격하였고, 휫필드가 속해 있던 영국 국교회의 내부에서부터 그에 대항하는 설교가 그를 겨누어 선포되었다. 모두 예상할 수 있다시피, 이 모든 것이 그의 반대자들이 의도했던 것과 반대되는 결과를 가져왔다. "성직자들의 반대가 오히려 사람들의 듣고 싶어하는 욕구를 증가시켰고, 듣고자 하는 무리가 증가할수록 성직자들의 반대는 더해 갔다."[19] 야외 설교라는 개념이 그에게서 시작되었고, 1739년 2월 17일에 브리스톨(Bristol) 근방 킹스우드(Kingswood)에서 그의 첫 번째 야외 설교가 시도되었다. 회중은 그 도시의 문젯거리(terror)였던

---

19) *Ibid.*

무식하고 거친 광부들로 이루어져 있었다.

"나는 생각한다." 그는 이렇게 말했다 "이는 산을 그의 강단으로 삼으시고, 하늘을 공명판으로 삼으시며, 복음이 유대인들에 의해 거부되었을 때에는 그의 종들을 대로와 산울타리에까지 보내시는 나의 창조주에 대한 예배의 행위라고!" 소식은 탄광의 갱부들 사이에 급속히 퍼졌고, 그의 청중은 곧 20,000명으로 늘게 되었다. 복음은 정말로 그들에게 "좋은 소식"이 되었다. 왜냐하면 그들은 전에는 결코 설교를 듣지 않았기 때문이다. 트레이시는 "광부들이 갱에서 나올 때 그들이 감동 받았다는 첫 번째 증거는 줄줄 흘러내린 눈물 때문에 그들의 검은 볼에 하얗게 눈물 자국이 나타났다는 것이다. 이 사건에서 증명되듯이, 어마어마하게 많은 사람들이 큰 확신에 이르렀고 곧 건전하고 충분한 회심의 행복한 결과로 나타났다"라고 기록하고 있다.[20]

야외 설교에서 이 첫 번째 성공을 거둔 후에, 휫필드(이후엔 웨슬리)는 그 가치를 믿게 되었고 그의 남은 생애 동안에 충분히 활용하였다. 극적인 회심의 사례들이 증가할수록 휫필드의 명성은 영국과 미국 전역에 두루 퍼져 나갔다. 그의 목소리가 워낙 컸기 때문에 2만에서 3만에 이르는 군중도 별다른 수단의 도움 없이도 그의 목소리를 들을 수 있었다. 휫필드는 그의 전 사역을 통해 믿을 수 없이 많은 회중을 불러 모았고, 그들에게 어려움 없이 설교할 수 있었다. 이 거대하고 수많은 사람들, 심지어 총총히 서로 붙어 서 있기도 했던 이들은 최소한 6-8에이커의 땅을 메우며 서 있었다. 확실히 어떤 건물도 그들을 수용할 수 없었다. 결국 휫필드는 야외 설교로 선회하게 되었는데, 야외가 공간이 넉넉해서만이 아니라 많은 교회들이 그에게 강단을 빌려주기를 거절했기 때문이기도 하였다. 라일 주교는 그의 연설 능력 대해 다음과 같이 말했다.

> 주저함 없이 나는 살아 있는 설교자 가운데서 휫필드만큼 탁월함을 조화 있게 갖춘 사람은 없다고 믿는다. 그의 재능 중 어떤 면에서는 그를 능가한 사람도 물론 있었다… 그러나 순수한 교리의 조화, 단순하고 분명한 스타일, 대담함과 직접 화법, 열심과 뜨거움, 묘사력와 그림을 그리는 듯한 설명, 감흥(pathos)과 감정, 완벽한 목소리, 언어의

---

20) *Ibid.*, 48-49. 다음의 저서도 참고하라. Stout, *Divine Dramatist*, 66-76.

완벽한 전달, 완벽한 요구를 모두 합해서는 다시 말하거니와, 휫필드는 독보적이었다. 죽은 자든 살아 있는 자든 어떤 사람도 영원히 그와 필적할 만한 이는 없었다.[21]

영국의 목소리(talk of England)가 된 이 활기찬 설교자는 급속도로 그의 영역을 확장해 갔고, 비순응자(Dissenter, 비국교도-역자주) 사이에서도 공감을 얻게 되었다. 그는 아이작 와츠(Issac Watts, 1674-1748)와 필립 도드리지(Philip Doddridge, 1702-1751)와도 만나 의견을 교환했고, 그들에게 깊은 인상을 주었다. 그러나 그의 마음에는 늘 고아원에 대한 관심이 자리잡고 있었기에 그는 1739년 8월 14일, 다시 식민지를 향해 출항하였다.[22]

5. 신세계가 손짓하다

휫필드가 신세계에 두 번째 도착했을 때 그는 더 이상 중부 식민지에 있는 사람들에겐 낯선 이가 아니었다. 2년 전, 필라델피아와 다른 지역의 신문들은 고아원 설립을 위해서 조지아에서 제임스 오글리소프 주지사(Governor Oglethorpe)와 함께 일한 그의 활동을 기사화 했었다. 1739년에 일찍이 신문들은 영국에서의 그의 부흥 운동과 수천에 이르는 관중들, 그의 청중이 보여준 경이로운 고요, 그리고 어떻게 사람들이 그의 말을 듣기 위해 근처 나무로 올라갔는지 등에 대해 보도했다. 10월 중순 그들은 휫필드가 펜실바니아를 거쳐 조지아에 돌아올 것이고 그의 도착이 임박해 있다고 보도했다.

필라델피아로 가는 단 하나의 목적은 조지아로 가기 전에 필요한 물품을 수집하는 것이었으나, 11월 2일에 델라웨어에 도착하자 휫필드는 여러 교회에서 설교를 해 달라는 초청을 받았다. 식민지 전역의 설교 여행을 계획한 것은 아니었다. 그는 아마 매사추세츠와 뉴저지에서 있었던 각성에 대해서는 들어보

---

21) Ryle, *Sketch*, 33.
22) *Ibid.*, 49-51; Tyerman, *Life*, 1,307-11.

제4장 휫필드: 전도의 촉매자 121

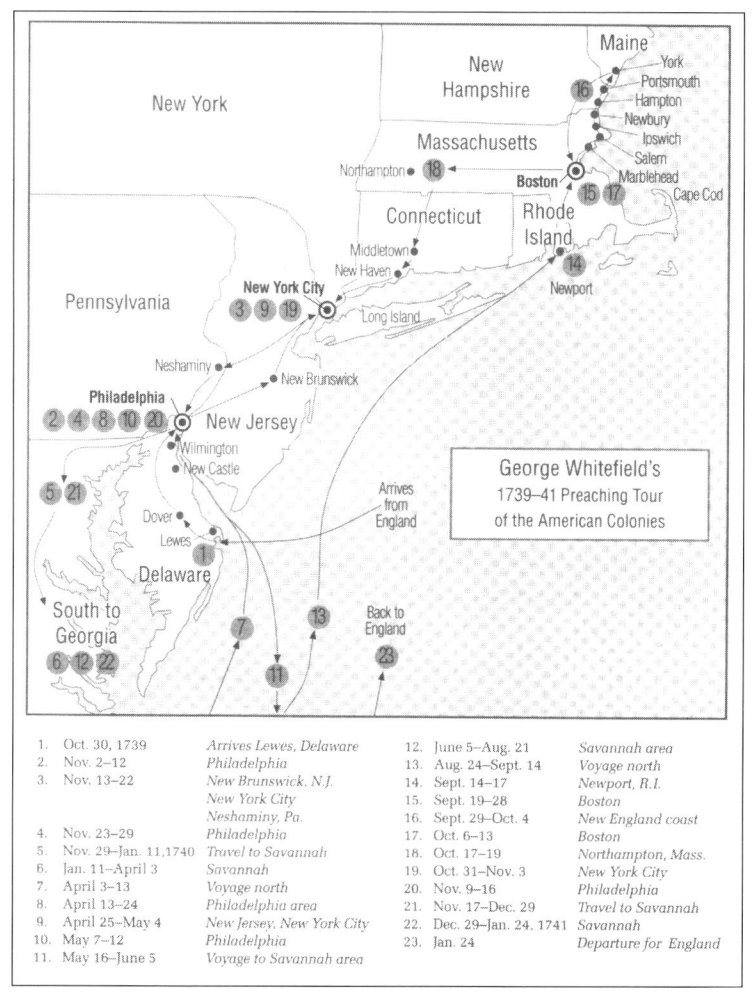

1739년에서 41년까지의 조지 휫필드의 미국 식민지 여행

지 못했을 것이다.[23]

그러나 필라델피아에서 휫필드의 성공은 압도적으로 엄청난 것이었다. 윌리

---

23) Tyerman, *Life*, 1.323. 스타웃(*Divine Dramatist*, 87–89)은 휫필드가 미국 방문의 분명

엄 테넌트(William Tennant, Sr)와 후에 펜실바니아와 뉴저지에 있는 장로교회의 목사가 되었던 그의 아들들의 역동적인 설교의 결과로 대각성이 이미 도시 전역에 퍼져 있었다. 많은 다른 지인들 가운데서 특별히 휫필드는 벤자민 프랭클린과 평생 친구가 되었는데, 그는 그 복음 전파자가 끼친 영향을 다음과 같이 묘사하였다.

> 1739년 아일랜드에서 우리에게 휫필드 목사가 왔다. 그는 그곳 아일랜드에서 이미 순회 설교자로 유명하게 되었다. 그는 처음에 우리의 몇몇 교회에서 설교하도록 허락을 받았다. 그러나 그를 싫어하는 성직자들이 곧 강단을 개방하기를 거부했고, 그는 할 수 없이 들판에서 설교하지 않을 수 없게 되었다. 그의 설교를 듣기 위해 모든 분파와 교단에서 모인 사람들의 규모는 어마어마했고, 그들 가운데 하나였던 내게는 그의 청중들에게 그가 끼치는 독특한 영향을 생각하고 관찰하는 것이 매우 중요했다. 그가 청중들에게 그들이 태어나면서부터 반쯤은 짐승이고 반쯤이 마귀였다고 주장하며 그들을 비난해 대고 있음에도 불구하고, 얼마나 많은 이들이 그를 경외하고 존경하는지를 말이다. 우리 거주자들 속에 나타난 태도의 변화를 보는 것은 놀라운 일이었다. 종교에 대해 생각이 없고 무관심했던 이들에게 마치 모든 세계가 종교적인 것처럼 보이는 일이 발생했고, 그 결과 저녁에 마을을 지나 걸어가게 되면 모든 거리의 서로 다른 가족들 가운데서 시편을 노래하는 것을 보지 않고는 지나갈 수가 없을 정도가 되었다.[24]

프랭클린은 몇 년 후 그의 『자서전』(Autobiography)에 몇몇 잘 알려진 휫필드의 이야기들과 함께 이 사건을 기록했다. 그러나 그의 기억은 몇 가지 세부 사항에 있어서는 약간은 희미했다. 물론 휫필드는 비록 그가 여러 차례 그곳에서 사역은 하였으나 아일랜드 출신은 아니다. 또한 이신론자로서 프랭클린은 필라델피아 교회에 대한 어떤 권위도 없었으며, 휫필드가 그의 방문기간 동안

한 계획을 설정했기 때문에 도착하자마자 그의 활동을 개시했다고 믿는다. 이러한 계획이 휫필드를 중심으로 한 "국제적이고 상호 연관된 부흥"(an international, interconnected revival)과 관련을 맺고 있다.

24) Benjamin Franklin, "Autobiography," in *A Benjamin Franklin Reader*, ed. Nathan Goodman (New York, 1945), 140.

길버트 테넌트(빌리 그래함 센터 박물관)

국교회 강단에서 설교하였고, 침례교와 장로교 목사들과 친구가 되었고, 퀘이커 모임에 갔으며, 교회 건물 안에 지나치게 많은 회중을 수용하는 것이 어려워서 시장 거리에서 거대한 군중을 향해 법원 계단에 올라서서 옥외 설교를 했다는 사실을 알지 못했다.

6. 중부 식민지에서의 각성

11월 12일에 필라델피아를 떠난 휫필드는 뉴저지의 벌링턴에서 설교했고, 이틀 후 뉴욕에 도착하기 전에 뉴 브룬스윅에 있는 길버트 테넌트의 교회에서

전도 설교를 가르쳤던 윌리엄 테넌트의 통나무 대학(The Log College)

설교했다. 뉴욕에서는 대표자들에 의해 국교회 강단에 서는 것이 거부되었으나, 장로교 목사인 에벤에셀 펨버튼(Ebenezer Pemberton)이 그를 초대해서 그곳 교회에서 설교하였다.

트레이시는 "펨버튼 씨는 원래 보스턴 출신 사람이었고, 아주 확고한 청교도였기 때문에 휫필드의 신생의 교리에 놀라게 되었다. 설교를 듣고자 하는 모든 이들을 수용하기엔 교회가 좁았기 때문에, 어쩔 수 없이 휫필드는 들판에서 여러 차례 설교했다"라고 쓰고 있다.[25] 뉴욕까지 휫필드와 함께 동행했던 길버트 테넌트는 뉴욕에 도착해서 휫필드에 앞서 설교했고, 영국인 휫필드는 진정으로 감명을 받았다. "나는… 결코 전에는 이와 같은 설교를 들어보지 못했다. 그는 우리가 우리 마음속에 복음의 능력을 체험한 것보다 더 깊이 예수의 복음을 설교할 수 있음을 더욱 더 나에게 확신시켜 주었다… 그는 자연인의 마음을 해부하는 방법을 경험을 통해 배웠다. 위선자들은 곧 회심하든지, 아니면 그의 설교에 분노하든지 해야 할 것이다."[26]

---

25) Tracy, *Great Awakening*, 52.
26) Whitefield, *Journals*, 347-48.

뉴욕을 떠나며 길버트 테넌트는 뉴저지와 펜실바니아의 대각성 운동의 현장으로 휫필드를 데리고 갔는데, 거기서 휫필드는 유일하게 장로교인이 아닌, 화란 개혁주의 성직자였던 프렐링하이젠을 만났다. 휫필드는 많은 감명을 받았다.

(11월 20일 화요일) 어젯밤 6시경에 이곳에 도착했다. 오늘 정오 테넌트 씨의 교회에서 거의 2시간 동안 여러 지역에서 모인 큰 무리들에게 설교하였다. 테넌트 씨는 그들 가운데에는 확실한 그리스도인들이 많이 있다고 말했다. 오후 3시경 나는 또 설교했다. 그리고 7시, 나는 두 아이에게 세례를 주었고 세 번째 설교를 했다. 말씀을 듣기 위해 온 다른 이들 가운데는 목사들도 여럿 있었으며, 주님은 많은 이들을 영광으로 이끌어 주는 도구로 삼으신 그들을 기뻐하셨다. 한 명은 화란 칼빈주의 목사인 프릴링 하우젠(Freeling Hausen)이었고, 그는 뉴 브룬스윅에서 약 4마일 떨어져 있는 교회의 목회자이다. 그는 예수 그리스도의 귀한 노병이었고, 내가 믿기로는 주님이 이 지역에서 행하시는 위대한 사업을 시작한 사람이었다. 그는 그의 육신의 형제로부터 강한 반대를 받아 왔으나, 하나님은 그를 위해 놀라운 방법으로 나타나셨으며, 그분의 사랑을 통하여 그를 정복자보다 높은 곳에 세우셨다. 그는 몸과 영혼을 다 멸망시킬 수 있는 그분만을 두려워하는 법을 오랫동안 배워 왔다.

또한 다른 사람은 브룬스윅에서 20마일 떨어져 있는 바킹 브릿지 교회의 목사인 크로스 씨였다. 그는 자신의 사역 기간에 주님께서 허락하신 놀랍고도 갑작스런 많은 회심들에 대해 나에게 말해 주었다. 얼마 동안은 8, 9명의 사람이 한꺼번에 영혼의 깊은 침체로 인해 그에게 오기도 했다. 나는 그가 3백 명의 성도가, 그리 큰 교회는 아니지만, 자신들의 가정을 그리스도께로 인도하였다고 말한 것을 기억한다. 그들은 현재 하나님을 모르고, 그들의 마음속에 있는 예수 그리스도의 숨겨진 생명을 전혀 알지 못하는 자들로부터 광신도와 미치광이로 취급받고 있다.[27]

휫필드의 일기의 이런 페이지들에는 부흥을 이루기 위해 오랫동안 노력한 많은 성직자들의 오랜 노력에 대한 놀라움과 감사가 표현되어 있다. 이런 단락들에서 증명되듯이, 그는 솔로몬 스토다드와 조나단 에드워즈가 노스앰튼에서 분투하고 이루어 낸 것이 유일한 것은 아님을 갑작스럽게 의식하게 되었던 것

---

27) *Ibid*., 351-52.

이다. 여기 중부 식민지에는 한 무리의 동료 전도자들이 있었고 그들은 대각성 운동을 일으키기 위해 부지런히 일하고 있었다. 게다가 그들은 휫필드를 환영하였고 그의 도움을 청하였다. 그러나 그는 그들과 운명을 같이 하지 않았다. 일시적으로는 그것이 실수였을 수도 있다. 그러나 휫필드의 스승이자 안내자였던 길버트 테넌트는 그에게 보여줄 더 많은 것을 갖고 있었다. 그들 또한 비록 광야와 같이 아무 것도 없는 상태였지만, 교육 사역의 필요성을 인식하고 있었고, 그래서 그것을 충족시키기 위해 분투하고 있었다. 휫필드는 계속해서 적고 있다.

> (11월 22일 목요일) 트렌트 타운에서 20마일 떨어진 네샤미니(Neshaminy)를 향해 출발. 그곳에 늙은 테넌트 씨가 살면서 학교를 운영하고 있었고, 그곳에서 나는 오늘 약속에 따라 설교하게 되었다. 테넌트 씨와 그의 형제들은 대회(Synod)에서 장로로 임명받았기 때문에 그들은 은혜로운 젊은이들을 양육하여 그들을 우리 주님의 포도밭으로 내보내려 하고 있었는데, 그것은 하나님의 섭리로 일어난 것이었다. 지금 젊은이들이 공부하고 있는 장소는 경멸적으로 대학(the college)이라고 불린다. 약 20피트 가량의 길이와 거의 같은 폭으로 된 통나무집이다. 그리고 내게는 그 집이 옛 선지자들의 학교처럼 보였다. 그 선지자들의 주거가 빈약했고, 그들이 자신들을 위해 대단한 것을 구하지 않았다는 것은 성경 구절들을 보면 분명해진다. 선지자의 아들들의 잔치에 그들 중 하나가 계획을 세우고 다른 이들은 들로 나아가 약초를 캐 왔다는 사실을 우리는 안다. 이런 멸시받는 장소에서 존귀한 7, 8명의 예수의 사역자들이 후에 나오게 되었다. 더 많은 이들이 보냄을 받기 위해 준비되고 있다. 또 다른 많은 이들을 가르칠 기반이 서고 있는 것이다.[28]

1739년 가을부터 다음 해 여름까지 이런 일련의 사건들을 통해 부흥운동가들과 휫필드 사이의 상호 감사는 계속해서 증가하게 되었다.

---

28) *Ibid.*, 354.

7. 국제적 명성

횟필드는 식민지와 사반나에 있는 그의 고아원을 방문하기 위해 총 13번 대서양을 건넜다. 그는 식민지를 여행하여 위대한 미국인들(프랭클린, 에드워즈, 길버트 테넌트 등)의 좋은 친구가 되었다. 식민지에 끼친 그의 영향력은 연구하기에 매력적인 주제이다. 프랭클린이 33세 때 이미 필라델피아의 지도적 시민이었고, 횟필드는 겨우 25세 나이에 바로 그의 친구가 되었다. 그들은 고아원에 대한 횟필드의 계획에 대해 의견을 나누었고, 프랭클린은 횟필드에게 당시 미국의 가장 큰 도시였던 필라델피아로 고아원을 옮길 것을 제안했다. 그러나 횟필드는 이런 생각을 거절하였고, 결국 프랭클린은 고아원 사역에 한푼도 기부하지 않기로 결정했다. 그러나 그는 횟필드의 웅변 능력을 고려하지 않고 있었다.

> 얼마 후 나는 우연히 그의 설교를 들을 기회가 있었는데, 설교를 들으면서 나는 그가 헌금 순서로 설교를 끝내려 한다는 것을 인식하게 되었다. 나는 조용히 그가 내게서 단 한푼도 구할 수 없을 거라고 마음먹었다. 그때 내 주머니에는 한 움큼의 동전과 서너 개의 은화, 금화 다섯 개가 있었다. 그가 설교를 계속해 나갈 때, 내 마음은 누그러지기 시작했고, 나는 동전을 내기로 결심했다. 또 다른 그의 웅변이 내게 충격을 주어 나를 부끄럽게 했고, 나는 은화를 내기로 결심했다. 그리고 마침내 나는 감격에 겨워 내 주머니를 모두 털어 헌금 쟁반에 금을 포함한 모든 것을 넣어 버렸다.[29]

1740년에 프랭클린과 여러 친구들은 횟필드를 위해 필라델피아에 건물을 하나 세웠다. 그 건물이 자신의 역할을 완수한 후에 그 건물은 학교가 되었고, 횟필드가 그의 영감 제공자와 초대 이사가 되었다. 결국 "사랑의 학교"(Charity School)는 후에 펜실바니아 대학(University of Pennsylvania)으로 발전되었다. 횟필드의 사회적 관심과 교육에 대한 관심을 보여주는 비슷한 사

---

29) Franklin, "Autobiography," 141.

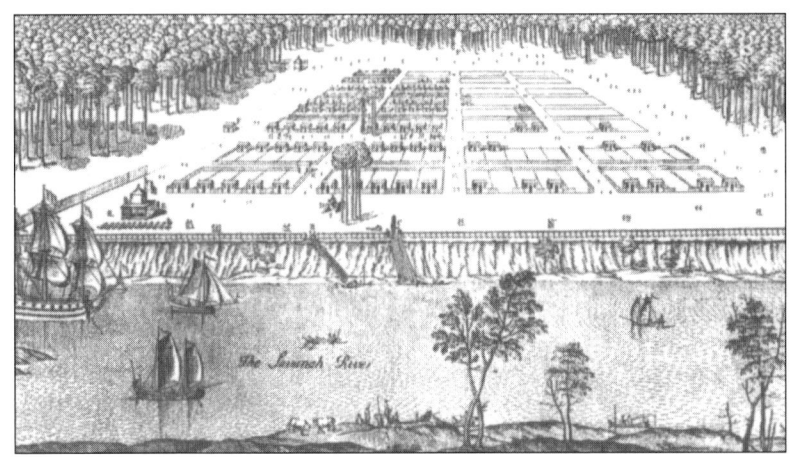

제임스 오글리소프가 조지아의 사반나를 건설한 얼마 후,
조지 휫필드가 이 개척 마을에 자신의 고아원을 세우기로 결정했다(저자 소장 판화).

례가 필라델피아 북쪽으로 몇 마일 떨어진 네샤미니에 위치한 윌리엄 테넌트의 로그 칼리지에 대한 휫필드의 격려로 나타났다. 이 학교는 후에 뉴저지로 이동하여 프린스턴 대학(Princeton University)이 되었다.

1740년 대각성이 중부 식민지에서 최고조에 이르렀을 때, 휫필드는 북으로 계속 갔고, 그의 힘있는 설교는 뉴잉글랜드에 대각성(the Great Awakening)을 일으켰다. 보스턴, 입스위치, 뉴베리, 햄튼, 포츠머스를 비롯한 여러 도시에서 그는 이전에는 그 사례를 찾아볼 수 없이 많은 군중들에게 설교했다. 에드워즈는 형제의 마음으로 그를 환영하였다.

8. 하나님을 위하여 보내고 보냄 받다

휫필드의 삶을 채운 수많은 사건들 가운데 불과 일부만이 설명될 수 있을 뿐이다. 1770년의 이른 죽음이 올 때까지, 34년 동안 그의 생애는 오직 끊임없이 설교하고, 신앙을 확신하는 사람들을 위로하는 하나의 사역으로 통일되어 있었다. 영국, 스코틀랜드, 웨일즈에는 어떤 규모의 마을이든 그가 방문하지 않은 곳이 거의 없다. 교회가 개방되면 그는 영국 국교회의 목사로서 설교하였고, 교회가 개방되지 않을 때에는 들판에서 설교했다. 그는 언제나 엄청난 영향을 끼쳤다. 어떤 성령 강림 주간(Whitsuntide)에 그는 무어필즈(Moorefields)에서 설교하였는데, 기독교에 대해 질문하는 사람들로부터 천 통의 편지를 받고 350회 이상의 성찬을 베풀었다. 그는 평생 6,000만명 이상의 사람에게 18,000회의 설교를 한 것으로 추정된다. 라일(Ryle)은 도저히 하나님을 위하여 보내고 보냄 받은 한 사람이 감당한 일이라 말할 수 없다며 놀라워했다.

유명한 설교가 아주 많기 때문에 하나를 대표로 선택한다는 것은 어려운 일이다. 아래의 인용구는 그의 빛나는 유머 뿐 아니라, 그의 복음전도의 스타일도 보여준다. 다음은 매사추세츠의 보스턴에서 있었던 광경을 묘사한 당시의 신문 기사에서 나온 것이다.

> 기도를 마쳤을 때, 그는 오랫동안 깊은 침묵 가운데 무릎을 꿇고 있었다. 이것이 아주 강력히 그의 청중 가운데 가장 감정이 메마른 자들에게 영향을 발휘하여 무덤과 같은 정적이 건물 전체에 스며들었다. 그가 설교를 시작하기 전, 어두웠던 긴 기둥들이 아침 하늘의 밝고 빛나는 빛으로 채워졌고, 다가오는 폭풍의 무서운 진노로 건물 위를 드리웠던 그 침침한 그림자도 거두어 가 버렸다.
>
> 그는 스쳐 지나가는 그림자를 가리키며, "저 인간 삶의 표상을 보십시오"라고 말했다. "구름이 잠시 멈추고, 우리의 시야에서 하늘의 광명을 감추었습니다. 그러나 곧 사라졌습니다. 나의 청중 여러분이여, 여러분의 생명이 저 어둔 구름같이 지나가 버릴 때 여러분은 어디에 있을 것입니까? 오 친애하는 친구 여러분! 나는 수천의 사람들이 그들의 눈을 불쌍하고 무가치한 설교자를 향해 집중하며 앉아 있는 것을 봅니다. 얼마 후 우리 모두는 그리스도의 심판대 앞에서 만나게 될 것입니다. 우리는 그의 보좌 앞에 모인 그 큰 무리가 될 것입니다. 모든 눈이 그 심판자를 바라 볼 것입니다. 여러분이 감당해야 하는 그분의 목소리로 그분이 요구하실 때 여러분은 응답해야 합니다. 그분은 물으실 것입니다. 여러분이 이 땅에서 좁은 문에 들어가기 위해 노력했는지, 여러분이 하나님께 최고로 헌신하였는지, 여러분의 마음이 그 분에 열중하였는지!…

오, 거짓된 껍데기 그리스도인들이여! 여러분이 이제까지 행한 많은 것들이 무슨 소용이 있겠습니까? 거룩한 말씀을 많이 읽은 것이 무슨 소용입니까? 긴 기도를 한 것이 무슨 소용이겠습니까? 종교적 의무에 참여하고 사람들의 눈에 거룩하게 보이는 것이 무슨 소용입니까? 하나님을 최고로 사랑하지는 않으면서 여러분이 정말로 오염되고 거룩하지 않는 행위로 하늘에 있는 여러분 자신을 찬양해야 한다고 여기고 있었다면 이 모든 것이 도대체 다 무엇입니까?

오 죄인이여! 여러분이 모두 행복하기를 소망하기에 여러분이 회개할 것을 촉구합니다. 하나님의 진노가 일어나지 않기를! 불멸의 불이 여러분을 향해 불타지 않기를! 저기를 보십시오!"라고 흥분된 설교자는 번개가 번쩍이는 것을 가리키며 말했다. "여호와의 성난 눈으로부터 오는 번쩍임입니다. 들으십시오!" 천둥이 엄청나게 큰 충격으로 공중을 부술 때에는 귀를 기울이는 듯한 태도로 손가락을 들어올리며, "진노하며 지나가시는 전능자의 목소리입니다!" 하고 외쳤다.

소리가 그치자 휫필드는 손으로 얼굴을 가리고, 무릎을 꿇고 기도 속에 빠져들었다. 폭풍이 신속히 지나가고, 태양이 나와 하늘을 가로질러 웅장한 평화의 아치를 그렸다. 그 젊은 설교자는 벌떡 일어나 태양을 가리키며 외쳤다. "무지개를 보십시오! 그리고 그것을 만드신 그분을 찬양하십시오! 그의 밝음은 얼마나 아름다운가! 영광으로 하늘을 두르고 지극히 높으신 이의 손이 그것을 구부렸도다!"[30]

이 설교를 출판할 것을 요청 받자 휫필드는 인쇄기가 그의 언어뿐 아니라 언어와 함께 존재했던 번개와 천둥, 무지개도 찍어낼 수 있다면 그것에 동의할 것이라고 대답했다! 영국의 많은 귀족들이 휫필드에게 매료되어 그의 설교를 자주 들었다. 헌팅던 부인(Lady Huntingdon)은 가장 충실한 지지자 중 하나였다. 필립 도머 스탠호프, 체스터 필드 경, 그리고 다른 추종자들은 "휫필드 씨의 웅변은 따라갈 이가 없고, 그의 열심은 지칠 줄 모른다"고 말했다.

한 번은 매우 세상적이었던 체스터필드(Chesterfield)경이 휫필드가 죄인을 눈 먼 거지에 비유한 한 예배에 참석했다. 자신의 개에게 버림받은 그 맹인은 벼랑까지 오게 되었다. "그러나 휫필드는 그 이야기를 매우 따뜻하게, 그림 그리듯 펼쳐 내고 있었다. 모든 청중이 숨죽이듯 침묵을 유지하며 불쌍한 노인의

---

30) Belden, *George Whitefield*, 110-11.

움직임에 귀를 기울이고 있었다"고 한 전기 작가는 우리에게 말한다. 그 거지가 막 그의 멸망으로 떨어지려고 할 바로 그때, 냉소적인 체스터필드는 더 이상 견딜 수 없어서 벌떡 일어나 외쳤다. "그가 죽었어! 그가 죽었다고!"[31]

볼링브로크 경(Lord Bolingbroke) 역시 휫필드에 의해 큰 영향을 받은 사람인데, 그는 휫필드를 "우리 시대의 가장 뛰어난 사람"으로 칭했다. "그는 내가 이제까지 사람에게서 들은 웅변 가운데 최고로 당당한 웅변력을 갖고 있다. 그의 능력은 매우 탁월하고 그의 열심은 꺼질 줄 모르고, 그의 경건과 탁월함은 참되다. 이는 의심할 여지가 없다. 주교들과 하급 성직자들은 그에 대해 매우 분노하고 있다. 그들은 그를 위선자, 광신자로 표현한다. 그러나 이는 놀랄 일이 아니다. 그들 가운데서는 진정한 선함이나 정직함 같은 것을 거의 찾아볼 수 없기 때문이다."[32]

그의 생애는 영혼을 하나님께로 향하게 하는 지상(至上)의 것을 추구하는 데 헌신되고 확장되었다. 즉, 인간적 기준으로 볼 때 휫필드는 엄청난 성공을 했다. 그는 오랜 친구 존 웨슬리와 함께 영어권 세계의 많은 영역을 회의주의와 부도덕으로부터 되찾아 기독교적 유산으로 되돌려 놓았다. 모든 기독교 전통은 그의 수고로부터 측량할 수 없는 유익을 얻었다. 에즈라 스타일즈(Ezra Stiles)는 그를 다음과 같이 평가하였다.

> 휫필드는 야외 설교와 들판 설교를 시도한 최초의 인물이었고, 의심할 여지없이 감리교 모델 형성에 기여했던 그 시대의 신앙 소모임들(religious societies)의 잠재력에 접근하고 깨달은 최초의 인물이었다. 그는 평신도 설교자를 임명해야 할 필요성을 이해한 최초의 사람이었고, 종교 언론의 가능성을 인지한 최초의 사람이기도 하다. 결국, 무엇보다도 가장 중요한 것은 그의 시대의 넓은 세계의 영적인 필요를 매우 생생하게 인식했고, 웨슬리가 화려하게 활동을 시작하기 이전에 이미 스코틀랜드와 아일랜드 그리고 미국의 식민지에 감리교 복음을 개척하였다는 사실이다.[33]

---

31) Ryle, *Sketch*, 52.
32) Belden, *George Whitefield*, 155.
33) *Ibid.*, 233-34.

그의 형제 찰스 웨슬리와 함께 존 웨슬리는 비록 그들이 신학적으로는
일치하지 않았음에도 불구하고 휫필드의 평생의 친구이자 격려자였다(저자 소장 목록).

이 사람은 영국에 불을 지필 불씨를 제공했고, 그의 방법을 체계화하고 그가 시작한 각성의 열매를 수확한 웨슬리 형제에게 영감을 제공했다.

9. 대각성의 여파

대각성의 결과는 멀리까지 퍼져 나갔다. 반쪽 언약(half-way covenant)이 교회의 영성을 망가뜨렸던 뉴잉글랜드에서 대각성 운동은 성직자가 다시 거듭난 교회의 이상을 지탱하고 전진하는 것을 가능하게 해 주었다. 거대한 수의 뿌리 없는 이주민들이 지역을 뒤덮고 소수의 교회와 성직자들은 희망을 잃고 일을 제대로 수행할 수 없었던 중부 식민지에서, 대각성 운동은 평신도에게 관심을 일으켰고, 대중들에게 새로운 믿음을 주었으며, 열심 있는 설교자들의 헌신적인 새로운 세대를 일으켰으며, 교회가 더욱 견고한 틀 위에 서게 도와주었다.

1) 영적인 소생

대각성 운동의 첫 번째 중요한 결과는 미국 교회의 영적인 소생이었다. 뉴잉글랜드의 회중교회가 부흥을 통해 가장 큰 유익을 얻었다. 예일대학(Yale College)의 총장이었던 에즈라 스타일즈에 따르면, 1740년이래 20년 동안 "새로운 교회들이 150개 이상 증가했고, 새로운 도시와 교구에서 분리가 아닌 자연적 증가의 현상이 발생했다." 회중교회의 총수가 530개에 이르렀다.[34] 역사가들은 부흥으로 인해 사람들이 회심한 결과 뉴잉글랜드에 25,000에서 50,000명의 교인이 증가한 것으로 평가했다. 1750년 당시 뉴잉글랜드의 인구가 약 340,000명이었음을 감안 할 때, 회심자의 숫자는 그리 많지 않은 것으로 보일지도 모른다. 그러나 뉴잉글랜드 식민지 전체 인구의 7퍼센트 이상이 대각성 운동의 직접적인 결과로 교회의 정식회원자격을 얻게 되었다.

중부 식민지에서는 신파(New Light, Pro-revival) 장로교회가 비교적 더 많이 성장하였다. 1740년부터 1760년까지 미국 식민지에서 장로교 목사들의 수는 55명에서 100명 이상으로 증가하였다. 1760년에는 펜실바니아와 델라웨어에서만도 목회자가 없는 교회가 40개를 넘었다. 실제적인 성공은 또한 남부 식민지에서도 이루어졌다.

침례교가 대각성에 반대하는 얼마간의 편견을 지니고 있었음에도 불구하고, 그들 역시 대각성의 유익을 극적으로 나누어 받았다. 1740년에서 1760년까지 뉴잉글랜드의 침례교회의 숫자는 21개에서 79개까지 증가하였다. 어떤 이들은 증가된 이 숫자를 분리파 교회로부터 떨어져 나온 증가의 일부로 믿었다. 그러나 분리파의 증가는 주로 코네티컷에서 있었다. 오직 8개의 새로운 침례교회만이 이 지역에서 보고되었으므로, 분리파로 인한 증가라는 평가는 과장된 것임이 확실하다. 새 교회들은 남부에서도 세워졌고, 후에 그곳의 침례교회가 경험하게 될 엄청난 성장을 위한 기반이 되었다.

---

34) Ezra Stiles, *A Discourse on the Christian Union* (Boston, 1760), Edwin S. Gaustad, *The Great Awakening in New England* (New York, 1957), 114에서 재인용.

통계상의 증가를 넘어서, 교회의 영적 활력은 단순히 교인 숫자의 증가에 의해서가 아니라 신학적 분위기의 변화로 인해 더욱 크게 향상되었다.

> 장기적으로 볼 때 뉴잉글랜드 각성 운동이 맺은 가장 지속적인 열매는 조나단 에드워즈 자신과, 아직도 편집 및 출판이 진행되고 있는 그의 방대한 개작이 끼치는 영향이라고 할 수 있다… 그러나 에드워즈는 깊은 대중적 뿌리를 가진 신학적 전통을 제시했고, 평신도 사이에서의 부흥은 중요한 문화적 결과를 초래했다. 새로운 기대, 억누를 수 없는 기대가 교회 생활 속으로 파고 들어왔다. 강력한 종교적, 도덕적 결단을 위한 국가 의식이 탄생했다. 천년왕국의 소망이 불타오르게 되었다. 옛 애통의 정신은 사라졌다. 새로운 열쇠로서 복음주의가 대륙에 퍼지게 되었고, 복음주의 활동의 내적 영향력이 회중교회보다 더 뚜렷했던 교회는 없었다… 에드워즈의 강력한 증거와 그의 독특한 신학 학파의 발전이 이런 결과를 이루어 내는 데 큰 도움을 주었다. 한 세기 동안 그의 영향이 뉴잉글랜드 설교에 그 자국을 남겼으며, 흥분이 사라져 버린 때조차도 강단에서는 대각성 운동에 대한 관심이 생동감 있게 계속 유지되었다.[35]

2) 선교적, 교육적 노력

부흥의 두 번째 결과는 선교적이고 교육적인 노력들에 주어진 추진력이었다. 미국에서 선교에 대한 관심이 늘어난 현상은 영국과 유럽 모두에서 복음주의적 대각성이 일어났을 때 나타났던 현상과 거의 유사한 것이었다. 휫필드 자신은 바로 선교사는 어떠하여야 한다는 것을 보여준 전형(paradigm)이었다. 뉴잉글랜드에서의 이런 관심은 아메리카 원주민들에게까지 다가가려는 그들의 노력을 통해 드러났다. 스토닝턴, 코네티컷, 웨스털리, 로드아일랜드에서 그들의 사역을 통해 접촉한 원주민들이 기독교를 포용하게 되었다.

코네티컷의 노르위치에서 일어난 부흥의 초기 회심자 가운데는 17세의 모히칸 족(Mohegan)인 샘슨 오컴(Samson Occum, 1723-1792)이 있었다.[36] 대각

---

35) Sydney E. Ahlstrom, *A Religious History of the American People* (New Haven, Conn., 1972), 287-88.
36) W. DeLoss Love, *Samson Occum and the Christian Indians of New England* (Boston, 1899), 176-87.

성 운동의 열정적인 참여자였던 코네티컷 주 레바논의 엘리저 휠록(Eleazer Wheelock, 1711-1779)은 오컴을 그의 집으로 데리고 와서 탁월한 재능을 갖추고 있던 그 젊은이를 교육시켰다. 오컴은 미국 최초의 찬송가 작가가 될 중요한 전통적인 자질을 확실히 갖추고 있었던 것이다. 그러나 그의 저작권에 의문이 제기되어 그가 지은 첫 찬송곡들은 1774년까지 출판이 되지 않았고, 결국 버지니아의 사무엘 데이비스(Samuel Davies, 1723-1761)가 오늘날에는 일반적으로 그 영광을 누리고 있다. 데이비스의 찬송은 1756년에 설교의 일부분으로 소개되었다.[37]

휠록은 1733년에 예일을 졸업하고 레바논에 있는 제2교구의 목사가 되었다. 첫 해에 에드워즈의 영향 하에 부흥이 일어났다. 1740년대 초에 휠록은 원주민을 교육하고자 계획안을 구상하였고, 교육받은 그들이 후에 그들 자신의 부족을 복음화하는 데 파송되었다. 그는 이 목적을 위해서 조슈아 모어 대령(Colonel Joshua More)으로부터 레바논에 지어진 집과 학교를 선사 받았고, 모어의 사랑의 학교(More's Charity House)가 1754년에 시작되었다. 기금이 영국과 스코틀랜드, 미국의 도시들로부터 모였고, 다트머스 백작이 회장으로 위임된 이사회가 구성되었다. 학교는 1769년에 뉴햄프셔의 하노버로 이전하게 되었고, 다트머스 대학(Dartmouth College)으로 개칭되어 백인과 인디안 모두에게 문호를 개방하여, 마침내 40명 이상의 신파 목사들이 졸업하게 되었다.

부흥운동으로 인해 발생한 지적이고 교육적인 관심의 물결로 인해 다섯 개의 대학이 설립되었다. 다트머스, 펜실바니아, 프린스턴, 럿거스, 브라운 대학이다. 프린스턴 대학교(Princeton University)는 로그 칼리지를 기원으로 세워진 대학이다. 1730년에 세워진 학교에서 1744년까지 테넌트의 아들들과 사무엘 블레어, 존 로우랜드, 사무엘 핀리, 윌리엄 로빈슨을 비롯한 대각성 운동의 다른 영향력있는 목사들을 포함해 20명 이상의 젊은이들이 훈련받았다. 거기에다 로그 칼리지는 펜실바니아의 체스터 카운티에 있는 페그즈 메노(Fagg's

---

37) Louis F. Benson, "President Davies as a Hymn Writer," *Journal of the Presbyterian Historical Society* 2 (1903): 277-86, 343-73.

1770년에 엘리저 휠록이 원주민 전도자 양성을 위한 학교로 계획했던 다트머스 대학의 첫 번째 건물이 세워졌다.(빌리 그래함 센터 박물관)

Manor)에서 1739년, 블레어에 의해 시작된 학교와 같이 로그 칼리지 졸업생에 의해 설립된 다른 학교에도 영향을 주었다. 데이비스가 페그즈 메노에서 훈련을 받아 뛰어난 학자가 되었다. 그는 1759년에는 프린스턴의 총장으로 선출되기도 했다.

펜실바니아 네샤미니의 테넌트의 로그 칼리지가 1744년경에 폐교된 후에는 그 사역이 뉴저지의 엘리자베스 타운에 있는 그의 목사관에서 조나단 디킨슨 (Jonathan Dickinson)에게로 1746년에 인계되었다. 그 시대의 많은 성직자처럼 디킨슨은 여러 해 동안 자신의 집에서 젊은이들을 훈련시켰으며, 그는 한층 진보한 방식으로 그 일을 수행하기에 특별히 적합했던 인물로 평가받는다. 그는 뉴저지 대학(후에 프린스턴 대학)의 초대 총장이 되었고, 뉴저지의 조나단 벨처 주지사로부터 특허장을 얻게 되어 비국교도의 친구라는 명성을 얻게 되었다. 로그 칼리지가 영구적이지 못했던 시설과 1인 교수에서 특허 받은 일류 학교로 전환되자, 대각성 운동이 젊은이들을 사역자로 양육하던 시대에 더욱 중요한 역할을 하게 되었다. 대각성의 결과로 뉴저지 대학이 그 자체의 부흥을 1757년과 1762년에 경험하였다는 사실이야말로 가장 바람직한 것이었다.[38]

3) 종교적, 정치적 자유에 미친 영향

대각성의 세 번째 결과는 종교적, 정치적 자유에 미친 영향력이었다. 로드아일랜드를 제외한 뉴잉글랜드에서 회중교회가 법적으로 공인을 받았다. 남부 일부 지역에서는 영국 성공회만이 공인된 교단이었다. 새로운 교단들, 특히 장로교와 침례교가 팽창함에 따라 서로 다른 견해들이 포용되고 양심의 자유라는 개념을 더 폭넓게 바라보는 시각이 열렸다. 경쟁 관계에 있던 교단들과 라이벌 분파들은 어느 한 그룹이 그 주의 평화를 해치지 않는 한 서로에게 종교적 자유를 보장하기로 하였다. 이러한 다양성의 경향과 더불어 조화의 영향 또한 작용하고 있었다. 휫필드의 사역이 식민지의 모든 지역과 모든 분파에 영향

---

38) Guy S. Klett, *Presbyterians in Colonial Pennsylvania* (Philadelphia, 1937), 204-5; Archibald Alexander, *Biographical Sketches of the Founder and Principal Alumni of the Log College* (Philadelphia, 1851); Thomas C. Pears and Guy S. Klett, eds., *Documentary History of William Tennent and the Log College* (Philadelphia, 1940).

을 미쳐, 대각성을 통해 미국에서 처음으로 식민지 간 상호 운동과 미국 교회의 통합을 위한 노력이 이루어졌다. 그는 교단에 대한 충성도로 인해 야기되는 갈등이 없는, 지금까지 부족했던 기독교적 형제애를 강조하였다. 그들이 그러기를 원치 않았던 경우들도 있었지만, 교단들은 휫필드가 가진 견해를 이전에는 교인들에게 가르칠 수 없었다. 휫필드는 미국 교회가 대각성 운동에서 힘을 합하여 한 몸으로 섬기게 했다. 휫필드는 분파 사이의 사소한 이견들을 없앤 것이 바로 하나님의 역사였음을 성직자와 평신도 모두가 이해할 수 있게 만들었다. 이름과 소속을 초월해서, 그는 미국 기독교의 표지가 바로 그리스도 안에서의 우주적 형제애임을 모든 성직자와 평신도가 깨달을 수 있게 해주었다.

5

동부에서의 제2차 대각성 운동

　제1차 대각성 운동의 기간동안 이루어진 직접적인 회심의 결과로, 정회원 자격에 대한 요구사항들이 있었음에도 불구하고 뉴잉글랜드 교회에 2만 명이 더 해지면서 결국 새신자가 5만명에 달하게 되었다.[1] 중부와 남부 식민지에 확신을 가진 그리스도인들이 더 많이 생겨났다. 대각성 운동을 지지했던 교회들은 크게 성장하였다. 특히 뉴잉글랜드에서 기독교적 원리들이 공중 행위의 모범과 공통의 규범의 왕좌를 회복했다.

　마침내 솔로몬 스토다드가 묘사했던 그 침체기간(trough period)이 도래했다. 1754년에서 1763년까지 지속됐던 "프렌치-인디언전쟁"(French and Indian War, 1754-1763년 아메리카 대륙에서 영국과 프랑스가 싸운 전쟁-역자주)은 모든 미국인에게 특히 도덕과 종교 면에서 영향을 끼치며 큰 변화를 가져다 주었다. 이 전쟁 기간동안 처음으로 외국인들이 식민지인들과 폭넓게 교제하게 되었다. 기독교 진리에 대한 깊은 이해가 부족했던 이주민 군인들은 평소 자신들보다 우월한 사람들로 인정해야한다던 나라의 군대와 접촉하면서

---

1) Sydney E. Ahlstrom, *A Religious History of the American People* (New Haven, 1972), 287. 자세한 통계숫자에 대한 기록이 남아있지 않기 때문에 정확한 인원수를 파악하는 것은 불가능하며, 단지 추정만 가능할 뿐이다.

에즈라 스타일즈(Ezra Stiles), 1777년-1795년까지의 예일 대학학장
(빌리 그래함 센터 박물관 전당)

그들의 새로운 사상과 행동에 쉽게 영향을 받았다. 많은 영국 장교들과 군인들이 이신론자이거나 무신론자였고, 이주민을 경멸하며 "세련되지 못한 호박" 따위로 여기는 경향이 있었다. 반면 미국인들은 과학과 지혜와 예술로 명성이 높은 "모국" 출신의 영국인들을 존경했다. 영국인들은 겉으로는 무례하지 않은 모습으로 모든 가식적인 죄악을 행하며 젊은이들을 유혹했다. 고향으로 돌아온 이주민 병사들은 그들을 너무나도 쉽게 굴복시켰던 그 영국인들의 사상과 악행에 엄청난 영향을 받았다.[2]

---

2) Richard J. Purcell, *Connecticut in Transition: 1775-1818* (Middletown, Conn., 1963), 8-9.

1. 독립전쟁(The Revolutionary War)

독립전쟁이 발발할 무렵인 1770년대 초에 미국의 신앙과 도덕은 더욱 타락해 있었다. 독립전쟁에서 싸우던 미국인들은 "프렌치-인디언전쟁"(French and Indian War)에서처럼 많은 외국인들과 접촉하지는 않았지만, 오히려 이번에 그들이 만난 사람들은 영국인들보다 훨씬 더 방탕한 사람들이었다.[3] 이들은 프랑스인이었다. 그들은 볼테르, 루소, 디드로를 비롯한 여러 프랑스 계몽주의의 제자들이었고, 더구나 확고한 무신론자들이었다. 이 시기의 영국의 불신자들은 대개 어느 정도는 하나님에 대한 경외감을 보였고 내세에 대한 가능성 정도는 인정했다. 그러나 프랑스의 불신자들은 하나님을 생각하는 것 자체를 멸시했고, 내세에 관한 것은 무엇이든지 강하게 부인했다. 태도에 있어서는 프랑스인들도 영국인들과 같았다. 즉, 점잖고 자신감으로 가득 찬 사람들이었다. 그러나 그들은 도덕에 대한 논쟁을 냉소적으로 바라보며, 입을 다물게 하는 데는 한층 더 숙달된 사람들이었다. 뿐만 아니라 그들은 미국의 동맹국으로서 영국과 싸우고 있었다. 미국인들은 그들을 정말로 필요로 했고, 실제로 그들의 도움에 많은 빚을 지고 있었다. 티모시 드와이트(1752-1817)가 보여주었듯 "그들은 미묘하고 부드러운 방식으로 추악한 사상을 불어넣는 방법, 논쟁을 냉소하며 날려버리는 법, 그리고 더 진보한 세계의 목소리와 권위를 가지고 논쟁을 압도하는 방법을 완벽하게 알고 있었다."[4] 대부분의 미국 군인들은 성경의 신성한 기원을 의심하는 소리를 결코 들어본 적이 없었고, 따라서 가장 단순한 형태의 반대에 대해서조차도 답변하지 못했다.

대영제국과의 평화조약은 1782년에 체결되었다. 조건은 호전되는 듯했다.

---

3) Timothy Dwight, *Travels in New-England and New-York* (Cambridge, Mass., 1969), 4.259. 이 책에서 드와이트는 독립전쟁 시기부터 그가 소천한 1817년까지 뉴 잉글랜드에서 일어난 사건들에 대한 훌륭한 기록을 남기고 있으며, 이 기간에 대한 연구에 있어서 필수적인 저서이다.

4) *Ibid.*, 4.261.

그러나 무신론, 이신론, 불신앙과 같은 외국의 영향력이 줄어들 것이라는 기독교의 희망은 곧 실망으로 바뀔 수밖에 없는 운명에 처하게 되었다. 프랑스 혁명에 대한 평가가 이곳저곳에서 시도되었다. 이 사건은 그 원인과 결과 모두에서 엄청난 재앙의 사건이었다. 미국인은 자신들의 혁명을 경험한 바가 있기 때문에, 프랑스인들이 주장하는 것들이 자신들의 것과 동일한 바람직한 목표라고 생각하며 그들을 동정하였다. 많은 이들이 혁명이 모든 프랑스인들을 독재와 미신으로부터의 해방을 의미한다고 생각했다. 그러나 프랑스 혁명이 악한 지도자들뿐만 아니라 그 이후로도 무고한 사람들까지 처형하며 공포와 악독의 결과를 만들어내자 미국인들은 경악하게 되었다.

프랑스인들이 바로 이 모든 일을 직접 전달한 사람들이었기 때문에 그 소문의 진상은 의심의 여지가 없었다. 미국의 여성들에게 파리의 여성들은 육신을 입은 마귀처럼 보였다. 단두대는 무정한 사람이 간담마저 서늘하게 했고, 루이 16세를 처형한 사건은 모든 이들에게 혐오감을 불러일으켰다. 미국인들은 프랑스의 이교사상과 모든 도덕적 원칙 붕괴를 그 나라의 잔혹함에 대한 이야기만큼이나 놀라운 것으로 여겼다. 그 모든 부도덕, 국가의 입법 시행에서의 야만적인 무신론, 증거, 진리, 정의를 무시하는 법정, 법정의 재판관과 배심원들의 행위의 잔혹함, 새로운 관리들의 야만적 행위 등은 프랑스인들이 직접 전해 준 것만 아니었다면 절대 믿을 수 없는 것들이었다.

혁명에 앞서 몇 년 동안 프랑스는 볼테르, 루소, 또한 백과전서학파(encyclopedists) 같은 사람들의 지도 아래 계몽주의를 경험하고 있었다. 구호는 "이성"이었는데, 이는 어떤 외적 도움에서도 자유로운 인간 정신이 유일한 권위이며, 다른 것에도 굽히지 않는다는 것을 의미했다. 많은 사람들이 기독교의 계시를 거부했는데, 이들은 계시는 부조리한 것이며, 성경은 최고로 보아도 상상의 이야기 모음집 정도일 뿐이며, 최악으로는 악마의 책으로 여기기까지 했다. "이성의 이름으로"(in the name of reason), 로마가톨릭교회는 전복되었고, 재산은 몰수되고 강탈되고 성직자들은 살해당했다. "해방된 이성의 물결 하에," 프랑스에 있는 모든 집들은 폭도들이 강탈과 파괴를 노리는 먹이가 되었다. "자유라는 명목 하에," 당나귀의 등에 성경과 미사용 쟁반을 실은 채 도시 전체를 행진하며 조롱하고 비웃은 후, 그들은 그것들을 화롯불에 던져 넣었다. 파리의 쟈코뱅파(Jacobin) 클럽에서는 구세주 그리스도와 피에 굶주린 스위스 혁명가 장 폴 마라(Jean-Paul Marat, 1743-179)를 공개적으로 비교하고, 후자를 인류를 위한 더 위대한 은인이라고 판결하였다. "자유를 위하여," 주일이 철폐되고, 한 주를 열흘로 정하였다.

세계 주요국 안에서 발생하는 사건들에 특히 많은 관심을 갖고 있던 신생 국가 미국은 이 시기에 외국으로부터 오는 사상과 영향력에 문을 열어 놓고 있었다. 프랑스를 포함한 다른 유럽국가들은 기꺼이 그 역할을 받아들였다. 볼테르를 포함한 여러 프랑스 불신자들이 만든 거대한 『백과전서』(Encyclopedia)와 『자연의 체계』(System de la Nature), 토마스 페인의 『이성의 시대』(Age of Reason)가 해외에서 많은 분량이 인쇄되어 미국으로 실려가게 되었고 많은 열광적인 독자층을 확보하게 되었다. 엄청난 양의 『이성의 시대』가 프랑스에서 출판되어 미국으로 보내진 후, 권당 몇 센트에 값싸게 팔렸다. 판매되지 않는 곳에서는 거저 주었다. 페인의 이신론과 프랑스 백과전서학파의 사상은 학자들을 겨냥한 논리적인 논증이 되지는 못하였다. 오히려 그것들은 가르치거나 확신을 주기 위해서라기보다는, 놀라게 하고 당혹감을 주고 호기심을 유발하기 위해 고안된 것이라 할 수 있다. 교육받은 사람들을 위한 것이었다기보다는 무지한 사람들, 사고력이 부족한 사람들, 이미 도덕적으로 느슨해지고 기독교를 싫어하는 이들에게 전파되었다. "이성의 이름으로" 이 작가들은 연약함과 열정, 다른 사람에 대한 편견 등을 이용하였다.

2. 페인, 알렌, 팔머(Paine, Allen, and Palmer)

이러한 작품을 쓴 이신론자와 무신론자 작가들은 부지런하고 대담했다. 그들은 때때로 교활하였다. 그러나 그것들이 성경의 권위에 대해 의혹을 다룰 때, 그들은 증거의 본질을 이해할 수 없었다. 오늘날 그들의 추론의 대부분은 어떤 사람들에게도 주의를 끌지 못할 만큼 어리석은 것으로 가득 차 있다.

『이성의 시대』에서 토마스 페인(1737-1809)은 성경을 비꼬며 조소하는 작업을 시도하였다.

> 이는 내가 말하려 하는 다른 예와 함께 평범한 사실을 설명하는 것이다. 그들 자신을 기독교 교회라 지칭하는 기독교 신비주의자들이 우화를 만들었는데, 이 우화는 그 부조리와 엉뚱함의 측면에서 볼 때 고대의 신화에서 발견되는 어떤 것에 의해서도 뒤쳐지지 않는다… 그 부조리함 때문에 유발되는 웃음과, 불경스러움으로 야기되는 모든 혐오감을 한 쪽으로 치워둔다고 해도, 전능하신 이를 더욱 손상시키고, 그분의 지혜를 더욱 일관성 없는 것으로 만들며, 그의 능력에 더욱 모순되는 이런 이야기를 믿고 수용한다는 것은 불가능하다.[5]

이에 대한 반응으로, 저명한 미국의 장로교인 애쉬벨 그린(Ashbel Green)은 페인의 『이성의 시대』를 "가장 경멸할만한 부지, 가장 거대한 거짓, 가장 세속적인 해학, 가장 뻔뻔한 건방짐, 가장 대담한 불경이 합쳐진 한 권의 책"[6]으로 특징지었다.

페인은 예수를 "도덕적인 개혁자이며 혁명가"라고 불렀고, 그는 스스로 속은 선한 사람이나, 그의 가르침이 사도 바울과 다른 이들에 의해 곡해된 사람으로 간주했다. 반면에 볼테르(1694-1778)는 성경을 부인하려는 여러 시도 속에서 직접적으로 예수를 계획적인 사기꾼의 우두머리로 간주했다. 볼테르는 "유대인 가운데 자신들과 폭도를 구별하기 위해 선지자 행세를 한 한량 하나가 있었다. 이후 그는 가장 소란을 일으키고 신이 되었다"고 말했다.[7]

바다를 건너 뉴잉글랜드로 그러한 책들이 건너왔을 때 미국 교인들의 분노는 그 책들이 바로 미국에서 출판되기 시작하자 더욱 불타오르게 되었다. 1784년에 영국으로부터 티콘데로가 요새(Fort Ticonderoga)를 빼앗았던 독립전쟁

---

5) Peter Gay, *Deism: An Anthology* (Princeton, N. J., 1968), 171-72.
6) Ashbel Green, *A Sermon Delivered… on the 19th of February, 1795* (Philadelphia, 1795), 19.
7) Gay, *Deism*, 153.

의 영웅, 에단 알렌(Ethan Allen, 1738-1789)은 버몬트 주 메닝톤의 한 인쇄업자에게서 『이성, 인간의 유일한 계시』(Reason the Only Oracle of Man)를 출판했다. 알렌은 그 책의 서문에서 이 477페이지의 긴 책이 엉성하게 쓰여져 있다고 말했지만, 한편 "삼위일체의 교리가 기초가 부족하고 미신과 우상으로 기운다"라고 계속하여 주장하였다. 그리스도의 속죄에 대해 알렌은 "다른 이를 위한 한 사람의 고통 속에는 정의도 선함도 없고, 하나님이 그러한 속죄의 고안자라고 하는 것은 또한 지지할만한 합리성과도 맞지 않는다"라고 주장했다.[8]

엘리후 팔머(Elihu Palmer)는 페인의 열정적인 추종자였고, 그는 그들 작가 중 "제일의, 그리고 최고 가운데 하나이며, 지구상에 존재했던 가장 유능한 사람"이라고 불렸다.[9] 1802년에 그리스도의 신성을 부인하는 설교 때문에 강단에서 내쫓기고 성직을 박탈당한 침례교 성직자 팔머는 이 불경스러운 책들 가운데 세 번째로 인기 있었던 책인 『자연의 원리』(Principles of Nature)를 출판했다. 이 책에서 그는 "그들의 가장된 구주는 사생아로 태어난 유대인에 지나지 않으며, 그를 통한 구원의 희망은 그 근거가 우상숭배나 간음의 근거보다도 희박하다"고 주장했다.[10] 그는 성경을 "그 추악함과 부도덕함으로 모든 상식과 정직에 충격을 주는 책"이라고 불렀다.[11]

페인, 알렌, 팔머를 비롯한 다른 이들의 주장은 폭넓게 논의되었다. 그들의 생각에 동의하는 많은 사람들이 1781년 이전에 이미 기독교 진리에 대해 회의했던 공인된 이신론자 토마스 제퍼슨의 지도 하에 형성되었던 민주 공화당(Democratic-Republican)에 가입했다. 제퍼슨은 1783년부터 1789년까지 프랑스에 있을 때 당대의 프랑스 철학에 강한 영향을 받았다. 귀국 후 그는 기독교 사역에 더욱 강하게 반대하고 동시에 이신론에 집착했다. 1801년에 있었던

---

8) Ethan Allen, *Reason the Only Oracle of Man, or a Compendious System of Natural Religion* (Bennington, Vt., 1784), 352, 356.
9) Elihu Palmer, *Principles of Nature; or, A Development of the Moral Causes of Happiness and Misery among the Human Species* (London, 1823), 112.
10) *Ibid.*, 25.
11) *Ibid.*, 23.

그의 취임 이후, 제퍼슨 대통령은 프랑스에 가 있던 페인에게 매우 충심 어린 편지를 써서 그를 귀빈 대접하며 범선 메릴랜드(Maryland)호를 타고 미국에 돌아오게 했다. 제퍼슨의 이 따뜻한 행동을 통해 제퍼슨의 사상에 의혹을 품고 있었던 모든 사람들은 그의 성향을 확신하게 되었고, 페인이 볼티모어에 도착했을 때 언론은 분노로 반응했다. 「뉴욕 이브닝 포스트」(*New York Evening Post*)를 비롯한 다른 신문들은 페인의 반기독교적 공격성과 그가 이전에 조지 워싱턴을 향하여 가한 공격을 다음과 같은 분노 섞인 시구에 담아 실었다.

톰 페인에게

증오스런 비열한 인간! 그대는 어디에서 왔는가?
우리의 신음하는 땅에 새로운 악을 더하려고 왔는가?
그대의 육신을 황량한 사막에서 거닐게 하라
그대의 파괴하는 손에 의해 시들 것이 아무 것도 없는 그 곳으로

당신을 우리의 해변에 데려온 그 암흑의 시간에
워싱턴의 망령은 분노하고 찡그리네
음울한 괴물이예! 더 이상 사람들을 저주하지 말지라
불결한 인간이여, 부패한 영혼이여![12]

페인의 귀국에 대한 대중의 의견이 너무 격렬히 쏟아졌기 때문에 제퍼슨은 너무 놀라 페인의 귀국에 자신을 연관시킨 것을 후회했다. 여전히 많은 이들은 새로운 사상에 동의하고 있었는데, 특히 1793년의 혁명적 프랑스 공화국의 대표자였던 시민 에드몽 주네(Citizen Edmond Genet, 1763-1834)의 방문기간 동안에 그러했다. 프랑스에서 급진적인 사람들의 모임에 이름 붙여진 것과 똑같은 이름의 "쟈코뱅"(Jacobin) 클럽이 1793년과 1794년의 프랑스 공포정치의 광기가 미국에 알려지기도 전에 이미 도처에서 등장했다. 불신앙의 소용돌이 속으로 휩쓸려 들어간 사람들에 대해 드와이트는 다음과 같이 회상했다.

---

12) *New York Evening Post*, 8 December 1802.

자유분방하게 교육받은 젊은이들, 열정은 강하나 원칙에 얽매이기를 원치 않았던 젊은이들이 감성과 야망을 기반으로 열성적으로 지지했다. 무제한의 행복에 대한 기대로 기쁨에 차있었고, 유행에 앞선 명석한 사람들과 더불어 이러한 교리에 휩싸이게 되었다… 겨우 솜털이 난 풋내기가 세상이 오랜 시간동안 완전한 암흑에 속해 있었고, 이제 지혜의 빛이 막 인간에게 분명히 드러나기 시작했음을 갑자기 발견하였던 것이다… 자신의 지식에 대한 열등의식을 어쩔 수 없이 의식하고 있던 사람들은 일생을 힘든 연구에 투자한 사람들보다 자신들이 노력도 없이 한 순간에 더 현명한 사람이 되었다며 크게 기뻐했다.[13]

3. 대학의 불신앙

예상했듯이 유럽으로부터 온 새로운 사상은 대학생들에게 큰 환영을 받았다. 대학은 경건한 사람들에겐 시험의 무대였다. 켄터키의 트란실바니아 대학은 장로교인들이 세웠지만, 그 설립 취지로부터 떠난 가장 극단적인 예였다. 학교는 기독교의 가르침을 추방했고, 이신론을 주창한 교수진과 학생들로 계승되었다. 메인 주에 있는 바우두인 대학(Bowdoin College)에는 1790년대에 학생들 중 신앙을 고백하는 크리스천은 오직 한 명뿐이었다. 버지니아의 미드 주교(Bishop Meade)는 "불신앙이 나라에 유행이 되었고, 윌리엄 앤드 메리(William and Mary) 대학은 프랑스 정치학과 프랑스 종교의 온상이 되었다. 그때와 그 이후 수년 동안 버지니아에서 내가 만난 모든 교육받은 젊은이들 가운데 나는 스스로 불신자라고 공언하지 않는 한 사람의 회의론자라도 만나보고 싶었다"고 말했다.[14]

1782년에 프린스턴 대학에 다녔던 애쉬벨 그린(Ashbel Green)은 그 대학에서 일어나고 있던 유사한 현상에 대해 다음과 같이 말했다. "대학생 시절 우리를 가르친 종교 교수는 오직 2명뿐이었고, 일상적인 대화 속에서 세속적인 언

---

13) Dwight, *Travels*, 4.266-267.
14) Daniel Dorchester, *Christianity in the United States* (New York, 1895), 316.

어를 사용하는 것 때문에 양심의 가책을 느끼는 이는 5, 6명이 채 안되었다. 이것이 매우 충격적인 일이었다. 미국 전쟁의 영향에 프랑스 혁명의 영향이 이어졌는데, 이는 여전히 해로운 것이었고, 나는 그것이 더욱 일반화되고 있었다고 믿는다."[15]

드와이트가 총장이 되기 전의 예일 대학의 상황을 리먼 비처(Lyman Beecher, 1775-1863)는 "그가 오기 전 즈음에 대학은 가장 타락한 상태에 있었다. 대학교회는 거의 폐쇄될 위기였고, 대다수의 학생들은 회의적이었으며, 폭력도 많았다. 포도주와 술이 학생들의 방에 늘 보관되어 있었다. 무절제와 불경, 도박, 방종이 비일비재하였다… 톰 페인 학파의 불신앙이 지배하던 시절이었다. 나도 그랬지만, 아마빛 옷을 입은 학생들은 금지되어 있었음에도 톰 페인을 읽고 또 그를 믿었다… 나 이전 시기의 학급의 대부분은 불신자들이었고, 서로를 볼테르, 루소, 달링베르로 불렀다"고 말한다.[16]

제퍼슨 뿐 아니라 정부와 국회에 있던 많은 저명한 사람들이 새로운 견해를 수용했다. 워싱턴, 존 애덤스, 패트릭 헨리가 이신론과 무신론에 아무런 우려를 갖지 않았던 무리 안에 속해 있었지만, 불신앙이 압도적으로 유행했기 때문에 때로 그들은 소수자일 뿐인 듯이 보였다. 제퍼슨의 국방 장관이었던 헨리 디어본은 공인된 무신론자여서, 미국 교회에 대해 "이 교회가 존재하는 한 우리는 좋은 정부를 희망할 수 없다"고까지 말했다. 찰스 리 장군의 기독교에 대한 반대는 지나쳐서 "교회든지, 교회 묘지든지, 또는 장로교회나 재침례교도의 집회소가 있는 곳에서 1마일 이상 떨어지지 않은 곳에는 절대로 묻히지 않겠다"고 엄중한 의지를 밝혔다.[17]

대중의 도덕이 타락하고, 교양을 신봉하는 분위기가 확산되자, 좀 애덤스는 그의 대통령 통치 기간 중인 1799년 4월 25일에 국가 금식일을 한쪽으로 밀쳐놓고는 다음과 같이 선언하였다. "미국민의 커다란 근심은 외국의 적대적인 계

---

15) William B. Sprague, *Lectures on Revivals of Religion* (Edinburgh, 1958), 131.
16) Lyman Beecher, *Autobiography*, ed. Barbara Cross (Cambridge, Mass., 1961), 1.27.
17) Frank G. Beardsley, *A History of American Revivals* (New York, 1912), 80.

획과 교활한 행동 때문에 느끼는 위기의식 속에서 발생하는 것이다. 또 다른 나라에서 발생한 측량할 수 없는 불운과 비극이 된 모든 종교적, 도덕적, 사회적 의무 기반의 붕괴 속에서, 그 원리들을 사람들에게 다시 전달해야 한다는 위기의식에서도 생겨난다."[18] 여기에서 우리는 유럽의 무정부주의와 비도덕 풍조가 미국을 전복시키고 있다는 정부 최고부처의 공식적인 우려를 볼 수 있다.

4. 쇠퇴하는 교회들

교회는 쇠퇴하였다. 동쪽 해안을 따라 새로운 구성원들을 거의 갖지 못한 많은 교회들이 생겨났다. 엄청난 사람들이 개척의 열풍으로 떠나기 시작했다. 거의 백만여 명의 사람들이 새로운 삶을 찾아 오하이오와 알레게니 강 계곡에서 부자가 되기를 열망하며 1800년까지 동부를 버리고 이동했다. 이 숫자는 1803년 이후 루이지애나를 매입하면서 미국령이 급속도로 증가하였기 때문에, 이후 십년간 더욱 크게 증가하였다.

교회가 없고 복음화되지 않은 광야를 향해 떠나는 버지니아 사람들을 보며 1794년 바스(Bath)의 성공회 교구목사 디버릭스 쟈렛(Devereux Jarratt, 1733-1801)은 "이 시기는 엄청난 불경건으로 특징지어지는 시대다. 광범위한 종교적 무관심, 그래서 주일을 제외하고 거의 어느 누구도 교회에 오지 않고 주님의 말씀을 듣지 않는 것이 일반화된 그런 시기다… 신앙의 상태는 매우 어둡고 혼돈스럽다. 그리스도의 교회가 극도로 침체된 것으로 보인다"며 슬퍼하였다.[19] 이런 상태는 쟈렛에게는 새로운 것이었다. 그러나 그의 역동적인 설교는 많은 회중을 모았다. 그는 동료 국교도 조지 휫필드의 영향을 받았다. 성직 임명을 받기 위해 영국으로 갔을 때, 그는 휫필드와 웨슬리를 모두 만났다. 버

---

18) James D. Richardson, ed., *A Compilation of the Messages and Papers of the Presidents, 1789-1904* (New York, 1904), 1,285.
19) Dorchester, *Christianity*, 348.

지니아로 돌아와서 그는 활력 있는 전도와 열정적인 설교로 특별한 사역을 시작했다. 그가 일한 세 교회는 너무 사람이 많아 밖에서 예배를 인도할 수밖에 없었고, 결국 그는 감리교의 방식을 따를 수밖에 없게 되었다. 그는 열심 있는 신자들을 소그룹으로 모이게 했고, 감리교회가 버지니아에 들어왔을 때 그들에게 귀중한 도움을 주었다. 1794년이 되자 모든 것이 바뀌었다. 교회는 또 다시 침체되고, 많은 이들이 테네시, 켄터키, 그 밖의 다른 곳에서 땅을 얻어 부자가 되기 위해 떠나갔다.

여러 해 동안 미국 장로교 총회는 매년 열정과 도덕이 무너져 가는 것을 두려워하는 모든 지역 장로교회에 목회서신을 보냈다. 그러나 1798년의 목회서신은 그 이전 시대의 어떤 사람들보다 더 큰 우려가 담긴 것이었다.

> 친애하는 친구와 형제 여러분께
> 작금의 시내에 하나님의 십리와 세상의 특별한 상황은 총회에 속한 지역 교회의 목사와 교회 임직자들에게 엄숙한 권고를 하게 합니다. 이것은 우리의 필수불가결한 의무가 되었습니다… 분명한 위기가 왔습니다. 여기서 우리는 그것이 발생하게 된 도덕적 원인과 우리가 추구해야 할 방법에 대하여 심사숙고하도록 부름을 받았습니다… 위선은 말할 것도 없고 형식주의와 죽음, 신앙과 열정적인 경건에 대한 전적인 무시; 성례를 무시하거나 그에 참석하는 것이나 눈에 보이는 교회의 모든 부분에 냉담한 태도. 복음을 부인하는 자들이 우리 안에까지 슬며시 들어와 복음의 순수한 교리를 설명하려 듭니다. 혐오라는 이름이 붙기도 하고 아니기도 하지만, 수없이 많은 이들이 속았다며 교회가 악독한 실수를 행했다고 소개합니다. 주일은 멸시되고, 가족 신앙과 훈계는 철저히 외면당합니다… 하나님은 우리를 대적하고 계십니다. 그분 앞에 우리 자신을 굴복시킵시다. 깊은 겸손과 진정한 회개로 이 나라의 죄악에 대한 우리 인식을 나타냅시다. 동시에 각 개인의 죄를 잊지 맙시다. 그 죄가 심판의 엄청난 분량을 증가시킬 수 있습니다.[20]

---

20) William M. Engles, ed., *Minutes of the General Assembly of the Presbyterian Church*, 1789-1820 (Philadelphia, 1847), 152-53.

5. 성령의 부으심

1년 만에 장로교 총회의 연례 목회 서신은 교회의 관심을 불러 일으켰다. 물론 악과 비윤리는 여전히 성행하고 있었다.

> 일반적으로 좋지 못한 상황이지만, 특별히 위로가 되고 격려가 되는 몇몇 특수한 사건들이 있습니다… 우리는 성령의 부으심으로 인한 기쁨의 물결이 여러 지역에서 나타나고 있음을 듣고 있습니다. 주님의 임재로 인한 부흥이 일어나고 있습니다. 우리는 또한 우리 장로교회의 일부와 또 다른 많은 곳에서 많은 사람들이 회심하고 있다는 희망의 소식을 듣고 있습니다. 동부와 서부로부터, 또 남부로부터 이러한 기쁨의 물결이 우리의 귀에 이르고 있습니다.[21]

총회는 1800년과 1801년에도 여전히 더욱 큰 기쁨을 표현하고 있었다. 무슨 일이 일어났는가? 국가를 불신앙의 벼랑에서 돌아오도록 한 것은 프랑스 혁명의 공포에서 온 격변도 아니었고, 이신론과 무신론 작가들의 무례함에 대한 혐오감에서 비롯된 것도 아니었다. 오히려 하나님은 인간의 죄 인식 속에서 움직이고 계셨다.

켄터키, 테네시, 오하이오, 서부 펜실바니아와 같은 서부 지역에서 부흥이 시작되었다. 장로교 총회는 1800년에 "선교적 노력이 크게 성공하고 있다. 하나님께서 개척지의 마른 뼈들이 모인 계곡을 흔들고 계시다. 그곳에서 영적 부활이 일어나고 있다"고 보고했다.[22] 그러나 동부도 곧 하나님의 유사한 움직이심을 인지할 수 있게 되었다. "그러므로," E. H. 질레트(E. H. Gillett)는 계속해서 묘사한다. "거의 끝나가고 있었던 세기, 어둡고 침울했던 미래에 대한 소망으로 닫혀질 것 같이 위협받던 시대가 더 밝은 역사의 기록을 남겨두고 떠나려 한다. 새로운 시대, 곧 부흥의 시대가 교회를 밝혀주었던 것이다."[23]

---

21) *Ibid.*, 177.
22) *Ibid.*, 209.
23) E. H. Gillett, *History of the Presbyterian Church in the United States of America* (Philadelphia, 1864), 1.299.

비록 새로운 시대가 정말로 시작되고 있었고, 실제로 그 안에서 18세기에 일어난 모든 놀라운 일들이 소멸되는 징조가 나타나고는 있었지만, 그렇다고 해서 부흥이 완전히 끝난 것은 결코 아니었다. 1787년에 감리교에서 나타난 부흥을 포함해서, 비록 통계적으로는 1740년대에 일어난 대각성과는 비교할 수 없으나, 1763년과 1764년에도 뉴잉글랜드 전역에 각성이 있었다. 혁명 중이었던 1787년에 버지니아에 세워진 작은 장로교 대학인 햄든-시드니 대학이 "버지니아의 복음주의 기독교의 최종 승리를 증언하는 초교파 부흥의 중심지가 되었다. 그들은 선교에 대한 새로운 열정을 가슴에 품은 채 학교를 떠났다."[24] 부흥은 여러 도시에서 일어났는데, 대부분이 코네티컷의 도시였다. 즉, 1767년에는 노포크, 1776년에 킬링리, 1781년엔 레바논에서, 1784년에는 뉴 브리튼, 1792년에는 이스트 하뎀과 라임에서, 1795년에는 파밍튼과 뉴 하트포드, 1796년에는 밀포드에서였다.

갑자기 부흥이 뉴잉글랜드 전 지역에서 일어나고 있는 것처럼 보였다. 이러한 현상을 인식한 에드워드 도어 그리피스(Edward Dorr Griffith)는 부흥이 1792년에 시작되었다고 기록했다. 그는 "뉴 살렘, 파밍톤, 미들베리, 뉴 하트포드에서 하늘로부터 내리는 축복의 세례가 1799년까지 계속되었다. 나는 오륙십명의 사람들이 하나님의 기적의 현장인 리치필드 카운티의 뉴 하트포드에서 쓰러지는 것을 목도했고, 뉴잉글랜드의 다른 지역에서 더욱 많은 일들이 일어나는 것을 목격했다"라고 술회했다.[25]

이들 가운데 가장 중요한 사건이 1792년에 매사추세츠에 있는 리(Lee)라는 작은 마을에서 일어났다. 그곳의 목회자였던 알반 하이드(Alvan Hyde, 1768-1833)는 다음과 같이 보고했다.

> 이 지역의 사람들은 목사없이 지낸 지가 9년이나 되었다. 거기다 불행하게도 그들의

---

24) W. M. Gewehr, *The Great Awakening in Virginia, 1740-1790* (Gloucester, Mass., 1965), 230.
25) Sprague, *Revivals*, 151-52.

종교적 견해는 나뉘어 있었다. 어떤 이들은 칼빈주의자이었고 교회를 좋아했으나, 더 많은 이들이 알미니안주의자였다. 예상과는 달리, 처음 그들을 방문했을 때 나는 매우 진지하고 깊은 인상을 주는 다양한 연령층의 사람들을 만났다. 집회는 매우 경건하고 엄격했다. 우리는 많이 모였지만, 결코 소란하거나 무질서하지 않았고, 시간이 늦는 법도 없었다. 내 생각에, 이런 정숙함과 엄숙함은 유례가 없던 것이었다.[26]

부흥은 18세기 내내 지속되었고, 1800년과 1806년에는 더 큰 부흥이 일어났다.

6. 드와이트-예일의 개혁자

뉴잉글랜드에서 각성운동을 추구하던 사람들은 티모시 드와이트가 그들을 인도할 지도자요 신학자임을 알게 되었다. 조나단 에드워즈의 외손자인 드와이트는 1752년 노스앰튼에서 태어났다. 조숙한 젊은이였던 그는 1769년에 예일 대학을 졸업하고 난 후 17세의 나이에 곧 문법학교의 교사가 되었다. 그는 1771년에 예일 대학의 교사로 임명을 받았는데, 19살이란 나이는 가르치는 일에 종사하던 거의 대부분의 사람들의 나이보다 훨씬 적은 것이었다. 그러나 그는 젊음이라는 장애를 열의와 실력, 성실함으로 극복하며 당황하지 않고 상황을 직면했다. 그는 평생 그 재능을 잘 활용하였다.

책임진 모든 일에 탁월한 일꾼이었던 드와이트는 가르치는 일에 열심을 다해 자신을 드렸고, 학생들은 그런 그를 진심으로 사랑했다. 그는 매일 밤 4시간만 잤고, 좋은 교사가 되기 위해 노력하느라 운동할 시간조차 갖지 못했다. 오랜 시간을 운동도 하지 않은 채 집중해서 일하고, 거기에 음식까지 형편없었기 때문에 시력과 전체적인 건강 모두에서 문제가 발생하여 눈이 거의 멀게 되었다. 하는 수없이 그는 예일에서의 일을 잠시동안 포기하였다. 쉬는 동안 건

---

26) *Ibid.*, 269-73.

조나단 에드워즈의 손자였던 티모시 드와이트는 시인이자 학자였지만,
또한 예일 대학의 총장으로서 기독교 변증의 달인의 모습도 보여 주었다(예일 대학 미술관).

강은 회복되었으나, 눈은 생애의 남은 기간 내내 그를 괴롭혔다. 가르치는 일을 다시 시작할 즈음, 대학은 혁명의 시작으로 혼란을 맞게 되었다. 학생들은 연안 지역이 습격 당하고, 다른 혼란들이 지속되자 위협과 불안을 느끼게 되었다.

1777년 6월 9일 임명을 받은 티모시 드와이트는 에드워즈의 발자취를 따라 사역에 임하기로 결심하였다. 그 얼마 전인 1777년 3월 3일에 티모시는 메리 울시와 결혼식을 올렸으며, 삼촌인 조나단 에드워즈 2세가 주례를 하였다. 애국심과 혼돈이 뒤섞인 많은 학생들이 입대했고, 드와이트 역시 10월 6일에 군목이 되었다. 코네티컷 제1여단에 근무하면서 드와이트는 전쟁의 비참함과 끔찍함을 많이 목격했다. 그는 군가와 찬송을 지어 시인으로서의 능력 뿐 아니라 그의 애국심까지 동시에 보여주었고, 그 노래 중 다수가 널리 퍼졌다. 유명한 한 곡의 가사를 주목할 필요가 있다.

콜럼비아, 콜럼비아, 일어나 영광을 돌리라
세상의 여왕이여, 하늘의 자녀여.

전쟁이 끝날 무렵, 드와이트는 노스앰튼에 자신의 학교를 열었다. 학교는 번창하였다. 1777년 투표에서 일부 사람들이 전쟁 전에 뛰어난 교사로서의 능력을 보여준 드와이트를 지지했지만, 결국 에즈라 스타일즈가 예일의 총장이 되었다. 교육자로서의 성공에도 불구하고, 드와이트는 여전히 목회를 하고자 하는 소망을 가지고 있었다. 1783년 5월, 그는 코네티컷의 페어필드에 있는 한 교구인 그린필드 힐 교회에 청빙을 받았다. 그곳에서 1795년 6월까지 성공적인 목회를 하였고, 스타일즈 박사가 죽자 그는 다시 예일 대학의 총장으로 임명받았다. 코네티컷 전역의 목회자와 대중은 곧 드와이트의 선출을 진심으로 환영하고 인정하였다.

1) 대학의 몰락

이 시기의 예일 대학은 크고 번창하는 학교가 아니었다. 겨우 110명의 학생으로 고투하고 있었다. 에즈라 스타일즈는 이 문제에 해결책을 제시하지 못했다. 드와이트는 그의 생각을 선거 바로 직전 쓰여진 편지에서 표현했다. "나는 공약을 내세우지 않을 것입니다. 하고 싶어하는 사람에게 맡기십시오. 나는 이미 만족하고 있습니다. 시기나 악평에 노출되어 있지도 않습니다. 몰락한 대학을 세우는 일은 어려운 일입니다."[27] 그럼에도 불구하고 총장으로 선임되자 드와이트는 수락하였고, 즉각적으로 힘을 기울여 과업에 뛰어들었다.

학교의 문제 중 가장 느슨한 것은 훈련이었다. 리먼 비처는 불신앙이 바로 학생들의 신앙이었다고 지적했다. 열정을 잃어버린 노인이었던 스타일즈는 18세기 중반의 방법론을 집요하게 붙들고 있었다.

---

27) E. E. Beardsley, *History of the Episcopal Church in Connecticut* (Boston, 1883), 2.212.

그러나 드와이트는 그의 인생의 전성기에 총장이 되었다. 그는 43세였고, 많은 경험과 무한한 에너지, 그리고 새로운 사상에 대한 개방성을 소유하고 있었다. 그가 학생들의 불신앙에 대해 확실히 우려를 나타내기는 했지만, 그들을 격려하면서까지 그들의 학업을 어렵게 하려는 의도는 없었다. 실례로 그는 반항적인 학생 집단에게 그리스도인의 일관성과 위엄을 보여 주고자 애썼다.

학생들은 즉각적으로 변화를 느꼈다. 한 학생은 집에서 다음과 같이 말했다고 전해진다. "우리는 지금 모든 일에 선두에 서서 진두지휘하는 능력있는 지도자를 갖는 것이 얼마나 유익한지를 경험하고 있어요. 그의 명령은 아주 힘있고, 존경을 불러일으키고, 순종하게 만들어요… 작년 이후 학생들의 행동에 생긴 변화를 보세요. 이제 카드놀이 하는 학생이 없어졌어요. 전혀 없어요. 밤새워 노는 일도 없고, 선생의 창문을 깨는 일도, 유리병을 깨는 일 같은 것들도 다 사라졌어요. 오히려 모든 것이 정리되었고 평화로워졌어요. 내가 알기로 대학이 지금보다 더 좋았던 시기는 없었을 거예요."[28] 다른 학생들은 모든 이들이 공부하기를 즐기고 있다는 사실을 놀라면서 증언하였다. 또 "대부분의 학생들이 형식적으로가 아니라 꾸준히 기도하고 있다"고 증언하는 것도 놀랍다. 그의 지도력과 행정이 학생들에게 영향을 주기도 했지만, 무엇보다도 그들은 드와이트의 인품과 그의 "건강한 지식", "열려있고 정직하며 자유로운 행동", 그의 "잘 생긴 인물과 자애로운 인품" 그리고 "정제된 예의"를 존경하게 되었다.[29]

드와이트는 새로운 방식, 새로운 교과서, 새로운 학과목을 소개했다. 비록 1800년경 대학이 그 이전의 어떤 시기보다 더 큰 명성을 얻는 성과를 거두긴 했지만, 그의 목적은 단지 학문 기구들만 활발하게 하려는 것이 아니었다. 그리스도인의 믿음을 영화롭게 하고 학생들의 영적인 상태에 대한 관심을 가지고 믿음과 인격을 세워 가는 것이 드와이트의 최고의 우선순위였다. 학생들은 그들의 영혼의 복락을 위한 그의 관심에 존경을 표했다. 그를 칭송하는 이사 중 하나인 리먼 비처는 저명한 가문의 가장이었고, 드와이트가 죽은 후 복음

---

28) Charles E. Cuningham, *Timothy Dwight*, 1752-1817 (New York, 1942), 178-79.
29) *Ibid.*, 181.

운동의 지도자가 되었다. 몇 년 후 비처는 복음전도와 사회 개혁, 자선운동을 밀접하게 결합시키는 운동을 실증해 보였다. 예일에서의 시절을 돌이켜 보면서 비처는 드와이트가 민감한 문제들을 어떤 식으로 다루었는지를 다음과 같이 회상하였다.

> 그들(학생들)은 교수진들이 자유토론을 두려워한다고 생각했다. 그러나 그들이 드와이트 박사에게 학급 토론을 위한 주제의 목록을 전달하였을 때, 드와이트가 선택한 것은 그들에게 놀라운 것이었다. 그는 "성경은 하나님의 말씀인가?"를 선택했고, 학생들에게 최선을 다하라고 말했다. 그는 학생들이 말한 모든 것을 들었고 대답하고 결론을 내려 주었다. 그는 그 주제에 대해 6개월 동안 쉬지 않고 설교했다. 모든 불신앙이 도망가고 머리를 숨겼다.
>
> 그는 채플에서의 일련의 오전 설교로 그의 신학적 체계를 다듬었다. 내가 이해하고 생각해 볼 때, 그의 설교는 끊임없는 교육의 과정이며 끝없는 만찬이었다. 그의 설교는 비록 교훈적이고 논리적이기는 했지만, 문체가 풍부하고 다듬어져 있었다. 거기에는 전혀 억눌리지 않은 교리의 힘과 진수가 있었다. 나는 뼈대를 압축하고 단단히 하며 그의 모든 강론을 기록했다. 그는 고귀한 머리와 육체를 가진 귀족형의 사람이었고, 이제까지 본 가장 아름다운 미소를 지닌 사람이었다.
>
> 그는 항상 미소를 지으며 나를 만나주었다. 얼마나 내가 그를 사랑했는지! 나는 그를 나의 영혼처럼 사랑했고, 그는 나를 아들처럼 사랑했다. 전에 리치필드에서 나는 그에게 내가 가진 모든 것은 그에게 빚진 것이라고 말했다. 그러자 그는 "그래서 나는 위대한 영혼을 만족시키는 일을 해온 것이네… 나는 내 자신이 충분히 보상받고 있다고 생각하네"라고 말했다. 그는 폭넓게 존경받고 사랑받았다. 나는 자신의 소망이 성취되지 못해 좌절을 맛본 단 한 명의 학생의 존재도 알지 못했다.[30]

2) 전선의 형성

예일대 총장으로 드와이트가 취임한 후, 곧 전선(戰線)이 형성되었다. 중간 지대는 없었다. 기독교냐 불신앙이냐 하는 두 개의 양자택일만이 있을 뿐이었

---

30) Beecher, *Autobiography*, 1.27.

다. 학생들은 대개 신앙이 없었을 뿐만 아니라 교수 중 일부도 그리스도인이라 주장할 수가 없었다. 벤자민 실리만 선생은 이신론자로 간주되었다. 드와이트 총장은 불신앙에 대해 커다란 쇠망치로 공격을 하기 시작했고, 그는 열정적으로 7년 간의 전쟁을 시작했다. 그의 설교는 계시된 진리로부터 떠난 모든 교회, 국가, 도덕에 대한 위험성에 대해 강변하였고, 그래서 어느 누구도 오해할 수 없었다. 토론 중에 그는 종교에 대한 회의와 난제에 대해 자유롭고 개방적인 논의를 격려하였고, 그럼으로써 그의 반대자에 의해 제기되는 반박에 대응할 기회를 갖게 되었다. 대학 채플에서 행한 그의 위대한 일련의 설교들은 한 학생이 예일에 다니는 4년 동안 지속되었다. 그 후에는 그것들이 또 반복되었다. 모든 학생은 드와이트의 신학의 모든 체계와 회의주의 철학에 대한 그의 답변도 듣게 되었다.

　드와이트가 왔을 무렵, 대부분의 학생은 볼테르가 미신으로 치부해 버린 그 수준만큼 조직적인 종교와 신성한 계시를 부인했다. 한때 가장 자랑스러운 코네티컷의 요새였던 기독교는 문자 그대로 죽어있었다. 예일이 회복되는 것이 새 총장과 모든 코네티컷의 성직자에게 최고의 우선 순위였다. 학생들이 드와이트의 능력을 인정하고 존경하게 된 후 분위기는 충분히 느낄 수 있을 만큼 바뀌었다. 1796년 초 도덕적 상태를 향상하기 위한 학생그룹이 결성되었고, 1797년에는 예일 도덕회(Moral Society of Yale College)가 설립되었다. 많은 학생들이 총장이 동정심을 가지고 관심 있게 이야기를 들어주는 사람임을 깨닫고, 최고의 상담자로 그들의 총장을 선택했다. 목회를 위해 새로운 결심과 교훈을 품고 학업에서 쉬는 이들도 있었다.

　1802년 이른 봄, 두 명의 4학년 학생들이 그들의 죄에 대한 양심의 가책에 사로잡혔다. 짧은 기간 내에 그들은 그리스도를 믿고 죄사함의 확신에 이르게 되었다. 그들은 믿음에 대해 공개적인 고백을 한 후 대학 교회에 합류했다. 이것이 마음의 평화와 위안을 구하는 다른 사람에게 점차로 영향을 끼치게 되었다. 방학이 되기 전 열흘 동안 50명의 젊은이들이 자신들을 "진지한 질문자들"이라고 이름 붙였다. 3학년 발표회 때는 한 학생이 "학자의 더 중요한 책임"은 "오락을 즐기는 것보다 기도 모임에 더 열심히 참석"하기를 소망하는 것임을 깨달았다고 말했다.

자각이 늘어났다. 학생들이 모이는 어느 곳에서나 밤이든, 식사시간이든, 뉴헤이븐 주변에서든 가장 큰 대화의 주제는 언제나 영원한 구원이었다. "많은 이들의 확신은 세밀하고 압도적인 것이었다. 연이어 '믿음 안의 평안'이 강하게 나타났다"고 C. A. 굿리치(C. A. Goodrich) 교수가 집중적인 연구의 결과를 소개했다.[31] 뒤따르는 각성 기간 중 어떤 정기적인 대학 활동도 중지되지 않았고 설교도 평소만큼만 행해졌다. 드와이트는 대각성 운동 기간 중에 나타난 그러한 "열광주의"나 감정의 격정적인 표현을 용납하지 않았다. 대신 질서 정연함과 광신의 억제가 더 강한 특징으로 나타났다.[32]

3) 부흥의 확산

학생들이 봄방학이 되어 흩어지자 많은 이들은 부흥이 중단되지 않을까 두려워했다. 그러나 반대 현상이 일어났다. 젊은이들이 예일의 정신이 변화되었다는 소식을 가지고 고향에 돌아갔을 때 오히려 그 추진력이 확산되었다. 그들이 뉴 헤이븐에 다시 모였을 때, 더 많은 이들이 그들의 삶을 하나님께 드리게 되었다. 4학년의 절반이 기뻐하며 구원에 이르게 되었고, 학급의 3분의 1이 마침내 사역에 들어갔다. 드와이트는 크게 기뻐했다. 그는 160명의 등록자 중 80명의 공식적인 회심을 목격했다. 회심자 중에는 실리만 선생도 있었으며, 그는 자신의 어머니에게 "예일 대학은 조그만 교회입니다. 기도와 찬양이 학생들에게 커다란 기쁨입니다. 반면에 아무런 느낌을 갖지 못하고 조용히 있는 학생들은 존경어린 침묵 속에서 두려워하고 있습니다"라고 편지했다.[33]

---

31) Chauncey A. Goodrich, "Narrative of Revivals of Religion in Yale College," *American Quarterly Register* 10 (1838): 295-96.
32) Cuningham, *Timothy Dwight*, 329.
33) Charles R. Keller, *The Second Great Awakening in Connecticut* (New Haven, Conn., 1942), 42.

형제단(Brothers)과 리노니언(Linonian) 토론 클럽들은 영적인 권고와 기도에 힘쓰는 모임의 중심지로 바뀌었다. 졸업식 날에는 떠나가는 4학년 학생들이 매일 일정한 시간에 서로를 위해 기도하겠다는 약속에 서명했다. 학생 집단이 끊임없이 바뀌었기 때문에 그 효과는 점차 희미해져갔다. 그러나 학생들을 위한 드와이트의 깊은 관심의 사역으로 인해 1808년 4월, 새로운 각성이 거의 1802년의 각성만큼이나 강력하게 일어났다. 계속되는 부흥운동은 1813년과 1815년에도 일어났다.

예일과 뉴 헤이븐에서의 이러한 부흥은 코네티컷을 휩쓴 부흥운동의 단지 전초였을 뿐이다. 여러 해 동안 예일이 세속화될 위험은 거의 없었다. 드와이트의 전기작가 찰스 커닝햄(Charles Cunningham)은 다음과 같이 말했다.

> 하나님은 또 다시 예일을 축복하셨고, 열신있는 한 학생이 그 사랑받는 학교의 소식을 다트머스에까지 가지고 갔는데 그 곳에서 그 후 부흥이 풍성하게 일어났다. 그 해에 또한 프린스턴도 은혜의 소낙비를 누리게 되었다. 이러한 사건에 대해 감사하며 「코네티컷 이벤절리컬 매거진 앤 릴리저스 인텔리전저」(*Connecticut Evangelical Magazine and Religious Intelligencer*)의 편집자들은 많은 기도자들에 의해 세워지고, 경건한 선조의 강한 믿음으로 양육된 하버드가 여러 해 동안 이 부흥의 물결에서 비켜나 있다고 애석해 하였다. 예일의 드와이트 총장은 숙련된 정원사로 열매가 풍성한 포도밭에서 일하였다. 어떠한 불신앙의 잡초도 거기에선 오래 무성할 수 없었다.[34]

드와이트가 예일에서 파급된 대학 부흥운동의 중심 인물만은 아니었다. 그의 저서들, 그의 사명을 수행한 헌신적인 학생들 그리고 코네티컷의 회중교회에 대한 그의 지도력을 통해 그는 또한 1800년부터 남북 전쟁이 시작되기까지 미국의 부흥운동의 핵심 변혁가로 활약했다. 티모시 드와이트는 미국 대각성 운동의 역사 속의 분수령이 된 인물인 것이다.

---

34) Cuningham, *Timothy Dwight*, 334.

4) 지속되는 영향력

드와이트의 뚜렷한 공헌을 이해하기 위해서는 조나단 에드워즈의 죽음 이후의 신학적 발전을 재고하는 것이 필수적이다. 수십년 동안, 에드워즈의 신학적 후손들은 그의 글로부터 **에드워즈주의**(Edwardsean) 또는 **신파**(New Divinity School)를 발달시켰다. 다른 큰 그룹은 **구파 칼빈주의자들**(Old Calvinists)이었는데, 이들은 자신을 정통이라 여겼으나 그들의 스승으로서 에드워즈를 지지하지는 않았다. 세 번째 그룹은 합리주의자들이었는데, 이들은 찰스 촌시로 대표되는, 궁극적으로는 유니테리안으로서 칼빈주의를 거부하는 이들이었다.[35]

흥미롭게도 드와이트는 "은혜의 수단들"인 기도, 복음의 전파, 성경의 탐구, 그리스도인의 교제 그리고 거룩한 예배에의 참여 등을 강조하는 면에 있어서는 에드워즈 추종자들보다는 구파 칼빈주의자들의 견해에 더 가까웠다. 성령의 유효한 은혜가 영혼 위에 내리도록 해주는 이런 수단들과 또다른 수단들을 통해 사람들은 영적인 무감각으로부터 일깨워지고, 죄에 대해 자각하게 되고, 성령의 역사에 열려지게 되는 것이었다. 여러 권으로 된 저서인 『신학』(Theology)에서 드와이트는 성령을 "내려오게 만들어 성령의 가르침을 받고 자각하고, 이끌림 받게 하는 주체가 영혼"임을 주장하며, 모든 "중생되지 못한 자의 행위"가 궁극적으로 죄악된 것이라는 믿음을 거부했다. 즉, "은혜의 수단은 죄인들에 의해 사용되어야 하고, 그리스도인에 의해 죄인의 구원을 증진시키는 목적"으로 사용되어야 한다. 목사는 "은혜의 수단을 사용하려 하는 죄인에게 충고해야 하고 또 권고해야 하는 것이었다."[36] 이 점에서 드와이트는 주요 에드워즈주의 교의와 특히 더욱 엄격했던 홉킨스 학파의 교의와는 직접적으로 반대되는 길을 갔다.

드와이트가 양심의 가책을 느낀 죄인의 기도가 그 어떤 도덕적인 선을 가지

---

35) 이 세 그룹에 대한 유익한 논의는 다음의 저서를 참고하라. Ahlstrom, *Religious History*, 403f.
36) Timothy Dwight, *Theology: Explained and Defended* (Middletown, Conn., 1818-19), 4.43, 58, 60.

고 있다고 생각한 것은 아니었다. 선은 성령이 그리스도의 의를 중생을 통해 영혼에게 부어주실 때에야 비로소 소유될 수 있는 것이었다. 그러나 드와이트에 따르면, 죄에 대한 자각 속에서 구원과 체험을 위해 번민에 차서 드리는 죄인의 기도는 한정된 목적을 가지고 있다는 것이다. 만약 죄인들이 그들의 범죄와 위험을 알지 못했다면, 그들이 그리스도 안에서 누리는 하나님의 은혜에 대해 전적으로 의존해야 한다는 것을 인정하지 않았다면, 그들은 자신들을 구하시는 하나님의 사랑과 선에 대해 감사할 수가 없는 것이었다. 그러므로 은혜의 수단을 사용하는 것은 모든 사람의 영원한 관심이 되어야 했다. 왜냐하면 그것이야말로 확실히 하나님께서 잃어버린 영혼을 다시 살려주시는 보편적인 방법이었기 때문이다. 만약 그것들이 금지되었다면, 하나님은 그들에게 제시조차도 해 주시지 않았을 것이기 때문이다.

그러므로 티모시 드와이트는 칼빈주의를 곤경에 빠뜨리고, 조롱에 빠지게 했던 인간의 무능함이라는 장애물을 깨뜨리며 자유 의지를 제시하였다. 그는 구원에 있어 인간의 선택의 역할을 드높였고, 죄에 대한 가책의 긴 기간을 단축시켰다. 또 회심은 짧은 위기의 순간이 지나면 올 수 있다고 믿었다. 죄에 대한 첫 가책과 궁극의 회심 사이의 기간을 단축시키고, 하나님을 선택하는 죄인 자신의 의지라는 이성적 작용을 내세우면서, 드와이트는 복음전도에 대한 계획을 칼빈주의와의 연합에 대한 소망 뒤편에 쌓아올렸다. 그것은 물론 "알미니안주의화된 칼빈주의"인데, 그는 결국 개혁주의의 결정적인 교리를 침식시키고 존 웨슬리의 사상 뒤로 숨어버린 것이었다. 그러나 이 교리는 미국 개신교의 미래의 대세가 되었고, 나다니엘 윌리엄 테일러(Nathaniel William Taylor, 1786-1858)와 찰스 그랜디슨 피니(Charles Grandison Finney, 1792-1875)의 가르침에 토대를 제공해 주었다.

두 번째 큰 변화는 대각성이 어떤 식으로 역사하는가에 대한 이해의 중심에 드와이트의 추진력이 크게 영향을 끼쳤다는 것이다. 시드니 미드(Sydney Mead)는 그 변화를 잘 표현하였다.

첫 번째 대각성과 에드워즈와의 관련성은 두 번째 대각성과 드와이트의 관련성과는

아사헬 네틀톤은 티모시 드와이트의 전도 신학을 매사추세츠,
코네티컷 사람들과 동부 뉴욕 사람들에게 적용하였다. 그는 건강이 악화되기 전까지
2차 대각성 운동의 위대한 부흥사였다(코네티컷 역사 연구회).

많이 달랐다. 에드워즈는 그가 경험하였던 것에 대해 성실하고 생명력있게 설교했고, 부흥이 시작되었을 때 명백히, 정말로 놀랐다. 드와이트는 의도적으로 부흥운동을 대학과 국가의 저명한 사람들 사이에서 시작하였다. 비처와 테일러는 그들에 대한 양육 방식을 완성했다. 에드워즈에게 있어 부흥은 그가 공유한 체험의 부산물이었다. 그러나 드와이트와 그의 동료들에게는 부흥은 계산된 수단을 통해 결과에 이르는 것이었다.[37]

---

37) Sidney Earl Mead, *Nathaniel William Taylor, 1786-1858: A Connecticut Liberal* (Chicago, 1942), 101.

이 모든 사람들은 각성운동이 성령의 역사임을 전적으로 믿었으나, 부흥을 위해 기도하고 설교하는 중에 하나님께서 인간을 불러 그와 협력하신다고 믿게 되었다. 유명한 스토다드와 에드워즈, 드와이트의 가문의 다섯 세대가 부흥신학에 어떤 영향을 끼쳤는지를 살펴보는 연구는 미국 교회사의 매력있는 연구주제이다.

훌륭한 전략가인 드와이트는 자신의 능력의 절정에 있는 동안 그의 사후에도 지속적인 영향을 끼치게 될 것을 예견하며 그의 지지자들을 규합하였다. 리먼 비처 뿐만 아니라 나다니엘 테일러와 아사헬 네틀톤(Asahel Nettleton, 1786-1844)과 같은 후계자를 가진 것도 그의 큰 복이었다.

2차 대각성 운동의 초기 단계에서의 전도운동의 주요 지도자는 네틀톤이었다. 그는 예일을 졸업 한 후 신학을 공부하며 동부 코네티컷에서 임시 설교자가 되어달라는 요청을 받았다. 네틀톤은 조나단 에드워즈가 행한 강력한 지적 접근 방식을 채택했고, 즉시 엄청난 성공을 거두었다. 집회에서 그는 언제나 감정주의는 피하려 노력했다. 그는 조용하고 위엄있고 엄숙한 분위기를 지향했다. 보수적이었던 그는 복음사역에 지역 목사들을 포함시켰고, 거듭난 사람은 누구든지 가르침과 양육을 받아야 한다고 주장했다. 그는 자신이 뉴잉글랜드와 뉴욕에서 크게 쓰임받고 있음을 알게 되었다. 30,000명이나 되는 많은 회심자가 그의 사역을 통해 배출되었다. 결혼을 하지 않았던 네틀톤은 단순한 삶을 살았고, 개인 재산은 전혀 없었으며, 사역비도 받지 않았다.

1811년에서 1822년까지 네틀톤은 복음전도의 지도력을 비처와 함께 공유했다. 1822년에 건강이 악화되었다. 몇 년이 지나 피니가 그의 화려한 사역을 시작하였고, 전도자의 선두에 서 있던 네틀톤의 위치는 거의 모든 면에서 그와는 다른 피니에 의해 대체되었다. 생애 마지막까지 네틀톤은 피니를 거리낌없이 비판했다. 그는 피니의 비형식적인 접근이 당연히 있어야 하는 위엄과 존경과는 거리감이 있다고 생각했다. 또한 즉각적인 결단을 강요하는 피니의 방법을 좋아하지 않았다. 그럼에도 불구하고 피니의 대중 전도라는 근대적인 접근방식이 결국 미래의 주도권을 잡게 되었고, 많은 회심자를 냈다. 또한 1830년대까지 제2차 대각성 운동을 연장시키는 성공적인 도구가 되었다.

7. 감리교 부흥

1800년 이후 회중교인들과 장로교인들에게 부흥이 일어날 무렵, 감리교 역시 점차로 유명세를 얻고 있었다. 1738년 존 웨슬리의 회심 이후 감리교는 영국 국교회 회복운동이 되었다. 영국 전역에서 헌신적인 평신도 소그룹 성경 공부와 기도회 모임이 생겨나 생명력있는 신앙운동이 힘을 얻게 되었다. 불가피하게 감리교인들의 관심은 신세계로 옮겨갔다. 1760년대 이전에 벌써 북아일랜드 출신의 평신도 전도인인 로버트 스트로브릿지(Robert Strawbridge)가 메릴랜드의 샘스 크릭에 정착했고, 그는 펜실바니아와 델라웨어, 버지니아로 이동하는 순회사역을 시작했다. 거의 같은 시기에 몇 년간 아일랜드에 있었던 독일인 피난민 일파가 뉴욕에 도착했다. 그들 가운데 바바라 헤크(Barbara Heck)와 필립 엠버리(Philip Embury)가 있었다. 엠버리는 감리교의 지도자였고, 설교자이며 교장이었다. 1766년 즈음에 헤크는 엠버리에게 작은 그들의 공동체를 위해 예배를 인도해 달라고 부탁했다. 감리교 최초의 역사가였던 제시 리(Jesse Lee)는 당시 일어난 일을 다음과 같이 설명하고 있다.

> 그 후 그들은 막사와 붙어있는 그들의 이웃에게서 빈방 하나를 빌렸다. 거기에서 그들은 한 계절동안 집회를 가졌다. 그 후 언젠가는 알바니에 있는 주둔지 대위인 토마스 웹이 그들을 발견하고 그들에게 군복을 입고 설교했다. 주홍빛 코트를 입고 설교하는 한 남자의 신선함 때문에 곧 그 공간은 수용 가능한 인원 이상의 사람들로 가득 차게 되었다. 거주인들 중 더 많은 이들이 모임에 합류하였고, 그 후 그들은 더 많은 연합과 모임을 위해 임시로 위층을 더 만들어 많은 무리가 함께 모일 수 있게 했다.[38]

웹 대위(Captain Webb)는 유아기의 단계에 있던 어린 회중에게 가치를 평가할 수조차 없는 큰 도움을 주었다. 그는 존 웨슬리가 1764년에 브리스톨에서 설교한다는 이야기를 듣고 감리교에 합류했다. 바로 그는 설교할 자격을 얻었다. 웨슬리는 그를 "불같은 사람", "하나님의 권능이 끊임없이 그의 말씀과 함

---

[38] Jesse Lee, *History of the Methodists* (Baltimore, 1810), 24.

프란시스 에즈베리는 미국에서 처음으로 진정한 의미의 전국 규모의
감리교를 창설하였다(빌리 그래함 센터 박물관).

께 한다"고 말했다. 후에 미국 대통령이 된 존 아담스는 1774년에 그를 "내가 이제까지 본 가장 웅변력이 뛰어난 사람 중 하나"로 묘사했다.[39] 주로 웹의 노력으로 감리교는 롱아일랜드, 뉴저지, 펜실바니아, 델라웨어에 두루 퍼졌다. 교회가 지어졌고, 많은 설교자들이 영국으로부터 보강되었다.[40]

매년마다 영국에서는 연례 감리교 대회에서 설교자를 미국에 보내는 문제, 즉 새로우면서도 가장 먼 거리에 큰 순회 설교 팀을 파송하는 문제가 제기 되었다. 1771년의 대회에서는 백명 이상의 설교자가 브리스톨에서 모였다. 어느

---

39) Abel Stevens, *History of the Methodist Episcopal Church* (New York, 1864-67), 2.60.
40) Ezra S. Tipple, *Francis Asbury, The Prophet of the Long Road* (New York, 1916), 67.

순간 웨슬리가 일어나 엄숙하게 "미국에 있는 우리의 형제가 도움을 청하고 있습니다. 기꺼이 가서 그들을 도울 분이 계십니까?"하고 말했다. 이 호소에 다섯 명이 응답했고, 그들 중 두 명이 지명되었다. 프란시스 에즈베리(Francis Asbury, 1745-1816)와 리차드 라이트(Richard Wright)였다.

비록 여러 사람이, 특히 웹이 이미 미국의 감리교의 성장에 큰 공헌을 했지만, 에즈베리는 다른 어떤 사람이 할 수 있는 것보다 감리교의 성장과 전파에 더 큰 공헌을 했다.

8. 에즈베리-미국에 파송된 선교사

1771년에 프란시스 에즈베리는 26살이었다. 그는 14살에 회심했다. 그는 날카로운 푸른 눈, 명확하고 울리는 목소리, 당당한 외모와 높은 이마, 흐르는 듯한 머리카락을 지닌 호리호리한 사람이었다. 뉴욕에 도착하자 그는 베드포셔와 콜체스터, 윌트셔를 순회하는 정기 지역 설교가로 활동했다. 그는 상황이 절망적이라는 것을 발견했다. 교회 규율은 느슨했고, 일부 교인들의 태도는 몹시 변덕스러웠다. 지도자인 보드만은 에즈베리가 순회하며 새로운 감리교 공동체를 세우기 위해 여행하는 것보다는 그 도시에 남아주기를 원했다. 에즈베리는 복음화된 미국에 대한 소망에 사로잡혀 있었다. 그는 한 지역에 남는 것은 감리교 전체를 배신하는 것이라 생각했다. 후에 여러 사건들이 에즈베리가 옳았음을 증명해 주었다. 영국에서 존 웨슬리에 의해 정착된 순회 전도 제도는 설교자들이 계속해서 순회하도록 동기를 부여했다. 이러한 순회 제도는 영국에서보다도 미국에서 훨씬 더 실제적으로 효과가 있었다. 미국의 회중들은 넓은 땅으로 인해 서로 단절되어 있었기에 정착 목회 제도가 여러 해 동안 불가능하였던 것이다.

미국의 식민지와 영국 사이에 긴장이 폭발할 위협적인 상황이 되자, 에즈베리와 다른 지도자들 사이에 마찰이 계속되었다. 1775년에 웨슬리는 모든 평신도 설교자에게 영국으로 돌아올 것을 명령했다. 에즈베리를 제외한 모든 이가 그렇게 했다. 많은 사람들은 설교자가 떠남으로 감리교 운동이 재난을 맞게 될 것이라고 생각했다. 그러나 실제로는 오히려 그 조치가 성공적인 것으로 드러났다. 짐을 현지 지도자에게 옮긴 것은 현지인 지도자들에게 필연적인 발전을 가져다 주었다.[41] 그것은 에즈베리에게도 특별한 행운이었다. 그는 영국으로 돌아갈 것을 거부했기 때문에, 그는 특히 북부지역에서 영웅으로 칭송받았다. 주로 그의 사역으로 인해 전쟁 기간에도 성도의 수는 대략 2배로 증가했다.[42]

1784년 즈음에 미국에 있던 감리교도의 5분의 1(15,000)이 후에 메이슨-딕슨 경계(Mason-Dixon Line: 미국의 펜실베이니아주(州)와 메릴랜드주(州)를 나누는 경계선으로 남북전쟁 이후 정치, 사회적으로 실제 미국의 남북을 나누는 경계선이 된다-역자주)라 불리게 될 경계선의 남부에 살고 있었다.[43] 여러 요인들이 감리교를 영국 국교회로부터 분리시키고 있었다. 감리교를 영국 국교회 내의 갱신운동으로 보기를 원했던 웨슬리는 독립적인 성직자 제도를 가진 새로운 교파를 만들고 싶어하는 충동에 늘 반대하였다. 1784년 12월, "크리스마스 회의(Christmas Conference)"가 볼티모어에서 소집되었다. 참석한 60명의 설교자들이 만장일치로 토마스 코크(Thomas Coke, 1747-1814)와 에즈베리를 "협동 감리사(joint superintendents)"로 선출하였다. 1787년에 콕과 에즈베리는 "주교(bishop)"이라는 이름이 미국적 상황에 더 맞는다는 데 동의했다. 존 웨슬리는 화가 났다. 그러나 이 문제에 있어서는 그의 희망이 다른 문제에서처럼 우세하지 못했다.

1) 강력한 군대처럼(Like a Mighty Army)

혁명 후에는, 프론티어 정신이 활력있는 새 국가의 정신에 중요한 영향을 끼

---

41) William Warren Sweet, *Religion on the American Frontier: The Methodists* (Chicago, 1946), 4.6.
42) Winthrop S. Hudson, *Religion in America* (New York, 1981), 122-23.
43) Ahlstrom, *Religious History*, 371.

1867년 10월 12일자 「하퍼스 위클리」(Harper's Weekly)는 말을 타고 가는 순회 전도자의 결단과 용기의 정신력을 묘사하였다(빌리 그래함 센터 박물관).

쳤다. 수만명의 사람들이 더 넓은 땅으로 이동해갔다. 이것은 교회에는 일종의 두려운 도전이 되었다. 그러나 에즈베리와 그의 헌신적인 순회자들은 상황을 받아들였다. 개척자들은 거칠고 위험했다. 사회적인 교류도, 호화로움도 없었다. 단 한 명의 방문객의 방문도 중요한 사건으로 간주되었는데, 그가 외부 세계에 대한 소식을 가져오기 때문이었다. 성직자의 도착은 수마일 주변에 떨어져 있는 사람들을 모을 수 있는 역사적인 사건이었다. 성직자는 결혼을 주례하고, 아이들에게 세례를 주고, 교제했으며, 하나님께서 그들을 버리지 않으셨음을 사람들에게 전했다.

감리교의 급성장의 첫 번째 이유는 순회 제도였다. 에즈베리의 지도 하에 순회 제도는 변경을 전진하라는 요청에 대한 해결책이 되었다. 전쟁이 끝난 후 그는 수년 동안 참여했던 위대한 운동을 위해 힘을 결집하기 시작했다. 에즈베리는 군대 지휘관이 부대를 이동시키는 것처럼 순회자들을 배치했다. 새로운 순회자들에게 백 마일 혹은 그 이상의 지역에 제한된 구역을 설정해 주면 순회자들은 첫 접촉을 시작할 것이었다. 그 지역이 그들의 가르침으로 각성이 된 후엔, 에즈베리는 이들을 이동시켜 교회를 조직하고 정기적인 순회 설교를 할 수 있는 능력을 가진 다른 이들을 데리고 온다. 그의 명령 하에 넓은 땅에 기초 공사가 행해졌다. 그의 작은 군대에는 때로 교육이라는 것이 전혀 없기도 했다. 그러나 교육은 개척지에 거의 쓸모가 없었다. 커다란 목소리, 따뜻한 성품, 헌신, 관심이 순회 목사의 중요한 기질이었다. 그들의 위험을 무릅쓴 용기와 위험에 대한 무시는 유명해졌다.

감리교가 급속히 확산되게 된 두 번째 이유는 그 신학에 있었다. 기독교의 메시지가 단순해졌다. 즉 하나님은 모든 사람을 사랑하시고 예수 그리스도를 구세주로 주셨다. 인간들은 죄가 있다. 그러나 이러한 하나님의 선물을 받아들이거나 거부할 능력이 있다. 그들이 받아들일 때 그들은 성령의 도우심으로 고의적으로 짓는 죄로부터의 "완전" 또는 "자유"라는 감리교도의 목표를 추구해야 한다. 그들은 도덕 문제에 대해 율법적인 접근을 하기도 했는데, 그 금지 조항에는 음주와 노예 소유 역시 포함되었다. 이러한 것들은 감리교도들에게 도덕적 열심과 정열을 불러일으켰다. 많은 작가들이 이를 "민주적 복음(democratic gospel)"이며 "개척지역 신앙"(Frontier faith)이라고 묘사하는 반면, 그것은 웨슬리주의가 하나님의 주권과 인간의 부패를 강조한 단순한 방식이기도 했다.[44]

감리교 확산의 세 번째 주요 요인은 에즈베리가 발전시킨 캠프(Camp

---

44) *Ibid.*, 438.

meeting) 프로그램이었다. 2만명 이상의 사람이 즉시 모일 수 있었다. 모임은 황폐한 개척지의 삶에 휴식을 가져다 주었다. 더구나 캠프 모임은 거의 준비를 필요로 하지 않았다. 목사들은 언제 어디에서 모임이 개최되는지에 대해 알기만 하면 되었다. 에즈베리는 "나는 한 주에 20회의 캠프모임이 열리게 되기를, 또 모든 면으로 놀라운 주님의 계절이 오게 되기를 하나님께 기도한다… 올해 아마도 4백 또는 5백회의 캠프 모임이 있을 것을 생각하니 기쁘다"라고 썼다.[45]

2) "자기 짐을 지고 쓰러지다"

에즈베리는 설교자들에게 엄격했다. 그러나 자기 자신에게는 더 큰 짐을 요구했다. 길도 없는 광야를 말의 등에 얹혀 가는 계속되는 여행은 그의 묵상을 방해했고, 특히 만성적 질병에 시달리는 그를 더욱 힘들게 했다. 그는 적대적인 인디언들과 위험한 야생동물들을 만났다. 길은 원시적이었거나 있지도 않았으며, 그와 말은 할 수 있는 한 최선을 다해 여러 강을 건너야 했다. 1798년 초에 그는 다닐 수 있는 가능한 모든 지역에 대한 완벽한 순회를 했다. 그는 순회목사들의 회의를 소집하며, 가르치고, 일을 돌보기도 했다. 여행은 메인에서 조지아에까지 이르렀다. 개척이 진행된 서부의 경계선까지도 전진했다. 1799년 10월 26일자 일기를 그는 자신의 책임을 요약하는 것으로 시작했다. "나는 내 짐으로 인해 힘에 겨워 쓰러진다. 연간 6천 마일 정도를 달려야 했고, 1년에 3백 번에서 5백 번의 설교를 해야했고, 많은 편지를 쓰고 읽었으며 더 많이 읽어야 한다. 이 모든 것 외에도 3백명의 설교자의 묵을 곳을 마련해 주어야 하고, 수백 페이지를 독서해야 한다. 밤낮으로 많은 시간을 다양한 성격의 사람들과 목사들과 더불어 대화로 보내야 한다. 그 일들 가운데는 귀찮은 경우도 많았다."[46]

---

45) Francis Asbury, *The Journal and Letters of Francis Asbury* (Nashville, 1958), 2.576.
46) *Ibid.*, 1.368.

끝없는 궁핍, 난관, 질병이 에즈베리를 괴롭혔다. 그는 자주 철로 옆에 자란 야생의 풀 외에는 먹을 게 아무것도 없는 길로 다녔다. 때로 그는 상스러운 투숙객이 휘두르는 폭력과 욕설, 도박, 도둑질 그리고 종교에 대한 무시 등으로 그를 억누르던, 이동하던 길의 황무함 보다 더 그를 괴롭히던 보잘것없는 여인숙에 머물기도 했다. 생애의 대부분에 그의 연간 봉급은 20파운드도 안되었다. 날씨에 관계없이 연중 여행을 하며 다녔기에, 그의 다리와 팔은 류마티스 염증에 걸려 있었다. 폐병이 그의 폐를 파괴했고, 위궤양이 그의 위와 목을 쓰리게 했다. 발은 항상 부어있었고, 피부병과 벌레로 인한 가려움이 언제나 그를 괴롭혔다. 그는 결혼하지 않았고 집도 없었다. 그는 모든 소유물을 가지고 다녔다. 애처롭도록 적은 물건들을 성경과 책과 함께 작은 안장 가방에 넣고 다녔다.

에즈베리는 엄청난 **열매**를 기뻐하며 그 어려움을 견디어냈다. 1780년에 42명의 설교자와 8,504명의 신자가 있었다. 1790년에는 227명의 설교자와 45,949명의 백인과 11,862명의 흑인 교인들이 있었다. 1803년경에는 383명의 설교자와 104,070명의 백인과 22,453명의 흑인 성도가 있었다. 에즈베리의 죽음 후인 1820년 즈음에는 904명의 설교자와 256,881명의 교인이 있었다.[47] 부흥은 특히 남부에서 자주 일어났다.

에즈베리 주교는 어림잡아 총 16,500회의 설교를 하였다. 비공식적으로는 그보다 더 많이 설교하였다. 4천명 이상의 설교자를 임명하였고 275,000마일을 말을 타고 다녔으며, 6필의 충직한 말을 이동에 활용했다. 그는 미국에서 가장 유명한 인물이었다. 그가 정부 기관이 있는 곳에 도착하면, 시장과 관리들은 즉시 그를 만찬에 초대했다. 그는 경외와 존경을 받았다.[48] 시드니 알스트롬은 다음과 같이 기록했다.

---

47) Sweet, *Religion on the American Frontier*, 4.134ff.; Ahlstrom, Religious History, 436-37.
48) Herbert Asbury, *A Methodist Saint: The Life of Bishop Asbury* (New York, 1927), 41.

수장 프란시스 에즈베리의 효과적인 사역과 더불어, 미국 감리교는 (1784년에) 대약진을 시작하게 될 것이었다…다음 세기를 통과하며 감리교는 복음주의적 알미니안주의의 주된 기관이 될 것이었다. 국내 전도를 통해 외적으로 확장되어 나가면서, 감리교는 모든 다른 큰 개신교 교회의 성장률을 능가하게 되었다. 직접적인 접촉으로든, 부정적 반응으로든 거의 모든 다른 교단들에 큰 영향을 끼쳤다. 마침내는 미국 개신교 전체에 그 힘과 정신을 나누어 줄 정도에까지 이르렀다.[49]

---

49) Ahlstrom, *Religious History*, 372.

서부에서의 제2차 대각성 운동

    1787년부터 1789년까지 버지니아(Virginia)에서 시작된 대각성 운동은 격동의 1790년대에 들어서자 수그러들고 말았다. 그 십 년의 기간 동안에 수천 명의 이주자들이 싼 땅과 새로운 삶을 찾아 서쪽으로 유입되었다. 켄터키(Kentucky)는 프랑스-인디언 전쟁 이후인 1774년에 헤로즈버그(Harrodsburg)에 최초의 영구적인 정착촌이 형성되면서 개척되었다. 1775년, 트란실바니아 회사(Transylvania Company)의 대표였던 다니엘 분(Daniel Boone)은 황야의 길(Wilderness Road)을 개척하고, 부네스보로(Boonesboro)를 세웠다. 그 동안 버지니아와 남북 캐롤라이나에서 온 모피상과 "원거리 사냥꾼들"(long hunters)은 테네시에 진입하여 1769년에 와타우가 리버 밸리(Watauga River Valley)에 첫 번째 정착촌을 설립하였다.
    현재 테네시에서 가장 오래된 마을인 존스보로(Jonesboro)는 1779년에 개척되었다. 정착자들은 뗏목과 거룻배를 타고 오하이오로 들어갔으며, 마차를 타고 육로를 달렸다. 북서부 지역에서 진정한 최초의 미국 도시인 매리에타(Marietta)는 1788년에 창건되었고, 후에는 오하이오(Ohio)가 되었다. 1800년의 인구조사에 의하면 켄터키에 220,955명, 테네시에 105,602명 그리고 북서부 지역에 51,006명의 거주민들이 살고 있었다. 그 당시 확장되고 있던 서부 버지니아와 노스캐롤라이나를 포함해서 국경지대에는 수천 명이 넘는 사람들

소수의 목회자들의 설교 가운데 바튼 스톤(Barton W. Stone)의 설교는
서부 광야에서의 캠프 집회에서 "오순절"의 불을 붙였다(빌리 그래함 센터 박물관).

이 거주하고 있었다. 1803년에는 토마스 제퍼슨(Thomas Jefferson)이 대통령 재직 기간에 이룩한 최고의 업적인 루이지애나(Louisiana)의 매입으로 인해 미국의 땅은 두 배로 늘어났으며, 그 결과 서부 이주 동기는 더욱 가속화되었다.

그러나 이러한 경사스러운 국가 영토의 팽창은 오히려 교회 지도자들의 전망을 더욱 어둡게 하고 있었다. 어떻게 교회의 신앙적 자원들이 "산맥 너머에 있는 '메카'(Mecca)로 가겠다고 기차 창틀에 팔꿈치를 걸치고 앉은 모든" 농민, 땅 투기업자, 사냥꾼, 변호사, 광부, 상인, 제분업자, 대장장이, 숙련공, 악당 그리고 신자들의 거대한 이주로 인해 야기되는 급격한 변화에 부응할 수 있겠는가?[1] 해안 지역의 여러 주들에 소재한 교회들은 매혹적인 유혹의 소리

---

1) Ray A. Billington, *Westward Expansion* (New York, 1949), 246.

(siren song)를 듣고 떠나버린 수많은 교인들로 말미암아 교세가 몹시 약화되었다.

1799년에 발행된 찰스턴 침례교 협회(Charleston Baptist Association)의 순회 편지는 교회의 쇠퇴 원인 중 하나를 "하나님의 섭리의 부르심과 종교에 대한 적절한 존중 없이 공상이나 변덕, 혹은 가상(假想)의 흥미에 이끌리어 이곳저곳으로 방황하는 분위기가 만연되어 교회들이 상당한 정도로 약화되었으며, 방자히 행하고 신성을 모독하는 가운데 교회가 거의 파산 지경에 이르게 된 것"이라고 지적하였다.[2]

1. 거친 변경지역

이런 심각한 사회적 혼란이 동부지역 내 불안의 원인이 되었을 뿐만 아니라, 새롭게 열리고 있는 지역의 무법(無法)상황이야말로 그리스도인들에게 큰 근심거리가 아닐 수 없었다. 1780년대 남부지역에서의 부흥이 기약했던 것과 같이 새로운 정착지에서도 신앙이 즉각적으로 거주민들에게 확산될 것이라는 소망은 곧 사라지고 말았다. 감리교 신앙을 확산시키기 위해 순회 전도여행을 떠났던 프란시스 에즈베리 감독(Bishop Francis Asbury)은 교회가 없는 광야 지역에 거주하는 사람들의 영혼이 엄청난 위기에 처해 있음을 확신하게 되었다. 그는 일기에 다음과 같이 기록했다. "숙고해 볼 때에, 백여 명의 사람들 중에 단 한 사람도 신앙 때문에 이곳에 오지 않았다. 그들은 넓고 좋은 땅을 차지하기 위해 여기에 왔다. 얼마간의 사람이라도 혹은 많은 사람들이 결국 자신들의 영혼을 잃어버리는 일이 일어나지 않기를 간절히 바란다."[3] 남부의 모든 주에 있는 여러 교단의 지도자들은 염려의 목소리를 높였다.

---

2) Wood Furman, ed., *A History of the Charleston Association of Baptist Churches* (Charleston, S. C., 1811), 145.
3) Francis Asbury, *The Journal and Letters of Francis Asbury* (Nashville, 1958), 2,125.

남부와 서부에서 기독교 신앙의 진보에 방해가 되었던 이신론의 전파, 전쟁 이후에 만연한 물질주의 그리고 서부로의 이주현상 등과 더불어 여러 교단들 스스로도 이런 상황을 호전시키는 데에 기여한 것은 아니었다. 다양한 그룹들이 공동의 과제에 있어서는 어느 정도 협력하기는 했지만, 교파간의 다툼과 분쟁들이 빈번하게 일어났다. 1794년에 한 평론가가 켄터키를 지칭하며, "걱정스럽게도… 신앙이 이 주에 있는 모든 교단에서 쇠퇴하고 있는 것으로 보인다"라고 지적한 것은 더 이상 특이한 일이 아니었다.[4] 이런 상황은 테네시에서도 거의 마찬가지라고 볼 수 있었는데, 그 곳의 한 존경받는 시민은 "특별히 상류층 가운데서는 이신론과 불신앙이 모든 경계선을 넘어 잠식하고 있다"고 언급하였다.[5]

동부에 사는 그리스도인들은 간담을 서늘하게 할 문제에 직면했다. 전 지역에 만연된 악은 변경 지역에서는 더 악한 형태로 드러났으며, 마치 불법이 그 시대의 질서가 된 것처럼 보였다. 기독교는 조롱되고 멸시받았으며, 이신론과 불신앙으로 가득 찼고, 도덕은 땅에 떨어졌다. 초기의 켄터키 정착민들은 저명한 프랑스 이교도들의 이름을 따서 몇몇 도시들의 명칭을 지었다. 예를 들면, 알타몽(Altamont), 부르봉(Bourbon), 라루(La Rue), 루소(Rousseau) 등이 바로 그런 부류의 도시들에 속한다. 1793년 켄터키 의회는 군목제도가 더 이상 필요 없다고 판단하면서 무효화 시키는 법안을 가결하였다. 꽤 큰 규모의 여러 도시에 예배당이 없었으며 예배도 드려지지 않았다. 수십만 명의 사람들이 복음과 접할 수 없는 형국에 이르렀고, 마치 "지옥의 나락 위에 머리카락이 매달려 바람에 흔들리고 있는 꼴"이 되고 말았다.

이러한 모든 형편 속에서 전능하신 하나님은 어떤 목적을 가지고 계셨을까? 1797년 실라스 머서(Silas Mercer)는 남부와 서부의 나머지 지역과 조지아(Georgia)의 통탄할만한 상황을 비교 조사했으며, 그 시대를 보다 깊이 이해하기 위한 수단의 한 가지로 하나님의 손길을 추적해 보았다.

---

4) John Rippon, *The Baptist Annual Register* (London, n. d.), 2, 201.
5) Steiner and Schweinitz, *Report of the Journey of the Brethren* (n. p., n, d.), 513.

그러나 왜 이런 일들이 일어나는 걸까? 우리는 이렇게 답변한다. 우주를 다스리시는 위대한 통치자께서 항상 기적을 행하시는 것도 아니고, 인간 의지를 강압적으로 막으시는 것도 아니다. 그가 당신의 백성들을 회심시키심과 동시에 그들의 정신과 육체 그리고 영혼을 완전하게 하실 수 있었으리라고는 생각할 수 없다. 그러나 우리가 보기에 여호와께서는 지혜로운 섭리 속에서 그들을 적절히 훈련시키기 위해서 그들 안에 있는 옛 타락한 본성과 연결하여 그들을 바로 바라보셨다. 또한 영혼과 육신 간의 여러 가지 영적전투를 통해서 그들로 하여금 감각적 쾌락으로부터 벗어나게 하고, 여호와를 전적으로 신뢰하는 것을 배우게 하신다. 그러나 다시 신앙이 활발한 시대에는 위선자들과 형식주의자들이 교회 안으로 교묘하게 유입되기 쉽다. 그러므로 시련의 시기는, 이들을 순수한 금이나 진정한 그리스도인들로부터 불순물을 걸러내는 것처럼, 정화의 과정에 필요하였다. 이에 더해서 주님은 아마도 이런 식으로, 구원은 오직 은혜로 받는 것임을 증명해 보이시려는 것 같다. 왜냐하면 타락의 시대를 사는 어떤 사람도, 어떤 사람들의 모임도, 이 세상의 어느 누구도 신앙의 각성을 만들어내지는 못하기 때문이다. 그러므로 이를 통해 참된 신앙은 주님께로부터 비롯되는 것임이 입증되는 것이다.[6]

하나님께서는 의심할 바 없이 그분의 때가 있다. 동부 지역에서 영적 추수가 거의 없었던 흉년이었던 때와 수확이 풍성했던 풍년이었던 때가 있었던 것처럼 말이다. 그러나 서부의 광대한 지역에서는 어떠한 신앙의 계절(any season of faith)도 알려진 바가 없었다. 중요한 질문은 바로 이것이었다. 과연 서부지역이 언젠가는 복음화 될 것인가? 황량하고도 위험천만한 서부가 복음에 그렇게 무감각할 수 있을까?

2. 언덕 위에 세운 도시

서부에 악이 만연했다는 사실이 명백해지면서 점차 또 다른 차원의 사고가 미국인들의 정신세계에 그려지기 시작했다. 그것은 다름 아닌 **"세계의 다른 나**

---

6) Jesse Mercer, *A History of the Georgia Baptist Association* (Washington, Ga., 1838), 145-46.

라들에 비추는 빛으로서의 미국의 거룩한 사명(the divine mission of America as a light to the other nations of the world)"이었다. 어떤 의미에서 이러한 신념에는 새로울 것이 전혀 없었다. 왜냐하면 뉴잉글랜드의 청교도들은 오랫동안 숨겨진 하나님의 목적이 성취된 신대륙에 신정국(theocracy)을 건설해야 한다고 확신했기 때문이었다. 1650년에 에드워드 존슨(Edward Johnson)은 "영국이 종교적으로 쇠퇴하기 시작했을 때," 그리스도께서는 "자기 백성을 불법을 행하는 고위 성직자들의 지배하에 있는 오랜 노예 상태로부터 해방시키기 위해서 영국에서 군대를 일으키셨으며," 또한 "그의 첫 정예군대를 소집하시려고 뉴잉글랜드"를 창조하셨다." 존슨은 계속해서 "신대륙이야말로 주님께서 창조하실 새로운 교회들과 함께 신앙공동체 속에 나타날 새 하늘과 새 땅의 장소이다"라고 언급하였다.[7] 존 윈스롭(John Winthrop)은 미국에 살고 있는 하나님의 백성들이 감당해야 할 책임은 "전 세계인의 눈앞에서" 하나님의 새로운 목적과 그의 복음의 능력을 모범적으로 예시할 "언덕 위에 세운 도시"가 되는 것이라고 가르쳤다.

그러나 19세기가 시작되면서 미국이 세상에 대한 하나님의 빛이 되어야 한다는 확신은 새로운 의미와 긴급함으로 다시 다가왔다. 청교도 시대에는 선교의 개념이 아직 제대로 발전되지 않았고, 선교사들도 이따금씩 파송될 뿐이었다. 그러나 1800년에 새로운 역동적 기운이 형성되었고, 그리스도의 십자가 대사들은 먼 땅에까지 파송되고 있었다. 이것은 신대륙을 식민지화 하는 과정에서 의심할 여지없이 하나님의 본래의 목적을 확장시키는 것이었음에 틀림없었다. 또한 이러한 선교적 기운이 성숙해지자 미국은 그리스도의 좋은 소식을 전할 선교사들을 유럽으로 역으로 보낼 뿐만 아니라, 만방에 보내는 것을 의미하기도 했다. 따라서 찰스 하지(Charles Hodge, 1797-1878)가 후에 선언했던 것처럼, 미국이라는 나라는 "전 세계 사람들을 위해 말로는 표현하기 어려운 중요성"을 지닌 나라였다. 만약에 하나님께서 미국을 세계의 인류를 위한 중요한 복음전도의 기지로 사용하려 하신다면, "신실한 신앙에 그토록 의존해서 살

---

7) Perry Miller and Thomas Johnson, eds., *The Puritans* (New York, 1963), 1.143-45.

앉던 세대가 과연 미국에 존재했었던가?"[8]라는 추론은 필연적으로 서부지역 역시 그리스도께 돌아와야 함을 의미했다. 하지는 계속해서, 만약 이 지역이 복음화가 되지 않는다면, 미국의 나머지 영토는 이교화 될 위협에 직면해 있다고 주장하였다.

3. 맥그래디(McGready)-변경의 불

> 나는 이전에는 천국의 기쁨과 지옥의 고통으로 강화된 그토록 놀라운 열심과 열정, 그리고 강력한 설득이 그렇게 강하게 증거 되는 것을 본 적이 결코 없었다. 내 마음은 그에게 묶였으며, 설명할 수 없는 느낌 속에서 천국과 땅, 지옥의 주변을 돌며 바싹 그를 따라 다녔다. 그의 단호한 선언은 임박하고 있는 진노를 지체 없이 피하라고 죄인들에게 촉구하였다. 나는 이전에는 결코 그와 같은 진리의 힘을 느껴본 적이 없다. 엄청난 흥분감 속에 서 있었던 나는 그런 감동 속에서는 아마도 마루 아래로 주저앉았어야 했을 것이다.[9]

젊은 바튼 스톤(Barton W. Stone, 1772-1844)은 서부 대각성 운동의 중심인물이었던 제임스 맥그래디(James McGready)를 처음 만났던 날을 이렇게 회상하였다. 미국으로 이주한 스코틀랜드계 아일랜드인이었던 맥그래디(1762?-1817)는 열정적인 장로교 설교자였으며, 그가 지닌 뜨거운 복음주의 신학으로 말미암아 서부 펜실바니아의 존 맥밀란 아카데미(John Macmillan's academy)가 영적으로 불붙게 되었다. 그는 1788년 버지니아에서 일어난 교

---

8) Peter G. Mode, *Source Book and Bibliographical Guide for American Church History* (Menasha, Wis., 1921), 430-32.
9) Barton W. Stone, "A Short History of the Life of Barton W. Stone," in James R. Rogers, *The Cane Ridge Meeting-House* (Cincinnati, 1910), 121. 서부 부흥운동의 근원에 대한 심도 있는 연구서로는 다음 저서를 참고하라. Paul K. Conkin, *Cane Ridge: America's Pentecost* (Madison, Wis., 1990).

파를 초월한 부흥을 목격했으며, 햄든-시드니 대학(Hampden-Sydney College)의 학장이었던 존 블레어 스미스(John Blair Smith)의 위엄이 넘치는 전도 설교에 깊은 영향을 받았다. 이 버지니아 대학에서의 각성은 맥그래디로 하여금 부흥이 감정주의로 흐르지 않고서도 지속적인 열매들을 맺을 수 있다고 확신하게 되었으며, 이 부흥의 결과로 서른 명이 넘는 사람들이 목회자가 되었다.

1) 무법자들의 항구

변경지역의 사람들은 힘들게 살고 일하다가 죽어갔다. 그들은 동부에 사는 교인들의 흥미를 끌었던 세련된 신학적 강조점들을 지겨워했다. 그래서 맥그래디는 스미스의 위엄 있는 전도 스타일을 버렸다. 비록 그가 잔잔하면서도 질서 있는 방법으로 설교를 시작하기는 했지만, 진행해 나가는 중에 그는 우레와 같은 목소리로 주제를 뜨겁게 달구다가, 결국 벽지에 사는 회중들을 흥분으로 몰아갔다. 1796년 맥그래디는 켄터키 주의 로간 카운티(Logan County)의 머디 리버(Muddy River), 레드 리버(Red River), 개스퍼 리버(Gasper River)라는 세 조그만 도시에 있는 교회들의 목사가 되었다. 이 도시들은 켄터키 주의 남서쪽에 있었는데, 피터 카트라이트(Peter Cartwright, 1785-1872)는 이곳을 "무법자들의 항구"(Rogue's Harbor)라고 부르면서, "많은 도피자들이 연방의 여러 지역에서 재판이나 처벌을 피해 이곳으로 도망 왔다. 살인범, 말 도둑, 노상강도 그리고 화폐 위조범들이 도주해 왔으며, 그들은 연합해서 실제로 다수를 이룰 때까지 몰려들었다"고 묘사했다.[10]

맥그래디는 이 위험한 지역에서 효과적으로 말씀을 전했다. 그는 곧바로 영혼의 문제의 핵심을 다루었다. 그는 천국을 너무나도 장엄한 곳으로 묘사하여 거친 청중들조차도 "거의 모두가 천국의 영광스러움을 보고 또한 그 곳에 가기를 갈망하게 하였다." 지옥에 대해 언급할 때에는 미심쩍음의 여지를 전혀 남

---

10) Peter Cartwright, *Autobiography of Peter Cartwright* (London, 1856), 5.

겨두지 않았다. "지옥과 악인 앞에 닥친 그 곳의 공포를 너무도 세밀하게 열거해서 그 결과 그들은 자신들을 삼키려는 불바다와 유황불을 상상하고, 떨며, 전율하고 하나님의 분노로 인해 끔찍한 심연으로 빠져들고 말리라는 생각에 사로잡혔다."[11] 반응은 곧 나타났으며, 1798년 여름에 이르게 되면, 수많은 사람들이 잃어버렸던 유산에 대한 공포의 충격을 받았다. 그러나 1800년 6월에 이르러서야 하나님의 특별하신 능력의 첫 번째 기이한 역사(役事)가 나타나게 되었다.

그때에 맥그래디가 목회하는 세 교회의 신자 4-5백 명이 레드 리버에서 성찬식을 하기 위해 함께 모였다. 그 해는 많은 사람들이 하나님의 능력을 나타내 보여 달라고 기도했던 세 번째 해였다. 세 명의 장로교 목사들인 맥그래디, 윌리엄 하지(William Hodge), 존 랜킨(John Rankin)은 장로교도인 윌리엄 맥기(William McGee)와 감리교도인 존 맥기(John McGee)의 요청으로 자리를 함께 했다. 모임의 첫 삼일동안은 아주 엄숙하고도 경건했다. 마지막 날에 존 맥기는 모인 청중들을 향하여 "제가 외친 설교보다 훨씬 훌륭한 설교입니다"라고 말하고는 그들에게 "그가 전한 메시지에 따라 순종해야 할 것"을 권고하였다. 하나님께서 역사 하셨다는 그의 이 언급에 사람들이 기쁨에 넘쳐 미친 듯이 소리 지르며 부르짖기 시작했다.

그 집회에서 일어났던 현상은 설교자들에게도 매우 놀랄만한 일이었다. 비록 그들이 부흥을 지지하는 신파(New-Side) 장로교 목사들이었음에도 불구하고, 그들은 이 일이 예전에 경험했던 것을 넘어섰다는 견해에 동의하였다. 한 여성이 자비를 구하며 "소리치자(shouted)" 존 맥기는 그녀에게 다가갔다. 그 후 무슨 일이 일어났는지 자세히 진술했다.

> 몇 사람이 내게 말했다. "당신은 이 사람들을 알아요. 장로교 교인들은 질서를 상당히 존중하지요. 그들은 이런 혼란을 참을 수 없을 거예요. 가서 조용히 계세요." 나는 되

---

11) Franceway R. Cossit, *The Life and Times of Rev. Finis Ewing* (Louisville, 1853), 44; Conkin, *Cane Ridge*, 55-58.

미국의 여러 지역에서 열린 캠프 수련회(camp meeting)의 배치 형태가 숲의 배경과 설교단의 위치, 참석자들의 열정 등의 면에서 다소간 차이가 있었음을 알 수 있다.(빌리 그래함 센터 박물관)

돌아 갔으며 거의 쓰러질 뻔했다. 하나님의 권능이 내게 너무도 강하게 임했다. 다시 돌아섰다. 그러나 공포에 사로잡힌 사람을 시야에서 다시 놓쳐버렸다. 나는 할 수 있는 한 건물을 돌아다니며 사람들에게 소리 지르고 타일렀다. 바닥은 진동으로 가득 찼으며, 자비를 베풀어 달라는 그들의 절규는 천국을 향해 메아리치고 있었다.[12]

비록 맥그래디가 감정적 반응에는 어느 정도 익숙한 강력한 설교자였음에도 불구하고, 그조차도 아연 실색할 수밖에 없었다. 결국 랜킨이 다음과 같은 기록을 남겼다. "그러한 현상을 목격하고 경험한 바에 의하면 존 맥기는 그것이 하나님의 역사이며, 성령의 강력한 임재이다. 또한 다른 나라에서도 그런 일이

---

12) John McGee to Thomas L. Douglas, in *Methodist Magazine* (London, 1821), 4.190; Conkin, *Cane Ridge*, 59-60.

일어난 적이 있었다고 그가 말하자, 우리는 하나님의 놀라운 역사하심에 감탄하면서, 경외감으로 묵묵히 서 있었다."[13]

4. 캠프 수련회(Camp Meeting)

하나님이 역사하고 계시다는 확신 아래 맥그래디를 포함한 여러 목회자들은 1800년 7월 후반에 개스퍼 리버에서 또 다른 성찬예배(sacramental service)를 계획했다. 전례 없는 인파가 약속된 시간에 모였는데 백마일이 넘는 먼 거리에서 온 사람들도 많았다. 비록 '캠프 수련회'(camp meeting)라는 용어가 1802년 말경에 처음 사용되었고,[14] 야외 집회의 역사가 꽤 오래된 것이긴 해도, 캠핑하면서 야외에서 연속적으로 예배드리는 진정한 의미의 신앙 수련회로는 이번이 처음이었다. 곳곳에 천막이 세워지고, 비품을 실은 마차들이 도착하고, 교회 근처의 덤불들이 깨끗이 제거되었다. 설교는 하나님의 위대한 역사하심에 대한 기대와 소망 속에서 효과적으로 선포되었다.

계속된 설교는 많은 반응을 불러 일으켰고, 목회자들은 회개하는 자들에게 신앙의 확신을 갖도록 상담하느라 매우 분주하였다. 매우 긴장된 가운데 보낸 3일이 지나고 이윽고 주일이 되자, 운집한 청중들의 한층 고조된 영적 분위기는 거의 폭발 직전이었다. 그 날 저녁, 타오르는 횃불로 어렴풋이 밝혀지는 가운데 장식되지 않은 강단에 선 윌리엄 맥기는 의심으로 말미암아 바다 속으로 빠진 베드로에 대한 강력한 메시지를 전하였다. 맥기는 다음과 같이 회상하였다.

---

13) John Rankin, "Autobiographical Sketch, Written in 1845," cited in J. P. McLean, "The Kentucky Revival and Its Influence on the Miami Valley," *Ohio Archeological and Historical Publications* 12 (April 1903): 280.

14) Charles A. Johnson, *The Frontier Camp Meeting: Religion's Harvest Time* (Dallas, 1955), 36. 이 책은, 콘킨의 저서와 John B. Boles, *The Great Revival: 1787-1805* (Lexington, Ky., 1972)와 함께 켄터키 부흥운동과 캠프집회에 대한 탁월한 연구서이다.

제6장 서부에서의 제2차 대각성 운동 185

위: 1859년 9월 10일자 「하퍼스 위클리」는 한 가족 전체를 수용할 수 있는 크고 많은 천막들로 가득한 19세기 중반의 전형적인 캠프 수련회의 모습을 보여주고 있다.(저자 소장 자료)

아래: 캠프 수련회는 메인(Maine) 주에서 조지아(Georgia) 주까지 광범위한 인기를 끌었는데, 1840년대에는 한층 조용한 설교와 보다 세련된 청중들이 참석하였다.(빌리 그래함 센터 박물관)

하나님의 권능이 모든 회중을 흔드는 것 같았다. 설교가 거의 끝날 무렵엔 통회의 울음소리가 설교자의 목소리만큼이나 크게 울렸다. 집회가 끝난 후에도, 참석한 성도들의 대부분이 가장 경건한 모습으로 변화되기까지 숙연한 분위기는 더욱 심화되었다. 아무도 집에 돌아가려 하지 않았고, 배고픔과 졸음은 아무에게도 영향을 주지 못하는 것 같았으며, 영원한 것들만이 지대한 관심의 대상일 뿐이었다. 각성과 회심의 역사가 거의 모든 참석자들에게서 일어났고, 그 중 어떤 것들은 내게는 너무도 이상하고 놀라운 것이었다.[15]

개스퍼 리버의 캠프 수련회가 서부 대각성 운동의 전환점이 되었음은 이후에 더욱 명백해졌다. 그 다음 달에는 유사한 부흥의 역사들이 일어나면서 테네시로 확산되었다. 그러나 가장 강력하고도 충만한 역사는 아직 감지되지 않고 있었다.

켄터키 주 버번 카운티(Bourbon County)의 장로교 목사인 바튼 스톤(Barton W. Stone)은 수년 전에 맥그래디로부터 지대한 영향을 받은 적이 있었다. 그는 렉싱턴(Lexington) 동북부 지역의 캐인 리지(Cane Ridge)와 콩코드(Concord) 교회의 목사였는데, 이곳은 여전히 영적 무기력 속에 잠들어 있었다. 로간 카운티에서 일어난 은혜의 역사에 대해 전해들은 그는 1801년 봄, 그 자신이 직접 하나님이 하시는 일을 목격하기 위해 주를 횡단하면서 그곳을 방문하였다. 그는 캠프 수련회에서의 경험을 다음과 같이 보고했다. "그 광경들은 내게 새롭고 낯설게 다가왔다. 말로 표현하기는 정말 어려울 지경이다." 이러한 모임이야말로 귀중하고도 필요한 것이라는 확신아래 1801년 8월, 스톤은 집으로 돌아와서 그가 목격한 것과 유사한 신앙부흥집회를 캐인 리지(Cane Ridge)에 열기로 계획했다.

---

15) James McGready, "A Short Narrative of the Revival of Religion in Logan County, in the State of Kentucky, and the Adjacent Settlements in the State of Tennessee, from May 1797, until September 1800," *New York Missionary Magazine* 4 (New York, 1803): 193.

1) 캐인 리지(Cane Ridge)

캐인 리지 캠프 수련회는 이전의 모임들보다 훨씬 더 광고가 잘 되었고, 엄청난 숫자의 사람들이 반응하였으며 그 명성이 미국 전역에 퍼져 나간 기억에 길이 남을 만한 집회였다. 참석한 사람들의 숫자는 대략 1만 명에서 2만 5천명으로 추정되었다. 오하이오나 테네시 같이 먼 곳에서 온 사람들도 있었다. 당시 켄터키 주에서 가장 큰 도시였던 렉싱턴(Lexington)의 인구가 1800명이 채 안되었던 사실을 감안해 볼 때, 만 명이라는 숫자는 정말로 엄청난 인파가 모였다는 것을 의미한다.

몰려든 사람들의 엄청난 수에 놀라 말을 잇지 못했던 스톤은 "거리마다 거룩한 캠프로 향하는 수많은 마차와 수레와 말들, 그리고 걸어서 오는 사람들로 가득 찼다"고 회상하였다. 집회준비는 철저하고도 주의 깊게 이루어졌다. 적당한 규모의 여러 모임들로 나누어 무리들을 모이게 했지만, 예상치 못한 다수의 사람들로 인해 곧 한계에 달하고 말았다. 장로교에서 먼 지역에 있는 침례교, 감리교 설교자들에게도 초청장을 보냈다. 스톤은 그때의 일을 다음과 같이 기뻐하며 회상했다. "우리 모두가 합심하여 정성을 다해 일했다. 한 마음과 정신을 가지고 죄인이 구원받아야 한다는 이 한 가지 목적에 집중했다. 우리는 모두 같은 찬송을 부르고, 함께 기도하였고, 설교자들 또한 같은 주제들에 대해서 선포하였다."[16]

캐인 리지 집회에 관한 수많은 기록들이 남아 있다. 그 중의 가장 훌륭하게 기록된 언급 내용은 1801년 9월 20일에 존 핀리(John Finley)가 그의 삼촌에게 보낸 편지이다.

> 저는 18명의 장로교 목사님들과 침례교, 감리교 목회자들과 함께 캐인 리지에 참석했습니다. 정확한 숫자는 알지 못하지만, 우리 모두는 설교하는 일이든지 아니면 죄로 말미암아 애통해 하는 자들을 위로하는 일에 기대 이상의 조화 속에서 동역했습니다. 우리 주의 주지사도 참석하여 우리 사역을 격려해 주었답니다.

---

16) Rogers, *Cane Ridge*, 165.

모인 사람들의 숫자는 약 1만-2만 1천 명 정도로 추정되었고, 그 중 수찬자들(communicants)은 828명이었습니다. 모든 사람들은 진지했고, 모든 대화는 신앙적인 것이거나, 거룩한 것들에 대한 질문들이었습니다. 엄청난 수의 사람들이 맨 바닥에 앉아 금요일부터 다음 주 목요일까지 밤낮으로 쉴새없이 다양한 형태로 하나님을 예배하였습니다. 그들은 주로 10명이나 12명으로 이루어진 작은 그룹으로 모여 다른 그룹들과 가까이 붙어 앉아, 와츠(Watts)와 하츠(Harts)의 찬송가들을 함께 불렀습니다. 그러고 나서 가능한 한 많은 사람들이 그의 주위로 모여 설교를 들을 수 있을 만큼 모이게 되면, 설교자는 통나무나 나무 그루터기 위에 올라가 권면이나 설교를 시작했습니다. 안식일 밤에 저는 100개 이상 되는 촛불이 일시에 켜지는 것을 보았습니다. 그리고 제가 추측하기에 8살에서 60살까지의 연령층의 100여 명 모든 사람들이 하나님의 자비를 구하며 다같이 땅바닥에 엎드려 울었습니다. 누군가가 쓰러지면 그는 다른 사람들에 의해 모임 장소 밖으로 실려 나갔고, 목사가 그와 대화하고 기도해 주면 그 후 몇 사람이 그 사람 주위에 모여 그의 상황에 적합한 찬송을 불러 주었습니다… 지각 있는 사람, 노약자, 배운 사람, 배우지 못한 사람, 가난한 사람 그리고 부자 모두 예외 없이 모두 대상이 되었습니다. 신시아나(Cynthiana), 파리(Paris), 플랫 크릭(Flat Creek), 포인트 플래즌트(Point Pleasant), 월넛 힐(Walnut Hill) 그리고 조지타운(Georgetown)에서도 이런 집회가 열렸고, 위에서 묘사한 것과 같은 모습들이 나타났습니다.
… 그리고 전 도저히 인정할 수 없는 것들도 보게 됩니다. 그렇지만, 만약 그 중의 십분의 일이라도 진실하게 회심한 것이라면, 그것은 분명 위대한 일이라고 말할 수 있겠지요. 컴버랜드(Cumberland)에서도 놀라운 일이 일어났습니다. 그들은 종종 2만 5천 명이 모여 함께 2주를 보내기도 합니다."[17]

2) 과도한 부흥현상들

1740년대에 뉴잉글랜드에서 일어났던 대각성 운동에 대해 제임스 데이븐포트(James Davenport)를 포함한 여러 사람들이 불신감을 나타냈을 때, 일찍이 회중교도들과 장로교도들에 의해 정죄 받았던 동일한 부흥운동의 과도한 현상

---

17) William W. Woodward, *Surprising Accounts of the Revival of Religion in the United States of America* (Philadelphia, 1802), 225-26.

이 캐인 리지에서도 나타났다. 이러한 "열광주의"(enthusiasm)는 부흥을 지지하는 대부분의 전도자들에게도 혐오와 의혹을 불러 일으켰다. 그 이후 데이븐포트는 남부 농촌의 몇 지역에서 나타난 예외적인 현상을 제외하고는 과도함이 없어 모두에게 경탄을 자아내는 각성운동을 주도하였다. 그러나 1800년과 1801년에 켄터키에서 부흥이 시작되면서, 절제되지 않은 감정주의에 대한 비판을 누그러뜨리는 두 가지 요소가 연계되어 나타났다. 첫째는 절제가 없고 사회적인 접촉이 희박한 가운데 살아가야만 했던 척박한 개척지역에서의 황량함이었고, 둘째는 죄에 대한 자각, 절망, 믿음과 구원의 확신과 같은 일련의 전통적인 신앙의 과정이 캠프 집회에서는 단지 수일 동안의 기간으로 압축되었다는 사실이다. 억압되었던 감정이 마침내 풀어지자 극적인 결과들이 양산되었다. 이러한 요소들을 인정하면서, 맥그래디와 동료들은 불가피한 부분들은 수용하기로 하였다.

처음엔 소리치고, 울고, 쓰러지는 행동은 단지 열정적인 설교에 대한 반응으로 나타난 육체적 반응일 뿐이었다. 그러나 초기의 캠프 수련회에서 감정이 해방의 물결을 타자 발작적인 육체반응들이 다소 일반적인 현상이 되기도 하였다. 히스테리성 웃음, 가끔 일어나는 무아지경, 개처럼 짖어대거나, '경련'(jerks)과 같은 현상들이 켄터키에서 자주 발생했지만, 만약 이런 것들이 좀 더 안정적으로 정착된 지역에서 일어났다면 심각한 재앙이 되었을 부작용으로 비화되지는 않았다. 존 볼스(John Boles)는 "부흥 운동의 신뢰성을 약화시키기 위해 널리 인용되고 있는 이러한 과도하게 과장된 현상들은 비교적 적은 소수들에게만 제한적으로 나타났다. 켄터키에서 발전된 분파적 그룹들 가운데서만 그러한 현상들이 궁극적으로 존중되었을 뿐이었다… 시작 초기 외에는 과도한 현상들은 캠프 집회에서 결코 중요한 요인이 될 수 없었다"고 언급하였다.[18] 버나드 와이스버거(Bernard Weisberger) 교수도 이에 동의한다. "거룩한 기쁨과 고통으로 야기되는 특이한 황홀감에 대한 이야기들은 의심할 여지없이 왜곡된 것이었다. 어떤 것들은 그런 현상을 지지하는 사람들에게서 온 것이지만…

---

18) Boles, *Great Revival*, 68.

다른 것들은 집회의 풍자적 요소들을 강조하려 했던 반대자들에 의해 심겨진 것들이기도 했다."[19]

변경의 전도자 피터 카트라이트(Peter Cartwright)는 서부의 부흥운동에서 일어난 과도한 현상을 다룬 권위 있는 저술가이다. 그는 "나이 든 권위적인 장로교 설교자들"과 "감리교 설교자들은 일반적으로 도에 지나친 무모함에 대해 반대하는 설교를 했다"고 밝혔다.[20] 그렇지만 일부 양식(良識) 없는 설교자들과 고함치는 사람들이 비상식적인 공감로 과도한 현상을 용인하거나 부추김으로 대각성 운동에 불신을 초래했다는 것에 대해서는 그 누구도 부인하지 않는다. 경련이야말로 이러한 육체적 반응들 가운데 가장 악명이 높았는데, 카트라이트는 가끔씩 그러한 현상을 다음과 같이 증언하였다.

그들이 성인이든 죄인이든 관계없이, 찬양과 설교가 부드럽게 진행되는 동안 모두에게 격동적인 경련이 일어났다. 피할 도리가 없었다. 거부하려고 하면 할수록 경련은 더욱 강하게 일어났다. 거부하려 하지 않고 진지하게 기도하면 경련은 줄어들었다… 비단옷과 보석, 프루넬라 모직 등으로 머리끝에서 발끝까지 치장한 이 자존심 강한 젊은 신사와 숙녀들이 경련에 사로잡혀 있는 모습을 보는 것은 종종 나의 웃음을 자극했다. 첫 번 경련이나 후에, 그들의 질 좋은 보닛(bonnet-여자나 아이들이 쓰는 것으로, 끈으로 턱 밑에서부터 쓰는 모자, 역자주), 모자, 빗 등이 날아가는 것을 보게 된다. 그리고 갑작스런 머리 쪽의 경련이 시작되면 그들의 긴 머리카락은 거의 마부의 채찍만큼이나 요란스럽게 철썩거린다…

캠프 수련회에서… 매우 심각했던 상황 하나를 언급할까 한다. 모임에서 경련이 아주 눈에 띄게 일어나고 있었다. 그런데 그 곳에 주정꾼 무리가 집회를 훼방하기 위해 왔다. 그 무리는 덩치 큰 주정꾼이 주도하고 있었다. 그들은 자신들의 위스키 병을 주머니에 넣어 가지고 왔다. 그 덩치 큰 사나이는 경련하는 현상과 모든 종교를 저주했다. 얼마 후 그에게 경련이 일어나자 그는 도망가기 시작했다. 그러나 경련이 너무 격렬했

---

19) Bernard A Weisberger, *They Gathered at the River* (Boston, 1958), 35.
20) Cartwright, *Autobiography*, 18.

기에 멀리 도망갈 수 없었다. 그는 몇몇 젊은이들 사이에서 비틀거리고 있었다. 젊은이들로부터 도망치려고 세차게 저항했다가 자신의 위스키 병을 꺼내들었다. 극심한 경련 속에 술을 마시려고 노력했다. 그러나 그의 노력에도 불구하고 술병을 입에 가져다 댈 수가 없었다. 결국 갑작스런 경련 때문에 술병을 묘목에 던졌고, 병은 산산이 부서졌으며, 술은 땅에 다 쏟아졌다. 그 사람 주변으로 사람들이 모여들었고, 술이 없어지자 그는 매우 격노해서 신성 모독적인 언사를 내뱉으며 저주를 퍼부었다. 그의 경련은 계속 가중됐다. 결국 매우 격렬한 경련 속에 목을 뒤로 젖히며 쓰러졌다. 경련은 곧 진정되었지만 그의 입은 여전히 저주와 독설로 가득 차 있었다.[21]

수많은 회심자들을 배출하면서 영적 각성의 기운은 놀라운 속도로 남부와 서부 전 지역으로 퍼져 나갔다. 오하이오의 일부, 서부 펜실바니아, 메릴랜드, 테네시, 조지아 그리고 남북 캐롤라이나는 짧은 기간 안에 하나님의 은혜의 단비를 맞게 되었다. 물론 캐인 리지와 개스퍼 리버에서와 같은 광대한 숫자의 청중들이 모인 것은 아니었다. 개척자들의 도덕적 수준이 향상되었다. 맥그래디, 스톤, 맥기 형제들을 비롯한 전도자들이 정죄했던 술 취함, 신성모독, 도박, 경마, 투계, 결투, 간음 그리고 간통 같은 죄악들이 현저하게 줄어들었다. 동부지역의 교인들은 1801년에 켄터키를 여행한 버지니아의 워싱턴 대학(Washington College)의 조지 백스터(George A. Baxter) 학장과 같은 저명한 목격자의 증언을 듣고는 특히 기뻐했으며 그는 다음과 같이 증언했다.

길을 가는 도중 나는 켄터키의 여행자들이 완전히 변했다는 소식을 주민들로부터 전해 들었다. 전에는 사악하고, 예의가 없고 부도덕했던 사람들이 눈에 띌 만큼 진지하고 침착해졌다는 것이다. 그리고 정말 내가 지금까지 목격한 중에 켄터키가 가장 도덕적인 지역임을 발견하게 되었다. 불경스러운 언사는 거의 들어본 적이 없었으며, 종교적 경건함이 켄터키 전역에 널리 퍼져 있었다. 이 모든 것을 종합해 볼 때, 나는 켄터키의 부흥이 이제까지 그리스도의 교회에 임했던 부흥 중 가장 특별한 것이었음을 확신했다. 그리고 이 모든 부흥은 켄터키의 상황에 맞게 이루어졌음을 보았다. 불신앙이 승리하고 종교는 소멸되어 가고 있었다. 기독교는 우화일 뿐이고 미래의 망상이라고

---

21) *Ibid*., 17-18.

결론지으려는 위험한 사람들을 사로잡을 무언가 특별한 것이 반드시 필요해 보였다. 이 부흥이 그 일을 한 것이다. 이것은 불신앙을 좌절시키고 위압적인 악덕을 침묵하게 만들었으며, 또한 수를 셀 수 없는 많은 사람들을 부흥의 진지한 영향 아래로 이끌었다.[22]

5. 카트라이트-변경의 개척 전도자(Frontier Evangelist)

서부에서 일어난 초기 대각성 운동 이후, 가장 유명했던 변경 전도자들 중의 하나는 피터 카트라이트였다. 카트라이트는 이미 변경지역을 개척한 인물이었기 때문에, 그의 선배들이 더욱 문명화된 지역에서 시행했던 방법들을 그대로 도입할 필요가 없었다. 그는 거칠고 소박한 전도방식을 적절히 사용하면서, 외부인들은 결코 다룰 수 없었던 사람들을 이해했다.

피터 카트라이트는 버지니아에서 1785년 9월 1일에 태어났다. 비교적 가난했던 그의 부모는 서부로 이주하여 테네시와의 주 경계선에서 몇 마일 떨어진 켄터키에 정착하였다. 그 지역은 악명 높은 "무법자들의 항구"(Rogue's Harbor)로 불린 로간 카운티(Logan County)였다. 법이 닿지 못하는 곳에 머물러 있던 다수의 무법자들을 통제하기 위해 주민들은 "단속자들"(Regulators)이라고 불리는 자치조직을 구성했다. 카트라이트의 소년 시절의 사건 중 가장 흥분되었던 일은 켄터키의 러셀빌(Russellville)에서 법정의 날(court day)에 두 그룹이 맞서게 된 사건이었다. "싸움은 대개 무법자들과 단속자들 사이에 일어났는데, 그들은 권총, 장총, 단검, 칼, 곤봉으로 싸웠다. 몇몇은 정말로 죽었고, 많은 사람들이 다쳤다. 무법자들이 승리하자, 땅을 차지하고 단속자들을 마을 밖으로 내쫓았다."[23] 이것이 개척지역의 삶이었다.

어린 피터는 농장에서 아버지를 도왔는데, 농장은 완전한 황야로 둘러싸여 있었다. 가끔씩 마을로 들어가는 여행객들을 제외하고는 사람들을 거의 볼 수

---

22) *Methodist Magazine* 26 (1803): 93.
23) Cartwright, *Autobiography*, 5.

피터 카트라이트는 초기 미국 개척자들과 직접 대면하여 얻은 지식을 사용하여 미국에서 가장 성공적인 감리교 전도자와 교회 개척자들 가운데 하나가 되었다.

없었다. 작은 규모의 마을들이 여기저기 분산되어 들어섰을 뿐이었다. 1800년에 테네시 주의 네쉬빌에는 겨우 350명의 주민들이 살고 있었을 뿐이다. 대부분의 다른 마을들은 그보다 훨씬 더 규모가 작았다. "내 아버지가 로간 카운티에 정착했을 때, 그린 리버(Green River)의 남쪽 지역엔 인쇄된 신문이 없었다. 40마일 이내에 밀을 거래하는 곳이 없었고, 이름이 알려진 학교도 없었다."[24] 주일에는 주로 사냥, 낚시, 경마, 춤 그리고 그 외의 일 등으로 시간을 소일했다. 가족이 먹을 고기는 숲에서 사냥해서 얻은 것이었고, 다른 음식도 대부분 자연 상태에서 얻는 것들이었다. 농장에서는 면과 아마를 재배했고, 피터의 어머니와 누이들은 이것들로 가족들의 옷을 만들었다.

---

24) *Ibid.*

전체적으로 볼 때, 개척자들은 중노동에 시달리는 사람들이었다. 그들의 언어는 거칠고 즉흥적인 것이었고, 위선과 의식을 견디지 못했으며, 거친 조건에 자신들을 적응시켰다. 그들의 삶은 단순했고 직접적이었다. 교회는 아직 없었다. 카트라이트 가족들이 그랬던 것은 아니었지만, 피터는 45세가 되도록 마차를 한 번도 본 적이 없는 사람을 알고 있었다.

그들은 대부분의 시간을 덫을 놓거나 사냥하는 데 사용했으며, 다른 할 일은 거의 없었다. 작은 포획물 몇 마리를 허리띠에 걸치고, 장총을 어깨에 짊어진 모습의 사냥꾼 뒤에 한 무리의 곰 사냥용 개들이 짖어대며 서 있는 격이었다. 농장 일이나 사냥이 끝난 후 저녁엔 독한 술을 마시며 이런 저런 이야기들로 시간을 보냈다.

글을 읽을 수 있는 사람들 사이에서 톰 페인(Tom Paine)의 이신론(Deism)은 큰 반향을 일으켰지만, 대부분은 책을 읽지 않았다. 그들에게 불신앙은 합리적 체계가 아니었다. 켄터키나 테네시에 이주한 많은 수의 사람들은 교회들이 어느 정도 영향력을 발휘하고 있었던 버지니아에서 왔으며, 또한 많은 사람들이 기독교 신앙이 광범위하게 퍼져있던 펜실베니아와 뉴잉글랜드에서 오하이오로 이주하였다. 대부분의 개척 이주민들은 기독교에 적대적이진 않았지만, 개척지에 온 이후로 도덕적이고 영적인 진공 상태 속에서 살아가고 있었다. 정확하게는 아니라 해도, 많은 개척자들은 기독교의 가르침에 대해서 어느 정도는 알고 있었다. 그러나 개척지에서의 영적인 삶은 제대로 영위되기가 어려웠고, 성경과 다른 서적들도 매우 드물었으며, 온전한 예배를 드리기도 매우 어려운 형편이었다.[25] 1783년에 이르러서야 첫 순회 설교자가 켄터키에 들렀다. 그 후에도 많은 설교자들이 왔지만, 여전히 지리적으로 먼 거리와 빈약한 청중으로 인해 목회자의 공급은 부족한 상태에 있었다.

피터의 어머니는 그리스도의 교회의 목회를 고대하는 사람들 중의 한 사람이었고, 마을을 방문하는 모든 선교사들은 피터네 오두막에서 예배를 인도해 달라는 초대를 받았다. 그녀에게 너무나 큰 기쁨이 되었던 감리교 회중모임이

---

25) Boles, *Great Revival*, 45-46.

카트라이트의 농장에서 4마일 가량 떨어진 곳에서 조직되었다. 어린 피터와 어머니는 정기적으로 그 모임에 참석했다. 피터는 자신의 과거를 다음과 같이 회상한다. "거칠고 사악한 소년이었으며, 말을 타고 달리고, 카드놀이를 하고, 춤추는 것에 심취해 있었다. 아버지가 나의 행동을 얼마간 제지하셨다. 그러나 어머니는 자주 내게 충고하고, 나를 위해 울면서 기도하셨다."[26] 아버지는 피터와 함께 수년 동안 그들에게 큰 즐거움을 주었던 경마에 함께 참석하기도 했다.

그러나 피터가 16살이 되었을 때 그는 자신의 죄를 깨닫게 되었다. "갑자기 피가 머리로 솟구치는 것 같았고, 가슴이 두근거렸으며, 잠시 동안 눈이 보이지 않았다. 어떤 두려움이 내 마음을 억눌러 나는 거의 죽을 지경이 되었으나, 나는 죽을 준비가 되어 있지 않았다."[27] 고뇌의 며칠이 지난 후, 친구가 "고통받고 있던 그의 침울한 마음을 돌이키려고" 방문했을 때, 그는 하늘로부터 한 음성을 듣게 되었다. "피터야, 나를 보아라." 그는 이 소리를 하나님께서 자비를 베푸시고자 소망하시며 그를 도우시려는 하나님의 뜻으로 이해했다.

청교도 시대로부터, 사도 바울의 경우처럼 비록 회심 자체는 순간적이지만 그 회심을 위한 준비 기간이 필요하다는 견해가 지배적이었다. 비록 나이가 어린 청소년들에겐 나이든 어른들보다 뉘우칠 죄가 적다해도, 회심은 가볍게 이루어지는 것이 아니었다. 한 번 죄를 깨닫게 되면 그들이 행한 죄악과 그 죄가 불러온 불행을 뉘우치고, 그 죄악들을 포기하며, 앞으론 더 이상 죄를 범하지 않겠다는 결심을 해야 했다. 이런 절차를 따라, 카트라이트는 3개월 간 자신의 죄를 용서받기 위해 노력했다. 이러한 기간을 보낸 후, 그는 인근 지역에서 캠프 집회가 열린다는 사실을 알고는 자신이 "범죄하고 곤고한 자"라는 생각을 갖고 그곳으로 갔다. 그 모임에서 그는 다른 많은 "애통하는 사람들"과 함께 자신의 죄의 짐이 벗겨진 것을 발견했다. "영광스런 빛이 내 주위를 비추고, 형용할 수 없는 기쁨이 내 영혼에 가득 찼다. 나의 어머니는 내 모습에 탄성을 지르고, 믿음을 가진 내 친구들은 나를 에워싸았으며 우리는 함께 하나님을 찬양하

---

26) Cartwright, *Autobiography*, 6.
27) *Ibid.*, 10.

였다."[28] 피터 카트라이트는 영혼의 구원을 받았다.

그 후로 그가 비록 16살의 어린 나이였음에도 불구하고 그는 이미 목사가 될 사람처럼 보였다. 예상보다 더 일찍, 그는 "감리교 감독교회에서 권고자(exhorter)로서의 그의 은사를 발휘할 수 있는" 인허를 받았다. 일반적으로 권고자는 안수 받은 사람이 아니더라도 감당할 수 있는 직책이었다. 이런 권고자들은 종종 지식보다는 열정을 더 앞세우는 경향을 보여주었다. 카트라이트는 거의 정규 교육을 받지 못했다. 그는 두 군데의 작은 학교에 띄엄띄엄 다니긴 했지만, 두 학교 다 짧은 시간만 다니다 그만두었다. 자신의 부족함을 인식한 그는 순회 설교자들을 위해서 프란시스 에즈베리(Francis Asbury)가 만들어 놓은 형식에 따라 그의 빈약한 학업을 자신의 생애 동안 끊임없는 독서로 메우기 위해 노력했다. 그의 서재는 모든 순회 설교자들의 전형으로서, 여기엔 포켓성경, 찬송가, 그리고 치리집(Book of Discipline) 등이 있었다. 순회 설교자들은 이 책들을 안장주머니에 넣고 다니면서 여행하는 동안 그것들을 팔거나 그냥 나누어 주기도 하였다.

1) 한 해에 새 옷 하나

카트라이트는 권고자로서 아주 성공적인 역할을 감당했기에 1803년 10월, 그 다음의 직책인 설교자가 되어 달라는 사람들의 요청을 받고, 순회 설교사역을 담당하게 되었다. 순회설교자는 힘들고 위험한 삶이었지만, 18살의 젊은이에겐 이러한 사역을 통해 살아 계신 하나님을 섬긴다는 것은 매우 보람된 일이 아닐 수 없었다. 순회설교자가 된다는 것은 여름의 폭풍과 열기, 겨울의 추위와 눈 속에서 가까스로 깎아낸 철로를 따라 이동하고, 다리도 없는 강을 건너는 위험에 직면하고 견뎌야 함을 뜻하는 것이었다. 설교자들은 다음에 먹어야 할 양식을 어디서 구해야 할지 모르는 경우도 많았다. 인생 말년에 카트라이트는 "우리는 더러운 카펫 깔린 바닥을 걸었다… 칼과 포크 대용으로 막대기와

---

28) *Ibid.*, 11.

포켓용 칼이나 푸줏간 칼을 사용했다. 모닥불 앞에서 곰, 사슴, 물소 가죽을 깔고 자거나 때로는 야외에서 맨 바닥에서 잠을 자야 했다… 그리고 새로 구입한 수수한 양복 하나가 일 년 내내 입을 의복이었다"고 회상했다.[29]

순회 설교자들이 일 년에 80달러씩 받는다는 약속이 있기는 했다. 그러나 카트라이트는 "나는 아마 일 년에 40달러를 받았던 것 같다. 그러나 다른 나의 많은 동료 설교자들은 그 돈의 채 절반도 받지 못했다. 이 시대는 매우 거친 서부 황야시대였다. 많은, 아주 경건하고 실력 있는 설교자들이 문자 그대로 쉴만한 안식처를 갈망하기도 하였다. 반드시 음식으로 인한 굶주림이라고 말하는 것은 아니다. 비록 상황이 열악하긴 했어도 설교자들은 그런대로 먹고 살았다… 이 초기 시대엔 그 지역에는 돈이 매우 드물었다"고 고백했다.[30] 이런 빈약한 사례에도 불구하고, 카트라이트는 결혼을 해야만 한다고 생각했다. 그는 1808년 8월 18일에 프란세스 게인스(Frances Gaines)와 결혼하여 9명의 자녀들이 태어났고, 그 중 하나만 제외하고는 어른이 될 때까지 건강하게 성장했다.

2) "하나님의 어린양을 보라"

카트라이트가 경험 많은 순회 전도자요 설교자가 되자, 그는 서부지역에서 알려진 교회 개척자와 전도자들 가운데 가장 유명한 인물들 중의 한 사람이 되었다. 그는 자신이 어려움이 끊이지 않는 상황에 처해 있음을 깨달았다. 하루에도 몇 차례씩 예배를 인도하면서, 그가 전한 메시지의 핵심은 "결코 닳지도 않으며 진부할 수도 없는 '세상 죄를 지고 가는 하나님의 어린양을 보라'"는 내용이었다. 그의 음성은 여성들은 울리고 강한 남자들은 움찔하게 하는 매력적인 목소리였다고 동시대 사람들은 증언했다. 그의 전도방법은 서부의 다른 성공적인 설교자들이 했던 것과 같은 것이었다. 지옥의 끔찍함을 매우 생생하고도 정확하게 묘사한 후, 하나님의 사랑, 은혜 그리고 용서의 복음과 주 예수

---

29) *Ibid.*, 243.
30) *Ibid.*, 41.

그리스도의 부활과 영광의 아름다움을 선포하는 것이었다. 회중은 바로 이것을 요청하고 있었다. 만약 설교자가 나약하거나 자신의 설교 의무를 유기했다면 그에게 재앙이 있으리라! 일반적으로 이렇게 강력한 설교를 통해 회심한 많은 회중들은 "행복감에 사로잡혀 기쁨으로 소리쳤고," 여전히 천국 밖에 있는 사람들을 위해 기도하게 되었다.

카트라이트가 유명하게 된 이유 중에 하나는 어려운 상황을 대처하는 그의 능숙함 때문이었다. 모임은 때로 맨주먹이라 불린 무법자들의 방해를 받았다. 1814년에는 한 무리의 갱들이 테네시의 캠프 집회에서 행패를 부리기도 했다.

> 무법자들의 주모자는 J. P. 그리고 윌리엄 P.(William. P.)라고 불리는 두 형제였다… 나는 질서를 유지하기가 어렵다는 것을 알게 되자 J. P.에게 가서 질서를 지켜달라고 말했다. 나는 "이 무법자들은 모두 당신을 두려워합니다. 만약 당신이 나를 도와주면 당신은 대장이 되어 이 사람들 중에서 당신이 원하는 사람들을 고를 수 있을 것입니다"라고 말했다. 그러나 그는 내가 말한 방법은 따르기 싫으며, 단지 자신을 너무 얽어매지만 않고 조금 즐길 수 있게 내버려둔다면 집회는 내내 좋은 분위기 속에서 진행될 수 있을 것이라고 장담하였다. 나는 "매우 좋다…"고 말했다.
> 어느 날 다루기 힘든 한 젊은이가 숙녀들 사이에 끼어 앉음으로 우리의 규율을 어기는 일이 발생했다. 신사들이 머리를 짧게 자르던 그 당시에 그 젊은이의 머리는 매우 덥수룩했다. 나는 몇 차례나 그를 숙녀들 사이에서 떼어 냈지만, 그는 또 다시 돌아와 숙녀들 사이에 앉아 있곤 했다.
> 나는 J. P.에게 이 사람을 떼어내 주길 부탁했고 그는 흔쾌히 "좋아요"라고 응했다. 그 즉시 그는 젊은이를 데리고 나갔다. 가위 한 자루를 가지고 온 그는 술 한잔하자며 동료들이 대기하고 있는 반마일 밖으로 그를 데리고 갔다. 목적지에 도착하자 두 명이 그의 양쪽에 서서 그를 단검으로 위협하며, 만약 그가 조용히 있어주기만 한다면 그를 해칠 의도는 없지만, 만약 반항하거나 소리치면 죽을 것이라고 위협했다. 그리고 자신들은 그의 머리카락을 단정하게 다듬기만 원할 뿐이라고 하고, 그의 머리를 네쉬빌에서 최신 유행하는 스타일로 다듬기로 했다. 그는 공포에 질려 죽을 것 같았지만, 전혀 반항할 수 없었다. 능숙하게 가위를 쥔 사람이 머리카락을 자르기 시작했고 머리를 다 깎은 후 그는 풀려났다. 모임 장소로 돌아온 그를 만났다. 그는 하얗게 질려 있었다. 그는 모자를 벗고 "보세요, 카트라이트 씨, 그 놈들이 나에게 어떻게 했는지." 나는 웃

음을 참기가 힘들었다. 그러나 그에게 이 일에 대해 더 이상 이야기하지 않는 것이 좋으며, 만약 떠들어댄다면, 그가 더 험한 꼴을 당하게 될지도 모른다고 얘기해 주었다. 그는 곧 떠났고 더 이상 모임을 방해하지 않았다.[31]

수십 년 동안 피터 카트라이트는 오하이오, 켄터키, 테네시, 인디애나 그리고 일리노이 전역에서 인도한 순회 사역 기간에 캠프 집회의 조직을 주도해 나가는 지도자가 되었다. 그는 죄인들을 예수님께로 인도하여 교회의 성도가 되게 하는 것이 최상의 길이라는 것을 열정적으로 믿었다. 수 만 명의 사람들이 그의 순회사역들을 통해 회심했음을 우리는 통계를 통해 알 수 있다.

3) 개척자, 전도자 그리고 정치가, 카트라이트

한 때 황량했던 광야에 정착촌이 세워지고 문명화되어 가는 과정을 목도하면서, 카트라이트는 서부에서 가장 오래되고 유용한 목회사역들 중의 하나를 완성하였다. 켄터키와 테네시에서 그의 순회 전도사역은 노예제도를 싫어하는 그의 성향 때문에 난처하게 되자, 그는 1824년에 그가 45년간 수석 장로로 섬겼던 일리노이로 이적 시켜 달라고 요청했다. 두 번이나 그는 일리노이 주 의회의 대표로 선출되었고, 1846년에는 일리노이 의원직을 놓고 아브라함 링컨(Abraham Lincoln)과 맞서다가 선거에서 패하였다.

그는 전 생애에 걸쳐서 적어도 14,600여 회의 설교를 했고, 적어도 10,000여 명의 사람들을 교회에 등록하게 했으며, 수많은 아이들에게 세례를 베풀었다. 남북 전쟁이 거의 막바지에 이를 때까지 그는 성도들을 잘 보살폈으며, 서부 지역을 기독교 신앙으로 변화시키기 위해 모든 열정을 쏟았다. 수백 개의 교회들이 그의 직접적인 인도 하에 세워졌고, 그의 동료들은 전국 각지로 흩어졌다. 그는 놀라운 건강을 유지하며 87세까지 살았고, 그 모든 수고가 마지막 날에 드러날 것임을 깊이 확신하면서 주님을 위해 헌신하였다.

---

31) *Ibid.*, 64-65.

피니: 기획된 대중전도의 개발자

한 작가는 회심 이전의 찰스 그랜디슨 피니(Charles Grandison Finney)를 "주변의 모든 사람들보다 자신이 육체적으로, 그리고 지적으로 우월하다고 인식하며 기뻐해하는 탁월한 젊은 이교도"로 묘사한 바 있다.[1] 피니의 키는 6피트 2인치였으며, 체중은 185파운드였다. 그는 눈에 띄는 미남이었고, 뉴욕 제퍼슨 카운티의 여성들에게 가장 이상적인 결혼상대자로 인정받고 있었다. 젊은 피니는 춤과 첼로 연주 실력에다 운동 경기에서의 뛰어난 재능으로도 잘 알려져 있었다. 그는 변호사가 되기 위해 공부하고 있었으며, 또한 교회 성가대의 인도자로서도 영향을 끼치고 있었는데, 특히 그를 존경하는 젊은 사람들 가운데 그의 영향력은 매우 지대하였다. 그러나 그런 그에게 한 가지 문제가 있었는데, 그것은 바로 피니 자신이 그리스도인이 아니라는 것이었다. 이런 고민은 그를 점점 더 괴롭게 하였다.

피니는 1821년 가을, 그의 영혼구원 문제를 해결하기로 결심했다고 그의 『회

---

[1] William C. Cochran, *Charles Grandison Finney*(Philadelphia, 1908), 13. 보다 심도 있는 피니의 생애에 관해서 다음의 저서를 참고하라. Keith J. Hardman, *Charles Grandison Finney, 1792-1875: Revivalist and Reformer* (Syracuse, 1987: reprint, paperback edition, Grand Rapids, 1990).

고록』(Memoirs)에서 언급하고 있다. 월요일과 화요일에는 법률 사무실에 아무도 없었기 때문에, 그는 성경을 연구하고 기도하기로 결심했다. 방해받지 않기 위해 그는 열쇠 구멍마저 틀어막았다. "여전히 내 마음은 점점 더 강퍅해지는 것 같았다. 나는 눈물을 흘릴 수가 없었다. 기도도 할 수 없었다… 화요일 저녁, 점점 더 신경이 날카로워졌고 그 날 밤 내가 곧 죽을 것 같은 이상한 느낌이 엄습해왔다. 만일 죽으면 나는 지옥으로 빨려 들어갈 것이라는 사실을 알고 있었다."[2]

수요일 아침, 사무실을 향해 가는 길에서도 그 문제는 그의 마음을 계속 무겁게 했다. 그는 더 이상 이 문제를 회피할 수는 없다는 생각이 들어 시내 북쪽에 위치한 숲 속으로 갔다. 그리고는 "하나님 제 마음을 드립니다. 받아 주지 않으시면 결코 이곳을 내려가지 않겠습니다"라고 결심하였다. 피니는 가까운 곳에 죽은 나무들이 엉켜있어 사람들의 눈을 피해 기도할 수 있는 한 장소를 찾았다. 무릎을 꿇었을 때 그의 마음을 안심시키는 성경의 한 구절, 곧 예레미야 29장 12절의 말씀이 다가왔다. "너희는 내게 부르짖으며 와서 내게 기도하면 내가 너희를 들을 것이요." 그는 성경을 지적으로 믿었다. 그러나 믿음은 단지 지적인 상태에 머무는 것이 아니라 자발적으로 드리는 신뢰라는 진리를 깨닫지 못했었다. 그러나 이제야 비로소 믿음으로 그는 진정한 그리스도인이 되었다.

몇 시간 동안 기도한 후, 그는 숲을 떠나 사무실로 돌아갔다. 그는 베이스 비올(bass viol)을 연주하며 몇 편의 성가를 부르려고 했다. "그러나 성가를 부르기 시작하자마자 나는 그만 울고 말았다. 내 가슴이 아예 액체로 변화된 것 같았다."[3] 동료 변호사인 벤자민 라이트가 들어오자 그는 일시적으로 눈물을 멈추었다. 라이트가 떠난 후, 회심의 결단으로 인한 감정의 변화가 다시 그를 자극했다. 성가 대원 중 한 명이 피니에게 들렀다가 그가 큰 소리로 울고 있는 모습을 보고 크게 놀랐다. 피니는 자신이 울고 있는 것이 고통 때문이 아니라,

---

[2] Charles G. Finney, *Memoirs of Rev. Charles G Finney* (New York, 1876), 13.
[3] *Ibid.*, 19.

뉴욕의 아담스(Adams) 근교의 숲 속에서 피니는 회심과정 내내 기도로 씨름했다.

"너무 행복해서 견딜 수 없을 정도이기 때문"이라고 말했다. 다음날 아침 그는 다음과 같이 그것을 설명했다.

변호사 라이트가 사무실에 들어 왔을 때, 사랑과 구원의 강한 물결이 내 위로 쏟아져 나는 영적으로 갱신되는 경험을 하고 있었습니다. 나는 그에게 구원에 관한 주제를 가지고 몇 마디를 했습니다. 그는 놀라서 나를 쳐다보았고, 내가 기억하기로는 아무런 대답도 하지 않았습니다. 그는 머리를 떨 군 채로 몇 분을 서 있다가 그냥 사무실을 떠났습니다. 나는 더 이상 그것에 대해 생각하지 않았습니다. 그렇지만, 후에 내가 했던 말이 비수처럼 그의 가슴을 찔렀다는 것을 알았습니다. 그는 회심에 이르기까지 그 고통에서 회복되지 못했습니다.

라이트 씨가 사무실을 떠난 후 B집사가 사무실에 들어와 나에게 말했습니다. "피니

씨, 오늘 아침 10시에 내 소송을 해결해 주시기로 한 것을 기억하세요? 나는 당신이 준비되었으리라 생각해요." 나는 그에게 고용되어 소송에 참석할 변호인이었다. 나는 그에게 답했다. "B집사님, 나는 주 예수 그리스도께 고용되어 그를 변호해야 합니다. 그래서 나는 당신의 변호를 맡을 수가 없습니다."[4]

이렇게 하여, 피니는 곧 목회 사역에 뛰어들었다.

1. 2차 대각성 운동의 지도자

피니가 회심했을 때는 뉴잉글랜드 대각성 운동의 지도자 티모시 드와이트가 죽은 후 4년이 지났을 때였다. 예일의 학장이 동부 정착촌에서의 부흥운동을 고상하고 질서 있게 촉진시키기 위해 운동을 사려 깊게 조직했으므로, 1800년 이후에 예기치 못한 귀한 성공이 도래하였다. 코네티컷 회중교회의 탁월한 지도자였던 드와이트는 부흥의 축복들이 그의 죽음으로 종식되어서는 안 되겠다고 생각한 지혜로운 기획자였다. 따라서 그를 계승할 예일의 인재들을 주의 깊게 추천하고 선택하였다. 이들 중에 가장 출특한 사람들로는 코네티컷의 릿치필드와, 후에는 보스턴에서 열정적인 목회를 한 리만 비처(Lyman Beecher)와 뉴잉글랜드 전역을 여행하면서 전도자들의 지도자가 된 아사헬 네틀톤(Asahel Nettleton), 그리고 뉴 헤이븐의 목사로 사역하다가 후에는 예일 신학교 최초의 신학교수가 된 나다니엘 테일러(Nathaniel W. Taylor) 등이 있었다. 드와이트의 부성애적인 격려 하에서 수십 명의 예일 졸업생들은 각성운동을 동부 연안지역에 광범위하게 확산시키는 데에 매우 중요한 지도력을 발휘하였다. 1801년 이후에 뉴잉글랜드의 교회들과 나머지 다른 주의 주요한 장로교단들이 "화합을 증진시키고 가능한 한 동일한 교회행정 조직을 갖추기 위해" "연합계획"(Plan of Union)에 합의했을 때, 모든 일이 보다 더 희망적으로 보였다. 이렇게 해서, 1821년까지는 예일 졸업생들과 피니가 거주했던 뉴욕 주

---
4) *Ibid.*, 24.

의 장로교인들은 20년 동안 공식적으로는 동일한 교회조직에 소속한 회원들이었다. 목회자들은 쉽게 연합하였고, 교회행정과 각성운동에 대한 긴박한 문제들에 대하여 대체로 같은 입장이었다.

많은 수의 사람들이 회심했으며, 동부지역의 교회들은 더욱 활기를 띠게 되었다. 1800년부터 1835년 사이에 미국 인구가 세 배로 증가하는 동안에 교회의 회원들은 5배로 늘어났다. 1800년에는 7%의 미국인들만이 개신교회에 소속되어 있었다. 그러나 1835년에는 비율이 12.5%로 상승하였다. 1800년에 개신교회 회원들의 숫자가 365,000명이던 것이, 1850년에는 3백 5십만 명으로 급격하게 증가했다.[5] 영적으로 매우 건강한 미국의 교회들 속에 전도의 열정은 강하게 불타오르고 있었다. 영혼의 각성을 목마르게 고대하는 열정은 성직자나 평신도나 할 것 없이, 동일한 마음으로 잃어버린 영혼들의 구원에 깊은 관심을 갖게 하였다. 교회의 미래는 실로 밝아 보였다.

이러한 역동적인 각성의 기운이 급등하고 있는 가운데, 드와이트의 계승자가 그의 사후에 등장하였다. 리먼 비처는 각성운동을 조직화하는 데 있어서 드와이트의 보좌관 역할을 했으며, 그는 또한 미래를 위한 보다 적극적인 복음전도 운동의 지휘관으로도 적합해 보였다. 비처는 연합계획의 조직망을 통해서 뉴잉글랜드와 뉴욕에서의 부흥운동의 제도적 체제를 확장시켜 나갔다. 1826년에 이르게 되면, 그는 미국 내에서 잘 알려진 설교자 중의 한 사람이었고, 보스턴의 하노버 스트리트 교회(Hanover Street Church)로부터 청빙을 받았다. 그곳으로부터 그는 유니테리안 교도들의 심장부 속으로 부흥운동을 전개하기 시작했다. 그는 보스턴에서 심각한 국면에 처하기도 했다. 많은 회중들이 삼위일체론자와 일신론자들로 나뉘어져 교회의 소유권을 차지하기 위한 법정 싸움을 벌이고 있었다. 비처는 침례교도들과 연합하여 도시의 여러 지역에서 "연구 모임들"(inquiry meetings)을 시작했으며, 결국 그의 교회에서만 70여명의 회심자들이 다음 번 성찬에 참석하는 결과로 나타났다.

---

5) Garth M. Rosell, *Charles Grandison Finney and the Rise of the Benevolence Empire* (Ann Arbor, Mich., 1971), 23.

그러나 드와이트의 망토(겉옷, 엘리야의 계승자였던 엘리사가 엘리야의 겉옷을 가졌던 사실을 비유한 것이다-역자주)가 리만 비처, 아사헬 니틀톤, 나다니엘 테일러, 혹은 다른 드와이트의 제자들의 어깨에 걸쳐진 것은 아니었다. 오히려 그 망토는 알려지지 않은 젊은 변호사이자, 후에 미국 복음전도 운동의 대표자가 될, 그리고 국가 개혁운동인 "자선제국"(Benevolent Empire)의 지도자가 될 찰스 피니의 것이 되었다. "조나단 에드워즈 이래로 이만큼 관심을 모은 종교 지도자는 미국에 없었다. 그리고 드와이트 무디의 시대에 이르기까지 그러한 일을 할 수 있었던 사람도 아무도 없었다"고 역사학자 페리 밀러(Perry Miller)는 언급했다.[6]

2. 피니의 어린 시절

피니는 1792년 8월 29일, 코네티컷 리취필드 카운티의 워렌(Warren)에서 태어났다. 그 지역은 뉴잉글랜드의 수많은 이주민들이 뉴욕의 변경으로 이동하는 통로에 위치하였다. 피니는 다음과 같이 회상했다. "내가 두 살이 되었을 때 나의 아버지는 당시로서는 변방이었고 광활한 황무지였던 뉴욕주의 오네이다 카운티로 이주했다. 그곳에는 사람들이 누릴 수 있는 종교적 혜택이라는 것은 존재하지 않았다… 나의 부모는 종교학을 가르치는 교수도 아니었다… 정말 우연히 여행하는 목회자를 만나는 것 외에는 내가 설교를 들을 수 있는 기회는 거의 없었다."[7] 찰스는 7번째 아이였고, 온타리오 호수 변에 있는 핸더슨에 그의 가족이 정착했을 때는 열여섯 살이었다. 소년시절에 변경지역의 학교를 다니며 훈련을 받은 후, 그는 1806년부터 1808년까지 약 2년 동안 뉴욕의 클린턴에 위치한 헤밀턴 오네이다 학교에 다녔다. 비록 정기적으로 교회에 참

---

6) Perry Miller, *The Life of the Mind in America: From the Revolution to the Civil War* (New York, 1965), 9, 22-24.
7) Finney, *Memoirs* (1876), 4.

석하지는 않았지만, 그는 오네이다 인디언들을 선교했던 유명한 선교사이자, 학교 교장이었던 사무엘 커클랜드(Samuel Kirkland)로부터 귀한 감화를 받았음이 틀림없다.

점차적으로 찰스는 농부가 아니라 선생이 되고 싶다는 확신을 얻게 되었고, 그 목적을 이루기 위해서는 더 많은 교육을 필요로 한다고 생각했다. 그래서 그는 16살 때부터 20살 때까지 자신이 가르치던 학교를 떠나, 1812년 가을에 삼촌과 함께 지내면서 코네티컷의 워렌에 있는 학교에 등록했다. 그는 예일대학에 입학하려고 마음먹고 있었지만, 한 교사가 그가 독학으로 2년 안에 전 과정을 습득할 수 있다고 설득하며 그의 생각에 반대하였다. 이후 피니는 라틴어, 히브리어 그리고 헬라어에 대한 어느 정도의 지식을 스스로 섭렵했고, 뉴저지에 있는 학교로부터 교사 청빙을 받게 되자 그것을 승낙했다. 그는 예전과 같이 성공적인 교사가 되었다. 그러나 그의 성공 비결은 그 자신의 탁월한 능력에서 비롯되었고, 그 결과 그는 학생들의 무한한 존경을 받았다. 졸업한 한 학생은 다음과 같이 주장하였다.

> 피니 씨가 모르는 것을 아는 사람은 아무도 없었다. 또 피니 씨가 못하는 일을 할 수 있는 사람도 아무도 없었다. 그보다 더 잘 할 수 있는 사람은 없었다. 그는 제자들의 우상이었다… 그는 대단한 위엄을 갖추었고 완벽한 질서를 유지했다. 소란을 피우려고 시도하는 어떤 소년도 피니 씨의 단 한 번의 눈빛에 죄인이 되고 말았다. 내가 말하고자 하는 것은, 그들은 모두 그를 사랑하고 숭배했다는 것이다. 그리고 모두가 그가 언젠가는 위대한 사람이 되고 말 것이라고 감지했다는 것이다.[8]

이 숭배자는 계속해서 학교의 뜰에서 학생들 가운데 가장 뛰어난 이들과의 씨름과 권투 등을 통해서, 심지어는 여럿이 동시에 덤비는 상황에서도 학생들로부터 충성을 받아냈다고 말했다. 그러나 20대 중반 즈음에 가르치는 것에 흥미를 잃은 후, 그는 법과 관련된 직업으로 진로를 전향했다. 당시의 관습이 지역 변호사 아래서 공부하는 것이었기 때문에, 그는 부모님의 농장에서 멀지 않

---

[8] Cochran, *Charles Grandison Finney*, 17-18.

은 뉴욕의 아담스에 있는 라이트 법률사무소에 들어갔다. 이것이 그의 생업이 되었다고 그는 생각했다. 그러나 기독교 신앙은 신비한 마력을 품고 있었다.

> 그 후 내가 아담스 법률사무소에 공부하기 위해 갔을 때, 나는 종교에 대해 무지한 이교도나 마찬가지였다. 나는 주로 변경에서 자라났다. 나는 안식일에 대해 생각해 본 적도 거의 없었으며, 종교적 진리에 대해서도 확실하게 아는 것이 없었다.
> 아담스에서 처음으로 나는 오랜 시간동안 뉴저지의 프린스턴에서 교육받은 목회자인 조지 게일(George W. Gale)로부터 정기적으로 훈련을 받을 수 있었다. 내가 프린스턴에 갔을 때 그는 그 지역의 장로교회의 목사가 되어 있었으며 그의 설교는 구학파의 방식이었고, 철저히 칼빈주의적이었다…
> 기초적인 법률을 배우는 동안 나는 옛 저자들이 성경을 자주 인용하는 것을 발견했다… 이것이 나의 호기심을 크게 자극했기 때문에, 나는 곧 성경을 사러갔으며, 그렇게 해서 나는 처음으로 성경을 소유하게 되었다. 곧 성경에 대한 새로운 관심이 유발되었고, 나는 이전에는 그렇게 많이 성경을 묵상하며 읽은 적이 없었다. 그러나 상당 부분을 이해할 수 없었다."[9]

비록 그가 아직 회심되지 않았음을 알고 있었지만, 찰스 피니의 탁월한 음악적 재능으로 말미암아 그는 아담스 장로교회의 성가대 지휘자가 될 수 있었다. 시간이 지나면서 좋은 조언자가 된 게일은 피니가 회심에 대한 특별한 관심을 필요로 한다는 것을 인식하게 되었다. 또한 추가적인 이유 중의 하나는 피니의 영향으로 인하여 성가대원들 가운데 몇몇은 여전히 천국을 소유하지 못한 상태에 놓여 있었다는 사실이었다! 신학에 관한 그들의 수많은 토의 가운데 하나님의 주권과 인간의 전적타락, 그리고 자신의 구원에 대해서는 완전히 무기력함을 강조하는 게일의 칼빈주의 신학이야말로 피니의 견해와 일치할 수 없었던 근본이었다. 그 자신의 신학적 입장이 무엇이었든 간에, 피니는 이러한 토의들을 통해서 "복음 안에서 제시된 그리스도를 받아들일 것이냐, 아니면 세속적인 인생의 여정을 추구할 것이냐 하는 질문"에 직면할 수 밖에 없었다.[10]

---

9) Finney, *Memoirs* (1876), 7-8.
10) *Ibid.*, 11.

3. 영접 초청

피니 자신의 철저한 성경연구와 게일 목사와의 논쟁을 통해서 인간의 능력에 대한 고(high) 칼빈주의적 입장과는 다른 결론으로 정리되었다. 그는 자신과 인류가 하나님과 불화한 상태에 있다는 것에 동의했다. 그러나 피니는 스스로의 신학연구를 통해 하나님과의 깨어진 관계는 인간이 그리스도께로 회개하고 돌이킨다면 회복될 수 있다고 확신했다. 그는 타고난 자신감으로 가득 찬 사람이었지만, 복음은 그에게 자신이 죄인임을 인정해야만 한다는 사실을 알게 해 주었다. 갈보리 십자가에서 그리스도께서 행하신 것을 그가 받아들일 때에 그는 구원을 받을 수 있는 것이었다. 그를 뒤로 물러나게 한 것은 그가 선택 받지 못했기 때문이 아니라, 그 자신의 완고함과 결단의 부족 때문이었다. "구원의 복음은 내게 받아들이라고 요구하는 어떤 제안처럼 보였다. 그것은 충분하고 완전한 것이었다." 그것을 받아들이는 데 필요한 것은 "자신의 죄를 버리고 그리스도를 영접하기로 한 동의"를 수용하는 것이었다.[11]

이러한 생각들이 1821년 10월 수요일에 그를 압도하였다. 그의 회심경험은 그의 신앙인격을 형성하던 시기에 받았던 많은 영향들과 그 자신과 자유의지에 대한 확신, 그리고 게일과의 토론을 통해 조정된 신학적 입장을 단면적으로 요약하고 있다. 중생은 게일이 제시한 견해보다 훨씬 단순했다. 오직 자신의 상실됨과 죄를 인정하고, 구원자의 속죄의 은혜와 용서를 받아들이기만 하면 되는 것이었다. 이러한 아름다운 단순성을 가지고 믿는 자는 즉각적으로 하나님의 은혜를 통해 중생하게 된다는 것이었다.

피니는 이제 불신앙으로부터 완전히 돌아섰다. 그는 가는 곳마다 자신의 회심에 대해 증거 했으며 그리스도와 구원에 대해 진지하게 고민해 볼 것을 권면했다. 모든 사람이 천국에 간다는 보편구원론을 주장하는 어느 교회의 장로 아들을 만났을 때에, 피니는 논리정연하게 그의 주장이 얼마나 허구인지를 단번에 알려주었다. 피니의 회심이야말로 그를 목회자의 길로 운명지은 것처럼 보

---

[11] *Ibid.*, 14.

피니의 멘토였던 조지 게일은 처음에는 피니의 수단 중심적인 전도 접근을 거부했지만, 후에는 그의 제자의 든든한 후원자가 되었다(낙스 대학).

였고, 어떤 사람은 그가 하나님을 섬긴다면 매우 성실하게 사역에 임할 것이고, "불구덩이에서 사람들을 끌어내는"[12] 사람이 될 것이라고 증언하였다.

피니가 회심했다는 소문은 급속하게 퍼져 나갔다. 그의 여러 친구들은 전망이 좋고 촉망받고 있는 법조계에서 떠나지 말라고 설득한 반면에, 게일과 같은 이는 피니가 그동안 다른 영역에 집중했던 모든 전심을 기독교 신앙을 위해 기울인다면 정말 많은 것들을 여러 사람들에게 베풀 수 있을 것이라고 확신하였다. 이와 같이 그가 받은 법률가로서의 훈련은 사람들을 다루고 연설하는 데에 가치 있는 도움이 되었다. 실제로 남은 평생 그가 선포한 설교형식 속에는 그

---

12) *New York Evangelist*, 23, May 1850. 피니의 조상이나 초기 생애에 대해서는 다음을 참조하라. Hardman, *Charles Grandison Finney*, 3-58.

의 법률가다운 흔적이 배어 있으며, 그가 복음전도자로서 거둔 성공은 상당부분 변호사로서 터득한 막힘없이 나오는 언변과 직접적이면서도 설득적인 토론에 기인한 것임을 그 누구도 부인할 수 없을 것이다. 예전에 지루한 설교형식에 익숙해 있던 회중들에게는, 그가 설교할 때 사용했던 전율을 느끼게 하는 방식은 당시 유행했던 원고 설교보다는 법정에서의 방식에 훨씬 더 가까웠음을 보여주었다.

게일의 권고에 따라 피니는 1823년 봄, 목회자 후보생이 되어 지역 노회의 시취를 받게 되었다. 여러 목회자들의 일상적인 질문들이 이어진 후, 그들은 피니에게 프린스턴 신학교에서 신학을 공부하라고 권했다. 피니가 "나는 그 사람들이 받았던 것 같은 영향 아래 나 자신을 두고 싶지 않으며, 나는 그들이 잘못된 교육을 받았다고 확신합니다. 내가 생각하기로는, 그들은 마땅히 그래야마 하는 그리스도의 시역자의 모습과는 거리가 있다고 믿습니다. 나는 이것을 그들에게 주저하면서 말하기는 했지만, 그런 사실을 덮어 둘 수는 없었습니다"[13]라고 언급하자 그들은 경악하고 말았다. 위엄과 평정을 되찾으려고 노력하며 노회는 그들이 그저 평범한 젊은이를 다루고 있는 것이 아니라는 것을 깨닫고, 마지못해 그를 게일의 지도하에 신학을 계속 공부하도록 허락하였다. 이러한 결정에 기뻐하면서, 두 친구는 피니가 회심하기 전에 나누었던 토론을 계속했지만, 두 사람의 견해 사이에는 쉽게 메워질 수 없는 간격이 놓여있었다.

성 로렌스 노회는 1823년 12월에 아담스에서 노회를 재소집 하였다. 안건은 피니의 설교권에 대한 것이었고, 그들은 그의 진보상태를 점검하도록 되어 있었다. 웨스트민스터 신앙고백을 받아들이겠느냐는 질문을 받았을 때, 피니는 최대한 이해는 했지만 실제로 그것을 읽지는 않았다고 대답했다. 그럼에도 불구하고, 1824년 3월에 뉴욕 서부지구의 여성선교협의회(Female Missionary Society)는 피니를 온타리오 호수에 근접해있는 북쪽 교외지역인 제퍼슨 카운티의 선교사로 임명했다. 그리고 1824년 7월 1일에는 장로교 목사로 안수를 받고, 앤트워프와 에반스 밀스라는 두 도시에서 목회사역을 시작하였다.

---

13) Finney, *Memoirs* (1876), 45-46.

4. 미래의 파도

피니는 이미 복음전도자로서 그가 사용하려했던 기술들을 연마하고 있었다. 그는 웨스트민스터 신앙고백에 표현된 칼빈주의 교리에 동의하지 않았으며, 게일을 비롯한 장로교회와 회중교회의 성직자들 대부분이 행하고 있었던 문체가 화려하고 고상한 설교형태를 싫어했다. 피니가 결정한 그의 설교 스타일은 청중들이 처해 있는 입장과 부합시키려는 것이었다. 그러나 그의 설교에 대해 양 진영에서 불평이 쏟아졌다. 많은 성직자들은 피니가 강단에서 설교하는 행태에 대해 못 마땅 해했다. 왜냐하면, 그들이 보기에는 피니가 사용하는 일상적이고 통속적인 말투나 그가 생생하고도 정력적으로 쏟아내는 설교야말로 강단의 위엄을 손상시키고 있다고 여겼기 때문이었다. 이에 대해 피니는 다음과 같이 유감을 나타내기도 하였다. "내가 설교권을 획득한 직후에 그의 교회에서 설교했을 때, 게일 씨는 내가 그의 제자 중의 한 사람이라는 사실을 그 누구라도 알까봐 부끄럽다고 나에게 말했다… 그들은 인간의 일상적인 일들을 참고하면서 내 견해를 설명했다고 해서 나를 책망할 것이다… 나는 되도록이면 말수를 줄이면서 요지를 전하고자 했으며, 그 일상적인 말들은 누구나 다 이해할 수 있는 내용이었다."[14]

그 시대의 설교자들이 그의 방식을 좋아했든, 그렇지 않았든, 피니는 미래를 위한 음성이었고, 그들의 방법론은 지나간 유물이 될 운명에 처해 있었다. 얼마 지나지 않아, 피니의 직접적이고도 도전적인 설교를 통해서 앤트워프와 에반스 밀즈의 공동체 속에 부흥의 불이 붙게 되었다. 그는 서부 "케인 리지" 부흥운동에서 나타난 무절제한 현상들을 피했다. 그의 방법론은 문명화된 예절인 삶에 대한 직접성과 적실성과 활력에 근거한 것이었지, 결코 열광주의적인 요소는 없었다. 그는 한때 앤트워프에서 3마일 떨어진 학교건물에서 설교해 달라는 요청을 받았다. 그는 아브라함과 롯에 대해 설교하고, 롯의 어리석은 선택과 롯이 경고 받아 도망간 이후에 소돔성에 쏟아진 심판에 대해 설교하기

---

14) *Ibid.*, 80-81.

로 결심했다. 그리고 그가 설교하던 중에 청중 속에서 특별히 안절부절 해 하는 모습을 목격할 수 있었는데, 이렇게 부흥이 일어난 후에야 그는 그 마을의 이름이 소돔이라고 불렸고, 그를 청빙한 노인이 롯이라 불리고 있다는 사실을 알게 되었다.

1824년 10월, 피니는 오니에다 카운티의 화이츠타운에 살고 있던 리디아 앤드류스(Lydia Andrews)와 결혼했다. 일 년 후, 제퍼슨 카운티에서의 부흥운동을 마무리하며, 피니와 그의 아내는 그들의 결혼 첫 해를 기념하기 위해 유티카(Utica)에서 열린 대회(synod)를 거쳐 고향으로 돌아가기로 계획하였다. 그들은 찰스 피니가 곧 국가적 저명인사로 부상하게 될 큰 사건들이 일어나게 될 줄은 전혀 예상하지 못하고 있었다.

5. 강력한 7년간의 부흥

오네이다 호수 근교의 웨스턴(Western)이라는 작은 도시에서 그들은 우연히 조지 게일을 만나게 되었다. 그는 은퇴하여 마을 근교의 한 농장에 살고 있었고, 그 지역에 만연하고 있는 도덕성의 저하에 대해 매우 염려하고 있었다. 그 지역에 이미 잘 알려져 있던 피니는 게일과 그 지역의 목회자들로부터 얼마 동안 머물면서 설교해 달라는 간청을 받았다. 그는 거의 매일 저녁예배를 인도했으며, 주일에는 3번의 예배에서 설교했다. 그의 연속된 설교를 통해 수천 명의 사람들이 회심했으며, 1825년부터 1827년까지의 오네이다 카운티의 부흥의 불꽃이 점화되었다.

그가 웨스턴에서 짧은 기간 머문 직후, 모세스 질렛(Moses Gillet)은 뉴욕의 롬(Rome)에 있는 자신이 목회하고 있는 회중교회에서 설교해 달라고 피니를 초청했다. 얼마 후 질렛은 "우리 도시의 거리와 상점 그리고 선술집에서조차 대화의 주된 주제는 신앙적인 것으로 바뀌었다"고 선언할 수 있게 되었다. 피니 자신만의 특유하고 즉각적인 설교 스타일은 모인 회중들에게 활활 타오르는 불꽃과 같은 영향을 미쳤을 뿐만 아니라, 그의 섬뜩하게 꿰뚫어보며 최면을 거는 듯한 시선 또한 청중들을 매혹시켰다. 잘생긴 얼굴의 굳은 눈썹 아래 놓인 그의 눈은 "크고 파랗고, 때로는 4월 하늘처럼 온화했고, 또 다른 때는 잘 정련된 강철처럼 차갑고 섬뜩했다."[15] 도저히 잊을 수 없는 그의 눈과 더불어 많은 청중들은 언제나 피니가 강단에 섰을 때의 우아한 모습, 상황에 맞는 예화들 그리고 극적으로 전달하기 위해 적절하고도 과장되지 않게 취하는 제스처들로 깊은 인상을 받게 되었다. 또한 그러한 그의 인상적인 눈에 가장 잘 어울리는 것이 바로 그의 위엄 있는 목소리였다.

피니는 한때 지옥이 영원한 형벌이 아니라 사람들이 얼마간 그들의 죄 때문에 봉사하다가 해방되는 장소라고 믿는 사람들을 비판하는 설교를 한 적이 있었다(물론 피니는 성경이 불신자들에 대해 **영원한** 형벌을 가르친다는 사실을 믿었다). 한 신학생은 다음과 같이 진술하였다.

> 그 설교자가 "죽임을 당하신 어린양은 능력과 부와 지혜와 힘과 존귀와 영광과 축복을 받으시기에 합당 하도다"라고 반복했을 때, 그의 목소리는 달콤한 음악처럼 들려왔다. 그가 '축복'이라는 말을 마치자마자 그는 다시 시작하며 얼굴을 돌려… 오른 편에 있는 베란다로 그의 번득이는 시선이 고정되었다. 그리고는 거룩한 예배가 갑작스레 방해받게 된 것에 놀란 청중들을 향해 손짓하면서, 커다란 음성으로 그는 외쳤다. 내가 보고 있는 것이 **무엇**(*what*)입니까? 여기에 모인 오합지졸 같은 무리들은 무엇입니까? 들으시오! 그들이 외치는 것을 들으시오!… '지옥 불을 감사하라! 우리의 시간은 끝났도다! 감사하라! 감사하라!… 그리고 나서, 긴 침묵 후에, 두려움의 적막이 건물을 압도하는 중에, 그는 부드러운 목소리로 말했다. "이것이 성도들의 영혼입니까? 이것이 천상 세계의 음악입니까?"[16]

피니는 자신의 풍성한 음성을 설득력 있게 조절할 수 있었으며, 단어 사용에도 매우 능했다. 처음에는 많은 이들이 그에게 극적으로 설교하는 것은 하층민들에게는 매력을 줄 수 있지만, 교육받은 사람들에게는 외면 받게 될 것

---

15) Cochran, *Charles Grandison Finney*, 13.
16) George F. Wright, *Charles Grandison Finney* (New York, 1891), 71-74.

이라고 경고했다. 그러나 피니가 짐작했던 대로, 정반대의 현상이 일어났다. "그들은 내가 설교할 때 판사나 변호사, 교육받은 사람들이 다수 회심했음을 알게 되었다. 반면 그들의 그러한 방법을 가지고서는 그런 일들이 좀처럼 일어나지 않았다."[17]

6. 부흥의 불길로 타버린 거리

사회 경제학적인 요인들 또한 피니가 일으킨 부흥운동에 호의적으로 작용하였다. 웨스턴과 롬에서 부흥이 시작되자, 그는 1825년에 이어리 운하(Erie Canal)가 완성되면서 급속한 산업발전으로 인하여 아수라장으로 변한 지역으로 들어갔다. 이에 더하여 수만 명의 이민자들의 관심을 끌마한 수많은 작은 공장들과 제분소들, 양조장들 그리고 통조림 공장들이 생겨났다. 어떤 사람들은 미드웨스트(Midwest)로 향했고, 어떤 사람들은 운하를 따라 정착했다. 버나드 와이스버거는 "변함없이 북부 뉴욕 사람들이 영원한 것이라 생각했던 것들, 예를 들어 고정된 땅, 안정된 지역 주민, 작은 계층적 차이들 그리고 외부 세계로부터의 고립 같은 것들이 붕괴되고 있는 것을 목격했다"고 언급하였다.[18]

사람들은 그들이 집착할 수 있는 그 어떤 확실성을 추구하고 있었고, 비록 완전한 정통 기독교는 아니었지만 열광적인 종교가 그 공허함을 놀라우리만큼 효과적으로 메웠다. 허드슨 강 계곡 서쪽의 뉴욕은 피니의 시대 이전에는 다양한 흥분거리들로부터 야기된 열광적인 분위기 때문에 "불타는 지역"(burned-over district)으로 불렸다. 켄터키와 테네시에서와 마찬가지로, 1799-1800년에 걸친 겨울은 뉴욕의 각성운동이 양키들의 구미를 맞추느라 좀 더 세련되고 품위 있게 진행되었음에도 불구하고, "위대한 부흥"의 시대임에 틀림없었다.

---

17) Finney, *Memoirs*(1876), 84.
18) Bernard A. Weisberger, *They Gathered at the River* (Boston, 1958), 108. 당시 상황에 대해서는 다음의 저서가 탁월한 설명을 해 주고 있다. Whiney R. Cross, *The Burned-over District* (Ithaca, N. Y., 1950).

그때로부터, 연쇄적인 열정의 물결이 그 지역을 휩쓸고 지나갔다. 1825년에서 1850년 사이의 사반세기(四半世紀)동안 뉴욕 주는 주목할만한 다양한 그룹들을 배태시켰는데 그 그룹들은 몰몬교, 완전주의, 신령주의, 천년왕국론, 반프리메이슨주의(anti-Masonic), 자유파(Liberty)와 자유 지역당(Free Soil parties)을 포함한다.

피니는 롬에 5백명의 새로운 회심자들을 일으키고 떠났다. 유티카 제일장로교회의 목사인 사무엘 아이킨(Samuel C. Aikin)이 피니에게 와서 설교해 달라고 부탁했고, 곧 도시는 영적인 관심으로 불타올랐다. 아이킨은 예배가 "엄숙했고, 때로 죄인들을 두렵게 하고 그리스도인들을 겸손하고 침묵하게 하는 하나님의 임재가 무섭기까지 했다"고 보고했다.[19] 1826년 5월경에는 아이킨의 교회에 교인 5백명이 늘어났고, 수천명 이상의 인원이 여러 교회에서도 증가했다. 피니를 초청하는 곳이 늘어났고, 1826년 여름에는 어번(Auburn)에서 집회를 인도했고, 가을에는 트로이에서 집회를 열었다. 영적인 관심이 이 도시들을 휩쓸었으며, 많은 사람들이 구원받았다.

피니의 명성이 높아감에 따라, 그의 부흥운동 방식에 대한 비판도 점증하였다. 특별히 아사헬 네틀톤은 피니가 "새로운 방법들(new measures)"을 도입했다고 비난했다. 즉, 그가 지역 목회자를 통해서 확고히 이행되던 이전의 부흥 활동을 변형시키고, 일반적인 "은혜의 수단들" 이상의 방법들을 사용하고 있다는 것이었다. 이 "새로운 방법들"에는 이름을 부르며 기도하는 것, 여자가 증언하고 기도하는 것을 허용하는 것, "구도석(anxious seat, 회개 중에 있는 사람들을 위해 앞에 설치해 놓은 의자)"로 나오라고 사람들을 초청하는 것, 마을의 모든 집을 방문할 심방그룹을 조직하는 것, 그리고 "연장집회"(protracted meetings-몇 주 동안 매일 밤 열리는 장기 집회)"로 정규 예배를 대체하는 것 등이 포함되었다.[20]

---

19) Samuel C. Aikin, *A Narrative of the Revival of Religion in the County of Oneida, Particularly in the Bounds of the Presbytery of Oneida, in the Year 1826* (Utica, N. Y., 1826), 23-24.
20) Hardman, *Charles Grandison Finney*, 84-85, 134-48.

그러나 결점을 발견한 모든 비평가들보다 더 많은 지지자들이 그의 공격적인 복음전도와, 특별히 그가 질서와 위엄을 지속적으로 유지시킨 것에 대해 갈채를 보냈다. 피니의 설교를 면밀하게 들었던 어떤 관찰자는 "변함없지만 독특한 그의 목소리와 태도 외에는 호기심을 끄는 것은 없으며, 심지어 까다롭고 불편한 예의범절 같은 것을 비난하는 경우도 없었다"[21]고 기록했다. 그의 지지자들은 "새로운 방법들"은 성공적이었고, 복음전도 기술의 논리적 발전을 가져왔으며, 피니의 노력과 다른 사람들의 노력 사이에 나타나는 실제적인 차이는 "능력과 열정"에 있다고 주장했다.

옛 전도자들의 방법론을 변화시킨 피니는 그 사역을 확장시키기 위해서 자신과 마음이 맞는 사람들을 불러 모았다. 1826년, 피니는 오네이다 복음주의 협의회(Oneida Evangelical Association)를 은퇴한 목사인 다니엘 내쉬, 최근에 안수 받은 전도자인 헤르만 노튼, 장로교 목사인 나다니엘 스미스, 그리고 아이러니컬하게도 게일과 함께 결성하였는데, 게일은 이제 피니와 같은 견해를 갖고 있었다. 이 모임의 목적은 "우리 구주의 나라를 건설하고 그 나라를 유익하게 하기 위해" "전도자들을 보내는" 것이었다.[22] 가스 로셀(Garth Rosell)이 언급한대로, "미국 역사상 처음으로 전문적인 복음전도자들이 '세상의 구원'을 위해 함께 연대했다."[23]

협의회의 회원들과 더불어, 그들을 돕는 일단의 동역자들도 모였다. "홀리 밴드(Holy Band)"라는 별칭을 가진 이 모임은, 주로 피니가 사역했던 교회들에

---

21) Thomas Seward, *Address: A Memorial of the Semi-Centennial of the Founding of the Sunday School of the First Presbyterian Church, Utica, New York*(Utica, 1867), 126-27.
22) A. B. Johnson to Charles G. Finney, 5 December 1826, Finney, Papers, Oberlin (Ohio) College Library.
23) Rosell, *Charles Grandison Finney*, 36. 이 일이 있기 전에 리만 비처(Lyman Beecher)의 주도하에 부흥을 지지하는 뉴잉글랜드 지역의 목회자들과 전도자들이 뉴 레바논 모임을 가졌다. 아사헬 네틀톤(Asahel Nettleton)을 제외하고는 모두 순회전도자들이 아닌 교구 목회를 담당하는 목사들이었으며, 그들의 사례는 목회하는 교회에서 받았다. 한편, 오네이다 협회의 회원들은 그들이 인도한 부흥집회에서 사례를 받았다.

있었던 목사들로 구성되어 있었는데, 그들은 트로이의 나단 비먼, 오번의 더크 랜싱, 유티카의 아이킨, 롬의 질렛이었다. 다른 사람들 역시 하나님의 손이 피니와 함께 하고 있는 줄로 확신하고, 사역에 동참하였는데 화이츠보로의 존 프로스트 목사와 유티카 학원의 원장인 찰스 스튜어트, 뉴 하트포드의 목사인 노아 코우, 알바니의 목사인 에드워드 커크(그는 후에 젊은 D. L. 무디에게 신앙에 대한 관심을 갖게 한 인물이다), 뉴욕의 전도자 호라티오 풋, 후에 유명한 노예 폐지론자가 된 디어도어 드와이트 웰드 등이 물심양면으로 피니의 전도사역을 후원하였다. 많은 뉴욕의 장로교와 회중교회의 지도자들이 피니 주위로 규합되어 그들의 교단들을 새로운 형태의 복음전도에 밀접하게 연결시키고 있었다.

7. 뉴 레바논 대회(The New Lebanon Convention)

오네이다 협의회의 방법론과 영향력이 증대됨에 따라 논쟁의 여지가 다분하게 되었다. 비처는 1827년 7월 18일, 매사추세츠의 서쪽 경계와 인접해 있는 뉴욕의 뉴 레바논에서 복음주의 지도자 모임을 열자고 요청했다. 복음전도를 실행하는 데 있어서 용인된 범위를 피니가 벗어나고 있다는 소문이 뉴잉글랜드로 흘러 들어왔고, 뉴잉글랜드의 정통신학을 비처와 함께 대변하고 있던 공동의 지도자인 네틀톤의 불평이 그 소문에 기름을 끼얹었다. 지혜롭게도 비처는 그 어떤 경솔한 낙인을 찍기 원하지 않았기 때문에, 나단 비먼(Nathan Beman)에게 다음과 같이 편지를 썼다. "일반적으로 사단은 그가 어떻게 할 수 없는 일에는 그 일의 명예를 떨어뜨리는 방식을 획책합니다." 비처는 피니가 정통신학에 서 있다는 것을 추호도 의심하지 않았다. "나는 피니 형제의 경건과 재능을 확신하고 있습니다. 그가 특별한 능력으로 하나님의 진리를 양심에 배양시킨다는 것은 의심할 바가 없지요."[24]

---

24) Lyman Beecher to Nathan S. S Beman, January 1827, in Lyman Beecher and Asahel Nettleton, *Letters on "New Measures" in Conducting Revivals of Religion* (New York, 1828), 81.

리먼 비처는 자선단체들과 부흥회 모두를 지지하고 후원했다.
그는 뉴 레바논 대회를 열자고 요청하여, 복음주의 공동체 안에서
피니의 "새로운 방법들"에 대한 비판으로 야기된 치명적인 내분을 종결시키고자 하였다
(빌리 그래함 센터 박물관).

피니의 방법론에 대한 얼마간의 토론이 있은 후, 뉴 레바논 대회의 첫 번째 공식 결의안이 만장일치로 통과되었다. 일부를 언급하면 다음과 같다.

진실한 신앙의 부흥은 하나님의 영의 역사이다. 비교적 짧은 기간 안에 많은 사람들이 죄를 깨닫고, 하나님 앞에 회개함에 이르고 우리 주 예수 그리스도를 믿게 된다. 우리 지역에서 참된 신앙의 보존과 확장은 이러한 부흥으로 인해 촉진되어 왔다… 우리는 지금껏 일어난 것 보다 더 크고 더 영광스러운 부흥을 기대한다.[25]

---

25) Hardman, *Charles Grandison Finney*, 136.

일어날 가능성이 있는 무절제와 열광주의에 관해 연속해서 토론한 후, 피니와 다른 뉴욕의 지도자들은 뉴잉글랜드 지도자들에게 그들은 비처와 마찬가지로 "케인 리지" 부흥전통의 무지한 과장과 육체적인 무절제에 반대한다는 사실을 명확히 하였다. 또한 지역교회의 목회자를 정죄하고, 교육의 가치를 경시하며, 단지 결과만 좋으면 어떤 수단이라도 정당화하고, 부흥일화를 너무 과장하며, 청중 속에서 "신음소리를 내고, 과장된 제스처와 목소리를 높이도록" 부추긴다든지, 공중기도에서 특정인의 이름을 언급하는 것은 분명히 잘못되었다는 것을 아무 이의 없이 동의하였다.

그 집회에서는 피니의 과거 부흥운동과 관련해 제기된 주장들을 재검토했지만, 곧 이러한 진술들이 과장되었다는 것이 명백하게 드러났다. 어떤 결론이 도출되느냐에 따라 그들의 감정이 어떠하든지 간에, 뉴욕의 어느 누구도 어떤 식으로든 피니를 정죄하려 하지 않았다. 토론은 여성이 공중에서 말하고 기도하는 것이 타당한지에 대한 주제로 옮겨갔다. 이 문제에 대해서 뉴잉글랜드 사람들은 완강했는데, 사도 바울이 여자가 교회에서 말하는 것을 금했고(딤전 2:12; 고전 14:34), 그것으로 끝이라는 입장이었다. 그때 피니가 집회에 도착하기도 전에 이미 공적으로 여자가 기도하는 것을 허용하고 있었던 유티카 제일장로교회가 문제가 되었는데, 피니는 그저 그 교회의 관습에 따를 뿐이었다. 삼일동안 논쟁이 지속되었지만, 두 그룹은 서로의 입장에 동의할 수 없었다. 하워드 모리슨(Howard Morrison)은 "여전히 여성문제는 피니의 부흥을 불신임할 수 있는 무절제한 현상이 아니었다. 비처와 네틀톤이 피니의 자격문제를 논의하기 위해 이 대회를 계획했음에도 불구하고, 대표들에 의해 통과된 어떤 결정들도 어떤 식으로든 피니의 입장을 제어하지 못했고, 실제로는 그를 지지하고 강화시킨 것이 되었다."[26] 많은 기도 후에 집회가 휴회되었고, 피니는 승리자로 등극했으며, 그는 혐의에서 완전히 벗어났다.

비처는 네틀톤과 그들 자신에 의해 대표되어 왔던 시대를 대신하는 새로운

---

26) Howard, A. Morrison, "The Finney Takeover of the Second Great Awakening During the Oneida Revivals of 1825-1827," *New York History* 59.1 (January 1978): 47.

시대의 보다 젊은 일군들이 필요하다는 사실을 절감하며 뉴욕을 떠났다. 그는 "많은 소년들을 만날 것을 예상하며 산을 넘었지만… 다 성장하여 어른들이 되어 있는 그들을 발견했다"[27]고 말했다. 이후 그는 서로 동의하지 않는 부분에 대해서는 침묵했으며, 그 자신이 피니와 제휴했다. 1828년 5월의 장로교 총회에서 양 진영 사이에는 다음과 같은 안건이 결의되었다. "이와 같은 주제들에 관해서는 더 이상의 어떤 출판물이 발행되지도, 또한 개인적인 토론이 진행되지도 않을 것이라는 의견에 서명자들은 동의한다."

피니는 이렇게 서른여섯의 나이에 미국 회중교회-장로교 부흥운동의 지도자요, 제2차 대각성 운동의 인정받는 수장으로, 그리고 드와이트의 망토(mantle)의 계승자로 부상하였다. 동부 해변을 따라 있는 주요 도시들로부터 그의 설교에 대한 요청들이 쇄도했고, 그는 1827년 가을에는 처음으로 델라웨어의 윌밍턴에서 설교하게 되었다. 여기 필라델피아-프린스턴 지역은 그리스도께서 오직 택한 자들만을 위하여 속죄를 베푸셨고 오직 성령만이 믿음을 불러일으킬 수 있다고 주장하는 칼빈주의 견해에 충실한 구학파의 중심부였다. 인간 개인은 전적으로 수동적인 것으로 간주되었고, 믿음을 추구할 어떤 수단도 의지도 없는 것처럼 보였다. 피니는 테일러의 "신학파(New Divinity)"에 동의하면서, 죄는 자발적인 행위이며, 이론적으로 피할 수 있다고 믿었다. 그는 자신의 『부흥론 강의』(Lectures on Revivals)을 시작하면서 "어떤 의미에서든 부흥은 기적이 아니며, 또한 그것에 의존하는 것도 아니다. 올바른 수단들을 적용하면 거기에 상응하는 결과가 도출되듯이, 부흥도 적절한 수단들을 바르게 사용해서 얻어지는 하나의 순수한 철학적 결과라고 할 수 있다"라고 주장하였다.[28] 그리스도인이 부흥을 일으키기 위해 성경적인 수단들을 사용할 수 있는 것처럼, 중생되지 않은 사람도 그의 의지를 적극적으로 사용하여 그리스도와 그의 명령을 선택할 수도 있고, 또한 거부할 수도 있다는 입장이었다. 이러

---

27) Lyman Beecher, in *Autobiography*, ed. Barbara Cross (Cambridge, Mass., 1961), 2.75.
28) Charles G. Finney. *Lectures on Revivals of Religion*, ed. W. G. McLoughlin, Jr. (Cambridge, Mass., 1960), 13.

한 견해에 대하여 구학파 지지자들은 경악할 수밖에 없었다.

윌밍턴 집회 기간 중에 피니는 필라델피아에서 목회하던 제임스 패터슨(James Patterson)의 강단에서 설교해 달라는 초청을 받았다. 그는 구학파의 요새 안으로 들어가는 것에 대해 일말의 불안감을 느꼈다.

> 그러나 나는 사람이 아닌 주님을 기쁘시게 하기 위해서 설교해왔다. 나는 내가 거기서 설교하는 것이 마지막이 될 것이라고 생각했다. 그러나 그들에게 진리를, 그 온전한 진리를 전하기 위해서 그 결과가 어찌되든 간에 그 주제에 관한 진리를 전하기로 했다. 나는 인간이 그들이 주장하는 견해대로 그렇게 무능하다면 그는 자신의 죄에 대해서 책임질 필요가 없었다는 것을 보여주려고 노력했다. 그가 아담 안에서 모든 복종의 능력을 상실했다면, 그래서 복종이 그에게 불가능한 것이 되었고, 그 자신의 동의나 행동으로서가 아니라 아담의 행동으로 그렇게 되었다면, 그가 어찌할 수 없는 것에 대해 죄책을 느껴야 하는 것은 단지 넌센스일 뿐이다… 내가 생각하건대, 주님은 정말로 구학파의 그 기괴한 교리들과 그 교리들의 필연적인 결과를 저항할 수 없을 정도로 명백하게 내게 보여주셨다.[29]

놀랍게도 피니는 즉각 제임스 윌슨의 제일 교회를 포함한 주도적인 필라델피아의 여러 교회들로부터 설교해 달라는 초대를 받게 되었다. 1828년 2월에 한 친구는 피니에게 다음과 같은 편지를 썼다. "윌슨 박사가 자네를 자신의 강단에 세우려는 것에 거의 경악할만한 반대가 일어났다네. 그 분은 장로교 내의 어떤 목회자들보다 권위가 있는 분이라네."[30] 반대가 지속되었지만, 피니는 도시에 있는 가장 큰 독일 개혁교회에 모인 큰 회중에게 설교하기 위해 그곳으로 갔다.

그 동안에 뉴욕에서는 일단의 평신도 그룹이 그의 도움을 요청하고 있었다. 제파니아 플렛(Zephaniah Platt)은 1828년 3월에 "우리 새로운 뉴욕 교회들

---

29) Finney, *Memoirs* (1876), 235-36.
30) David L. Dodge to Finney, 25 February 1828, Finney Papers, Oberlin College Library.

1834년, 최고의 전성기를 맞이한 피니
(오하이오 주 오벌린 소재 오벌린 대학의 알렌 기념 예술 박물관).

은 대체적으로 영적으로 냉랭하고 무감각한 상태에 처해 있습니다. 그렇지만 나는 당신 자신과 서부지역의 부흥에 관해 듣고 여기에서도 변화의 조짐이 있다는 사실을 알릴 수 있어서 기쁩니다."[31] 피니는 1829년 가을에 이에 응답하여 앤슨 펠프스(Anson G. Phelps)와 아더 테펀(Arthur Tappan)의 후원 하에 뉴욕에서 일 년 동안 설교하였다.

---

31) Z. Platt to Finney, 10 March 1828, Finney Papers, Oberlin College Library.

8. 로체스터 부흥

피니는 1830년 가을에 뉴욕의 로체스터에서 도시전체를 대상으로 하는 대규모 집회(campaign)에 초청을 받았다. 그는 자신의 생애에서 첫 번째 사역의 성공으로 귀결될 이 기회를 반겼다. 1830-31년에 걸친 로체스터 부흥은 피니의 전 사역에서 가장 성공적인 집회였으며, 도시 전역의 모든 방향에서 모여든 수많은 청중들이 영적인 관심으로 인해 하나로 묶인 것 같았다. 이 집회에서 피니가 발전시킨 모든 이론과 방법들이 실행되었고, 그것들은 주목할 만한 엄청난 결과를 초래하였다. 9월 10일부터 3월 6일까지 6개월 동안 피니와 함께 동역하는 많은 전도자들이 로체스터와 주변 도시들의 강단에서 외쳤고, 그 결과 그들의 사역으로부터 영향을 받지 않은 사람은 거의 없었다. 이 집회야말로 남북 전쟁 이후의 도시부흥운동과 비견될만한, 미국 역사상 최초로 열린 도시전체를 대상으로 한 전도운동이었다. 윌리엄 맥로린(William McLoughlin)은 "피니가 모든 전문적인 복음전도자들에게 남겼던 거의 모든 현대 부흥운동의 이론과 실천들이 이 집회에서 충분하게 실행되었다… 로체스터에서 그는 그 자신이 존경받을 만하며, 효율적이며 면밀하게 조직된 미래의 부흥운동의 거장임을 증명했다"고 기록했다.[32] 휘트니 크로스(Whitney Cross) 또한 다음과 같이 선언했다.

> 미국 역사에서 이보다 더 인상적인 부흥은 일어나지 않았다. 분파주의는 사라졌고, 모든 교회들은 수많은 청중들로 가득찼다… 그러나 이 각성운동의 예외적인 특징은 경이적인 위엄성에 있었다. 죄로 고민하던 어느 영혼도 통로로 떨어진 사람은 하나도 없었고, 어느 누구도 황홀경에 빠져 할렐루야를 반복적으로 외치는 사람도 없었다. 오히려, 지옥 불에 대하여 설교했음에도 불구하고, "성직자답지 않은 회색 옷을 입은" 이 위대한 전도자는 "마치 법정과 배심원 앞에서 논증하는 변호사처럼" 행동하면서 정확

---

32) William G. McLoughlin, Jr., *Modern Revivalism: Charles Grandison Finny to Billy Graham* (New York, 1959), 54-55.

하고 논리적이지만 위트와 열정을 실어 형식에 매이지 않고 설교했다. 변호사들과 부동산 중개인들, 제분업자들, 제조가들 그리고 상업계의 거물들이 회심의 행렬에 동참하였다. 극장은 마구간이 되었고, 술집은 문을 닫았다…
그러나 더욱 주목할 만한 영적 불꽃이 점화되는 역사가 있었다… 피니는 후에 리만 비처의 증언을 인용해, 십만 여명의 사람들이 한 해에 기독교 신앙에 귀의하는 "교회 역사상 선례가 없는" 사건이었다고 말했다.[33]

대부분의 로체스터 주도층 시민들을 포함한 수백 명의 사람들이 그 해 겨울 집회들을 통해 그리스도께 나아왔으며, 모든 영역의 삶이 현저하게 영향을 받게 되었다. 그 곳에서 일어나는 주님의 역사를 보러 왔던 많은 전도자들과 목회자들이 그들의 사역지로 돌아가서 그 메시지와 열정을 전하면서, 영적 각성의 물결은 로체스터 너머로 더욱 퍼져 나갔다.[34] 그 후 피니는 처음에는 뉴잉글랜드의 프라비던스에서, 그 다음은 보스턴에서 집회를 인도해 달라는 요청을 받아들였다. 피니가 유니테리언 교도들에게 그 어떤 정죄도 하지 않을 것임을 확신한 비처와 보스턴 회중교회 목회자 연합회는 그에게 "이 도시의 복음주의적인 교회들을 섬기는 동역자로서" 그곳에 와 주기를 원하였다. 그는 보스턴에 1831년 8월부터 1832년 4월까지 아홉 달을 머물렀지만, 그 지역의 영적 상태에 대해서는 매우 비판적이었다. 부유한 사업가인 루이스 테펀(Lewis Tappan)은 뉴욕 시에서의 다른 많은 일련의 집회들을 열도록 셰덤 스트리트 극장을 대여해 주었으며, 피니는 기쁘게 그 호의를 받아들이고 그 곳을 제2 자유장로교회라고 이름 붙였다.

1820년대 후반 이후 피니는 영적 각성을 위한 그의 전도사역에 사회개혁을 포함시키는 쪽으로 방향을 전환하기 시작했다. 회심자들은 죄에 대항하여 싸우는 전쟁터에서 긴급한 사역에 즉각적으로 투입되어야 했다. "모든 회원들은 일하든지 그만두든지 해야 한다. 명예회원은 없다!"라고 그는 외쳤다.

---

33) Cross, *Burned-over District*, 155-156.
34) McLoughlin, *Modern Revivalism*, 57.

제7장 피니: 기획된 대중전도의 개발자 225

아더 테펀(Arthur Tappan)과 그의 형제 루이스는 피니가 감당하고 있던
다양한 사역과 자선제국 사업들을 재정적으로 도운 부유한 기업가였다.
그들은 1837년 공황으로 엄청난 재정적 손실을 보았다.

9. 자선제국(The Benevolent Empire)

19세기의 첫 30년 동안 열정적인 그리스도인들은 모든 사회의 악과 문제를 경감시킬 자선제국을 건설하려는 목적으로 수천 개의 단체들을 조직하였다. 1834년쯤에는 자선단체들의 연간 총 수입은 9백만 달러로, 당시로서는 믿을 수 없는 금액을 모금한 것이었다.[35] 피니는 웰드나 테펀 같은 개혁가들의 도움

---

35) Rosell, *Charles Grandison Finney*, 132. "자선제국"(Benevolence Empire)에 관해서 다음을 참고하라. Clifford S. Griffin, *Their Brothers' Keepers: Moral Stewardship in the United States, 1800-1865*(New Brunswick, N. J., 1960); Miller, *Life of the*

을 받아 그 운동을 열정적으로 주도해 나갔다. 절제, 악, 세계평화, 노예제도, 교육, 안식일 준수, 신성모독, 여성의 권익, 그리고 형벌제도의 조건 외에도 더 많은 사회문제들이 자선단체들의 관심사였다. 1830년에서 1831년에 걸친 로체스터 부흥에서 피니는 그의 주목을 금주운동에 집중함으로써 점증하는 자신의 사회적 관심을 표명했다. 그 후로부터 그의 영향력은 거의 모든 영역으로 파급되었다. 1832년 5월에 뉴욕의 체덤 스트리트 교회에서 열린 연례 집회의 첫 번째 설교에서 그는 미국인의 자선이 제 기능을 할 수 있는 구조를 세우는 작업을 함으로써 자선제국을 위한 대변인의 역할을 자임하였다.

피니는 우선 하나님의 도덕적 통치로 다스려지는 나라인 신정 국가의 중심으로서의 미국을 꿈꾸었던 조나단 에드워즈로부터 "우주적 박애"(universal benevolence)라는 개념을 빌어 왔다. "박애의 법들"은 인간사회에 깊이 새겨진 것이고, 그리스도께서 특별히 사람들로 하여금 하나님과 이웃을 사랑하라고 명령하신 것이다. 그는 계속 강조한다. 그러므로 모든 하나님의 자녀는 다른 모든 관심보다 하나님 나라의 의를 추구하면서 "가능한 한 가장 최상의 수준에서 유용하게 쓰임 받아야 한다"라고 주장하면서 모든 그리스도인의 의무는 피할 수 없는 것이라고 언급하였다. 그런 식으로, 하나님의 천년왕국은 모든 신실한 그리스도인들에 의해 촉진될 것이다.[36]

그것은 원대한 비전이었다. 다양한 개혁운동들은 놀랍게도 19세기 중반기에 많은 목표를 성취하고 있었다. 많은 종류의 악을 제거하고, 사회의 주류 속에 중요한 기독교적 가치를 심으면서 국가의 전반적인 영역에 순수하고도 지속적인 공헌을 하였다. 개혁에 대한 의지와 부흥이 병행되면서, 비록 덜 알려졌지만 동일하게 헌신된 일단의 지도자들과 함께 동역하면서 피니는 더 많은 신뢰를 획득하게 되었다.

피니는 또한 많은 문제들을 야기하기도 했다. 그가 "부흥은… 적절한 수단들

Mind, 78-84; Cross, *Burned-over District*; Charles I. Foster, *An Errand of Mercy: The Evangelical United Front, 1790-1837* (Chapel Hill, N, C., 1960).

36) Charles G. Finney, *Sermons on Various Subjects* (New York, 1835), 96-103.

을 올바르게 사용함으로 얻어지는 순수하고도 논리적인 결과이다"라고 주장하는 것은 부흥과 회심이 인간적인(human) 산물임을 강조하는 것이고, 죄인을 구원하기 위해 하나님께서 필요로 하시는 것은 바로 인간 자신의 동의라는 피니의 자기 확신과도 일치하는 것이다. 시간이 지나면서 이러한 견해는 완전주의(perfectionism)를 강조하는 그의 소신과도 연결되었다. 즉, 죄는 자발적인 행위이고, 죄 없음(sinlessness)도 인간에게 가능하다는 것이다.[37] 칼빈주의의 영향이 강한 미국의 여러 지역에서 이런 신학은 경악을 금치 못할 위험천만한 것이었고, 이러한 피니의 신학에 대한 반대 역시 점증하였다. 또한, 도시 전도에 대한 그의 지대한 공헌과 자선제국이 거둔 유익들에도 불구하고, 피니는 분열을 야기하는 인물이었음을 부인할 수 없다. 초기에는 장로교인으로 그리고 후에는 회중교인으로서 그의 생애의 대부분은 많은 첨예한 이슈들을 양극화 시키는 것으로 점철되어 있었다. 그가 창안해 낸 새로운 방법들과 부흥에 대한 정의, 구학파 칼빈주의와 그 신봉자들에 대한 그의 지속적인 공격들, 그리고 특히 완전주의 교리(그는 이 교리를 1836년 이후에 오벌린 대학에서 발전시켰다) 같은 주제들은 뜨거운 논쟁을 불러 일으켰다.

10. 학문적 경력

피니는 뉴욕을 떠나 오하이오의 오벌린 대학(Oberlin Collegiate Institute)에서 신학교수가 됨으로 그의 긴 사역에 있어서 새로운 국면을 맞이하게 되었다. 아더 테펀과 루이스 테펀을 비롯한 다른 여러 후원자들의 재정지원으로 설립된 이 학교는 신학파의 견해와 피니의 새로운 부흥방법론을 지지하는 사람들 뿐 아니라 피니의 부흥운동을 통해 회심한 젊은이들을 모아 교육하는 것을 목적으로 하고 있었다. 다른 또 하나의 좀 더 절실한 이슈는 당시 미합중국 전

---

[37] 피니의 신학과 오벌린 완전주의에 대해서 다음을 참조하라. Hardman, *Charles Grandison Finny*, 275-92, 324-49.

체를 분쟁의 도가니로 몰아넣었던 노예제도에 관한 것이었다. 피니는 열렬하게 노예제 폐지를 주장했던 입장이었고, 오벌린 대학은 노예제를 격렬하게 반대하는 수많은 학생들에게 입학을 허가하여 그들을 교육시켜 그들과 함께 가장 강력하게 반대운동을 주도해 가는 본거지가 되었다. 남북전쟁의 불길한 전운이 가득히 감도는 가운데, 오벌린은 자유를 찾아 캐나다로 도피하는 노예들을 돕는 조직망의 주요한 거점 역할을 감당하였다.

비록 피니가 아주 강력하게 노예제 폐지론자들의 입장을 지지했음에도 불구하고, 그의 가장 지대한 관심사는 여전히 복음전도였다. 오벌린에서의 그의 사역은 대중전도를 시행하려는 그의 의도를 충족시켜 주지 못했다. 1834년 12월에 그는 셰덤 스트리트 교회에서 후에 『부흥론 강의』(Lectures on Revivals of Religion)라는 제목으로 출판될 연속 강의를 시작하게 되었다. 이 영향력 있는 책에 대해 페리 밀러(Perry Miller)는 다음과 같이 평가하였다.

> 부흥의 열광 속에서 (피니는) 수천 명의 사람들의 마음을 뒤흔들어 놓았을 뿐 아니라, 1835년에는 아주 거대한 부흥사역의 중요성에 대한 더 이상의 논쟁의 여지가 없을만한 가장 설득력 있는 이론서인 『부흥론 강의』를 명확하게 진술하였다. 밤새 미국에서만 12,000부나 팔렸고, 곧 웨일즈어, 불어, 독어로 번역되었다. 에드워즈 이후, 미국에서 그만큼 주목의 대상이 되었던 종교 지도자는 없었다… 그러므로 피니의 책은… 부흥운동의 핵심적인 해설서이며, 또한 미국 지성사에 있어서 주요한 작품 중의 하나라고 할 수 있다. 누구든지 미국의 정신적 유산에 대해 탐구하기를 원한다면 그 책을 반드시 읽어야 할 것이다.[38]

『부흥론 강의』는 어느 한 지역에 부흥을 초래할 수 있는 다양한 주제들과 회심자들을 적절하게 관리하는 것과 관련된 내용으로 구성되어 있다. 예정론을 거부하는 피니는 대중들의 회심을 동반하는 부흥은 **일어날 수 있고**, 또한 **일어나야만 한다**고 믿었다. 그리고 만약 사람들이 성화된 상식을 적절히 사용한다면, 하나님의 은혜로 부흥이 **일어날 것**이라고 했다. 초판이 출판된 이래 그

---

38) Miller, *Life of the Mind*, 9.

제7장 피니: 기획된 대중전도의 개발자 229

뉴욕의 브로드웨이 교회는 비록 오랜 기간은 아니었지만 피니가 세 번째로 목회한 곳이다.
예배당 규모는 10,000 평방 피트였고, 2,500석을 보유하고 있었다(저자소유).

책은 수많은 사람들에게 엄청난 영향을 끼쳤는데, 그 중에는 구세군의 설립자인 케더린(Catherine)과 윌리엄 부스(William Booth)와, YMCA를 세운 조지 윌리엄스(George Williams)도 포함되어 있었다.

피니는 1836년 3월에 장로교단을 떠나 그의 요구에 따라 설계된 훌륭한 새 건물인 뉴욕 브로드웨이 교회(New York's Broadway Tabernacle)의 담임목사로 취임하였다. 그는 1년 동안 목회사역에 임하다가, 오벌린에서 더 많은 시간을 보내기 위해 사임하였다. 그러나 그는 매년 가르치는 부담으로부터 얼마 동안 벗어나 보스턴과 로체스터 등의 도시에서 부흥집회를 열었다. 1849년 11월 6일에는 영국으로 건너가 여러 도시들에서 부흥집회를 인도했고, 마지막으로 런던의 휫필드 교회(Whitefield's Tabernacle)에서 설교함으로 1851년 3월까지 영국 전도여행을 마쳤다. 1851년 8월에는 오벌린 대학의 학장으로 선출되었고, 1865년까지 그 직책을 감당했다. 이 위대한 전도의 거장은 1875년에

이 세상을 떠났다. 피니는 그의 전 생애를 통해 대략 50만 명의 신자들이 회심하는 데에 영향을 미친 것으로 추정되고 있다.

11. 2차 대각성 운동의 결과

2차 대각성 운동을 통해 상당수의 회심한 자들이 교회들로 몰려들게 되자, 이 운동은 더욱 거대한 영향력을 발휘하였다. 1800년 이후에 영적각성으로 양심이 민감하게 된 미국 복음주의자들에 의해 촉진된 다양한 관심으로 말미암아, 괄목할만한 많은 변화들이 일어났다. 2차 대각성 운동의 결과와 지대한 사회적 관심의 결과는 어떤 측면에서는 1차 대각성 운동 당시보다 더 광범위한 것이었다. 이것은 첫 번째 부흥의 기간이 다소 짧게 지속된 것에 비해, 두 번째 부흥은 대략 1795년에서 1835년까지 그 영향력이 미쳤기에 그렇게 인식될 여지가 있는 것은 사실이다. 그러나 자선단체들에 미친 추진력은 1차 대각성운동 기간에 이미 가동되기 시작했고 그것이 때가 되어 활성화되었다고 주장할 수도 있다. 고아들과 노예들에 대한 휫필드의 관심과 그들을 위한 많은 노력들이 바로 대표적인 사례가 될 수 있다.

1) 노예제 폐지 운동

노예제 폐지를 위한 투쟁은 영국의 웨슬리 부흥운동과 전 세계적인 19세기 복음주의적 부흥운동의 긍정적인 결과 중의 하나라고 할 수 있다. 이 시기의 가장 유명한 영국인 회심자들 가운데 윌리엄 윌버포스(William Wilberforce, 1759-1833)라는 인물이 있었는데, 노예제도를 철폐하기 위한 그의 노력은 미국에도 강한 영향을 미쳤다. 윌버포스는 1780년에 의회의 의원으로 선출되어 공공생활 분야에서 활동이 왕성했던 복음주의 그룹인 클라팜 당(Clapham Sect)과 연대하여 활동했다. 그는 웨슬리가 하층민들을 대상으로 전도했던 것처럼, 복음화 운동을 고위층을 대상으로 펼치면서 귀한 사역들을 감당하였다.

그는 그의 친구들인 토마스 클락슨(Thomas Clarkson)과 존 뉴튼(John Newton), 의회에서는 윌리엄 피트(William Pitt)의 영향력을 통하여, 대영제국이 노예무역을 폐지하는 데에 전심으로 노력하였다. 모든 가능한 수단들을 현명하게 동력화 함으로 그와 그의 동료들은 점차적으로 의회 내에서 그들의 견해가 지지 기반을 확보해 나갔으며, 마침내 1807년에는 노예무역이 폐지되었다. 제국 전역에 걸친 노예제의 완전한 철폐는 그가 소천하기 직전인 1833년에 이루어졌다. 대영 제국에서의 노예제도의 종말은 강력한 저항에도 불구하고, 미국에서도 영국과 동일한 조치를 취할 것을 요구하는 강한 도덕적 압박으로 이어졌다. 전 인류의 유익을 위해 윌버포스가 이룬 것보다 더 큰 일을 성취한 사람은 거의 없다고 해도 과언이 아닐 것이다.[39]

대각성에 수반된 결과들 가운데 미국의 노예제도 폐지에 준 영향만큼 충격적인 것은 없었다. 특별히 1820년대와 1830년대에 노예제에 반대하던 대다수의 헌신된 사람들은 2차 대각성 운동에 매우 열심이 있었던 경건한 그리스도인들이었다. 테펀가(家), 웰드, 찰스 스튜어트, 제임스 버니(James G. Birney), 비처, 피니, 헨리 스탠튼(Henry B. Stanton)을 비롯한 여러 사람들이 바로 그들이었다. 그러나 어떤 세속 역사가들은 그들의 복음전도와 대각성 운동의 특성을 잘못 이해하여 노예제 폐지 운동의 역사를 왜곡하고 있다. 그들은 대다수의 폐지론자들이 신실한 그리스도인이었다는 사실은 거의 전적으로 우연일 뿐이고, 그들의 신앙과 노예제와 관련된 그들의 소신 사이에는 어떤 연결성도 없다는 것이다. 윌버포스의 헌신된 신앙 역시 영국에서 노예제에 대항하여 벌인 캠페인을 배태시킨 사상이 아니었다고 주장하고 있다.

이러한 논증을 지지하기 위해서, 어떤 이는 윌리엄 로이드 게리슨(William Lloyd Garrison, 1805-1879)을 미국 노예해방운동 배후의 주요한 영향력을 행사한 인물로 지목했다. 당대에 가장 강하게 노예해방을 주장하던 신문인「보스턴 리버레이터」(*Liberator*)의 다혈질적인 성격의 편집자였던 게리슨은 처음

---

39) 윌버포스(William Wilberforce)에 대한 표준적인 연구서로는 R. Coupland, *Wilberforce*, 2d ed. (Oxford, 1945)이 있다.

에는 반그리스도인(anti-Christian)이 아니었다. 그러나 모든 목회자들이 그를 즉각적으로 지도자로 인정하지 않자, "흑심을 품은 성직자들"이라고 자신의 신문에 비방하면서, 감리교인들을 "지저분한 새들의 새장이며, 사단의 회당"으로, 장로교인들을 "파문된 자들"이라고 불렀다. 그렇지만 토마스 베일리(Thomas Bailey)가 "게리슨을 노예제 폐지론자들의 '대변자'(voice)라고 주장하는 것은 잘못이다. 그와 그의 동료들은 모든 노예제 폐지운동 가운데 일부 소수의 '과격파'(lunatic fringe)에 불과했을 뿐이다. 그러나 그의 목소리는 너무 날카롭고, 그의 기괴한 행동들이 너무 우스워서 그는 오히려 더 많은 온건하고 분별 있는 노예제 반대론자들의 시도들을 그늘지게 만들고 가로막았다"[40]고 기록하였다.

『노예제 반대운동의 충동, 1830-1844』(The Antislavery Impulse, 1830-1844)라는 저서에서 실버트 반즈(Gilbert H. Barnes)는 엄청나게 많은 수의 미국 그리스도인들이 노예해방운동의 선봉에 서 있었다는 사실을 정확하게 보여주었다.

> 노예제 반대운동이 대부흥 운동(2차 대각성 운동)의 요인들과 매우 많이 연관되고 있다는 사실은 단지 우연의 일치라고만 할 수 없는 그 이상의 의미를 지니고 있다… 지도력과 방법론, 그리고 목적에 있어서, 대부흥과 미국의 노예제 반대운동은 동일하였다. 그 시기에 노예제 반대운동이 전적으로 대부흥 운동의 큰 흐름 속에서 자선적 사회개혁 운동의 한 국면으로 오랫동안 존재했다고 주장하는 것은 결코 비약이 아니다.[41]

---

40) Thomas A. Bailey, *The American Pageant: A History of the Republic*(Boston, 1961), 368. 게리슨과 그의 업적에 대한 균형 있고 탁월한 평가를 내리고 있는 저서로는 John L. Thomas, *The Liberator* (New York, 1963)을 들 수 있다.
41) Gilbert H. Barnes, *The Antislavery Impulse, 1830-1844* (Gloucester, Mass., 1964), 107.

2) 대규모 사회 운동

노예제 폐지 운동이 가장 중요한 것이긴 했지만, 단지 2차 대각성 운동이 배태한 많은 개혁의 노력들 가운데 하나였을 뿐이다. 19세기 전반에 미국과 영국은 많은 문제들을 가지고 있었고, 영국인들은 그것들을 처음으로 직접적으로 다루기 시작하였다. 영국에서의 첫 발단 단계는 프랑스 대혁명의 광기에 대한 반응에서부터 시작되었는데, 특히 1793년 1월에 프랑스 왕 루이 16세가 참수당하고 난 이후부터였다. 프랑스 대혁명의 중심에는 무신론이 있었고, 영국인들은 그러한 악이 영국에 침투할 가능성을 두려워하고 있었다.

루이 왕의 죽음 이전인 1790년에는 심지어 영국의 정치가인 에드먼드 버크(Edmund Burke)가 『프랑스 혁명에 대한 고찰』(*Reflections on the Revolution in France*)을 출판하며 다음과 같이 선언하기도 했다. "우리는 공인된 교회와 공인된 왕정과 공인된 귀족제와 공인된 민주주의를 지키기로 결심했다." 버크는 "종교가 시민 사회의 기초이고, 모든 선한 것과 모든 위안의 근원이라는 것"을 신적 질서의 영역으로 간주하였다.[42]

이런 주도적인 정치가로부터 나온 재확언과 함께 영국인들은 그들의 종교적 전통을 희석시키지 않고 더 강화하게 되었다. "위험한 적 앞에서 교파간의 긴장들은 풀렸다." 포스터(C. I. Foster)는 "교파적 차이를 초월하여 신실함이 있었다… 비종파적 기독교라는 새로운 영국적 제도를 위한 기초를 세웠다. 이 모든 충격들을 미국이 그들의 방식대로, 그들의 때에 수용했고(accept), 채택했으며(adopt), 그리고 적용하였다(adapt)."[43]

수많은 미국적 대의의 선두에 서서 미국이 자선제국이 되는 데 있어 그 어떤 다른 사람보다도 큰 공헌을 했던 사람을 꼽으라면 불굴의 복음주의자, 리먼 비처(Lyman Beecher)를 꼽아야 한다. 1815년에 비처는 전능자의 통치를 실제적

---

42) Edmund Burke, *Reflections on the Revolution in France*… 9th ed. (London, n.d.), 134-36.
43) Foster, *Errand*, 23.

인 방식으로 나라에 적용시키기 위해 이후 미국 교육 협회(American Education Society)가 될 단체를 발주시켰다. 미국은 하나가 되기 위해서 더 많이 같아질 필요가 있다고 그는 주장했다. "같은 영향력을 퍼뜨릴 수 있는 학교와 연구원, 대학과 관습, 기관을 설립할 지성적인 목회자들을 통해서 가장 잘 이룩될 수 있는 것이다. 이러한 것들이 우리의 제국을 반석 위에 세워 줄 동일한 관점과 느낌, 관심을 생산해 낼 것이다. 신앙이야말로 정치에 대한 애호와 관심의 결핍을 보완할 최선의 매력점이다."[44]

비처를 비롯한 수백 명의 사람들의 비전은 놀랍게 파급되었고, 사회 변혁을 위한 협력 의식은 미국인들 사이에 열렬한 표어가 되었다. 어떤 사람은 "선을 행하는 것이 이렇게 쉬웠던 때가 천지 창조 이래 존재한 시기가 없었다"고 말하기도 했다.[45] 사회학적 관점에서 제2차 대각성 운동을 평가하면서, 도날드 매튜(Donald G. Mathews)는 "수천 명의 사람들이 수많은 소그룹들을 조직하는 사회 운동이 진행되었다… 미국의 도덕성을 변화시키려는 헌신되고 재능있는 일단의 지도자들의 사역이 크게 확장되었다… 전례없는 숫자의 미국인들이 그 운동에 동참하면서, 우리 역사의 일부를 새로 형성할 힘을 갖추었다."[46]

지금은 심지어 그리스도인들에게도 잘 알려지지 않았지만, 거의 40여 년 동안 영적으로, 사회적으로 연합된 십자군은 실제로 그 영향력에서 두려운 마음이 일게 할 정도로 강력한 자선제국을 세웠다.[47] 평신도들은 다양한 대의 명분을 지지하며, 열정적으로 그들의 힘과 자금을 제공했다. 영국의 평론가인 제임

---

44) Lyman Beecher, *Address of the Charitable Society for the Education of Indigent Pious Young Men for the Ministry of the Gospel* (Concord, Mass., 1820), 20.
45) *Panoplist and Missionary Magazine* 10(1814): 1.
46) Donald G. Mathews, "The Second Great Awakening as an Organizing Process, 1780-1830: An Hypothesis," *American Quarterly* 21.1(Spring 1969): 30-31.
47) 자선제국(Benevolence/Benevolent Empire)이라는 용어는 부흥과 사회개혁을 통해 미국에 하나님의 나라를 임하게 하려는 복음주의자들의 연합적 시도와 노력을 의미한다. 19세기 상반기의 많은 기독교인들은 하나님 나라의 실현이 다양한 개혁운동과 수많은 사람들의 회심을 통해서 이루어질 수 있으리라 확신하였다. 전술한 미주 35번을 참고하라.

스 스티븐스 경(Sir James Stephens)은 미국인의 종교 생활을 관찰하면서 "우리의 시대는 선교회(societies)의 시대이다"라고 말했다. "모든 압제를 시정하기 위해… 공식 모임이 있었다… 모든 축복을 확산시키기 위해, 위원회가 열렸다."[48] 1816년의 『미국 성서 공회 1주년 보고서』(First Annual Report of the American Bible Society)의 서언에서는 "살아계시고 참되신 한 분 하나님에 관한 지식을 전파하는 일의 중요성"에 비교될 수 있는 일은 없다는 데 대부분이 동의했다.[49]

그러나 그리스도인이 그들의 정력을 개혁에 투자하는 데는 또 다른 이유가 있었다. 그것은 천년왕국에 대한 종말론적 기대였는데, 그때에 하나님의 나라가 죄와 사망을 끝내고 지상에 급속히 임한다는 것이었다. 이 시대의 대부분의 그리스도인들은 후천년론자(postmillennialist)였고, 그들의 하나님의 나라를 위한 노력을 통해서 성경에 예언된 천년간의 황금 시대의 도래를 도울 수 있다는 것이었다. 그들의 이런 믿음은 이사야 2장과 4장, 65장, 그리고 계시록의 구절들에 근거한 것이었다. 그들의 낙관론적 소망은 악이 **쇠하고**, 선과 복음은 **흥하여** 천년왕국을 앞당기는 지점에까지 이를 것이라는 믿음이었다. 점차적으로 그들의 관점은 현대에 지배적인 전천년설(premillennialism)로 대체되어 갔다. 이 관점은 그리스도가 그의 충만한 지상 왕국을 건설하시기 위해 다시 오실 때까지 악이 흥왕하다가 천년왕국을 시작하실 것이라는 더 비관적인 견해였다(전천년론자들은 그리스도의 재림을 천년왕국 **앞에** 놓았고, 반면 후천년론자들은 그리스도의 재림을 천년왕국 **후에** 놓았다.). 각자의 노력이 하나님의 나라의 도래에 도움이 될 수 있다는 사상은 자선제국을 위한 활동에 더욱 분발하게 만들어 주었다.

개혁을 추진하는 수많은 조직들이 미국 전역에 선행을 확산시켰다. 그러나 그 열기는 언제나 "8대"(Great Eight) 선교회를 중심으로 순환되었는데, 1820년대와 30년대에는 매 5월마다 "연례 모임"(anniversary meetings)을 뉴욕에

---

48) Sir James Stephens, *Essays in Ecclesiastical Biography* (London, 1849), 1, 382.
49) *First Annual Report of the American Bible Society* (New York, 1816), 1, 12.

서 가졌다. 그 모임 시간들은 언제나 환희의 시간이었다. 여덟 모임은 모일 때마다 "그들의 설립자들의 가장 이상적인 기대들을 능가하는" 실적들을 올렸기 때문이다. 엄청나게 많은 돈이 흘러들었다. 어떤 연구가는 "그들이 엄청난 종교 권력과 연결되어 있었고, 치밀하게 조직화되었으며, 자체의 완벽한 정치와 정책을 갖추고, 모든 통제로부터 자유로운, 나라 전역에 걸쳐 퍼져 있는 거대한 기관들"이었다고 밝혔다.[50] 그 8대 기관(Great Eight)은 다음과 같다.[51]

(1) 미국 해외 선교 위원회(The American Board of Commissioners for Foreign Missions, 1810년 설립, 본부는 보스턴)
(2) 미국 교육 협회(The American Education Society, 1815년 설립, 본부는 보스턴)
(3) 미국 성서 공회(The American Bible Society, 1816년 설립, 본부는 뉴욕)
(4) 미국 식민지 협회(The American Colonization Society, 1816년 설립, 본부는 뉴욕)
(5) 미국 주일학교 연합회(The American Sunday School Union, 1817년 설립, 본부는 필라델피아)
(6) 미국 소책자 협회(The American Tract Society, 1826년 설립, 본부는 뉴욕)
(7) 미국 금주 협회(The American Temperance Society, 1826년 설립, 본부는 뉴욕)
(8) 미국 국내 선교 협회(The American Home Missionary Society, 1826년 설립, 본부는 뉴욕)

---

50) Stephens, *Ecclesiastical Biography*, 1.384.
51) "8대 기관들"에 대해서는, Charles Cole, *The Social Ideas of the Northern Evangelists, 1826-1860*(New York, 1954); Oliver Elsbree, *The Rise of the Missionary Spirit in America* (Williamsport, Pa., 1928): Colin Goodykootz, *Home Missions on the American Frontier* (Caldwell. Idaho, 1939) 그리고 미주 35번의 저서들을 참고하라.

제7장 피니: 기획된 대중전도의 개발자 237

최초의 선교사들이 미국 해외 선교 위원회로부터 임명을 받아 해외로 파송되고 있다.
무릎을 꿇고 앉아 있는 사람들은
루터 라이스, 고든 홀, 헨리 노트, 사무엘 뉴웰, 아도니람 저드슨이다.

3) 세계 선교

이런 훌륭한 지도자들의 지도 아래, 복음주의 부흥운동은 세계의 전역으로 선교사를 보내는 일에도 영감을 주게 되었다. 미국 선교 지도자 중 하나인 사무엘 밀스 2세(Samuel J. Mills, Jr., 1783-1818)는 1801년에 코네티컷 부흥을 통해 회심하게 되었다. 밀스는 서부 매사추세츠의 윌리엄스 대학에 입학하여, 거기서 해외 선교에 대한 꿈을 키우게 되었다. 1806년 8월의 어느 무더운 날, 그와 4명의 친구들은 대학 캠퍼스의 벌판에서 기도하고 있었다. 갑작스런 폭풍우가 휘몰아쳐 그들은 기도회를 계속 진행하기 위해 건초더미 근처의 은신처로 들어갔다. "건초더미 기도회"(Haystack Prayer Meeting)는 미국의 해외 선교 운동의 시초로 간주되어, 그 모임의 결과 1810년에 미국 해외 선교 위원회가 탄생하게 되었고, 1812년에는 최초의 5명의 선교사를 파송하게 되었다. 밀스는 미국에 남아 서부 전역을 여행하며 전 세계에 성경과 선교사가 필요함을 역설하며 다녔다. 그 후 그는 1818년에 해방된 흑인들을 위한 식민 거주지를 사려고 이후 리베리아(Liberia)가 될 아프리카를 여행하기도 했다. 귀국 여행 중에 그는 열병으로 사망했지만, 기독교를 전파하려는 그의 영웅적인 노력과 사람들을 도운 일은 그의 도전을 가슴에 새긴 많은 사람들에게 영감을 주었다.[52]

40년 동안의 미국 제2차 대각성 운동의 회심자의 대략의 숫자는 많은 개신교회들의 등록교인의 수를 조사해 보면 알 수 있다. 1855년에 로버트 베어드(Robert Baird)는 복음주의적인 개신교도의 숫자가 4,176,431명에 달한다고 보고했다.[53] 이 증가분 가운데 일부가 꼭 대각성 운동을 통한 증가 숫자가 아니었다고 해도, 50년 사이에 거의 3백만 명의 회심자가 강력한 복음전도로 편입된 것이다. 십만 명의 새로운 회심자들이 1831년 한 해의 부흥으로 생겨났다는 것은 그 해의 선도가 얼마나 강력한 것이었는지를 증명한다.[54] 가능한 통계 수치들을 종합해 볼 때, 아무리 낮게 잡는다고 하더라도 2차 대각성 운동 기간 중인 1795년에서 1835년 사이에 최소한 1백만 명의 사람들이 회심했다. 비처와 테펀 형제, 피니 그리고 주도적인 다른 그리스도인들이 참된 기독교 나라 미국에 대한 이상을 보여주었고, 이 이상을 촉진시켰다. 1835년에는 그것이 가능할 것처럼 보였다.

---

52) 밀즈의 생애와 사역에 대해서 다음을 참고하라. Thomas C. Richards, *Samuel J. Milles: Missionaries Pathfinder, Pioneer, and Promoter* (Boston, 1906). 미국 해외선교부에 의해 최초로 파송된 선교사들 중의 한 사람인 아도니람 저드슨(Adoniram Judson)에 관한 연구서로는 Courtney Anderson, *To the Golden Shore* (Grand Rapids, 1972)을 들 수 있다.

53) Robert Baird, *Religion in America* (New York, 1970), 251.

54) 필라델피아에 소재한 장로교역사협회 등을 비롯한 여러 기관들의 고문서관에서, 필자는 미국 전역에 걸쳐 1830년대 초반부터 기록된 교회의 다양한 문서들을 면밀히 조사한 바 있다. 특별히 1831년을 전후하여 교회 안으로 상대적으로 많은 새로운 교인들이 유입되었다는 사실을 반복적으로 발견할 수 있었다. 이러한 사실은 피니의 사역과는 상관없이, 로체스터를 중심으로 번져가던 소위 "리플 효과"의 영향으로 수많은 교회들이 그 지역에서 의 부흥에 연관되어 있었음을 알려준다.

제3차 대각성 운동과 남북전쟁

찰스 피니(Charles Finney) 이전에는 대대적으로 환영받은 순회 복음전도자(itinerant evangelists)들이 거의 없었다. 조지 휫필드(George Whitefield)는 그의 시대에 하나님의 기름부음 받은 사자(divinely-anointed messenger)로서 폭넓게 인정받았으며, 아사헬 네틀톤(Asahel Nettleton)은 뉴잉글랜드와 뉴욕 전역에 걸쳐 지속적인 초청을 받았다. 그러나 다른 순회 복음전도자들은 대체로 침입자로 인식되는 분위기였다. 비록 네틀톤이 사람들의 이러한 태도를 바꾸기 위해 많은 노력을 하기는 했지만, 1826년에 순회전도를 위한 동역자들로 이루어졌던 피니의 "홀리 밴드"(Holy Band)가 보스턴이나 필라델피아에서 거의 환영받지 못했다. 하지만, 뉴욕 주의 시골지역은 그들에게 상대적으로 개방적이었다.[1]

1835년 피니가 오벌린(Oberlin)을 방문 했을 즈음에는 상황이 현저하게 호전되었다. 비록 어떤 이들은 직업적인 "전문" 복음전도자들의 출현을 걱정하기도 했지만, 복음전도자들은 대부분의 교계에서 상당히 존경받았다. 한 필자

---

[1] 찰스 피니의 "거룩한 밴드"(Holy Band)에 대해서 다음을 참고하라. Keith J. Hardman, *Charles Grandison Finney, 1792-1875: Revivalist and Reformer* (Syracuse, 1987; reprint, paperback edition, Grand Rapids, 1990), 92, 460 n. 40.

피비 팔머(Phoebe Palmer)와 그녀의 남편 월터는 미국과 캐나다에서 여러 강의를 통해 성결 운동에 영향을 주었다. 팔머 여사는 많은 강의와 저술활동을 했고, 초기 페미니스트 운동의 지도자이기도 했다(빌리 그래함 센터 박물관).

는 「쿼털리 크리스찬 스펙테이터」(Quarterly Christian Spectator)에서 "부흥회만을 위해 평생토록 일할 전도자들의 단체"의 도입을 요청한 코네티컷의 평신도들을 비난하기도 하였다.[2] 그 잡지의 한 기고자는 평신도들이 지역교회의 목사들은 부흥집회를 인도할 능력이 없으며, 오직 전문가들만이 할 수 있으리라고 생각하는 것에 대해 우려했다. 피니는 어떤 특수한 성직 집단을 창설할 의사가 없었으며, 모든 지역교회의 목사는 복음전도자여야 한다고 가르쳤다.

---

2) "Review on the Employment of Evangelists in Our Older Settlements," *Quarterly Christian Spectator* 1 (September 1829): 425ff.

만일 그들이 전도하지 못한다면, 목회교육 체계에 결함이 있다는 것이 분명하다. "목회의 목표는 영혼구원이다… 그는 교회를 일깨워 죄인들의 회심을 방해하지 않는 방법을 알아야만 한다. 이것은 흔히 목회사역의 가장 어려운 부분이다"라고 피니는 단언했다.[3] 피니가 가르치는 사역을 위하여 오벌린으로 갔을 때, 그는 미래의 목회자들을 그릇된 방법들로 훈련시키는 전형적인 신학교육의 결함을 고치려는 의도를 갖고 있었다. 이렇게 해서 오벌린은 "부흥 목회자들"(revival ministers)을 배출하게 된 것이다.

피니의 의도가 무엇이었던 간에, 그 결과는 순회 복음전도자의 수적 증가로 나타났다. 1840년대까지 거의 피니만큼 유명하게 된 사람들 중의 한 사람은 최초의 전문적인 침례교 복음전도자였던 제이콥 냅(Elder Jacob Knapp, 1799-1874) 장로였다. 그는 해밀턴 대학(Hamilton College)을 졸업하고 뉴욕주 워터타운(Watertown)에서 목회를 한 후, 1833년에 복음전도자가 되었다. 그는 피니의 새로운 신학(the New Divinity)과 새로운 방법론을 받아들였고 150회 이상의 부흥집회를 인도하였다. 비록 그가 수십만 명이나 되는 사람들의 회심에 기여했다고 주장되고 있지만, 냅은 자주 비난을 받았다. 시골보다는 도시에서 부흥집회 인도하기를 선호했기 때문에, 그는 1835년에서 1842년 사이에 뉴욕, 워싱턴, 볼티모어, 뉴헤이븐, 하트포드, 프라비던스, 보스턴, 로체스터, 알바니와 브루클린 등지에서 많은 부흥집회를 열었다. 그는 자신의 방법을 다음과 같이 묘사하였다.

> 나는 하나님의 성령과 "하나님과 함께 일하는 자들"로서의 교회의 진정한 협동에 의해 효력을 발하는 하나님의 진리의 능력을 의지해 왔다. 만일 사역이 지속되면, 나는 성도와 죄인들 모두에게 적용되는 주제들을 놓고 설교 한다. 집회에 참여하는 모든 사람에게 24시간동안 생업과 음식물을 삼가도록 요구하고 금식을 선언한다. 때로는 한 집회에서 서너 번이나 그런 기회를 가졌다. 우리는 그렇게 기도와 금식으로, 설교와 권

---

3) Charles G. Finney, *Lectures on Revivals of Religion*, ed. W. G. McLoughlin, Jr. (Cambridge, Mass., 1960), 176.

면으로, 겸손과 고백으로, 주님께서 "오셔서 의로움을 우리 위에 부으실" 때까지 주님을 찾았다. 교회가 일깨워져서 거룩하게 구별되고 성령의 임재를 깨닫게 되면, 하나님의 진리를 거듭 부어 주신다… 십자가에 못박히신 그리스도를 선포하며 죄인들이 의지했던 모든 것을 무너뜨린다. 그 의지 했던 것들은 때에 따라 변한다. 그것이 보편구원설(universalism)일 수도, 유니테리언주의(unitarianism)일 수도 있으며, 혹은 도덕일 수도 있다.[4]

1830년대에 활동하던 다른 복음전도자들도 역시 언급할 가치가 있다. 야베스 S. 스완(Jabez S. Swan)은 그의 설교에 유머감각을 도입한 훤칠하고 호리호리한 사람이었다. 그는 1832년 4일간의 집회를 기점으로 복음전도자로서의 본격적인 사역을 시작했다. 피니와 마찬가지로, 금주는 그의 주요 관심사 중의 하나였으며, 그의 집회에서도 금주서약에 서명하지 않는 사람은 회심하지 않은 자로 간주되었다.

처음에는 장로교인이었던 에드워드 노리스 커크(Edward Norris Kirk, 1802-1874)가 프린스턴을 졸업한 새로운 방법론의 주창자였다. 그는 알바니에 소재한 제4장로교회의 목사로서 피니가 그의 강단에서 설교하도록 초청했다. 그는 1837년에 복음전도자가 되어 보스턴에 소재한 마운트 버논 회중교회(Mt. Vernon Congregational Church)에 부름을 받는 1842년까지 매우 성공적으로 사역을 수행했다. 이 교회는 그가 그곳에서 그 해에 인도한 부흥집회 후에 조직되었으며, 곧 보스턴의 주요한 복음전도 기관이 되었다. 1852년 그 교회가 청년을 대상으로 사역한 결과, 미국에서 처음으로 YMCA가 설립 되었다. 1854년에는 드와이트 L. 무디(Dwight L. Moody)라는 17세의 청년이 보스턴에 와서 커크의 교회에 출석하기 시작했고, 무디는 그 이후 회심하였으며 그 교회의 목회사역을 통해 신앙훈련을 받았다.

1840년에 이르게 되면, 더욱 많은 복음전도자들이 현장에서 활동하였다. 여러 종교 간행물들은 지속적으로 훌륭한 순회 복음전도자들을 언급했는데, 이

---

4) W. F. P. Noble, *A Century of Gospel Work* (Philadelphia, 1876), 399-400.

들 중에 감리교인으로는 제임스 코헤이(James Caughey), 존 뉴랜드 마핏(John Newland Maffitt)과 월터 팔머 박사 부부(Dr. and Mrs. Walter Palmer), 침례교인으로는 프랜시스 웨일랜드(Francis Wayland), 그 밖의 사람들 중에는 올슨 G. 파커(Orson G. Parker), 다니엘 베이커(Daniel Baker), 아더 그랜저(Arther Granger), A. C. 킹슬리(A. C. Kingsley), 제임스 갤러거(James Gallagher), 에머슨 앤드류스(Emerson Andrews), 토마스 셰어다운(Thomas Sheardown), 새뮤얼 G. 올튼(Samuel G. Olton)과 루이스 레이먼드(Lewis Raymond) 등이 있었다. 또한 수많은 안수 받은 목회자들이 목회 공백기간 중에 전도자가 되는 경우도 있었지만 영구적으로 그 역할을 감당하지는 않았다.[5]

1. 전국적인 동요

1830년대에 이르게 되면 격렬한 동요 속에서 미국 전역의 관심이 노예제도에 집중되었다. 그리고 1837년이 시작되면서, 기업가들과 자본가들은 경제적 문제가 심각하게 도래하고 있음을 인식하고 있었다. 일차적인 문제는 이자율이 얼마가 되든지 신용대출이 매우 부족한 상태였다. 사업가들은 주문을 취소하거나 잔금 지불의 연장을 간청하였다. 전국적으로 많은 상사들(商社; firms)이 파산했으며, 자금이 귀해지면서 은행도 심한 압박을 받았으며 1837년 공황(the Panic of 1837)이 시작되면서 수백 개의 은행들이 문을 닫았다. 찰스 피니와 오벌린 대학 및 기타 많은 복음전도운동에 대하여 후한 지원을 해왔던 태판(Tappan) 형제들도 국내 굴지의 실업가들 중에 속하는 인물들이었다. 그럼에도 불구하고, 1837년 5월 1일 현금을 확보하려던 시도가 실패하자, 태판 형제

---

[5] 남북전쟁 이전 기간의 포괄적인 전도활동에 대해서 다음의 저서를 참고하라. Timothy L. Smith, *Revivalism and Social Reform: American Protestantism on the Eve of the Civil War* (New York, 1957).

들도 파산을 선언할 수밖에 없었다. 그들의 부채는 (부분적으로는 뉴욕시에 소재한 그들의 포목점들을 불태웠던 1835년 12월의 화재 때문이기도 했지만) 거의 지불하기 불가능한 금액인 110만 달러에 이르렀다. 공황의 영향으로 수 년 동안 모든 국사(國事; affairs of the nation)에는 음침한 장막이 깊게 드리워져 있었다.

1837년에서 1857년까지 미국의 영적 삶은 수많은 정치적, 사회적, 경제적 그리고 종교적 요인들 때문에 급격하게 쇠퇴하고 있었다. 윌리엄 밀러(William Miller, 1782-1849)와 그의 추종자들은 그리스도께서 1843년 3월 21일과 1844년 3월 21일 사이에 재림하실 것이라고 미혹했으며, 교회는 극단적 밀러주의자들(Millerites) 때문에 혼란 속에 처하였다. 많은 사람들이 자신의 소유를 팔고 잔뜩 희망을 품으며 기다렸다. 휘트니 R. 크로스(Whitney R. Cross)는 "아마도 미국에서 족히 5만 명 이상의 사람들이 1844년이 되면 인류의 역사가 끝날 것이라고 확신하고 있었지만, 백만 명이 넘는 그들의 친구들은 그들에 대해 무척 회의적이었다"라고 기술하였다.[6] 밀러주의 신문의 편집자는 독자들에게 "진짜 당신이 필요로 하는 당신 자신과 가족을 위한 당면한 필수품 이외의 당신의 **모든 소유**(all)를 처분하시오…죽어가는 사람들에게 진리를 전파하는 데 도움을 주도록…" 이라고 충고하였다.[7] 그러나 평범한 사건들 이외에는 아무 것도 일어나지 않고 책정된 날들이 지나가자, 밀러는 재림 일을 1844년 10월 22일로 재조정하였고 많은 이들은 다시 그 날을 대망하였다. 대부분의 교회들이 밀러주의자들의 망상과는 아무런 관련이 없었음에도 불구하고, 모든 교회들이 조롱을 당했다. "이티카(Ithaca), 댄스빌(Dansville), 스카츠빌(Scottsville)과 로체스터(Rochester)에서는 폭도들이 재림주의자들의 집회 장소에 난입하여 그들이 할 수 있는 한 모든 것을 부수고 태웠다… 캐나다 토론토에서는 타르를 칠하고 그 위를 새털로 덮는 일들이 허다했다."[8] 이런 사건

---

6) Whitney R Cross, *The Burned-over District: The Social and Intellectual History of Enthusiastic Religion in Western New York, 1800-1850* (Ithaca, N. Y., 1950), 287.
7) *Ibid.*, 307.
8) *Ibid.*, 308.

들은 모든 교단들에 심각한 도전이 되었다. 회의론자들이 모든 기독교 교단들을 한데 묶어 무차별적으로 조롱했기 때문이다. 1845년과 1855년 사이에 교회의 새 신자 수는 사망과 징계로 인한 교인수의 감소를 거의 따라 잡지 못했다.

마침내 1837년의 공황과 1843-44년의 밀러주의자들의 망상의 영향은 점차 사라졌으나, 노예문제로 인한 동요는 매년 점증되어 갔다. 기독교인들 사이의 연합 전선도 분열되어, 온 교단이 남부와 북부로 나뉘었다. 오벌린에서 온 파장과 지하철 조직망(the Underground Railroad: 미국의 북부 지역과 캐나다로 자유를 찾아 도주하는 노예들을 돕던 거대한 조직- 역자 주), 극단적 노예제 폐지론자(abolitionist)인 윌리엄 로이드 게리슨(William Lloyd Garrison), 탈주 노예법(the Fugitive Slave Law)의 통과, 웬델 필립스(Wendell Phillips)의 노력, 스토우 부인의 『톰 아저씨의 오두막집』(*Uncle Tom's Cabin*)의 엄청난 인기, 미주리(Missouri) 주와 캔자스(Kansas) 주에서의 혈투, 대법원의 드레드 스콧 판결(Dred Scott Decision: 1857년 3월 6일 미국 연방최고재판소가 흑인 노예였던 드레드 스콧(1795-1858)의 자유를 인정할 수 없다고 한 판결- 역자주)과 수십 개의 다른 요소들로부터 비롯된 영향들이 격동을 증폭시켰다.

1857년 후반에 닥친 금융위기는 경제적으로는 1837년 공황만큼 심각하지는 않았으나 심리적으로는 아마도 19세기 중에 일어난 일 중에 최악의 사건이었을 것이다. 오천 개 이상의 사업장이 일 년 사이에 파산하였으며, 특별히 주요 도시에서 실업이 만연하였다. 서부에 관해서는 어느 역사가가 주장했듯이, "시기상조의 서부 철도는 시기상조의 주민을 위한 시기상조의 교통으로 넘쳐나는 시기상조의 도시들을 조성해왔다."[9] 각 주는 자체 은행체계를 규제하였으며, 이는 불안정한 은행 신용대부와 부동산 투기를 위한 현명하지 못한 저당설정을 초래하였다. 오하이오 생명보험과 신탁회사는 1857년 8월에 파산하였다. 다른 사업들은 볼링 핀처럼 이리저리 비틀거렸다.[10] 1837년 공황 때처럼, 이율은 치솟았고 현금은 확보하기가 거의 불가능한 지경이 되었다. 공장들은 가동

---

9) J. Schoulder, *History of the United States under the Constitution* (New York, 1922), 5.384.
10) H. U. Faulkner, *American Economic History* (New York, 1938), 235.

을 멈추었고 실업자 대열은 계속해서 길어만 갔다.

2. 성령의 음성을 듣기 위해 멈추다

감리교회 감독이었던 워렌 A. 캔들러(Warren A. Candler)는 "산업의 바퀴가 멈추고 탐욕의 소란스러운 울부짖음도 잠잠해졌으므로 사람들은 그들을 회개하라고 부르시는 성령의 음성을 듣기 위하여 멈추었다. 그리고 그들은 하늘의 부름에 귀 기울였으며 전국적 규모의 또 다른 부흥집회가 시작되었다"고 기록했다.[11] 3차 대각성 운동의 기원은 가장 직접적으로는 감리교로 거슬러 올라갈 수 있다. 1855년에 이르러 기타 모든 개신교 단체들을 훨씬 앞선 감리교는, 가장 근접한 경쟁자인 침례교의 신자수가 1,322,469명이었던 데 반해, 여러 감리교 계파들은 1,593,794명의 신자에 달한다고 주장했다.[12] 애즈베리 감독(Bishop Asbury)의 재임기간이후 매우 급속한 성장을 한 감리교에는 영혼전도와 부흥집회의 생명력 있는 전통이 고취되었다. 티모시 L. 스미스(Timothy L. Smith)는 "1857년 이전에 주목할 만한 전임 복음전도자가 단 4명-평신도였던 존 뉴랜드 마피트, 제임스 코게이, 월터 팔머 박사 부부-뿐이었다는 사실은 모든 감독, 대학 총장, 수석 장로와 순회 전도자가 사실상 영혼을 지속적으로 건져 내는 전도자였다"라고 주장하였다.[13]

3. 성결에 대한 강조

3차 대각성 운동의 초기 추진력은 온타리오(Ontario)주의 해밀턴(Hamilton)에서 비롯되었다. 그곳에서 평신도요 의사였던 월터 팔머 박사와

---

11) Warren A. Candler, *Great Revivals and the Great Republic* (Nashville, 1904), 190.
12) Robert Baird, *Religion in America* (New York, 1970), 242.
13) Smith, *Revivalism*, 46.

그의 부인 피비(Phoebe)는 교회예배와 캠프 수련회 등에서 설교를 했으며, 팔머 부인이 보통 대부분의 설교를 담당하였다. 수 년 동안 이 부부는 청중들에게 완전주의(perfectionism) 교리를 가르치며, 큰 반향을 불러일으켜 감리교 교리를 널리 확산시키는 데 견인차 역할을 하였다. 팔머 부인의 연설 경력은 1830년 중반에 뉴욕에 소재한 그녀의 집에서 모였던 화요 여성 모임에서 시작되었다. 이 모임의 참석자가 점점 늘어가자, 원하는 사람들을 다 수용할 수 있는 집회장소를 찾기 위하여 두 번씩이나 이전하게 되었다. 또한, 팔머 부인은 영향력 있는 다수의 책, 『성결의 길』(The Way to Holiness), 『아버지의 약속』(The Promise of the Father), 『믿음과 그의 능력』(Faith and Its Effects), 『완전한 헌신』(Entire Devotion), 『구원의 섭리에 대한 평이한 해설』(Incidental Illustrations of the Economy of Salvation)을 비롯한 많은 책들을 저술하였는데, 이 모든 책들은 여러 판을 거듭하여 출판되었다. 그녀의 가장 중요한 공헌 중의 하나는 1850년에 다섯 지역 선교회(the Five Points Mission)를 뉴욕에 설립한 것이었다. 그 지역은 그 도시의 극악한 빈민굴 중의 하나였으며, 거기서부터 미국 빈민에 대한 기독교 구제기관의 사역이 시작된 것이다.[14]

팔머 부부는 1850년 이후 매해마다 1년의 절반씩을 캐나다와 미국 동부에서의 부흥집회와 캠프 수련회를 위해 헌신하였다. 1857년 6월부터 10월까지 그들은 5천명 이상이 참여한 캠프 수련회를 인도하며 퀘벡(Quebec)주와 온타리오(Ontario)주에 머물렀다. 온타리오의 해밀턴에서 뉴욕행 연결선을 기다리던 그들에게 사무엘 라이스(Samuel Rice)라는 웨슬리파 목사가 다가와서, 그들에게 맥납 스트리트 웨슬리 감리교회(McNab Street Wesleyan Methodist Church)에서 설교해 달라고 요청하였다. 그 집회에서 엄청난 환영을 받은 그들은 다음 저녁 집회에 다시 초대되었고, 그 결과 21명이 회심하였다. 팔머 부부가 수 주일을 머무는 동안, 600여명이 그리스도를 구주로 고백하였다. 이것은 세계를 휩쓸 부흥운동에서 죄인임을 확신하게 되는 특별한 능력의 증거를

---

14) *Ibid.*, 67-68, 81-82, 116-17, 122-27, 140-46, 169-71.

보여주는 첫 번째 실증이 되었다.[15] 해밀턴 부흥은 캐나다와 미국 신문들에 의해 질서정연함의 모범으로서 대서특필 되었다. 그 해 겨울 팔머 부부는 초교파적 후원을 받는 여러 집회들을 인도하기 위해 빙햄튼(Binghamton), 오위고(Owego), 뉴욕의 유니언 센터(Union Center)로 떠났다. 3차 대각성 운동이 이미 시작되었다.

4. 풀턴 거리 기도회(The Fulton Street Prayer Meeting)

팔머 부부의 사역이 각성 운동에 커다란 동력을 부여하는 역할을 감당한 반면, 다른 사역자들은 이 비범한 부흥을 널리 전파하는 데 크게 공헌하였다. 1856년 9월, 뉴욕 수일학교 연합회(the New York Sunday School Union)는 각 회원교회들로 하여금 집집마다 찾아다니며 사람들을 방문할 방문자를 보내도록 요청했다. 교회에 출석하도록 사람들을 설득하는 2천여명의 방문자들이 도시를 뒤덮었다. 모든 곳에서 사람들은 기도하러 모이는 것처럼 보였다. 아마도 나라의 불길한 상황이 그들을 기도하도록 몰았을 것이다. 위험한 경제 사정과 임박한 남북전쟁이 중요한 원인이 되었다. 작은 도시건 큰 도시건, 초교파적인 기도모임이 주로 평신도들에 의하여 진행되었다. 코네티컷 주의 벧엘(Bethel)에 있는 한 모임은 매일 오후 4시에 소집되었으며 400여 명이 회심했다고 보고하였다.

뉴욕 중심가에서는, 제레마이어 랜피어(Jeremiah Lanphier)라는 48세의 온화한 실업가가 북부 네덜란드 개혁 교회(the North Dutch Reformed Church)를 위해 1857년 7월에 도시 선교사역을 시작했다. 그는 1809년 뉴욕 주의 칵세키(Coxsackie)에서 태어나 1842년 피니의 브로드웨이 교회

---

15) *The Revival*, 17 September 1859 and 1 October 1859. 피비 팔머에 관한 결정적인 전기로는 Charles E. White, *The Beauty of Holiness: Phoebe Palmer as Theologian, Revivalist, Feminist, and Humanitarian* (Grand Rapids, 1986)을 꼽을 수 있다.

(Broadway Tabernacle)에서 회심하였다. 한 기자는 랜피어를 "키가 크고, 인상이 좋았으며, 상냥한 태도와 불굴의 힘과 인내를 가졌다. 그는 훌륭한 가수이며, 기도와 권면의 은사를 받았고, 어느 집에서나 환영받는, 통찰력 있고 풍부한 재치와 상식을 재능으로 가진 사람이었다"고 묘사하였다.[16]

북부 네덜란드 교회의 교인이 감소하자 교회 지도자들은 무엇인가를 해야겠다고 결심하고 랜피어를 고용했다. 사람들은 옛 중심가 주변에서 새로운 번화지역인 북쪽으로 이주하고 있었다. 랜피어는 사람들을 교회로 모으는 전략 중의 하나로 수요일마다 정오 기도회를 갖자고 제안했다. 그는 다음과 같은 내용의 전단지를 인쇄했다.

"얼마나 자주 기도할까요?"

능력의 언어가 내 마음속에 있을 때마다, 내가 도움의 필요성을 깨달을 때마다, 내가 유혹의 힘을 느낄 때마다, 영적 타락을 감지할 때나 세상적이고, 세속적인 영의 침략을 느낄 때마다…
낮 기도회가 매 수요일 12시부터 1시까지 열립니다. 장소는 (풀턴〈Fulton〉과 앤〈Ann〉 거리로부터 들어가는 입구) 풀턴과 윌리엄 거리(William Streets)의 모퉁이에 있는, 북부 네덜란드 교회 뒤쪽의, 교회 당회실입니다.
이 모임은 상인, 직공, 사원, 외지인, 실업가 여러분이 하던 일을 멈추고 각자의 직업에서 일어나기 쉬운 혼란 속에서도 하나님을 찾을 수 있는 기회를 주기 위한 것입니다. 이 모임은 한 시간 동안 계속 됩니다. 그러나, 이것은 1시간 내내 시간을 낼 수 있는 사람들뿐만 아니라 5분이나 10분 이상 머무르는 것이 용이하지 못한 사람들을 위해서도 계획된 것입니다. 방해는 거의 없을 것입니다. 오히려 기다려질 것입니다. 주저하시는 여러분, 겸손과 감사함의 기도로 은혜의 보좌에 여러분의 목소리를 상달하기 위하여 멈추어 섬으로써 여러분의 사업 계약이 신속히 처리될 수도 있음을 명심하십시오. 모두가 참석하시기를 진심으로 초청합니다.[17]

---

16) T. W. Chambers, *The Noon Prayer Meeting of the North Dutch Church* (New York, 1858), 33-44.
17) J. Edwin Orr, The Second Evangelical Awakening in America (London, 1952), 25-26.

1857년 9월 23일 정오에 방으로 향하는 문을 열고, 자신의 초청에 응답할 사람들을 기다렸다. 마침내, 12시 30분에 한 사람이 계단을 올라왔으며, 그리고 또 다른 이가 올라와, 6명이 출석한 상태에서 모임은 시작되었다. 다음 주 수요일에는 20명이 왔으며, 그 다음 주에는 그 수가 갑절이 되었다. 이 풀턴 거리 기도회가 시작된 후 이틀째 되던 날, 펜실바니아 은행이 필라델피아에서 파산했으며, 전국 금융업계로 그 충격파가 전해지게 되었다. 경제 및 사회적 상황이 악화됨에 따라 그 모임은 매일 모이는 것으로 시간이 조정되었다. 상황이 진전되자, 랜피어는 그 방이 참석자들을 모두 수용하기에는 좁다는 사실을 깨닫고, 기도회를 부근의 존 스트리트 감리교회(John Street Methodist Church)로 이전하게 되었다. 놀랍게도, 풀턴 거리 기도회는 20세기에까지 지속되었다.

1) 기도에 대한 관심의 증가

뉴욕시는 1858년 제3차 대각성 운동의 중심이었다. 그 당시 뉴욕은 압도적으로 복음주의적 개신교 교회들로 채워진 도시였으며, 당시에도 종교적 가치를 상당히 중시하는 경향을 띠고 있었다. 50개의 성공회 교회, 41개의 장로교회, 34개의 감리교회, 29개의 침례교회, 23개의 네덜란드 개혁 교회, 7개의 회중교회, 7개의 루터교회, 5개의 개혁 장로교회, 4개의 연합 장로교회 및 기타 70 여개 교회들이 산재해 있었다.[18] 피니는 뉴욕은 "번영의 물결 위에 둥둥 떠 있어서인지 부흥을 갈망하는 태도가 거의 죽어 있는 것 같다"고 단언한 적도 있었다. 그렇지만 이런 태도는 하루 아침에 바뀌었다. 뉴욕증시 시장의 붕괴로 촉발된 금융위기는 사람들을 자아도취 상태에서 깨어나게 하였으며, 각성운동의 촉진제 역할을 하였다. 자주 회자되었던 말은 다음과 같다. "우리는 계속해서 경계를 받았으나 결국은 완악해지고 말았다. 이제는 우리가 기도할 때이다."

점차적으로 각성운동의 최초의 결과들이 공론화되었다. 브루클린

---

18) *New York Christian Advocate and Journal*, 13 May 1858, 1.

(Brooklyn)의 한 교회는 1월에 75명이 회심했다고 보고하였으며, 같은 달에 용커즈(Yonkers) 지역의 허드슨 강(Hudson River) 마을에서는 거의 90명이나 되는 사람들이 전도되었다.[19] 2월에 이르러서는 일반 세속 신문도 특이한 일이 일어나고 있다는 것을 감지하기 시작하였다. 그때는 뉴욕 신문사들끼리 크게 경쟁하고 있었기에 각 편집장들은 눈에 띄는 기사거리를 찾고 있었다. 선정성 신문편집의 선구자였던 호레이스 그릴리(Horace Greeley)는 그의 「뉴욕 데일리 트리뷴」(New York Daily Tribune)지에 각성운동에 대하여 특집기사를 냈다. 1858년 2월 10일자에는 다음과 같은 글이 실렸다:

기도의 시간
약 2, 3년 전에, 한 일일 기도회가 도시의 한 지역에서 시작되었다… 몇 달 전, 오랜 침묵 후에 이 모임이 풀턴과 윌리엄 거리 모퉁이에 있는 북부 네덜란드 교회의 당회실에서 재개되었으며, 금융공황이 시작된 이래 매일 붐비게 되었다.

또 다른 모임이 주택가의 나인스 스트리트 네덜란드 개혁 교회(the Ninth Street Dutch Reformed Church)에서 구성되어 어제 정오부터 여러 사람들에게 개방되었으며, 약 200명 이상이 참석했다… 이 모임은 반교파적(anti-denominational)이었고, 분파주의적 견해를 주장하는 것은 어떠한 형태로도 용납되지 않았다.[20]

신문들은 또한 그 모임들에서는 광신, 광란뿐만 아니라 심지어 어떠한 형태의 설교조차도 없었으며, 그 대신 모든 사람들이 기도해야 한다는 강력한 욕구를 느꼈다고 보도했다. 수도 워싱턴의 「내셔널 인텔리젠서」(The National Intelligencer)는 뉴욕에서는 "오랫동안 모든 곳에서 횡행하고 있는 산만함 가운데서도 종교적 관심이 날로 점증하고 있다"고 전하였다.[21] 일주일 후, 1858년 3월 11일에 같은 신문은 "부흥집회가 수적으로나 효과적으로나 현재보다 더 나은 적은 없었다"고 보도했다.[22] 뉴욕에서 호레이스 그릴리(Horace Greeley)

---
19) Ibid., 28 January 1858, 3.
20) New York Daily Tribune, 10 February 1858, 1.
21) Washington National Intelligencer, 2 March 1858, 1.
22) Ibid., 11 March 1858, 3.

의 「트리뷴」(Tribune)의 최대 맞수였던 제임스 고든 베넷(James Gordon Bennett)의 「뉴욕 헤럴드」(New York Herald)는 "아침에는 사탄이 월스트리트(Wall Street)의 주식 중개인들 사이에서 내내 분주하고, 오후와 저녁에는 아침에 도박하던 성도들로 성황을 이룬 교회가 분주하다"고 보도하였다.[23]

교회들이 없거나 너무 적은 곳에서는 극장이 때로 기도회 모임장소로 사용되었다. 체임버 스트리트(Chamber Street)에 있는 버튼 극장(Burton's Theater)은 부근 상인들의 정오 기도회를 위해 약속된 장소였다. 소유주인 버튼은 자신을 위해 기도해 달라고 부탁했다. 매일 기도회가 시작되기 30분전에 극장은 미리 꽉 차 버려서, 다른 사람들은 밖에서 기다려야 했다. 극장 거리는 여러 교통수단으로 붐볐으며, 대단히 혼란스러웠다. 「뉴욕 타임즈」(New York Times)는 3월 19일에 대형교회였던 브루클린의 플리머스 교회(Plymouth Church of Brooklyn)의 목사였던 헨리 워드 비처(Henry Ward Beecher; 1813-1887)가 그 극장에서 3천명이 참석한 기도회를 인도했다고 알렸다. 성경을 읽는 동안, 비처는 인접한 술집에서 열린 기도 모임에 참석한 넘쳐나는 군중들이 부르는 찬양 때문에 성경 읽기를 일시적으로 중단해야 했으며, 그는 술집에서 그런 일이 일어날 수 있음을 하나님께 감사하도록 했다.[24]

3월에 있었던 가장 유명했던 회심은 링에서 잔인하기로 악명 높았던 유명한 권투선수 오르빌 가드너(Orville Gardner)의 회심이었다. 가드너가 대중 앞에서 한 간증은 광범위한 효과를 거두었는데, 특히 하급계층의 사람들에게 효과가 있었다. 그동안, 모든 뉴욕 신문들은 그 모임들에 기자들을 보내어 무슨 일이 일어나고 있었는가를 기록하여 각성운동에 대한 특집 기사를 내고 있었다. 베넷과 그릴리는 부흥집회 기사를 놓고 계속해서 경쟁하였다. 4월에 그릴리의 「트리뷴」(Tribune)은 주간 판(weekly edition)의 모든 주제를 부흥집회에 할애하였다. 이 모든 기사가 나가자, 소수만 모였던 몇몇 기도회들에도 큰 무리들

---

23) *New York Herald*, 26 February 1858, 1.
24) *New York Times*, 26 March 1858, 2.

이 모여들기 시작했다.[25]

4월이 되자 뉴욕시 전역에서 20개가 넘는 기도회가 진행되었다. 풀턴 거리 기도회는 그때까지도 계속 가장 많이 모이는 기도회 중의 하나였다. 그 기도회는 기도가 응답되는 곳으로 알려지면서 광범위한 명성을 얻었다. 많은 사람들이 기도제목들을 매일 우편으로 보내기 시작했고, 어떤 편지들은 캐나다, 영국, 스위스 그리고 독일 등지에서도 오기도 했다. 다음과 같은 편지가 접수된 적도 있었다.

풀턴 거리 연합 기도모임(Union Prayer Meeting)의 담당 목사님께

친애하는 목사님께

시장님께서 집무실로 배달된 여러 요구사항이 적힌 우편물들을 당신께 보내라고 지시하셨습니다. 그 우편물들을 당신의 주소로 전송해 달라는 요청이 있었기 때문입니다.

당신을 존경하는 J. B. 올드(J. B. Auld) 시장 사무관으로부터[26]

기도 모임의 운영방식은 전국적으로 거의 비슷했다. 흔히 대중 앞에서 설교할 능력이 있는 평신도가 인도자로 선임되었다. 그의 임무는 두 가지였다. 모임의 질서를 유지하는 것과 그 모임의 자유를 유지하는 것이었다. 찬송을 부른 후에는 인도자가 기도를 하곤 했다. 어떤 사람이 성경의 한 부분을 읽으면, 기도와 권면이 엄격한 규칙 하에 행해졌다. 인도자가 몇 가지 기도제목을 읽은 후, 해당 대상들과 사람들을 위해 기도를 인도했다. 만일 어느 사람이 분파주의적인 언급을 하거나 합당하지 못한 견해를 밝히면, 인도자는 이 모임이 단순

---

25) 보스톤의 침례교단 신문인, *The Watchman and Reflector*지(紙)는 필라델피아, 볼티모어, 프라비덴스, 보스턴 그리고 메인 지역의 기도회 모임들에 참석하는 인원들의 숫자가 점증하고 있음을 주간별로 통계숫자를 밝혀주고 있다. 특히 1858년 2월 18일, 25일, 또한 3월 4일, 11일, 18일 그리고 25일자 신문을 참고하라.
26) Chamber, *Noon Prayer Meeting*, 125.

한 기도모임이라는 것과 그 사람이 질서를 어지럽히고 있다는 것을 지적하였다. 폐회 5분전에 지도자는 폐회 찬송을 부르자고 제안하고, 만일 성직자가 있으면 그가 축도를 인도하게 했다. 게시판에는 모임 순서가 기재되어 있었다.

2) 교파의 차이를 무시하다

겸손과 경건의 정신은 처음에는 기도모임을 반대했던 사람들까지도 그 반대를 철회하게 만들었다. 스미스(Smith)는 "교파나 교역자와 평신도 사이의 차별은 무시되었다. 캠프 수련회의 '사랑의 축제'(love feast)가 주는 즐거운 자유가 도시를 배경으로 전이된 것이다"라고 기록했다.[27] 각 교파의 차이점들은 무시되었고, 그리스도인들은 전심으로 협동하였으므로 감리교, 침례교, 루터교, 회중교회 및 신학파 장로교회 성도들이 함께 동역했으며, 성공회, 구학파 장로교회 교인들, 때로는 보편구원주의자들과 유니테리언주의자들까지도 포함되어 있는 경우도 있었다. 뉴욕의 가장 큰 구학파 장로교회의 목사였던 제임스 W. 알렉산더(James W. Alexander)는 처음에는 부흥운동에 적대적이었다. 그러나 점차로 그의 견해가 바뀌게 되었다. 그는 자신의 한 친구에게 "수천 명의 사람들이 교리, 책망, 기타 등등에 열려있음을 부인할 수 없다. 우리의 강의는 도저히 더 버틸 수 없을 만치 붐벼서 많은 사람들이 떠나야 할 정도다. 스펄전(Spurgeon) 설교의 출판업자는 수십만 권의 책을 팔았다고 했다. 우리 가운데 대부흥이 일어나고 있음은 확실한 일이다"라고 말했다고 한다.[28] 회심자들이 뉴욕의 교회들로 쏟아져 들어왔다. 각성운동 초기였던 1858년 3월 14일, 제13장로교회는 127명의 새신자를 받아들였으며[29] 5월에 이르러서는 한 기자에 의하면, 뉴욕시에서만 5만 명의 회심자가 있었던 것으로 추산되었다.[30]

---

27) Smith, *Revivalism*, 64.
28) James W. Alexander, *Forty Years Familiar Letters of James W. Alexander*, ed. John Hall (New York, 1860), 2.275-77.
29) *Washington National Intelligencer*, 23 March 1858, 4.
30) *The Presbyterian* (June 1858): 2.

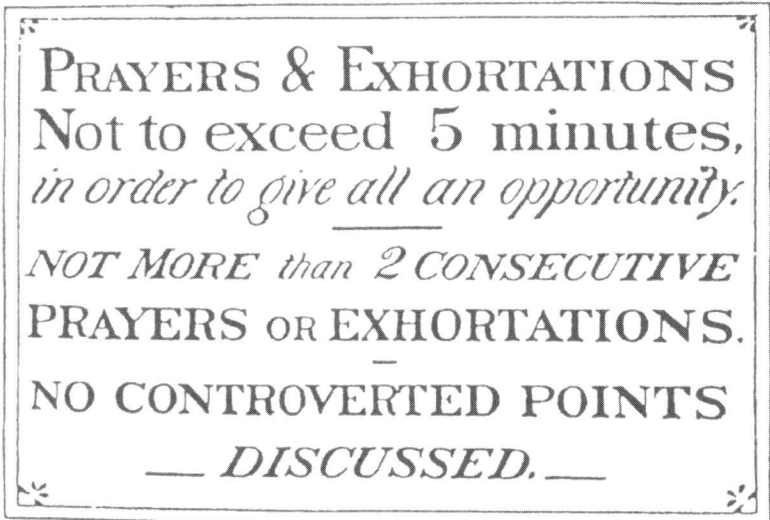

1857년 대각성 기간 동안 뉴욕에서 열린 한 기도모임 안내문

5. 하나의 전국적인 운동

맨해튼과 브루클린이 초기에 많은 추진력을 제공한 것은 사실이지만, 각성 운동이 오직 도시에 한정되었다거나, 혹은 종교적인 분야에만 한정되었다고 보는 것은 옳지 않다. 피니는 자신의 『회고록』(Memoirs)에서, "그 해 겨울 보스턴에서 있었던 한 기도회에서 어떤 신사가 일어나 말하기를 '나는 네브래스카(Nebraska)주의 주도인 오마하(Omaha) 출신입니다. 내가 동쪽으로 여행하던 기간 기도회가 어디에나 있다는 것을 알 수 있었습니다. 오마하에서 보스턴이 약 2천 마일 정도 떨어져 있지요. 그런데 그 2천 마일에 이르는 모든 지역에서 기도모임이 열리고 있었던 것입니다' 라고 하던 것을 기억합니다"라고 기록했다.[31] 이 작은 도시와 마을들이 3차 대각성 운동을 진정한 전국적 운동으로

---

31) Charles G. Finney, *The Memoirs of Charles G. Finney*, ed. Garth M. Rosell and Richard A. G. Dupuis (Grand Rapids, 1989), 563.

확장시킨 것이었다. 티모시 스미스(Timothy Smith)는 "절정에 이르렀던 2월에서 6월 사이의 기록을 보면 두 가지 사실이 두드러진다. 작은 마을과 지방 공동체가 대도시만큼이나 강한 영향을 받았다는 것이고, 대부분의 개신교 교단이 지원하고 참여했다는 것이다"라고 언급하였다.[32]

많은 예들 중에서도, 오하이오 주는 대각성 운동이 광범위하게 퍼져 있었음을 보여주는 좋은 예이다. 1858년 4월 2일자 「신시내티 데일리 커머셜」(Cincinnati Daily Commercial)에는 "이 도시의 종교적 열기는 가라앉지 않았고, 교회들은 다양한 은혜의 양상들(modes)에 익숙하지 못한 시민들 중에서도 날로 인기를 얻어가고 있다"라고 보도했다.[33] 클리블랜드의 상황은 더욱 놀라운 것이었다. 그 도시의 4만 인구 중에, 도시를 통틀어 매일 열리는 모든 기도회에 참석하는 사람들의 통합 출석수는 약 2천명이었다.[34] 공립 고등학교인에서 일어난 부흥 가운데 가장 놀라운 것은 클리블랜드에서 일어났는데, 2명의 학생을 제외하고는 모두 회심하였다.[35]

오하이오의 부흥과 기도회에 대한 열정은 교회 지도자들의 지대한 격려에 힘입은 바가 컸다. 성공회 감독이었던 찰스 페티트 맥길베인(Charles Pettit McIlvaine)은 그의 연례 주교관구 보고서의 거의 전부를 부흥의 축복들에 대한 회고에 할당하였으며, 덧붙이기를, "우리 온 교회의 어느 한 부분에도 이 '주님의 임재로부터 오는 이 유쾌한 날'로부터 제외되는 곳이 없도록 기도합시다"라고 했다.[36] 오하이오 주 전역의 2백 개 마을에서 3개월 이내에 총 1만 2천명의 회심자들이 있었음이 보고되었다.[37]

---

32) Smith, Revivalism, 67.
33) Cincinnati Daily Commercial, 2 April 1858, 1.
34) William C. Conant, Narratives of Remarkable Conversions and Revival Incidents… (New York, 1858): 373.
35) Samuel I. Prime, The Power of Prayer(New York, 1859), 171.
36) Charles P. McIlvaine, Bishop McIlvaine on the Revival of Religion… (Philadelphia, 1858), 22.
37) Conant, Narratives, 433.

미 전역에서 비슷한 사건들이 보도되었다. 새러토가 스프링즈(Saratoga Springs) 부근의 뉴욕 주의 살렘(Salem)으로부터 다음과 같은 일이 보고되었다.

> 아무런 놀라운 사건 없이, 아무런 비범한 설교도 없이, 또는 사람들의 흥미를 끌기 위해 특별히 맞추어진 아무런 특별한 노력이나 방법 없이, 과거의 짧은 시간 동안에 워싱턴과 워렌 카운티의 다수의 도시와 마을들, 버몬트(Vermont) 주의 서부 전역의 도시와 마을들의 부흥이 너무나도 대단했기에 지역 모든 계층의 주의를 끌게 되었다. 한 도시에서는, 1백명 이상이 죄를 깨닫고 회심하였으며 그런 영광스러운 역사는 아직도 진행 중이다. 그들은 온 도시가 회개할 것이라고 기대하며 기도하고 있다. 이런 역사는 교회에만 국한된 것은 아닌 듯하다. 수 백 명이 기도회에서, 집에서, 작업장에서, 그들의 직장에서 회심하였다. 재계와 사교계의 사람들, 변호사들, 의사들 그리고 상인들과 사실상 모든 계층, 연령, 성별을 가진 모든 사람들이 그 주체가 되었다.[38]

뉴잉글랜드 지역은 특별한 영향을 받았다. 1858년에 회중교회에서는 11,744명의 신자가 늘었다. 260개의 도시와 마을에서 수개월동안 총 1만명 이상이 회심했다는 보고가 들어왔다.[39] 윈체스터(Winchester)와 홀리스턴(Holliston)의 각 마을은 약 250명이 회심하였다고 보고하였다. 뉴 베드포드(New Bedford)에서는, 인구 20명 중 1명 꼴로 부흥운동에서 회심했다고 주장하였고, 유사한 각성운동이 해버힐(Haverhill)과 린(Lynn)에도 불어 닥쳤다. 스프링필드(Springfield)에서는 거의 모든 교역자들이 진위를 조사하는 모임들을 열어야만 했다. 메인 주와 로드아일랜드 주도 비슷한 영향을 받았다. 버몬트 주의 러틀랜드(Rutland)에서는 단 한 번의 집회에서 70명이 구원받은 것을 비롯하여 총 2백 명이 구원받았다. 예일 대학에서는 4학년 45명, 3학년 62명, 2학년 60명, 1학년 37명이 회심을 경험하였으며, 전체적으로 그 숫자를 추정하기 불가능한 회심이 일어나는 대학의 각성운동을 경험하였다. 암허스트 대학

---

38) *Ibid.*, 432.
39) John Shaw, *Twelve Years in America* (London, 1867), 182-84.

(Amherst College)의 총장은 거의 모든 학생이 하나님의 은혜와 중생을 경험했다는 진술을 하였다.[40]

뉴저지 주는 1857년 10월에 이미 각성의 역사를 경험하였다. 트렌턴과 프린스턴 부근의 다수의 마을들은 1백 명 이상이 새해 전에 회심하였다고 주장했다.[41] 1858년 3월에 이르러서는 뉴저지의 부흥운동은 여느 곳에서와 마찬가지로 매우 강력했다. 인구가 약 7천명이던 뉴왁(Newark)에서는 수개월 동안에 거의 3천명이 회심했다고 기록되었다. 뉴 브룬스윅에서는 177명이 감리교회에 등록했고, 트렌턴에서는 감리교회에 1천 7백명 이상이 늘어났다.

대각성 운동은 펜실베니아 주를 휩쓸었고 앨러게이니 산맥(Allegheny Mountains, 미국 Pennsylvania, Maryland, West Virginia 주에 걸친 산맥-역자주)과 애팔래치아 산맥(Appalachian Mountains, 북아메리카의 동부를 북동에서 남서로 뻗어 있는 산맥-역자 주) 서쪽에서도 동일하게 강력했다.[42] 수개월 내에 5백 개의 마을의 총 1만 5천명이 회심하였다고 보고되었다. 「더 프레스비테리안」(The Presbyterian)은 인디애나폴리스, 시카고, 루이빌(Louisville), 디트로이트, 세인트루이스, 드뷕(Dubuque), 신시내티와 클리블랜드를 비롯한 서부 전역이 강력한 부흥운동을 경험했다고 보도하였다. 또한 켄터키, 오하이오, 미주리, 아이오와, 위스콘신, 인디애나, 미시간, 그리고 일리노이에서도 그 영향을 느낄 수 있었다.[43] 「더 웨스턴 크리스챤 애드버킷」(The Western Christian Advocate)이라는 신문은 기쁨에 넘쳐, 서부가 진정으로 그리스도께 돌아왔다고 보도하였으며, 42명의 감리교 목사들이 3개월 동안 한 마을에서 7백명 이상이 회심한 것을 비롯하여 4,384명의 회심자가 있었다고 알려왔다고 전했다.[44]

1858년 당시 거의 10만 명의 시민이 있던 시카고는 비상하고 오랜 영적 관심

---

40) *New York Christian Advocate and Journal*, 13 May 1858, 2.
41) *Ibid.*, 12 October 1857 and 24 December 1857.
42) Shaw, *Twelve Years*, 182-84.
43) *The Presbyterian* (June 1858), 1.
44) *Western Christian Advocate*, 10 March 1858, 1.

의 시기를 경험했다. 1850년 이래 시카고는 인구 3만명에 불과한 도시에서, 그곳에 기점을 둔 11개의 기차선로가 뻗어나가듯 요란하게 뻗어 나가는 상업과 공업의 본부가 되었다. 「뉴욕 데일리 트리뷴」(the New York Daily Tribune)의 시카고 특파원은 1858년 2월 17일자에서 빠른 속도로 거대하게 변하는 그 도시에 대해 사실적으로 묘사했다. "사람들은 집터도 없는 호수의 저습지에 함께 모여 거대한 진흙 웅덩이 속에서 불과 12년 안에 거대하고 부유하며 한편 사악한 도시를 일으켜 세웠다… 그 도시는 마치 타타르인들(Tartars: 우랄산맥 서쪽, 볼가 강과 그 지류인 카마 강 유역에 사는 투르크 어계(語系)의 종족-역자주)이 이동형 집들을 끌고 와서 밤새 그것들을 세운 것과도 같다."[45]

시카고의 교회들은 경건한 기도 집회를 위해 연합했다. 3월에 이르러 언론도 그 열기를 인식하게 되었고, 3월 13일에는 「시카고 데일리 프레스」(Chicago Daily Press)가 "종교적 각성운동: 시카고에서의 발현"이라는 제목 아래 종교란 전체에 기사를 실었다. 지역 모임에 더하여 거대한 메트로폴리탄 극장이 임대되었고, 3월 24일자 「데일리 프레스」(Daily Press)는 매일 1천 2백명이 모였다고 보도했다. 그 다음날, 같은 신문은 단언하기를, "세속 언론이 지역공동체에서 일어난 종교적 사건에 대하여 짤막한 기사 이상으로 언급하도록 요구 받는다 것은 너무나도 특별하고 거의 전례가 없는 일이다"라며 매일 메트로폴리탄 극장에 모이는 수가 거의 2천명 수준으로 뛰었다고 보도했다. 며칠 후 「데일리 프레스」는 "요즘과 같은 전체적이고 일반적인 관심이 시카고 역사상 일어난 적이 없다"고 평하며, 각기 다른 모든 기독교 단체가 진심으로 협동하는 것에 대하여 긍정적으로 논평하였다.[46]

필라델피아와 뉴욕에서는, 많은 회중을 인도하는 목사인 스티븐 히긴슨 타잉(Stephen Higginson Tyng)과 그의 아들들에 의해 저교회파 감독교회 각성운동이 있었다. 필라델피아에서는 거대한 기도집회가 교회뿐만 아니라 미국 메카닉스 오디토리엄(American Mechanics Auditorium), 헨델과 하이든 홀

---

45) *New York Daily Tribune*, 17 February 1858, 4.
46) *Chicago Daily Press*, 27 March 1858, 2.

(Handel and Haydn Hall) 및 제인 홀(Jayne's Hall)에서도 개최되었다. 첫 기도모임은 연합 감리교 감독교회에서 1857년 11월 23일에 열렸다. 1858년 2월 3일, 제인 홀 내에 자리가 마련되었다. 처음에는 작은 방만 사용되었으나, 3월 10일에는 그 모임은 2천 5백명을 수용하는 좌석이 있는 중앙 홀로 이전했다. 그 장소도 곧 가득 차서, 상층 관람석들과 다른 장소들도 개방되었다. 결국 6천명 이상이 매일 정오에 그 곳의 구석구석을 메우게 되었다.[47]

더들리 A. 타잉(Dudley A. Tyng)이 한 집회에서 복음주의적 초청(evangelical invitation: 설교 후 그리스도를 영접하기를 원하는 사람은 일어나 앞으로 나오라는 초청–역자주)을 행하자, 그 반응이 너무 엄청났으므로 어떤 목격자는 현대의 어느 설교도 그렇게 많은 수의 관심 있는 자들을 만들어내지는 못했다고 말했다.[48] 날씨가 따뜻해지자, 큰 천막을 구입해 일부 집회를 그쪽으로 이전하는 것이 현명하다고 판단되었다. 천막은 중심부에 세워졌고 5월 1일 개방되었다. 차후 4개월 동안 총 15만명의 사람들이 매일 밤 천막에 운집했다.[49] 필라델피아의 교회들–성공회, 침례교, 장로교, 루터교, 감리교 및 다수의 퀘이커교도(Quakers)–이 참여하였으며, 그 다음 해에는 수많은 새 신자들이 생겼다.

보스턴에서는 그 도시를 동요하게 한 지속적인 신학적 논쟁으로 말미암아 독특한 특성들이 나타나기 시작하였다. 유니테리언주의자들과 정통주의자들 사이의 잦은 논쟁은 가장 격렬한 급진주의자들과 가장 완고한 보수주의자들을 양산하여 미국 도처에 산재하게 하였다. 이런 이유로, 각성운동이 거기서 튼튼한 뿌리를 내리는 것은 기대하기 힘들었다. 그러나 그런 추측은 빗나갔다. 3월에 이르러 각성운동은 보스턴에 전반적으로 퍼져나갔으며, 「내셔널 인텔리젠서」(National Intelligencer)의 보스턴 특파원은 보도하기를 "회심하지 않은 성인을 단 한 사람도 찾을 수 없는 몇 마을들이 뉴잉글랜드에 있다"고 하

---

47) Noble, Century, 421.
48) New York Christian Advocate and Journal, 6 May 1858, 1.
49) Prime, Power of Prayer, 46, 287–91; Noble, Century, 422.

였다.[50] 「보스턴 데일리 트랜스크립트」(Boston Daily Transcript)는 3월 26일자에서 "노스 스트리트(North Street)에 있는 메이슨 신부 채플(Father Mason's chapel)에 매일 모여드는 군중들을 더 이상 수용할 수 없어서, 테일러 신부(Father Taylor)는 노스 스퀘어(North Square)에 있는 벧엘(Bethel)을 활짝 개방하였으며, 기도회가 그곳에서 매일 12시부터 1시까지 열린다"고 보도하였다.[51]

집회는 낮 시간에는 근무시간에 맞추기 위해 시차제로 열렸다. 사우스 침례교회(South Baptist Church)는 매일 집회를 8시부터 9시까지 열었고, 구 사우스 채플(Old South Chapel)은 8시 30분부터 9시 30분까지, 그리고 정오부터 오후 1시까지 2차례 집회를 열었으며, 다수의 교회들이 정오에 집회를 가졌고, YMCA의 한 집회가 오후 5:30부터 6:30까지 모인 것을 비롯하여 다른 교회들은 일과 후에 모였다. 어떤 곳에서는 명백한 전도목적의 저녁집회를 열어 관심자들이 근무시간보다는 더욱 여유 있게 상담 받을 수 있도록 하였다. 아마도 가장 놀라운 점은 유니테리언 소속의 몇몇 목회자들이 매일 기도회를 자신들의 교회에서 조직하여 부흥 운동에 동참하였다는 사실일 것이다.

1) 남부 시골

3차 대각성 운동에 대해 기록했던 몇몇 저자들은 미국 남부는 동부와 뉴잉글랜드 및 서부만큼 큰 영향을 받지는 않았다고 했다. 그러나 다른 권위자들은 남부에서도 그 효과는 실제적이었으며, 단지 상황이 달랐을 뿐이라고 주장한다. 워렌 A. 캔들러(Warren A. Candler)는 "남부에는 대도시가 없고 소규모의 인구가 넓게 흩어져 있기 때문에 도회지 생활의 위험과 특권으로부터 멀어져 있다. 그러므로 그런 지역에서의 결과는 언론에 의해 보도되거나 전문으로 속보되지 않는다. 그러나 그것들이 결코 다른 지역의 결과보다 풍성하지 못하거

---

50) *Washington National Intelligencer*, 20 March 1858 and 23 March 1858.
51) Conant, *Narratives*, 376.

나 은혜롭지 못한 것은 아니다. 이런 역사들은 대체로 교회에 의해 일어나고, 또 교회 안에서 일어난다"고 기록했다.[52] 캔들러는 자신의 소속 교단인 남부 감리교회(Methodist Church South)의 성장기록을 인용했다. 1858년에는 43,388명의 새 신자들이 등록했다. 1859년에는 21,852명이, 1860년에는 35,182명이 등록함으로 이 3년 동안의 총계는 101,422명이 되었다. "같은 지역의 자매 교회들도 균형을 유지하며 번창했는데, 특히 감리교회와 거의 동등하게 남부의 전원 지역공동체를 분할하는 거대한 침례교단이 번창했다."[53]

2) 해외로의 파급

3차 대각성 운동이 미국에서는 단 9개월 동안 절정기를 누렸던 반면(1857년 10월부터 1858년 6월), 그 영향이 얼스터(Ulster: 북아일랜드에 있는 지방-역자주), 스코틀랜드, 웨일즈와 잉글랜드에서는 수년간 지속되었다. 미국에서 일어나는 사건들에 대한 기사는 영국 제도, 특히 대도시에서 열심히 읽혔다. 각성운동은 글래스고(Glasgow), 벨파스트(Belfast), 런던 및 기타 지역 등지에서 1858년 여름과 가을에 시작되었으며, 수년간 계속되었다. 그리고 부흥운동에 대하여 대체로 비판적이었던 영국 언론의 잦은 반대에도 불구하고 각성운동은 지속되었던 것이다. 런던의 「더 타임즈」(The Times)는 특히 냉소적인 태도를 취하였으며, 고의적으로 각성운동과 관련된 사실들을 왜곡했다.

6. 제3차 대각성 운동의 결과

미국 각성운동의 가장 뚜렷한 결과는 교회에 새로운 생명력과 열정을 불어넣은 회심자들의 큰 물결이었다. 프랭크 G. 비어드슬리(Frank G. Beardsley)

---

52) Candler, *Great Revivals*, 194.
53) *Ibid.*, 195.

는 그의 『미국 부흥의 역사』(History of American Revivals)에서 30만명에서 1백만명 사이의 사람들이 부흥의 결과로 회심하였다고 추정했다.[54] 피니는 그의 『회고록』(Memoir)에서 북부에서만 50여만 명의 회심자들이 있었다고 추정하였다.[55] 3차 대각성 운동을 철저히 조사했던 J. 에드윈 오어(J. Edwin Orr)는 1백만명이 아마도 근사치일 것이라고 믿었으며, 이것은 캔들러의 계산과도 일치한다.[56]

1858년 미국에 있던 5백만명의 복음주의적 기독교인 중에 그 해에만 약 411,000명(8퍼센트 이상)이 교회에 등록했다. 각성운동이 전 역량을 발휘하기 전에도 상당한 유입이 진행되고 있었다. 다음의 숫자는 그런 성장의 일부를 보여준다.[57]

침례교:
    1857년: 미국 침례교 63,506(이전 10년 동안의 연평균의 두 배)
    1858년: 미국 침례교 92,243;
        자유의지(Free-Will) 침례교 5,714(교단 회원의 10퍼센트 이상)
        전체 주요 침례 교파 111,647; 전체 소수파 130,000
    1859년: 미국 침례교 72,080

감리교:
    1858년: 전 교파 거의 200,000;
        (북부) 감리교 감독교회(Methodist Episcopal) 135,517;
        (남부) 감리교 감독교회 43,388

---

54) Frank G. Beardsley, *A History of American Revivals* (New York, 1912), 236.
55) Finney, *Memoirs* (1989), 565.
56) J. Edwin Orr, *The Second Evangelical Awakening in Britain* (London, 1949), 36-37. See Gandler, *Great Revivals*, 193.
57) *The Congregational Quarterly* (January 1859), 6; (April 1859), 3, 5; (October 1859), 3, 5; (January 1860), 4; Candler, *Great Revivals*, 194.

장로교:

1858년: 신학파(New School) 및 구학파(Old School) 연합 34,650;
네덜란드 개혁교회 및 다른 장로교 교파 10,065

회중교회:

1858년: 21,582

개신교 감독교회:

1858년: 14,822

또 다른 유익한 결과는 대학에서 수많은 학생들이 회심함으로 말미암아 대규모의 열성적인 학생들이 목회와 해외선교에 뛰어들었다는 것이다.

YMCA(The Young Men's Christian Association)는 각성운동에 활발하게 참여했다. 시카고나 필라델피아 같은 도시에서는, YMCA가 후원하는 기도회가 대규모 군중을 모았다.

독특하게 복음주의적인 이 기독교 기관은 수 년동안 신앙 훈련과 함께, 도시에 살면서 일하는 불우한 청년들에게 건전한 환경을 제공하였다. 19세기 중반, YMCA는 성직자들이 모든 과정에서 활동하면서 교회와 밀접하게 연결되어 있었다. 미전역의 YMCA 모임의 전형이었던 필라델피아 YMCA 기도회에는 매일 3백명 이상이 모였다. 기도회는 정오에 시작했으나, 사람들은 자리를 잡기 위해 11시부터 모이기 시작했다. 천막을 이용한 전도 집회는 1천 2백명을 수용할 수 있었다. 시카고 YMCA는 평신도 훈련학교였다. 무디(Moody)는 시카고에서 일하는 동안 그곳을 '제2의 집'(a home away from home)으로 여겼다. 그는 그곳에서 기독교 예배를 드릴 첫 기회를 얻었고, 그곳에서 성장하여 마침내 회장이 되었다.

남북전쟁 직전이었던 1858년의 각성 운동은 매우 독특하였다. 평신도에 의해 주도되어 설교보다는 기도가 강조되었으며, 막대한 수의 회심을 일으켰다.

1861년에 시작될 혹독한 시련에 대비하여 하나님께서 그의 백성을 강하게 다루시는 듯하였다. 그러나 각성운동이 남북전쟁의 발발과 함께 끝나지는 않았으며, 전쟁기간동안 북군와 남군 모두가 막사에서 각성운동을 경험하였다.

7. 남북전쟁의 개시

1861년 4월 11일에 8개 주가 남부 연합(the Confederate States of America)을 구성하며 미연방을 탈퇴하였다. 사우스 캐롤라이나(South Carolina) 주의 찰스턴(Charleston) 부두에 있는 한 섬에 소재한 연방군(Union) 주둔지인 섬터 요새(Fort Sumter)는 남부 연합군 영토 깊숙이 들어와 있었다. 섬터의 지휘관이었던 로버트 앤더슨 소령(Major Robert Anderson)은 상황이 절망적임을 알았다. 4월 11일에 피에르 G. T. 보러가드 장군(General Pierre G. T. Beauregard)은 앤더슨 소령에게 항복요구를 전달하였다. 다음날 오전 3시 30분에 단신(note)이 도착했다. "(보러가드)가 이 시각으로부터 1시간 안에… 사격을 개시할 것이다." 양쪽 진영의 많은 다른 장교들처럼 앤더슨은 기독교인이었다. 그는 남부 연합군 전령과 악수를 하며 말하기를, "만일 우리가 이 세상에서 다시 만나지 못한다면, 다음 세상에서 우리가 다시 만나도록 하나님께서 허락하시기를 비네"라고 했다. 정확히 오전 4시 30분에 남부 연합군 대위 조지 S. 제임스(Captain George S. James)는 10인치 박격포의 방아쇠를 당겨 거대한 포탄이 공중에 포물선을 그리며 요새 쪽으로 떨어지게 하였다. 그 후 4만개 가량의 포탄이 떨어지고 4월 13일 오후 2시 30분에 앤더슨은 요새를 내어 주었다. 사망자는 없었고 양쪽 진영에 부상자는 소수였으나, 남북전쟁은 시작되었다.

전쟁 초기에는 군인들의 삶 속에 신앙의 증거가 거의 없었다. 군인들이 고향을 떠날 때, 그들의 기독교 신앙도 같이 두고 떠나는 것 같았다. 막사에서의 생활은 매일 같이 반복되는 지루한 일상이었으므로, 군인들은 자주 방종의 유혹을 받았다. 술 취함, 불경, 성적 방탕, 도박, 절도가 흔했다. 전쟁과 그 고통이 지연되면서, 특히 전투에서 지거나 적을 피하기 위해 한 편이 도망쳐야 했을 때 군인들의 마음은 고통으로 가득 찼다.

전쟁의 참혹함은 어디서나 끔찍했다. 한 장교는 1862년 12월 31일, 테네시주에 있는 머프리스보로(Murfreesboro, 혹은 스톤강〈Stone's River〉) 전투가 끝난 후의 광경을 다음과 같이 묘사했다.

> 여기 가장 강한 강심장마저도 병들게 할 광경이 있다… 한 병사는 글자 그대로 흙을 씹으며 엎어졌는데 그의 단단한 손가락은 피투성이 잔디 속에 단단히 박혔다. 다른 이의 뒤집힌 얼굴, 뜬 눈, 찌푸린 눈살, 꼭 다문 입술, 꽉 움켜진 주먹은 그의 몸에 새겨진 필사의 복수심을 드러내고 있다. 잘려나간 머리, 팔, 다리는 어디에나 널려있다. 피로 응고된 웅덩이는 아침 햇살을 받아 무시무시하게 번들거렸다.[58]

끔찍한 전투 후에, 군대는 거의 아무 것도 하지 않고 다음 교전을 기다리며 몇 주를 보내곤 했다. 향수병과 지루함 이외에도, 차가운 비가 사병과 장군들을 다같이 우울하게 했다. 기독교인들은, 특히 북부 연방군 소속 기독교인들은 주일이 다른 날과 다를 바가 없다고 불평했다. 올리버 O. 하워드(Oliver O. Howard), 조지 맥클렐런(George McClellan) 같은 몇몇 연방군 장군들은 상황을 변화시켜 보려고 노력했으나, 대체로 주일은 거의 아무 의미도 없는 듯이 자연스레 군사적인 의무들로 수행되었다. 1861년 7월 21일, 1차 불 런 전투(Battle of Bull Run)에서 연방군이 대패하자, 하워드 장군은 주일에 공격하기로 한 결정 때문에 패배한 것이라고 비난했다. 맥클렐런도 이러한 사실에 동의

---

58) J. William Jones, *Christ in the Camp; or, Religion in the Confederate Army* (Richmond, Va., 1904; reprint, Harrisonburg, Va., 1986), 542. 그리고 부흥에 대하여 묘사해주는 가치 있는 자료들로는 다음과 같은 저서들이 있다. William W. Bennett, *A Narrative of the Great Revival Which Prevailed in the Southern Armies* (Philadelphia, 1877); and *Christ in the Army; A Selection of Sketches of the Work of the U. S. Christian Commission* (Philadelphia, 1865); Gardiner H. Shattuck, Jr., *A Shield and Hiding Place: The Religious Life of the Civil War Armies* (Macon, Ga., 1987).

맥클렐런 장군의 지휘본부에서 주일 예배를 드리는 장면으로
「하퍼스 위클리」(Harper's Weekly)에 실린 스케치(빌리 그래함 센터 박물관).

하였으며, 이후로는 연방군 전역에서 안식일이 엄수되도록 하고 군사적 의무가 예배와 휴식을 불가능하게 하는 절대적인 상황이 아니라면 예배를 드릴 수 있게 하라고 명령하였다.

군대와 고향에 있는 기독교인들은 군인들 안에 영적 영향력이 결핍되어 있음을 감지하였다. 미국 전역이 1858년 부흥의 역사로부터 영혼을 뒤흔드는 성령의 능력의 세례를 받아 들인지 얼마 되지 않았던 시기였다. 전능하신 하나님의 모든 능력과 은혜를 예전에 전혀 경험해보지 못했던 것처럼 모두 잊어도 되는가? 기독교인들은 전에 전혀 드려보지 않은 기도를 드렸다. 아직 어린 티를 벗지 못한 수많은 군인들이 확신과 희망을 갈망하고 있었다. 어떤 이들은, 지금은 멀리 떨어져 있지만 기독교 신앙이 강했던 가정에서 왔다. 그러나 군생활의 시련과 유혹, 그리고 참혹한 전쟁의 비극이 빚어내는 헤아릴 수 없는 사상자들의 숫자는 그들에게 말할 수 없는 고통과 절망 속에 빠지게 되었다.

남북전쟁 이전에는 미국 군대에서 군종 목사를 찾기가 힘들었다. 티모시 드와이트(Timothy Dwight)와 제임스 콜드웰(James Caldwell) 같은 다수의 사람들이 워싱턴 밑에서 군목으로 활약했지만, 독립전쟁 이후에는 그 숫자가 상당히 감소하였다. 그러나 남북전쟁의 초기에는 로버트 E. 리(General Robert E. Lee)와 맥클렐랜 같은 장군들은 그 필요성을 인식하고 양쪽 군대를 영적으로 지도할 성직자들을 찾았다. 수 백 명의 목사들이 이러한 요구를 충족시키기 위해 일시적으로 자신들이 섬겼던 교회를 떠나게 되었다.

8. 군인들에게 일어난 성령의 역사

군인들 가운데 일어난 대각성에 대한 첫 증거는 1862년에 일어난 것으로 보인다. 이후에 북군 안에 강력한 부흥이 있었음에도 불구하고, 광범위한 지역에서 성령의 역사가 가장 처음 감지된 곳은 남부 연합군에서였다. E. J. 메이나디(E. J. Meynardie) 군목은 사우스 캐롤라이나의 찰스턴 부근에 있는 설리번 섬(Sullivan's Island) 주둔지에서 근무하고 있었는데, "[9월] 25일 목요일 저녁, 과거에도 상당히 현저했던 종교적 관심이 매우 심오하고 분명해졌기에 나는 연속적인 집회를 개최하였으며, 그 기간 동안 어제 밤까지, 93명이 여러 지교회의 교인으로 등록하기로 신청했고, 그들 거의 모두가 회심했다고 고백하였다. 우리가 예배드리던 교회는 매일 밤마다 회중들로 빽빽하게 넘쳐났으며, 그들 가운데에 분명한 진지함이 충만했다"고 보고하였다.[59]

유사한 일이 북부 연방군 제63 펜실바니아 연대에서도 일어나고 있었다. 1861년 7월, 전쟁이 본격적으로 시작된 때라 할 수 있는 북군의 1차 불 런 전투 패배 이후 낙심의 분위기가 전 부대를 덮쳤다. 이 사태에 대한 최선의 해독제가 영적 활력이라는 것을 깨달은 제임스 막스(James Marks) 군목은 천막 하나를 구입하여 예배를 시작했고, 수개월간 모임을 지속하였으며 수백 명의 군인들이 곧 회심하겠다고 고백했다.

---

59) Jones, *Christ in the Camp*, 540.

샤일로(Shiloh)와 제2차 불 런 전투 같은 다수의 값지고 필사적인 전투 이후, 양쪽 진영의 부대들 중에서는 어떠한 경솔함이나 불신앙도 사라졌다. 전쟁은 점점 더욱 심각해지고 지연되었다. 1863년 게티스버그(Gettysburg), 챠타누가(Chattanooga), 빅스버그(Vicksburg)에서의 대접전 이후, 병사들을 위한 전도 집회는 거의 다반사가 되었다. 고향에 있는 사랑하는 사람들에게 보낸 많은 편지들은 군대에서 체험한 영적 변화에 대해 기록하고 있었으며, 한 위관장교는 다음과 같이 증언했다. "지난번 저를 보셨을 때에 비해 제가 더 나은 사람이 되었다는 것을 말하게 되어 기쁩니다. 여기에는 약 2천명의 장교들이 있는데, 지난 4개월 동안 여기에서 있었던 것처럼 모든 종류의 사람들의 품행에 그처럼 대단한 변화가 일어나는 것을 나는 본 적이 없습니다."[60] 닐 길리스(Neil Gillis) 목사는 챠타후치 강(Chattahoochee River)에 있었던 진중에서 이런 보고를 하였다.

> 나는 이곳에서 일어난 부흥과 같은 것은 들어 본적도, 읽어 본 적도 없다. 회심은 강력했고 어떤 것은 매우 주목할 만한 것이었다. 어떤 사람은 나에게 말하기를 그가 회개한 시간은 그의 누이가 그 시간 그가 구원받도록 무릎 꿇고 기도하며 편지를 쓰고 있을 때였다고 했다. 믿음을 잃었던 또 다른 사람은 제단에서 나에게 자신이 절망적인 상황에 처해 있다고 말했다. 나는 그의 용기를 북돋아주려고 노력했다. 그러자 그의 얼굴에서 희망이 솟아오르는 것을 발견했다… 벌떡 일어난 그는 다른 이들이 십자가를 바라보도록 강권하기 시작했고, 큰 성공을 거두었다.[61]

다수의 고급 장교들의 삶 속에 확고하게 내재된 깊은 신앙과 징집된 병사들 가운데 만연했던 기독교적 헌신은 그 암울했던 날들의 고통을 덜어주었던 광범위한 전도의 노력과 놀라운 부흥을 가능하게 하였다. 북 버지니아 군의 군목이었던 J. 윌리엄 존스(J. William Jones)는 후에 그가 목격했던 장면을 다음과 같이 회상하였다.

---

60) *Ibid.*, 557.
61) *Ibid.*, 556.

어느 찬란한 안식일 아침에 해밀턴 교차점에서 멀지 않은 곳에 있던, 매서포넥스(Massaponax) 건너편 숲에 있는 집단 야영지로 가보자. 거친 통나무 위에나 땅 바닥에 앉아 고개를 쳐들고 복음의 진리를 간절히 마시고 있는 1,500 또는 2,000명의 사람들이 보일 것이다. 기도 중에는 땅에 무릎을 꿇고, 설교자가 말씀을 전하는 동안에는 예리하게 주시하며 눈물 젖은 눈으로 경청하고 있는 그 경건한 예배자는 바로 우리가 사랑하는 총사령관 로버트 E. 리 장군이다. 그의 곁에 앉아 참석한 무리들을 찬찬히 둘러보고, 복음을 듣기 위해 몰려드는 군사들을 보며 매우 기뻐하고, 설교를 매우 주의 깊게 경청하는 독실한 예배자는 바로 '석벽' 잭슨('Stonewall' Jackson)이다. 그 군에서 가장 혁혁한 공을 세운 몇몇 장군들은 "화환과 별"(wreaths and stars)로 장식된 훈장을 달고 있다. 이 모든 회중들 가운데는 전쟁 속에서 빗발치는 납덩이와 쇠덩이들 가운데서는 조금도 겁내지 않았지만, 하나님의 진리의 능력 아래에서 '두려워 떠는 것'(tremble)에 조금도 부끄러워하지 않는, '장군'(stars)과 '위관'(bars)들과 거친 복장의 '알려지지 않은 영웅들'(unknown heroes)인 하사관 및 사병들(the rank and file)이 뒤섞여 있다. 이것이 잭슨의 참모 본부의 모습이며, 내가 묘사했던 이 장면은 흔히 일어났던 일들 중의 하나라는 것을 굳이 말할 필요는 없을 것이다.[62]

리 장군은 훌륭한 인격을 갖춘 사람이었다. 그는 멕시코 전쟁(the Mexican War)에서 용감하게 직무를 수행했으며, 후에는 웨스트 포인트(West Point) 육군 사관학교의 교장이 되었다. 1861년 그는 연방군(Union)의 총사령관직을 거절하고 남부 연합군(Confederacy)의 장군이 되었다. 전쟁 중에 지속적으로 그는 그의 부하들과 함께 예배를 드렸고 군목활동을 강력하게 지원하였다. 다음은 1864년 4월 8일 금요일에 있었던 금식일 준수에 대하여 군대에 내린 리 장군의 명령이다.

사령관은 우리 군대가 그 날을 준수하는 일에 다 참여하기를 권한다… 절대적으로 필요한 것을 제외한 모든 군사적 임무들은 일시 중지된다. 군종 목사들은 그들의 연대와 여단에서 예배를 인도해 주시기를 요청한다. 장교들과 장병들이 이 예배에 참석하도록 요청한다. 장병들이여! 우리 주 하나님 앞에서 우리 자신들을 겸손히 하여, 그리스도를

---

62) *Ibid.*, 95-96.

통하여 우리의 죄를 사하시도록 간청하고, 우리 가정과 자유를 지키기 위해 싸우던 우리 선조들의 하나님의 도우심을 탄원하며, 그가 과거에 베푸셨던 축복에 대해 감사하고, 그 축복이 우리의 싸움과 백성들에게 계속되도록 간구하도록 하자.

R. E. 리 장군(R. E. Lee, General)[63]

리 장군, "석벽" 잭슨, J. E. B. 스튜어트(J. E. B. Stuart), 윌리엄 펜들턴(William Pendleton), 리오니더스 폴크(Leonidas Polk), 존 B. 고든(John B. Gordon)과 A. H. 콜퀴트(A. H. Colquitt)와 같은 헌신적인 기독교 장교들 때문에, 남부 연합군 안에서 강력한 복음전도와 부흥운동에 커다란 진보가 있었다는 것은 놀라운 일이 아니다.

전쟁이 시작되자마자, YMCA는 소책자와 성경을 배포하기 위하여 병영에 대표자들을 보냈다. YMCA의 자기관(子機關, offshoot)인 미국 기독교 위원회(the United States Christian Commision)는 1861년 강력한 전도의 도구가 되었다. 의지가 확고한 YMCA 지도자들 중의 하나였던 조지 H. 스튜어트(George H. Stuart)는 기독교 위원회의 위원장으로 봉사하며 군이 이동할 때 군을 따라 이동하며 군인들을 위해 사역할 수천 명의 신뢰할만한 사람들로 구성된 팀을 모집하였다. 이들 가운데 있었던 젊은 무디가 바로 그런 이들의 헌신의 전형이었다. 그들의 주된 업무는 다음과 같은 것들이었다. 군인들과 함께 고통을 겪으며, 성경 및 다른 읽을 거리를 배포하고, 모든 가용 방법들을 동원하여 전도하는 것, 부상당한 사람들의 부모님께 편지를 쓰는 것, 그리고 특별히 양쪽 진영의 병원들을 방문해서 부상당하거나 죽어가는 병사들을 위로하는 것들을 포함하는 것이었다. 스튜어트는 사역 전반을 조직하고 조율하는 총무로 윌리엄 E. 보드먼(William E. Boardman)이라는 장로교 목사를 임명하였다. 약 1,400명의 성직자들이 평신도 사역자들과 함께 모집되었다. 성직자들은 또한 요청을 받았을 때 진중예배를 수행함으로써 정규 군목들을 돕는 역할도 감당했다.

---

63) *Ibid.*, 58.

YMCA와 기독교 위원회의 봉사와 더불어, 여러 개신교 교단과 기타 기관들도 전도 사업을 전개하였다. 그 기관들 가운데에 남부 연합 성서공회(the Bible Society of the Confederate States)와 복음주의 소책자 협회(Evangelical Tract Society)가 있었다. 천백만권의 성경과 소책자가 첫 해에 배포되었으며, 1863년까지 남부 감리교 감독교회 군인 소책자 협회(the Southern Methodist Episcopal Soldiers' Tract Association)는 95,456달러를 후원 받아, 7백만 쪽에 달하는 소책자, 45,000권의 찬송가, 15,000권의 군인들을 위한 달력, 15,000권의 성경, 15,000권의 군인용 성경독본(Bible readings for soldiers), 50,000권의 『더 솔저스 페이퍼』(*The Soldier's Paper*), 20,000부의 『디 아미 앤드 네비 헤럴드』(*The Army and Navy Herald*)를 배포하였다고 보고했다. 이러한 사례는 겨우 한 기관에 해당하는 사역일 뿐이었다.[64]

북부군과 남부군 안에 부흥이 점차 더 강력하게 일어나자, 남부 연합군에서 일하던 한 사역자는 다음과 같이 기술하였다.

> 나는 군목(G. B. 테일러 목사, Rev. G. B. Taylor)으로 활동했던 한 분을 통해 거대하고 은혜로운 개혁이 여러 병원에서 이루어지고 있다는 것을 확신하게 되었다. 그는 말하기를 전쟁 초기에는 사람들이 선포되는 말씀에 주의를 기울이도록 하는 것이 매우 어려웠다고 했다. 많은 사람들은 예배시간에도 모자를 쓰고 앉아 있거나, 잡담을 하거나, 담배를 피우거나, 돌아다니곤 했다. 그러나 지금은 그 방은 열심있고, 진지하며, 눈물을 흘리는 청중들로 가득 차 있으며, 군중들은 하나님의 백성이 드리는 기도를 안전하게 드릴 수 있는 기회들을 모두 간절한 마음으로 받아들이고 있다. 그 병원에 대하여 이 군목이 진술한 것은 실제로 남부 연합군 전역의 거의 모든 병원(과 다수의 진영)에서 일어나고 있던 상황이었다.[65]

---

64) *Ibid.*, 161.
65) *Ibid.*, 187.

리 장군이 한 병사들의 기도모임에 참석하고 있다
(J. W. Jones의 『진영 속의 그리스도』〈Christ in the Camp〉에서).

9. 지속되는 군대의 부흥

대각성 운동은 1863-64년 겨울에 포토맥(Potomac)에 있던 북부 연방군에서 시작되었다. 다수의 연대들이 기도회와 예배를 드릴 예배용 천막과 교회당을 세웠다. 종교 잡지의 한 작가는 연방군의 영성의 수준이면 전국을 그리스도께로 인도할 수도 있을 것이라고 하였다. 매컬리스터 장군(General McAllister)은 그의 부대가 당시 보인 영적 관심보다 더 강한 관심을 다른 곳에서는 본 적이 없다고 말했다.

거의 같은 시간이었던 1863년 가을에는 후에 "대부흥"(Great Revival)이라고 불리게 된 이 사건이 북부 버지니아 군대 전체로 퍼져갔다. 리 장군의 부대의 대충 10퍼센트에 해당하는 약 7천명의 사람들이 회심하였다. 전도는 율리시즈 그랜트(Ulysses Grant) 장군의 군대가 1864년 5월, 리의 군대를 공격할 때까지 계속되었다.

남부 감리교 감독교회 군인 소책자 협회의 회장이었던 윌리엄 W. 베넷(William W. Bennett)은 남부 연합군 내의 부흥운동이 북부 연방군의 부흥보다 더 강력하다고 믿었다. 부대의 이동을 따라 장기 여행을 하면서, 베넷은 남부 연합군 진영은 실제 위험에 직면하면서 한 사람이 더 나은 사람으로 변하게 되는 "그리스도의 학교"라고 생각했다. 그의 책 『남부군을 휩쓴 대부흥에 대한 이야기』(A Narrative of the Great Revival Which Prevailed in the Southern Armies)에서 베넷은 "리 장군의 군대가 래퍼해넉 강 상류(the upper Rappahannock)에 진치고 있을 때, 부흥의 불길이 모든 군단, 사단, 여단 그리고 연대들을 휩쓸고 지나갔다. 한 군목은 '전군은 추수할 때가 되어 무르익은 광대한 벌판입니다… 복음에 대한 군인들의 감수성은 놀라우며, 의심스럽게 들릴지는 몰라도, 병영은 부흥사역에 가장 적합한 곳입니다' 라고 말했다"고 기술하였다.[66]

군인 소책자협회의 중앙 배포 책임자이었던 S. M. 체리(S. M. Cherry)는 1864년 5월에 다음과 같이 보고하였다.

> 군은 그 달 초에 가장 강력한 부흥을 맞이하였다. 부흥집회가 거의 모든 여단에서 개최되고 있었다. 수천 명의 우리 군인들이 보잘 것 없는 진중 제단으로 모여들고 있었으며, 수백 명이 그들의 마음을 하나님께 바치고 있었으며, 수십 명이 밤마다 교인 증명서를 요청하였다. 약 300명이 5월 1일에 세례를 받았으며, 그 웅대한 역사는 깊이와 관심 등의 모든 영역에서 성장하고 있었다… 적어도 5백 명이 5월의 첫째 주에 믿음을 가지면서 평안을 얻게 되었다고 고백하였으며, 2천 명이 공식적으로 구원받기를 갈망하고 있었다. 그러나 이 놀라운 집회는 적의 진군에 의해 중단되고 말았으며, 그들은 우리의 나라를 파괴하였고 하나님을 예배하기 위하여 구별한 우리의 안식처와 제단을 모독했다.[67]

---

66) Bennett, *Narrative*, 64.
67) Jones, *Christ in the Camp*, 583.

1864년이 되자 강력한 부흥이 남부 연합군 전역에서 보고되었다. 테네시에서는 브라이언 여단(Bryan's Brigade)에서 선교사로 봉사하던 애티커스 G. 헤이굿(Atticus G. Haygood)이 낙스빌(Knoxville) 『레지스터』(Register)에 다음과 같은 편지를 보냈다.

> 내가 당신들께 이토록 급한 편지를 보내는 것은 우리가 영광스러운 부흥 가운데 있다는 것을 당신들의 독자들이 알도록 하기 위해서입니다… 이 위대한 지역의 모든 여단에 심오하고 광범위한 종교적 관심이 있습니다. 나는 다른 곳에서 더 놀라운 일을 본 적이 있습니다. 하지만 모든 집회마다 몰려드는 큰 무리, 말씀 선포에 따르는 경건한 집중, 우리의 보잘것없는 제단을 꽉꽉 메운 많은 간절한 회개하는 무리들에서 드러나듯, 이곳에서보다 더 심오한 감정은 가정에서나 병영에서도 본적이 없습니다… 나는 롱스트리트의 군단(Longstreet's Corps)안의 본 사단에 소속된 3개 여단에서 주최하는 집회에 참석해보았습니다… 그리고 그 모든 곳에서 나는 괄목할만한 종교적 부흥이 일어나고 있음을 발견했습니다.[68]

사역자들은 처음에는 이런 모든 종교적 관심이 단순히 군인들이 극심한 위험에 직면해 있기 때문에 일어나는 현상이 아닐까 하고 의심하였다. 그것은 과연 진실된 것인가? 이런 종교적 관심이 군인들의 삶을 실제로 변화시킬 수 있을까? 그러나 그들은 군인들이 갖게된 신앙이 다른 사람들에 대한 관심이라는 형태로 열매를 맺고 있다는 사실을 거듭 확신하게 되었다. J. 윌리엄 존스(J. William Jones)는 한 놀라운 사건에 대해 다음과 같이 묘사하였다.

> 1863-64년 겨울에, 포세이의 미시시피 여단(Posey's Mississippi Brigade)에 있던 YMCA가 하나의 운동을 시작하자, 그것을 다수의 다른 여단들이 따르게 되었다. 그것은 미국 역사의 가장 빛나는 한 페이지에 금박을 입힌 글씨로 기록될 가치가 있는 것이었다. **그들은 리치몬드(Richmond)의 고통 받는 빈민들에게 일용할 식량을 보낼 수 있도록 매주 하루를 금식할 것을 엄숙히 결의했다.** 한번 생각해 보자. 교인들은 이런 풍족한 때에 자신들이 가난해서 그리스도를 위해 아무 것도 내놓을 수 없다고 말한다.

---

68) *Ibid.*, 618.

그러나 여기 가난한 군인들이 있다. 이들은 고향에서 멀리 떨어진 곳에 와 있으며, 그들 중 다수는 집으로부터 모든 소식이 끊겼다. 그들이 받는 월급은 남부 연합군 화폐로 고작 11달러에 지나지 않으며, 지정된 식량 배급량의 절반 이상을 받은 적이 한 번도 없었고, 그것마저도 자주 못 받았는데도 그들은 받은 배급식량을 그 도시의 하나님의 빈민들에게 보내기 위하여 자발적으로 매주 하루를 금식하였다. 이 가난한 친구들은 자주 굶었다. 이들의 노력은 자발적으로, 또한 영웅적으로 자신들의 생명을 바치고 희생하고 있는 것이다.[69]

존스는 전투 후에 군인들이 "거의 완전히 기진맥진하게 되었음에도 불구하고, 지면(地面) 이곳저곳을 주의 깊게 조사하여 적군의 부상자를 찾아내어 보살펴주고," 의료조치를 받을 수 있는 자신들의 병원으로 적군을 데리고 가며, "자신들에게도 부족한 배급식량을 나누어주는 것"을 보았다고 기록했다.[70]

양쪽 진영에서 자신을 희생하는 용기와 그리스도에 대한 헌신의 모범은 전쟁기간 내내 지속되었다. 북부 연방군 내의 회심자의 최고 추정치는 10만에서 20만 명 사이였으며, 이는 북부군의 전체의 5내지 10퍼센트에 해당하는 숫자였다. 남부 연합군에 대해서는 베넷이 다음과 같은 기록을 남겼다.

> 1865년 1월까지 **거의 15만 명의** 군인들이 전쟁 중에 회심하였다고 추정되며, 모든 야전 병사들 중의 정확히 3분의 1이 기도하는 사람이었고, 기독교 교회의 어느 교파에든 소속되어 있었다고 생각된다. 고위 장교들도 대다수 믿음과 기도의 사람이었으며, 공공연히 종교적으로 행동하지는 않아도, 기타 많은 사람들이 도덕적이었고, 또 모든 예배를 존중하였으며, 부흥운동이 군의 효율성을 재고시키는 데 가치가 있다고 고백하였다.[71]

양쪽 군대의 회심자들의 총수는 아마 30만 명 정도였을 것으로 추정된다. "그러나 물론 숫자는 거대한 부흥의 결과에 대해 전체의 십분의 일도 설명하지

---

69) *Ibid.*, 398-99.
70) *Ibid.*, 399.
71) Bennett, *Narrative*, 413.

못한다"고 존스는 기술했다. "넘어진 자를 일으켜 주고, 열심과 믿음을 다시 얻게 도와주며, 하나님의 백성으로 하여금 늘 구별될 수 있게 하며, 위로와 기쁨과 평화를 주고, 고난과 궁핍과 고통과 시련과 유혹을 이겨내는 힘을 북돋아 주는 등, **이러한 일들은 숫자로 결코 헤아릴 수 없는 것**이며, 신앙고백을 한 회심자들의 단순한 숫자보다 진실로 더 가치 있는 것이다."[72] 북군과 남군에서 제대한 많은 군인들이 목회의 길로 뛰어들었다.

---

72) Jones, *Christ in the Camp*, 391.

9

무디: 도시 전도의 완성자

조지 휫필드는 광범위한 목회사역을 감당하기 위하여 순회 전도사로 평생 활동하였다. 찰스 피니는 복음전도를 전문화하는 데 성공하였다. 그러나 나라가 급격하게 산업화되어 감에 따라 드와이트 리먼 무디(Dwight Lyman Moody)는 또 다른 형태의 복음전도 개념을 제공했는데, 이것은 경제계에서 사용하는 방법들을 가지고 복음전도 대회들을 효과적으로 조직하고 통합하는 형태의 복음전도였다. 무디의 한 친구는 1876년 뉴욕 복음전도 대회에 대해서 "히포드롬(The Hippodrome: 옛 그리스, 로마 시대의 경마, 전차 경기장의 총칭, 그러나 본문에서는 대규모 경기장과 같은 곳에서 대형집회를 개최하는 사역을 의미 한다-역자주) 사역은 일종의 거대한 사업적인 기획이다. 이것은 사업가가 주도하고 조직하는 것이며, 그들은 자신들의 자본을 사업적인 원리에 입각해서 투자한다. 이들의 사업원리는 영혼을 구원하는 것이다"라고 평했다.[1]

피니의 전성기인 1820년대-30년대 이후로 많은 변화들이 있었다. 휫필드가

---

[1] William R. Moody, *The Life of Dwight L. Moody* (New York, 1900), 281. 이 책은 무디의 소천 직후에 그의 아들에 의해 기록된 공인된 전기(傳記)이다. 1930년도 개정판에는 여러 편의 단편들이 첨가되었다. 또 다른 훌륭한 전기가 무디의 친구에 의해 쓰여졌다. 다음을 참고하라. William H. Daniels, *D. L. Moody and His Work* (Hartford, 1876).

1860년 어간의 매사추세츠에 거주하던 무디 가족.
드와이트는 뒷줄 중앙에 서 있다(무디 성경학교 기록보관소).

수많은 청중들을 수용할 수 있는 건물이 없었기에 그들을 데리고 밖으로 나갔어야 했던 것처럼, 피니도 비좁은 시설에 만족해야 했다. 그러나 1880년에 이르게 되면, 영적인 분위기와 거대한 시설들이 가능해지자, 비록 피니가 복음전도의 많은 기술들을 개척했음에도 불구하고, 그조차도 상상치 못했던 거대한 규모의 전도기획들이 가능해졌다. 형편이 어려운 자들을 돕고자 하는 교인들의 열망과 대중 전도에 대한 일반적인 수용 현상 등은 교파간의 협력을 더욱 점증시켰으며, 급격한 도시화, 평신도들의 사역증가, 다양한 인쇄물들의 광범위한 사용 그리고 크게 개선된 수송수단과 통신수단들은 이전의 그 어느 시대보다도 더 많은 사람들에게까지 미치는 대규모 대중적인 복음전도를 가능하게 해 주었다.

회심 후 곧바로 무디는 헌신된 그리스도인의 삶을 준비하기 시작했다. 그의 첫 번째 중요한 노력은 시카고에서 가장 황량한 "사막"(the Sands)이라고 불리는 한 지역에 주일학교를 세우는 것이었다. 그는 이 악명 높은 빈민 지역에는 영혼들을 돌보는 사람이 전혀 없다고 생각했다. 그곳은 새로 형성되고 있는 도시의 위험지역이었다. 쓰러질 듯한 오두막집들과 술집, 도박장들로 가득한 곳이었다. 22세가 되던 1859년 봄에 그는 북부 시장 홀(North Market Hall)을 사용해도 좋다는 허가를 받았다. 북부 시장에는 시 소유의 2층 규모의 지저분한 홀이 있었다. 비록 예배와 공부를 위한 장소로 적합치는 않았으나 무디의 비전을 이루는 데는 충분한 곳이었다.

무디는 그 넓은 장소가 수백 명의 아이들로 가득 찰 때까지 끈기 있게 인내하였다. 아이들을 끌어 올 수 있는 전통적인 방법들을 알지 못했기 때문에, 그는 아주 단순한 일반 상식을 적용하였다. 어떤 때는 자기의 친구들을 가장 많이 데려온 아이에게 상으로 새장에 든 다람쥐를 주기도 했다. 새로운 아이들이 오는 것은 단지 시작에 불과했다. "나는 주일학교를 준비하러 홀에 가기 위해 6시에 일어나지 않을 수 없었다." "매주 토요일 밤마다 독일인들이 거기서 춤판을 벌였다. 그 모임이 끝나면 나는 맥주 통들을 굴려내고, 톱밥을 치우고, 깨끗하게 청소하고, 의자들을 정리해야 했다."[2] 그곳 장난꾸러기들의 초기의 조소는 곧 호기심으로 바뀌었고, 그들은 결국 열심히 출석하게 되었다. 주일학교는 500명으로 증가하였고, 곧이어 1500명이 되었다. 결국 시카고에서 가장 큰 주일학교가 되었다. 아브라함 링컨이 그의 첫 번째 대통령 임기를 위해 워싱턴으로 가는 길에 이 주일학교를 방문하였다. 이는 이 학교에 대한 매우 효과적인 광고가 되었기 때문에, 학교는 곧 많은 사람들의 인정을 받게 되었다. 한 교사는 주일의 전형적인 모습을 다음과 같이 묘사하였다.

> 학생들은 장난기와 생기로 넘치고 있었고, 선생님들의 인내심을 시험해 보기도 하였다. 그러나 노래를 시작하자 그들의 영혼은 곧 노래에 푹 빠져들었다. 그러한 노래 소

---

[2] Moody, *Life*, 57.

리는 결코 이전에 내가 들어본 적이 없는 것이었다. 거리에서 신문을 돌리는 소년들은 이루 형언할 수 없는 큰 목소리를 가졌고, 다른 아이들도 그들에게 뒤지는 것 같지 않았다… 이렇게 목소리가 큰 아이들이 모인 집단들을 지도하는 것은 쉬운 일이 아니었다. 그러나 선생님들은 자신들의 반에 관심을 가지고 있었고, 뜨거운 열정으로 역할을 훌륭하게 수행해 나갔다.

학교가 끝날 시간이 되자 무디 씨가 정해진 출입구의 자신의 자리에 섰고, 그는 개인적으로 모든 소년, 소녀들을 다 알고 있는 것 같았다. 그는 모든 아이들에게 악수하면서 미소 지으며 명랑한 말로 각자에게 인사를 나누었다. 아이들은 떠들썩하게 그의 주변에 몰려들었고, 그의 팔은 모임이 끝난 후에도 장시간 동안 아치모양으로 들려 있어야 했다. 어린 생명들이 그의 팔을 붙들고 있는 광경은 흔히 볼 수 있는 것이었다. 이 광경은 왜 그 아이들이 매주일 마다 그 곳에 가게 되는지를 잘 설명해 준다. 학교는 언제나 왕성한 활동으로 북새통을 이루고 있었다. 거의 매일 저녁에 회의가 있었고, 가끔은 소풍과 친목 모임을 가졌으며, 주일(Sabbath)에는 하루 종일 예배가 드려졌다.[3]

무디는 그 사막에서 전도할 아이들을 찾아 순회할 때면 항상 주머니에 사탕을 가득 넣어 다니곤 했다. 비록 대통령의 방문이 있었다 해도 모든 부모들로부터 주일학교로 아이들을 보내겠다는 동의를 얻어내기에는 부족했기 때문이었다. 다수의 아버지들이 게으른 건달들이었고, 방문 전도자들에 대해서 매우 미심쩍은 반응을 보이곤 했다.

한번은 무디가 몇 명의 아일랜드계 카톨릭 신자들의 방해 때문에 매우 화가 난 일이 있었다. 그는 그 상황을 바로 잡기 위해서 카톨릭 지도자인 더간 주교(Bishop Duggan)를 찾아 갔다. 더간은 그 교구의 고위 성직자였다. 현관으로 나온 하녀는 무디를 주교와 만나게 해 주어야 할지 의심스러웠다. 그러나 무디는 현관을 넘어 들어와서는 명랑하게 주교에게 시간이 날 때까지 기다리겠다고 말하였다. 결국 주교는 현관에 나타났고, 무디는 간단하게 그의 사역을 설명하고는 주교의 영향력을 통해 방해 공작을 멈추게 해 달라고 부탁하였다. 그 주교는 만약 무디가 카톨릭 신자였더라면 그 사람들 사이에서 사역을 하기가 훨씬 쉬웠을 것이라고 대답하였다. 무디는 그렇다면 더 이상 개신교 신자들과

---

3) *Ibid.*, 56-57.

는 함께 일할 수 없다고 응수했다. 주교는 아무 대답도 하지 않았으며 전도자는 사심 없이 주교에게 물었다. "내가 카톨릭 신자가 된 후에도 개신교 신자와 함께 기도해도 됩니까?" 주교는 "그럼요, 얼마든지 가능하지요"라고 대답하였다. "그렇다면," "좋습니다. 주교께서는 개신교 신자와 함께 기도할 수 있나요?"라고 물었다. 이에 주교는 그렇다고 하였다. 이에 전도자는 다시 한마디를 덧붙였다. "그렇다면, 제가 이 상황에서 올바르게 행할 수 있도록 저와 함께 무릎을 꿇고 합심해서 기도할 수 있겠습니까?"라고 물었다. 더간 주교는 이러한 제의에 물끄러미 그를 응시하고는 그가 하자고 제의한 대로 함께 기도하였다. 더 이상 주일학교에서 방해는 일어나지 않았다. 무디가 주교의 신자가 되지 않았지만, 주교도 무디의 주일학교에서 가르쳐 달라는 부탁을 받지 않은 것에 대해 안도의 한숨을 내쉬지 않을 수 없었을 것이 분명했다![4]

부니는 자신의 학벌의 한계를 알고 있었다. 그래서 그는 일선 교육은 자신보다 우수한 교사들에게 맡겼다. 자신은 새로운 학생들을 모으고, 관리하고, 훈육하는 일을 책임졌다. 수업이 시작되기 전, 우선 그는 방안 가득히 모인 망나니들을 제어했다. 그 아이들은 "빨간 눈"(Red Eye), "미친 백정"(Madden the Butcher), "구두 수선공 다비"(Darby the Cobbler), "검은 연통"(Black Stove Pipe), "누더기 바지 입은 뚜쟁이"(Rag-Breeches Cadet)" 같은 거친 별명들을 갖고 있었다.[5] 한 어린 말썽꾸러기가 계속해서 문제를 일으켰다. 무디는 예전에 어떤 아이도 밖으로 내쫓지 않겠다고 결심한 적이 있었다. 하지만 그는 은혜가 실패하는 곳에서는 상황에 따라 적절한 규율이 필요하다는 사실을 깨달았다. 이러한 일이 발생하자 그는 부유한 사업가이자 그 학교의 책임자인 존 V. 파웰(John V. Farwell)에게로 가서 "만약 내가 저 아이를 데리고 옆방으로 가는 게 보이면 우리가 돌아올 때까지 학생들을 일으켜 세워서 **매우 큰 소리로 찬송하게** 해 주세요"하고 말했다. 곧 다툼의 큰 소음이 거룩한 노래 소리에 파묻혔다. 몇 분 후 선생님과 학생이 다시 나타났고, 그들은 얼굴이 상기된 채 땀

---

4) *Ibid*., 83.
5) *Ibid*., 74.

을 흘리고 있었다. 그 아이는 점차로 모범적인 학생이 되어 갔다.

무디는 글자도 모르고 가난하게 살아가는 부랑아들의 부모들에게 관심을 갖고 있었다. 그는 일주일에 사흘씩 "일반 영어분과 교육"을 위한 야간 학습반을 개설하였다. 1863년에 이르러서 학교의 수용 시설은 크게 향상되었다. 파웰의 재정적인 지원과 다른 기독교인들의 관심의 덕택으로 웰즈(Wells)와 일리노이 거리(Illinois Street)의 모퉁이에 있는 한 구역을 구입하였다. 1864년 봄에 그 구역에 커다란 벽돌 건물이 세워졌다. 그 건물은 1500석의 좌석이 있는 강당과 수많은 교실 그리고 예배실 등을 갖추었다. 처음에는 일리노이 거리 교회를 도왔던 회중 교인들의 도움을 받았으나, 이 학교가 점차로 성장해감에 따라 초교파 복음주의 기관이 되었다.

1. 신진 사업가

어느 모로 보나, 무디는 결코 평범한 인물은 아니었다. 주일학교를 시작한 1859년에, 그는 자신의 봉급 이외에도 수수료로만 5000달러의 고소득을 벌고 있는 구두 판매원이었다. 그러나 어린 시절의 그를 보았다면 어느 누구도 그가 장차 부유한 사업 경영가가 되리라고, 혹은 그의 시대의 최고의 복음 전도자가 되리라고는 상상할 수 없었을 것이다. 무디의 적극적인 성격에 딱 어울리는 1860년의 북적대고 떠들썩한 시카고는 원래 무디의 고향이 아니었다. 무디는 매사추세츠의 노스필드(Northfield)에서 1837년 2월 5일에 태어났다. 그곳은 그의 양친의 가문들이 대를 이어 살아오던 곳이었다. 아버지 에드윈(Edwin)은 채석하는 사업을 가업으로 계승하였다. 그러나 무디가 네 살 때 아버지의 갑작스런 죽음으로 가족들은 극도의 절망적인 곤경에 처하게 되었다. 베시 무디(Betsy Moody)는 7명의 자녀들을 돌봐야 했고, 남편이 죽은 지 얼마 지나지 않아서 쌍둥이 아이를 낳았다. 채무자들은 그의 집에서 가져갈 수 있는 것은 장작까지라도 모두 가져가 버렸다. 그러나 무디 부인은 수많은 친척들의 도움을 받으며 대가족을 시련에도 굴하지 않고 꿋꿋하게 부양해 나갔다. 식구들 각자는 가족을 위해 무엇인가 할 수 있는 일을 해 나갔고, 드와이트와 그의 형제들은 농장의 노동자로 일했다. 공부할 시간은 거의 없었다. 그러나 드와이트는 지역 학원을 6학년 정도의 실력이 될 때까지 다녔다. 그의 생애 나머지 기간 동안 그가 연설을 하면서 범했던 문법적인 잘못들은 이러한 교육의 결핍을 반영한다고 볼 수 있다.

17살에 드와이트는 그의 가족들을 위해 더 많은 돈을 벌려고 도시를 향해 떠났으며, 보스턴에서 일자리를 구하려고 했다. 그는 일거리를 얻기 전 며칠 동안 거리를 터벅터벅 걸어 다녔다. 삼촌 한 분이 그 거리에서 구둣가게를 운영하고 있었지만, 드와이트는 그곳에서 일자리를 달라고 요청하기가 망설여졌다. 다른 곳들을 알아보았지만 허사였고, 무디는 자신의 자존심을 삼키고 일자리를 달라고 부탁했다. 그 삼촌은 이 거대한 도시에서 풋내기 젊은이가 빠져들 수 있는 유혹들을 염려하는 사람이었기에 무디에게 주일학교와 예배에 꼭 참석할 것을 약속하게 하였다.

젊은 드와이트는 처음으로 교회에 출석하면서 기독교 신앙에 의하여 강한 영향을 받게 되었다. 그는 그 지역 유니테리안 교회에서 침례를 받았지만 믿음의 중요성에 대해선 거의 배우지 못했다.[6] 그래서 삼촌은 그 당시 기독교 신앙이나 성경에 대해서 전혀 배운 바가 없었던 무디를 데리고 보스턴에 있는 마운트 버논 회중교회(Mount Vernon Congregational Church)로 갔다. 그곳은 예전에 피니의 동료이었다가 나중에 독립 전도자가 된 에드워드 N. 커크(Edward N. Kirk)가 마운트 버논의 목사로서 복음주의 협의회를 역동적으로 이끌고 있었다.

무디는 커크의 설교를 통해 많은 유익을 얻었고, 동시에 에드워드 킴볼(Edward Kimball)이 가르치는 젊은이들을 위한 성경학교에 참석하였다. 그 수업에 참석한 첫날, 킴볼은 학생들에게 수업을 위해 요한복음을 찾으라고 말

---

6) Stanley N. Gundry, *Love Them In: The Proclamation Theology of D. L. Moody* (Chicago, 1976), 18. 이 책은 전술된 작가들의 무디에 관한 많은 오류들을 교정할 뿐만 아니라, 학술적 차원에서 저술된 탁월한 저서이다.

했다. 드와이트는 급히 창세기를 뒤적거리기 시작했고 그를 보던 학급 친구들은 낄낄거리며 웃었다. 그 빈틈없는 교사는 쩔쩔매는 젊은이를 구해 주었고, 자기의 성경책을 건네주었다. 거기에는 이미 본문이 펼쳐져 있었다. 킴볼은 드와이트에게 깊은 관심을 가졌다. 그는 후에 이렇게 썼다.

> 나는 그에게 그리스도와 그의 영혼에 대해서 말해 주기로 결심하고는 홀튼(Holton)의 구두 가게로 출발하였다. 거기에 거의 도착했을 때, 내가 이 영업시간에 그에게 가는 것이 옳은 것인지 의문을 품기 시작했다. 아마도 나의 방문이 그 소년을 당황하게 만들지도 모른다. 거기에 내가 나가면 다른 점원들이 내가 누구냐고 물을 것이고, 그러고는 내가 그 소년을 훌륭한 소년으로 만들려고 하는 노력을 보고는 그를 조롱할지도 모를 일이었다. 이런 생각을 하는 동안에도 나는 그를 그렇게 만들기 위해 그 가게를 향해서 달려가고 있는 내 자신을 발견했다. 나는 건물 뒤에서 구두를 포장하고 있는 무디를 발견하였다. 나는 그에게로 즉시 다가가서 어깨를 툭툭 쳤다. 그리고 그에게 그리스도께로 돌아오라고 매우 간단히 간청했다. 나는 내가 무슨 단어들을 사용하였고, 어떻게 무디에게 말할 수 있었는지 알지 못한다. 단지 나는 그에게 그를 향한 그리스도의 사랑과 그 사랑은 그리스도께서 그가 돌아오기를 원하시는 사랑이라는 것을 말했다. 그게 전부였다. 그 젊은이는 마치 그에게 이제야 나타난 그 빛을 기다리고 있었던 것 같았다. 그리고 그곳, 바로 보스턴에 있는 그 가게의 뒤편에서, 그는 자기 자신과 인생을 그리스도께 드렸다.[7]

2. 무디의 방향전환

그리스도를 영접한 순간부터 무디의 삶은 바뀌었다. 그의 회심은 어떤 극도의 감정적인 경험이 아니었다. 그리고 후의 그의 전도 집회에서도 그는 청중들에게 압도되는 감정들을 만들어 내려고 노력하지 않았다. 그는 청중들이 일시적으로 감정이 고양되기보다는 기독교 신앙의 핵심들을 더 잘 이해하고, 그리스도께 더욱 완전히 헌신하게 되기를 바랐다. 젊은 무디는 거의 종교적인 지식

---

7) Moody, *Life*, 41.

이 없는 상태였으므로 신앙을 배우는 속도가 느렸다. 1855년 5월 16일, 회심한 지 거의 3주가 채 지나지 않은 상태에서 교회의 정식 회원이 되기 위해 교회의 집사들 앞에 서게 되었다. 시험은 그에게는 일종의 재앙과도 같았다. 거기서 드와이트는 "그리스도가 당신과 우리 모두를 위해서 무엇을 하셨습니까? 또 무엇 때문에 우리가 그에게 우리의 사랑과 복종을 드립니까?"라는 질문을 받았고, 이에 대답을 해야 했다. 그는 "내 생각에 주님은 우리 모두를 위해서 상당히 많은 일을 하셨습니다. 하지만 난 그가 특별하게 무슨 일을 하셨는지는 잘 모르겠습니다"라고 대답했다. 무디는 1856년 3월 3일에 다시 교회 정식 회원이 되기 위해 시험을 치렀고, 비로소 회원이 되었다.

그러나 무디는 보스턴에서는 행복하지 못했는데, 거기서는 장래가 불투명했기 때문이었다. 그래서 당시 미국의 많은 시골 출신 젊은이들과 마찬가지로 그는 당시에 가장 급속한 속도로 성장하는 도시였던 시카고로 이주했다.[8] 그가 예전에 기록했듯이, 시카고는 원기 왕성한 도시였다. 비록 그가 도착했을 당시 그 도시는 막 형성되어 가는 상태였지만, 시카고는 이미 이민자들의 메카로서 엄청난 잠재력을 보여주고 있었다. 도시인구의 절반 이상이 외국인들이었고, 우후죽순처럼 생기는 공장들과 사업장들은 그곳에 도착한 이민자 모두를 필요로 하였다. 1856년까지 11개의 주요 철도 노선이 서부의 곡창 지대까지 완공되었으며, 철도를 통하여 서부 각지에 방대한 양의 가축과 옥수수와 밀 등이 공급되었다. 돈벌기가 쉬웠으며, 그래서 무디는 채 스무 살이 안 된 나이에 여기서 그의 장래를 열어 나가기로 결심하였다.

사업을 위한 온갖 기회들을 제공하고 있었음에도 불구하고, 이 "사악한 도시"는 그에게 충격을 주기도 하였다. 집으로 보낸 편지에서 그는 "많은 사람들이 거룩한 안식일에도 상점의 문을 계속 연다.[9] 이러한 현상 속에서 모든 사람

---

8) James F. Findlay, Jr., *Dwight L. Moody, American Evangelist 1837-1899* (Chicago, 1969), 52. 무디가 시카고로 이주하게 된 이유들에 대해 잘 밝혀주고 있다. 핀들리의 저서는 무디에 관하여 학술적으로 균형 있고 공정하며 그리고 철저하게 기록된 표준적인 전기라고 할 수 있다.

9) *Ibid.*, 56.

이 병들어 가고 있다"라고 썼다. 그러나 무디는 여전히 그가 새로 발견한 믿음 안에 거하려고 노력하였다. 1856년 9월 25일에 그는 어머니에게 편지하기를 "보스턴에 계셨던 하나님이 이곳에서도 역시 계시며, 저는 그분 안에서 평안을 발견할 수 있습니다"라고 적었다. 바로 이 시기에 위대한 일이 벌어지고 있었으니, 그것이 바로 제3차 대각성 운동이었으며, 1857과 1858년에 이미 시작되고 있었던 것이다. 무디는 은혜 안에서 성장하고 있었고, 성령의 역사하심에 기민하게 반응하고 있었다. 1857년 1월 6일자로 어머니에게 보낸 편지에서 그는 "이 도시에 거대한 종교적인 부흥이 일어나고 있습니다. 저는 매일 집회에 나가고 있습니다. 저는 너무나 기쁩니다! 마치 주님이 이곳에 와 계신 것 같습니다. 어머니, 우리를 위해 기도해 주십시오. 모든 무릎들이 꿇어 경배하게 될 때까지 이 일이 계속되기 위해서 기도해 주십시오. 저는 노스필드에서도 이런 부흥이 일어나기를 바랍니다"라고 기록하였다.[10]

무디는 위스월(E. E. Wiswall) 회사의 점원으로 구두와 장화 소매상에서 일하기 시작하였다. 시카고에서 구두와 가죽 사업은 이 야망에 찬 젊은이에게 매우 커다란 잠재력을 제공해 주는 것이었다. "나는 보스턴에서 한 달 동안 버는 것보다 더 많은 액수를 여기에서 일주일 동안 벌어들일 수 있어"라고 그는 형제 조지에게 편지를 썼다. 그는 높은 이자를 받고 친구들에게 돈을 빌려주기 시작하였다. 몇 사람들에게는 100,000달러를 모으겠다는 야망을 털어놓기도 했지만, 이런 세속적인 관심사가 결코 무디의 영적인 관심사를 압도할 수는 없었다. 그는 1857년 5월에 플리머스(Plymouth) 회중교회의 교인이 되었고, 얼마 지나지 않아 YMCA 사역에 뛰어들었다.

무디는 자신이 그저 평범한 등록 교인이 된 것으로 만족할 수는 없었으며, 물론 그리스도께서도 더 많은 것을 요구하셨다. 이 시대는 장의자들(pews)를 임대해 사용하는 시기였다. 그는 자신의 주머니를 털어서 4개의 장의자들을 빌렸다. 그는 주일 아침에 일찍이 그 지역에 있는 기숙사들을 방문하여 예배를 드리러 가자고 새 신자들을 초청하였다. 그는 특히 그의 고객들로 찾아온 순회

---

10) *Ibid.*, 63.

상인들(판매원들)을 선택하였다. 이러한 시도는 매우 성공적이어서 그의 4개의 장의자는 거의 채워졌다. 그러나 이것으로 그의 주님은 만족스러워 하시는 것 같지 않았다. 그래서 그는 YMCA에서의 예배를 위해서 더 큰 상점을 찾았다. 최초의 YMCA는 일종의 교회의 전도기관으로서 1852년에 보스턴에서 조직되었다. YMCA와 함께 한 그의 사역은 점점 장의자를 빌려오는 일과 함께 그 규모가 커지기 시작하였다. 그리고 이 일을 위한 기도회에 참석하는 다른 많은 사람들이 그를 격려하였다. 곧 그는 시카고 YMCA의 사서로 봉사하였고, 심방 위원회의 책임자가 되었다.

그칠 줄 모르는 정력과 사업적인 감각을 가지고 그는 보도를 걸어가고 있었던 잠재적 고객들에게 신발을 사러 안으로 들어오라고 설득하기 시작했다. 무디는 곧 구두와 부츠를 팔기 위한 더 나은 또 다른 방법을 찾았나. 즉, 그것은 물긴을 살 가능성이 있는 기차역에 막 도착한 사람들과 호텔 투숙객들을 찾아가는 것이었다. 위스월(Wiswall) 회사의 열정적인 젊은 세일즈맨은 큰 성공을 거두었고, 그 결과 확장된 사업을 다루기 위한 새로운 부서를 필요로 하게 되었다. 1857년에 무디는 핸더슨(C. N. Henderson)의 구두 회사로 옮겼다. 그는 그곳에서 회사의 사장과 매우 절친하고도 개인적인 친구 사이가 되었다. 1858년 말에 핸더슨이 죽었을 때, 그의 미망인은 무디에게 150,000달러(1990년대에 약 2,000,000달러의 가치)에 상당하는 그의 남편의 유산을 맡아 달라고 부탁하였다. 그는 이러한 신뢰에 당황하였다. 그는 제의를 거절하고 이후 계속해서 뷰얼(Buel), 힐(Hill), 그레인저(Granger)의 유명한 구두 사업에 뛰어들었으며, 이미 자신이 부자가 되려는 목표를 달성하기 위해서 7,000달러를 저축해 두었다. 그러나 그가 북부 시장 홀(North Market Hall)에서 주일학교를 시작하던 1859년 시기에 이르러서, 그는 사업 세계와 스스로 약속했던 거부가 되는 일에 매력을 잃어가기 시작하였다. 아마도 그는 사업에서 느끼는 긴장감과 경쟁보다는 영혼을 구원하는 일이 그에게 더 큰 보람과 도전을 준다고 느꼈음이 분명하였다.

3. 하나님을 향한 헌신의 열정

얼마 지나지 않아 더 이상 두 가지 관심사 모두를 감당하는 것은 불가능해졌다. 1860년 6월에 이르러 그는 갑자기 장사를 그만두고 자신의 힘을 하나님께로 쏟았다. 몇 년이 지난 후, 무디는 가끔 자신의 신발 가게로 찾아온 어느 주일학교 선생님에 대해서 말하곤 했다. 창백한 얼굴에 쇠약해진 이 젊은 사람은 폐출혈을 앓고 있었다. 그는 무디에게 의사가 자신에게 뉴욕으로 돌아가라고 했지만, 자기는 자신의 반에 있는 가난한 여자 아이들이 아직 구원받지 못했기 때문에 돌아갈 수 없다고 말했다. 그는 무디에게 그 아이들의 집으로 함께 마지막 심방을 하자고 부탁하였다. 무디는 "이 심방은 내가 지상에서 했던 가장 훌륭한 방문 중의 하나였다"라고 공언하였다. 무디는 죽어가는 선생이 자신의 아이들 각자에게 그리스도를 영접할 것을 간청하자, 그들이 주님께로 돌아오는 것을 지켜보았다. 무디는 후에 다음과 같이 회상하였다.

> 그는 다음날 밤에 떠나야만 했다. 그래서 나는 그 날 밤에 그의 반 아이들과 함께 기도회를 갖기 위해 불러 모았으며, 그 기도회에서 하나님께서는 내 영혼에 그 이후 결코 꺼지지 않을 불을 붙이셨다. 당시 나는 사업가로서 성공하려는 높은 열망을 가지고 있었다. 그리고 만약 그 기도회가 나의 열망을 내게서 가져가 버릴 것을 미리 알았더라면, 나는 거기에 가지 않았을 것이다. 하지만 나는 지금 그때의 그 기도회 때문에 하나님께 수시로 감사드린다.[11]

그로부터 1867년까지 7년 동안, 무디는 그리스도께 진실하게 헌신했다는 사실을 입증해 주었다. 세속 직업이 줄 수 있는 여러 가지 제약으로부터 벗어나서, 그는 전적으로 주일학교와 YMCA 그리고 다른 전도 사업들을 위해 헌신하였다. 1861년에 남북전쟁이 발발하자 새로운 기회가 찾아왔다. YMCA는 복음적인 교회들과 북군 그리고 포로로 붙잡힌 남부 연합군 병사들 사이의 연결 고리가 되었다. 이로 인해 미합중국 기독교 위원회(the United States

---
11) Moody, *Life*, 65.

Christian Commission)가 발족되었고, 무디가 지도적 역할을 감당하였다. 군대는 시카고 남부에 캠프 더글러스(Camp Douglas)를 설치하였고, 무디는 많은 시간을 거기에 잡혀 온 9,000명의 남부군 병사들과 함께 보냈다. 그는 기독교 위원회 사역자로서, 군대와 연합하여 샤일로(Shiloh), 머프리즈보로(Murfreesboro), 피츠버그 랜딩(Pittsburg Landing), 차타누가(Chattanooga) 전투와 리치먼드(Richmond) 군사작전에 참가하였고, 거기서 많은 이들의 고통과 죽음을 보았다.

이 시기에 또한 무디는 19세의 사랑스러운 소녀인 엠마 레벨(Emma C. Revell)을 만나서 1862년 8월 28일에 그녀와 결혼을 하였다. 무디는 항상 자기보다 훨씬 좋은 배경을 가진 이 사랑스러운 젊은 여인을 얻게 된 것을 놀라워했다. 그의 퉁명스럽고, 충동적이며, 솔직하고, 또한 교육받지 못한 태도는 엠마의 지석이고, 보수적이며 내향적인 성격으로 인하여 상당부분 상쇄되었다. 그는 그녀의 뛰어난 판단과 도움에 절대적으로 의지하고 있었다. 그들에게는 3명의 자녀가 있었다. 1863년에는 엠마(Emma)가, 1869년에는 윌리엄(William)이, 그리고 1879년에는 폴(Paul)이 태어났으며, 매우 행복한 가정을 이루었다.[12]

비록 전쟁 기간 동안에 엄청난 요구들이 있었음에도 불구하고, 그는 지칠 줄 모르는 정력으로 그러한 일들을 잘 감당하였다. 군대에서의 사역과 동시에 무디는 일리노이 스트리트 교회에서 목사 안수를 받지 않은 평신도 지도자로서 사역을 계속하였다. 그는 많은 설교를 했고, 때때로 성직자를 초빙하여 설교와 성례의 집행을 부탁하였다. 목회자들 중에서 그의 열정적인 사역의 보조를 맞출 수 있는 사람은 거의 없었다. 그 교회의 한 집사는 무디와 몇 명의 집사들이 함께 **2백 가정을 심방**하기 위해 돌아 다녔던 잊지 못할 새해 첫날의 기억에 대해서 자세히 설명해 주었다. 그는 별안간 아무 가정에나 들어가 놀란 눈을 하고 있는 가족들에게 인사를 하였다. "저는 무디입니다. 여기는 드골리어

---

12) Findlay, *Dwight L. Moody*, 96ff. 이 부분은 무디의 가정생활에 대하여 매우 귀중한 자료들을 제공해 주고 있다.

(DeGolyer) 집사님이고, 여기는 테인(Thane) 집사님입니다. 그리고 여기는 히치콕(Hichcock) 형제입니다. 안녕하시죠? 여러분 모두 교회에 오시고 또한 주일학교에 참석하시지 않겠습니까? 이 겨울을 나기에 충분한 연료는 있으십니까? 함께 기도합시다." 그는 바닥에 무릎을 꿇고 앉아서 간절히 기도드린 후에, 무언가에 한 대 얻어맞은 듯이 멍해 있는 가족들을 두고 다음 집을 향해 문을 나섰다.[13]

4. 목회사역의 확장

1866년에 시카고 YMCA는 무디를 회장으로 선출하였다. 그는 4년간 그 직임을 계속하였다. YMCA의 가장 중요한 지역 중 하나인 시카고 YMCA의 총수로서 그는 여러 지역을 여행하였다. 그의 재임 기간 동안에 메인의 포틀랜드, 메릴랜드의 볼티모어, 뉴욕의 알바니를 비롯한 여러 지역에서 매우 광범위하게 각종 회합과 집회에 참석하였다. YMCA의 사역뿐만 아니라 그는 새로운 두 개의 거대한 영향력을 발휘하는 초교파 운동에 참여했는데, 그것은 주일학교 연합회(Sunday School Union)와 기독교 대회(Christian Convention)였다. 두 개의 단체는 모두 중서부 지역에 소속된 교회 지도자들로 구성되어 있었고, 무디는 이 단체들의 단골 강사가 되었다. 그러한 다양한 집회 속에서 무디는 후에 그의 복음전도 대회에서 사용할 아이디어와 기법들을 시도해 볼 수 있었다. 1870년대에 그는 인디애나폴리스에서 열린 전국 YMCA 집회에서 중요한 메시지 가운데 하나를 전달하였고, 중서부 지역에서 가장 잘 알려진 개신교 지도자들 중의 한 사람이 되었다.

무디가 이라 생키(Ira D. Sankey, 1840-1908)를 만난 것이 바로 이 인디애나폴리스 집회에서였다. 그는 펜실바니아의 뉴캐슬 출신의 대표였다. 생키는 힘이 넘치고 아름다운 목소리를 지녔으며, 숙달된 가수였고, 또한 찬양 인도자

---

13) J. Wilbur Chapman, *Dwight L. Moody* (Philadelphia, 1900), 102.

무디와 생키가 뉴욕 전도 집회에서 앞으로 나온 사람들과 개별 상담을 하고 있다.
(빌리 그래함 센터 박물관)

였다. 무디는 그가 노래 부르는 것을 듣고서 그에게로 다가갔다. 그리고 자신을 소개하고서, 그의 가문과 직업에 관해서 묻느라 약간의 시간을 보냈다. 그리고 그는 "그렇군요. 당신은 매우 좋은 재능을 가졌군요! 당신은 내가 그 동안 찾던 사람입니다. 당신이 저와 함께 시카고로 가서 저의 일을 도와주셨으면 좋겠습니다"라고 말했다.[14] 생키는 자신의 직업을 버리고 시카고로 순순히 따라갔다. 그리고 무디와 떨어질 수 없는 동역자가 되었다.

1867년 봄, 무디는 영국의 복음전도자들을 만나 주일학교와 YMCA 사역, 기도모임, 그리고 복음전도 등에 대해서 여러 가지 생각들을 나누기 위해 영국으로 떠났다. 그곳에서 4개월을 지내면서, 플리머스 형제단(Plymouth Brethren)으로 알려진 평신도 모임의 사역에 관심을 가지게 되었는데, 그들은 1820년대에 영국 국교회 안에서 있었던 풍조들에 대한 반동으로 결성된 조직이었다. 다비(J. N. Darby, 1800-1882)의 지도력 아래, 그들은 성경 무오설,

---

14) Moody, *Life*, 125.

세대주의적 전천년설 그리고 깊은 개인의 체험으로서의 회심에 대해 강조하는 설교를 하였다.

다비는 미국을 수차례 방문하였고, 무디의 초청으로 시카고에 있는 YMCA 본부에서 연설을 하였다.[15] 형제단의 다른 구성원인 헨리 무어하우스(Henry Moorhouse)는 무디의 절친한 친구가 되었고, 여러 가지 영역에서 그의 사역에 영향을 미쳤다. 영국 방문이 끝나갈 무렵에는 무디는 런던에 있는 수많은 복음 전도운동의 지도자들과 친구가 되어 있었다. 한 송별회 모임에서 그들은 무디에게 존경의 표시로 상당한 액수의 사례금을 주었다. 그 첫 번째 영국 여행에서 무디는 그들로부터 그를 몹시도 감동시켰던 칭송을 들었다. "이 세계는 하나님께 충분히, 그리고 전적으로 헌신된 이 사람과 함께(with), 이 사람을 위해서(for), 이 사람을 통해서(through), 이 사람 안에서(in), 그리고 이 사람에 의해서(by) 하실 일을 목도해야만 합니다." 이러한 칭송에 대해 무디는 "제가 그러한 사람이 되기 위해 할 수 있는 한 최선을 다하겠습니다"라고 대답하였다.

1867년 가을, 시카고에 도착하자 무디는 자신이 아끼던 YMCA 건물의 파웰 홀을 완성하였으며, 3,000명의 청중들을 수용할 수 있는 좌석이 완비되었다. 건물에 필요한 자금을 얻기 위해, 무디는 시카고의 부유한 사업가들 가운데서 선정된 12명의 이사로 구성된 증권 회사를 차렸다. 이들 가운데에는 사이러스 맥코믹(Cyrus McComick), 조지 아머(George Armour), 존 파웰(John Farwell) 그리고 B. F. 제이콥스(B. F. Jacobs) 같은 사람들이 포함되어 있었다. 그러나 그의 인기와 성공과 수많은 친구들이 있었음에도 불구하고, 무디는 영적인 위기의 시기에 직면하게 되었다. 그의 설교 약속과 목회 사역의 의무에 대한 계획들을 다 감당하기에는 그의 힘이 부치는 듯하였다. 더군다나 1871년 10월의 시카고 화재는 그의 집과 개인 소유물들, YMCA 건물 그리고 일리노이 스트리트 교회(Illinois Street Church)까지 삼켜버렸고, 그의 인생을 나락으로 떨어뜨렸다. 비록 다른 사람들이 파웰 홀을 다시 짓기 위해 모여들었지만, 무디는 새로운 교회를 짓기 위한 자금압박을 홀로 감당해야 했다. 그는 후에

---

15) *Ibid.*, 126.

그 화재야말로 자신을 시카고에서 떠나게 한 가장 중요한 원인이 되었다고 언급하였다.[16)]

무디의 영적인 위기는 건물을 새로 짓는 동안 찾아왔고, 최소한 4개월 동안 지속되었다. 그러나 어느 날 하나님께서 그 우울함 속에 빠져 있는 그에게 나타나셨다. 무디는 이 사건에 대해서 자주 말하고 싶어 하지 않았다. 왜냐하면 그 사건은 "무엇이라고 명명할 수 없는 너무나도 신비로운 체험"이었기 때문이었다. 그는 "하나님께서 나에게 나타나셨다. 그리고 나는 하나님의 사랑을 너무나도 깊이 느꼈기에 하나님께 당신의 손에 머물러 있게 해 달라고 부탁하였다"라고 말하였다. 그는 나중에 이 경험에 대해 봉사를 위한 열정과 능력을 불러 일으키시는 성령의 기름 부으심과 충만케 하심이라고 지칭하였다. 그는 그리스도인으로서 하는 봉사 속에서 진심으로 효과적인 사역을 할 수 있기를 갈망하는 사람은 이와 유사한 경험이 필요하다고 설교하기 시작하였다.[17)] 이러한 경험을 한 이후부터 무디는 위대한 능력의 설교자로 부상하였다.

5. 하나님의 사랑을 설교하다

무디는 1870년에 영국을 잠깐 다녀왔으며, 1872년 6월에는 세 번째 여행을 다녀왔다. 이 방문 기간 동안 영국의 교계 지도자들과의 교제와 우정을 돈독히 하였으며, 1872년 7월 런던에서 개최된 마일드메이(Mildmay) 연례대회에서 주강사로 연설할 기회를 갖게 되었다. 그는 이 대회에서 수백 명이 넘는 영국의 매우 중요한 기독교 지도자들에게 자신을 알렸다. 무어하우스와의 친분이 점점 두터워 지면서 그는 자신의 설교의 강조점들을 다시 확인하고 바꾸게 되었다. 한번은 무어하우스가 무디의 시카고 교회에서 하나님의 사랑을 주제로

---

16) Ibid., 130.
17) 이 경험에 대한 무디의 신학적인 인식에 대해서는 다음을 참고하라. Gundry, Love Them In, 46, 153-55.

일곱 번의 저녁 설교를 한 적이 있었다. 당시 본문은 요한복음 3장 16절이었다. 무디는 몹시 놀랐다. 왜냐하면 지금까지 무디는 항상 죄인들을 향하여 하나님의 진노를 피해 회개하고 돌아오라고 설교했기 때문이었다. 죄인들이 **피해야**(run from) 할 것을 강조하지 않고, 대신 무어하우스는 하나님이 심판을 하지 않을 것이라고 주장하지 않으면서도 자신의 강조점을 뒤집어 놓았던 것이었다. 무디는 중요한 차이를 발견했다. 그리고 하나님은 자녀들을 원하시지 노예들을 원하시지 않으시므로, 죄인들은 사랑을 베푸시는 하나님께로 **이끌려야**(drawn to) 한다고 가르치기 시작하였다.[18]

하나님의 사랑에 근거한 새로운 강조와 생동감 넘치는 설교로 무장한 무디는 생키와 함께 전혀 다른 사역의 길을 향하여 출발하게 되었다. 그는 1873년 6월, 시카고에서의 자신의 모든 직무들을 마무리하고 생키와 함께 영국을 향하여 떠났다. 이전에 방문했던 곳에서 그는 더 많은 순회 설교를 해 달라는 요청을 받았는데, 특히 마일드메이 협회의 창설자인 윌리엄 페너피더(William Pennefeather), 뉴캐슬(Newcastle)의 컷버트 베인브릿지(Cuthbert Bainbridge) 그리고 더블린(Dublin)의 헨리 뷸리(Henry Bewley) 같은 사람들의 초청이었다. 뒤의 두 명의 초청에는 무디와 생키에게 필요한 비용을 감당할 기금에 대한 약속도 포함하고 있었다.

이윽고 그들이 1873년 6월 17일, 리버풀 항구에 도착했을 때에는 그들을 위해 정신적이고 재정적인 지원을 약속했던 세 명의 후원자들이 죽었다는 소식이 그들을 반기고 있을 뿐이었다. 무디는 생키를 돌아보면서 "하나님께서 문을 닫으신 것 같네"라고 말했다. "우리는 우리 스스로 이 문을 열 수 없을 것이네. 만약 하나님께서 이 문을 여신다면 우리는 들어갈 수 있을 것이네. 그렇지 않으면 우리는 미국으로 돌아가게 될 것이야."[19] 무디는 영국 요크의 YMCA의 간사에게서 온 아직 개봉되지 않은 설교 초청편지를 발견하였다. 그는 "여기에 문이 조금 열려있군"이라고 말하면서, 다른 전망이 없었으므로 그는 요크로 가

---

18) *Ibid.*, 46.
19) Moody, *Life*, 155.

능한 한 빨리 가겠다고 전보를 쳤다. 전혀 기대를 갖지 않고 있었던 YMCA 간사는 기민하게 무디가 그 도시의 여러 강단에서 설교할 수 있도록 준비해 나갔다. 무디가 그 지역에서는 별로 알려진 바가 없었기 때문에 집회는 천천히 시작되었다. 위대한 설교가요 작가인 프레드릭 마이어(F. B. Meyer)는 그때를 회상하면서 다음과 같은 글을 남겼다.

> 이 위대하고 고귀한 영혼이 내 인생을 부수며 안으로 들어 온 그때는 얼마나 성령으로 충만하였는가! 그 당시 나는 요크라는 오래된 도시의 한 젊은 목사였다. 나는 전통의 굴레에 의해서 딱딱하게 굳어져 버린 사람이었다. 그 동안 나는 훈련되어 있었고, 경력을 나름대로 쌓아가고 있었다. 그러나 여기엔 새로운 이상적 계시가 있었다. 내게 충격을 준 무디 씨의 첫인상은 그가 전혀 보수적이지 않았다는 것과 너무나도 자연스러웠다는 것이다… 그러나 그들의 접근에는 결코 일제의 불경스러움이나 무분별함, 또는 방종함이 없었다. 모든 것이 아주 보기 드문 상식, 바른 방법 그리고 단순하고 선명한 목적 등과 완벽하게 조화를 이루었으며, 이러한 것들은 그들이 거둔 풍성한 결과만큼이나 아주 매력적인 것이었다.[20]

요크에서의 5주 동안의 집회가 그다지 대단치 않은 성공을 거두었음에도, 집회 후에 무디와 생키 팀은 선더랜드(Sunderland)에서 같은 종류의 집회를 인도해 달라는 초청을 받았다. 거기서 무디는 지혜롭게 그의 좋은 친구인 무어하우스를 초청해서 설교 사역을 나누기로 하였다. 이러한 집회는 좀 더 효과적이었으며, 복음주의적인 여러 단체들이 이 역동적인 미국인 설교가와 그의 친구의 노래 소리에 귀를 기울이기 시작하였다. 다음으로 또 다른 초청이 뉴캐슬로부터 왔고, 1873년 9월에 그곳에서 집회가 열렸다. 여기서 그들 전도 팀은 처음으로 대단한 호응을 얻었다. 더 많은 군중들을 수용하기 위해서 집회 장소가 교회에서 음악당으로 옮겨져야 했다. 신문들도 역시 그들에게 호의적인 보도를 내보내기 시작하였다.

---

20) *Ibid.*, 158.

무디의 전성기 때의 모습을 보여주는 석판화

6. 스코틀랜드 장로교

에딘버러의 항구도시인 리이스(Leith)의 목사 중 한사람이 뉴캐슬에서의 두 명의 복음 전도자의 비상한 전도 사역에 대한 이야기를 듣고, 직접 그들을 보러 갔다. 그는 매우 감동을 받아서, 에딘버러의 국교회와 자유교회 양측을 대표하여 그 곳에서의 집회를 연장해서 인도해 줄 것을 부탁하였다. 이 제안을 통해 무디는 자신들이 교회와 성직자들에게 매우 광범위한 지지를 받고 있다는 것을 확신하게 되어 그 초청을 수락하였다. 집회는 에딘버러에 있는 가장 큰 음악당에서 1873년 11월 23일에 시작되었다.

무디와 생키는 엄격한 스코틀랜드 장로교도들 가운데서 자신들의 복음 전도 스타일에 반대하는 편견을 이겨내기 위해선 용의주도해야 한다는 것을 깨달았다. 어떤 사람들은 생키가 "복음성가를 부르는 것"을 반대하였다. 스코틀랜드의 장로교도들은 이제 막 회중 찬송으로 시편 찬송(psalter)만을 사용하는 배타성에서 벗어나고 있었으며, 1860년 이후에야 겨우 교회에서 오르간을 연주하도록 허용되어졌다.[21] 생키의 휴대용 악기와 그가 직접 작곡한, 외우기 쉽고 단순한 가사와 가락들은 스코틀랜드 장로교인들의 감각에는 충격적인 것들이었다. 어떤 사람들은 생키의 "키스토 휘슬즈"(kist o' whistles)"를 사탄에게 이용당하는 악기라고까지 비난하였다.

그럼에도 불구하고 대부분의 스코틀랜드 사람들은 마음을 열고 열광적으로 반응했다. 집회는 개회 예배 때부터 "빈틈없이… " 사람들로 메워졌고, "몇 천 명의 사람들이 입장할 수가 없어서 돌아가야 했다." 미국인들의 새로운 시도가 모든 계층의 사람들에게 지지를 받았던 것이다. 무디의 단순한 메시지와 그리스도의 몸의 일원이 되어 하나가 되라는 요청은 저항할 수 없는 것이었다. 에 딘버러 사람들의 가슴은 그 두 사람(duo)을 향하여 활짝 열렸으며, 거의 모든 목회자들이 그 집회를 지지하는 목소리를 냈다. 몇 주 후 일어난 영적인 각성이 얼마나 깊은 것이었는지 스코틀랜드에 있는 모든 성직자들에게 발송된 다음의 편지가 잘 말해 주고 있다.

> 에딘버러는 지금 가시적인 은혜의 징후들로 말미암아 기뻐하고 있습니다. 많은 주님의 백성들은 이것에 대해서 놀라지 않습니다… 그들은 여러분의 심방을 고대하고 있습니다. 미국의 무디와 생키, 그들은 매우 간절히 주님께 그들이 자신들을 의지하거나 혹은 어떤 다른 수단들을 의지하지 않도록 해 달라고 간구하였습니다. 그리고 주님께서 친히 그들과 함께 해주실 뿐만 아니라 그들보다 먼저 와 주시기를 간구하였습니다. 주님께서는 자비롭게도 그 기도에 응답해 주셨습니다. 이제 그들에게서 주님의 함께 하심이 놀랍도록 분명하게 나타나고 있습니다. 하나님께서 사람들의 심령에 큰 감동을 일으키셔서 에딘버러에서 가장 큰 공공건물인 자유교회 홀과 또 국교회 홀에서 매일 저녁 수많은 인파가 건물이 차고 넘칠 정도로 몰려 와 기도하고, 복음의 선포를 듣고 있습니다. 하지만 그곳에 참석한 사람들의 숫자보다 더 놀라운 사실이 있습니다. 그것은 그들 가운데서 나타나는 성령의 현존하심과 능력 행하심, 거룩한 두려움, 깊이 기도하는 자세, 믿음, 성령을 대망하는 태도, 구원받지 못한 영혼에 대해 근심하며 안타

---

21) Findlay, *Dwight L. Moody*, 157. 무디와 생키가 영국제도를 방문하여 겪은 문화적인 고충들에 대해 잘 설명해 주고 있다.

까워하는 모습, 그리고 신자들이 점점 더 그리스도를 닮아 가고자 하는 갈망, 즉 그들의 거룩함에 대한 열망과 갈망의 모습들이 바로 그것입니다.[22]

무디와 생키는 완벽하게 스코틀랜드 사람들의 마음을 사로잡았고, 심지어 작은 오르간에 대한 반감까지도 사라지게 하였다. 무디를 초청했던 뉴 칼리지의 블레이키(Blaikie) 교수는 집회 기간 동안의 "생키 씨의 '키스토 휘슬즈'에 대해 잠재되어 있던 불만들이 완전히 사라진 것은 매우 놀라운 일이다"라고 언급하였다.[23]

또 다른 스코틀랜드 지역의 큰 도시인 글래스고(Glasgow)에서도 에딘버러 집회가 시작됨과 동시에 집회를 인도해달라는 초청이 왔으며, 두 달 동안의 에딘버러에서의 복음 설교사역이 끝난 후, 글래스고에서 약 세 달 동안의 사역이 시작되었다. 참석 인원은 거의 에딘버러와 같았고, 성직자들이 합심해서 집회를 지원했다. 2월 8일부터 5월 24일까지 날마다 2회 내지 3회에 걸쳐서 거대한 집회가 열렸고, 군중들의 숫자가 자주 20,000여명에 이르렀다. 글래스고를 떠나서 무디와 생키는 스코틀랜드 북부로 갔다. 집회는 아버딘(Aberdeen), 던디(Dundee), 인버네스(Inverness)를 비롯한 거의 스코틀랜드 전역의 모든 주요한 도시들에서도 개최되었다. 글래스고 집회가 끝난 지 약 일 년이 지난 후, 유명한 설교가인 앤드류 보나르(Andrew A. Bonar)는 "우리는 우리들 안에서 있었던 그 사역의 내구성을 시험해 보아야 한다. 그리고 자기 자신을 점검하려는 사람은 누구든지 곧 우리에게 일어났던 이 일이 얼마나 진지하고 영속적인 것이었는가를 발견하게 될 것이다"라고 기록했다.[24]

---

22) Moody, *Life*, 187-88.
23) *Ibid.*, 202.
24) *Ibid.*, 206.

7. 아일랜드와 잉글랜드

무디와 생키는 아일랜드로 건너가서 1874년 9월 6일부터 10월 8일까지 벨파스트(Belfast)에서 여러 집회들을 인도하였다. 그 후에 그들은 개신교 인구를 모두 합쳐야 겨우 40,000명뿐인 더블린(Dublin)으로 갔지만, 그곳에서 매우 우호적인 환영을 받았다. 이 도시에서 주도적인 로마 가톨릭계 신문들에는 온통 집회에 대한 기사들로 덮여 있었으며, 그들에 대해서 매우 긍정적이었다. 무디는 영국으로 돌아왔고, 12월에 맨체스터(Manchester)에서 집회를 시작하였다. 1875년 1월에는 쉐필드(Sheffield)와 버밍엄(Birmingham)으로 옮겨갔다. 휫필드가 실외에서 20,000 내지 30,000명의 사람들에게 설교했던 100년 전 이후 이렇게 많은 군중들이 모인 적은 없었다. 이제 무디는 실내에서 그와 맞먹는 수의 사람들에게 설교를 할 수 있게 되었다. 두 명의 미국인이 리버풀(Liverpool)에 도착한 이후 영국에 있는 모든 사람들이 그들의 목회 사역에 관심을 가지고 신문을 통해 넘쳐나는 흥미로운 기사들을 접하게 된 것이다. 리버풀에서는 집회에 참석하려고 모여든 군중들을 모두 수용할 수 있는 대형 건물이 없었으므로 임시로 철제천막을 세웠으며, 빅토리아 홀(Victoria Hall)이라고 불렀다.

영국에서는 개신교 여러 교단들 간의 다양성 때문에, 성직자들의 일치된 지지를 얻기가 매우 어려웠다. 무디의 사역에 처음에는 호의적이지 않았던 한 목사가 있었는데, 그는 유명한 회중교회 지도자였던 데일(R. W. Dale)이었다. 관심이 증가됨에 따라, 어쨌든 그는 무디를 지켜보기로 결정하였다. 그 후 감동을 받게 되자, 그는 결국 다음과 같이 말하면서 무디의 사역을 전심을 다해 후원하였다. "나는 무디 씨가 소유한 능력에 대해서 뭐라고 말하기가 힘들다는 것을 발견했다. 나는 그의 능력을 어떻게 분석해야 할지를 모르겠다. 하지만 그것은 매우 현실적이면서도 다른 평범한 설교가들과는 전혀 다른 것이었다. 이 능력의 현실성은 논쟁할 수 있는 것이 아니다… 화요일에 나는 무디 씨에게 무디와 무디가 이룬 일 사이에 어떤 실제적인 연관성도 발견할 수 없었기 때문에, 그 사역은 거의 분명한 하나님의 역사라고 하였다. 그러자 그는 매우 즐겁게 웃으면서 말하기를 만약 그 사역이 그렇지 않다면 그도 매우 유감스러웠을 것이라고 말하는 것이었다."[25]

이따금씩 질투심이 많은 성직자들이 무디에 대해서 반대하고 공격하는 기사들을 신문에 실었다. 이들은 주로 무디의 미국 북부의 양키식의 발음과 그의 "Dan'l", "Sam'l" 등과 같은 짧은 발음들을 꼬집어 우습게 기사화한 것들이었다. 바넘(P. T. Barnum)이 영국으로 보냈다는 믿을만한 정보를 인용하면서, 「뉴욕 타임즈」는 그 두 명의 미국인들이 영국 제도에서 그처럼 악명 높은 사람들이 되었다는 것을 믿을 수가 없었다.[26] 그 당시 무디와 생키의 영국 순회 전도여행은 절정에 다다르고 있었다. 그때 그들은 1875년 3월 초부터 7월 초까지 4개월 간의 런던 집회를 인도하고 있었으며 그러한 비난들은 우습기 짝이 없거나 무시할만한 것들이었다.

8. 런던 전도집회

"런던 전도집회"(Crusade)를 위해 조직적으로 발전시킨 계획은 무디의 전도 방법을 적용한 것이었다. 1875년 1월과 2월 내내 사역자들은 집집마다 방문해서 백 개의 기도회 모임을 인도하였다. 준비 과정을 지도하는 위원회는 런던을 거대한 4개의 구역으로 나누었다. 그리고 각각의 구역에 거대한 건물들을 빌리거나 지어서 중요한 집회 장소로 사용하였다. 그들은 이슬링턴(Islington)에 있는 농산물 홀(Agricultural Hall, 무디가 사용했던 건물들 중 가장 큰 규모인 건물)을 빌렸고, 상류층이 사는 번화한 웨스트 엔드(West End)에 있는 왕립 오페라 극장을 임대했으며, 나머지 두 지역인 보우 로드(Bow Road)와 캠버웰 그린(Camberwell Green, 노동자들이 사는 지역)에는 임시 건물을 각각 세웠다.

3월 9일에 집회가 시작되었을 때, 많은 상스러운 말들을 담고 있는 내용들이

---

25) *The Congregationalist* 4 (March 1875): 138-39.
26) *New York Times*, 22 June 1875.

「베니티 페어」(Vanity Fair)류의 잡지들에 인쇄되어 나타났다. 무디와 생키를 "독이 든 햄버거들", "미친 양키 전도자들", "정신 나간 수도원장들"이라 부르고, 또 그보다 더 심한 악담을 하기도 했다. 그러나 많은 수의 영국의 매우 중요한 인물들이 참가하자 모멸적인 어구들은 진정되었다. 런던의 「타임즈」(Times)지는 매우 긍정적으로 보도하였다.

> 이 도시의 기독교 교회들 가운데 대중들로 하여금 더욱 그리스도인답게 살아가도록 일깨우기 위해 그 큰 노력을 할 수 있는 교회가 과연 있는가? 지금 우리들의 교회와 예배당들에서 벌어지고 있는 집회들은 단지 그들 주변에서 일어나고 있는 수백 혹은 수천 개의 집회들 가운데 하나에 불과하다. 게다가 그들은 그저 단순히 동물적인 수준에서 존재하는 것보다 더 나은 상태에 살고 있는 자들이다. 만약 그들의 어떤 상당한 부분이 일깨워져서 더 높은 것을 위한 순수한 욕구가 일어날 수 있다면, 그것은 이미 중요한 단계가 이루어졌음을 의미하는 것이다.[27]

이 복잡하고 어려운 도시, 런던에서의 4개월 동안 두 명의 미국인들은 신실하게 복음을 증거했다. 무디는 4년이라는 세월도 그렇게 많은 수의 사람들을 만나기에는 턱없이 부족한 시간이었을 것이라고 털어놓았다. 하지만 무디가 품고 있던 사람들을 향한 큰 사랑은 그가 런던의 모든 사람들에게 다가가도록 노력하게 만들었다. 집회에 참석한 인원을 참고할 때 4개월 동안 엄청난 수의 사람들이 실제로 그의 말씀을 들었음을 보여주고 있다. 많은 사람들이 반복해서 참석하였음에도 불구하고, 통계 수치는 아래와 같다.

농산물 홀, 60회 집회에 720,000명 참석
왕립 오페라 극장, 60회 집회에 330,000명 참석
보우 로드 홀, 60회 집회에 600,000명 참석
캠버웰 홀, 60회 집회에 480,000명 참석
빅토리아 홀, 45회 집회에 400,000명 참석

---

27) Times (London), 22 April 1875.

모두 합해서 총 285회 집회에 2,500,000명 이상이 참석하였다.

9. 미국으로 돌아오다

영국에서 2년을 지낸 후, 무디와 생키는 1875년 7월에 언론의 호의적인 보도의 파도를 타고서 미국으로 돌아왔다. 미국의 기독교 지도자들은 무디의 국제적인 지위의 향상과 해외에서의 높은 명성에 깜짝 놀라 재빨리 국내 사역에 그를 합류시켰다. 그를 녹초로 만든 사역으로부터 벗어나 약간의 휴식을 취한 후 무디는 미국의 여러 대도시에서 전도집회를 인도하려는 열망을 품었다. "물은 언덕 아래로 흐른다. 미국의 가장 높은 언덕들은 대도시들이다. 만약 우리가 그들을 움직일 수 있다면, 우리는 이 나라 전체를 흔들게 될 것이다."[28]

헨리 워드 비쳐(Henry Ward Beecher), 토마스 드윗 탈미지(Thomas DeWitt Talmage, 1832-1902), 디어도어 L. 쿠일러(Theodore L. Cuyler, 1822-1909)와 같은 인물들의 위대한 설교에 익숙한 브루클린이 준비를 시작하였다. 진행 위원회는 5,000명의 좌석이 있는 경기장을 빌렸다. 그리고 전차 회사들이 경기장의 문들로 이어지는 여분의 통로들을 만들어 놓았다. 10월 24일 개회 일에 15,000명의 사람들이 몇 블럭에 걸쳐서 안으로 들어가기 위해서 줄지어 서 있었다. 그리고 약 한 달간 무디는 아주 훌륭한 집회들을 인도하였다. 그 곳에서 더 머물 수도 있었지만, 다른 도시들에서도 집회를 열어달라는 요청들이 빗발치고 있었다. 널리 알려진 존경받는 사업가 존 워너메이커(John Wanamaker)의 주도 하에서 필라델피아는 미국 건국 100주년 행사 이전에 전도 집회가 시작되기를 특히 열망하였다. 최근에 퇴거한 펜실바니아 철도 회사의 화물 정류장을 13,000개의 좌석이 준비된 집회장소로 단장하였다. 두 달에 걸쳐서 무디는 평소에 하던 대로 무시무시한 속도로 집회를 인도해 나갔다. 하루에 두 번 내지 세 번에 걸쳐서 집회를 열었고, 게다가 무수한 기도 모임들과

---

28) Moody, *Life*, 263.

무디와 생키가 필라델피아의 펜실바니아 철도회사의 화물 정류장에서 부흥회를 인도하고 있다. (빌리 그래함 센터 박물관)

질문 모임을 인도하였다. 그 다음은 뉴욕의 차례였다. 메디슨 가 27번 거리에 있는 커다란 경기장에 4달 동안 매일 밤마다 14,000명 이상이 모였다. 1876년 10월에 그는 다시 시카고로 돌아와서 특별히 건설된 강당에서 몇 달에 걸쳐 집회를 인도했으며, 그 후 1877년 봄에는 보스턴에서 설교를 하였다.

  1875년부터 1877년에 이르는 기간 동안 행해진 브루클린, 필라델피아, 뉴욕, 시카고, 보스턴의 5대 복음 전도대회들은 이후에 20년에 이르는 미국 전역에 걸친 복음 전도대회의 시작이었다. 무디는 그가 소천한 1899년까지 미국, 캐나다, 멕시코에 있는 수백 개의 도시들을 방문하였으며 1881년에 영국으로 다시 건너갔다. 심지어 일전에 무디를 비평했던 「뉴욕 타임즈」까지도 그에 대한 부정적인 관점을 변화시켜 보도했다. "편견을 가진 사람들이 그에 대해서 무엇이라고 말하든지 간에, 정직한 중심과 올바른 뜻을 가진 사람들은 이 **평범한 사람**(plain man)의 놀라운 사역을 기억할 것이다."[29]

---

29) *New York Times*, 3 March 1889.

1875년 집회 기간의 5000석 경기장에 꽉 들어 찬 브루클린 청중들. (빌리 그래함 센터 박물관)

평범함은 분명히 무디의 성공에 기여하였다. 그는 이전의 다른 성공적인 복음 전도자들과 공통적인 특징을 가지고 있었다. ⑴ 그는 거짓 없는 진심을 가진 사람이었다. 심지어 자신에 대해 공개적인 악평이 있을 지라도 그리하였다. ⑵ 그는 그리스도와 사람들을 향한 불타는 사랑을 가졌다. 이것은 그가 행했던 모든 일에서 나타났다. ⑶ 그는 자신의 구원에 대해서 흔들림 없이 확신하였다. 그리고 하나님의 은혜는 단지 믿기만 하면 모든 사람들을 구원하는 데까지 미친다고 믿었다.

10. 1900년까지 세계 복음화

비록 무디가 미국과 영국을 복음전도로 획기적으로 변화시켜 놓았지만, 그의 비전은 이 두 나라들을 넘어서는 것이었다. 말년에 이르러 무디는 다른 기독교 지도자들과 함께 전 세계를 그리스도께로 돌아오게 하려는 계획에 대해서 의견을 나누었다. 1883년에 무디는 그가 태어난 매사추세츠에서 연례 노스 필드 회의를 결성하여 첫 번째 모임을 개최하였다. 세 번째 열린 이 유명한 모임(1885)에서 필라델피아의 장로교 목사인 아더 피어슨(Arthur T. Pierson, 1837-1911)은 저녁 모임에서 해외 선교에 대해 연설해 줄 것을 요청받았다. 몇 년 전에 그는 소리 높여 1900년까지 전 세계가 복음화 될 수 있다고 외쳤었다. 그는 자신의 삶을 이 메시지에 맞추어 헌신해 왔으며, 천명이 넘는 영향력 있는 그리스도인들이 모여 있는 자리에서 그 말씀을 외치기로 결심하였다. 바로 그 단상에 무디 자신도 있었다.

피어슨은 강렬한 열정을 가지고 도전했다. "만약 명목상의 기독교인 4억 명 가운데 천만 명이 각각 앞으로 15년 동안 100명의 다른 영혼들에게 복음의 메시지를 전달하고자 하는 이 조직적인 활동에 동참한다면, 지구상에 현존하는 모든 인구가 1900년까지 좋은 소식을 들을 수 있게 될 것입니다!" 그는 계속해서 통계를 인용하면서 이러한 과업이 실현 가능한 것임을 주장하였다. "모든 지역의 신자들은" 1900년까지 지상 명령을 완성하기 위해서 "바빠야 합니다."

피어슨의 말은 무디를 사로잡았다. 무디는 의자에서 벌떡 일어나 피어슨의 말을 중단시켰다. 그리고는 "당신들 중에 얼마나 많은 분들이 이것이 가능하다고 믿고 계십니까?"라고 무디는 청중들을 향하여 질문을 던졌다. 모인 사람들이 이구동성으로 그것이 가능할 것이라고 웅성댔다. 이 순간의 결집된 힘을 놓치고 싶지 않았던 무디는 매우 존경받고 있는 6명의 지도자를 지목해서 위원회를 결성하여 이 일을 추진하자고 제안하였다. 그리고 그 자신도 그 위원회에 참여하였다. 이 소그룹은 사흘 안에 감동적인 문서를 작성해 냈다. "모든 지역에 있는 제자들을 향한 간청"(An Appeal to Disciples Everywhere)이라고 명명된 이 문서는 연속된 모임에서 동일한 영향력을 가진 청중들의 압도적인 구두투표로 가결되었다. 아마도 역사상 최초로 지구 전체를 복음화 하는 과업을 완수하려는 계획이 실행 가능한 목표 아래 정해진 일정에 따라 제안되었던 것이다.

이 문서는 전 지구적인 계획을 실현시키기 위해서는 국제적 차원의 협의회를 필요로 한다고 천명하였다. 그 내용은 다음과 같다.

비록 1878년에 인도의 한 선교 본부에서 열린 60일 동안의 집회에서 10,000명의 회심자들이 수확되어 오순절을 능가하는 결과를 보이기도 했지만… 그러나 아직은 여전히 하나님의 섭리에 따라 반응하는 하나님의 교회들의 속도가 늦다. 거의 10억에 해당하는 인류가 아직 복음을 들어보지 못하였다. 광범위한 지역이 완전히 복음의 황무지로 남아있다. 그러나 이 세기가 끝나기 전에 모든 살아있는 영혼들에게 복음을 전달할 수 있는 인적, 물적 자원이 교회 안에는 충분하다… 만약 런던이나 뉴욕과 같은 어떤 거대한 도시의 중앙부에서 복음주의 지도자들이 만나 위원회를 만들고 선교 지역에 대해서 하나님의 섭리와 은혜가 행하실 놀라운 일들에 대해서 신중히 고려해 본다면… 이것은 세계 복음화라는 위대한 계획을 위한 놀라운 진일보가 될 것이다. 우리는 주님의 몸 된 다양한 지체들이 기도하면서 숙고해 주실 것을 간곡히 촉구하는 바이다… 1885년 8월 14일, 무디가 주재한 매사추세츠 노스필드의 회합에서 작성되다.[30]

1888년에 당대 역사상 소집됐었던 선교대회 중 가장 큰 규모의 대화가 그 요청에 대한 응답으로서 런던에서 개최되었다.

무디는 이미 젊은이들로 하여금 해외 선교를 위해서 그들의 삶을 자원해서 드려야 할 것을 도전하는 수단을 가지고 있었다. 무디의 열정과 복음전도에 대한 적극성은 1880년 이후 그의 활동의 모든 국면에서 나타났다. 수천 명의 사람들이 이 운동에 자신을 헌신하였다. 이때 발발한 중요한 한 가지 사건이 있었는데, 그것은 예전에 그가 영국의 옥스퍼드, 캠브리지 그리고 에딘버러 등지에서 이루었던 성공들이 반복해서 예일, 하버드, 다트머스, 프린스턴에서 진행된 일련의 부흥집회에서 일어난 것이다. 영국에서의 집회들은 "캠브리지 칠인"(Cambridge Seven)의 회심으로 영국 전역에 충격을 주었다. 이 학생들은 그 나라의 가장 훌륭한 가문 출신들로서 선교사로 자원하였다. 찰스 T. 스터드(Charles T. Studd, 1862-1931)는 일곱 명 가운데 한사람으로서 여러 대학교에 거대한 열정들을 불러 일으킨 사람이었다. 최고의 육상 선수였던 그는 1885년에 중국 내지 선교회(China Inland Mission) 소속으로 중국으로 건너갔고, 물려받은 유산들을 기독교 운동에 기부하였다.

---

30) Moody, *Life*, 278.

세계 선교를 고취하는 데 앞장 선 사역 후기의 무디의 사진(빌리 그래함 센터 박물관)

1886년에 이르러 미국 대학의 부흥운동이 최고조에 달했고, 무디는 선교의 열망을 가진 학생들을 그의 노스필드 학교의 한 달간의 여름 강좌에 초청하였다. 대학생 대회(The College Student Conference)는 무디가 영감 받았던 것 이상의 결과를 가져 왔다. 100명의 학생들인 "버논 산의 100인"(the Mount Vernon Hundred)들이 선교사가 되기로 자원하였다. 그 다음해 여름에는 그 숫자가 2,100명에 달했는데, 그 중 500명이 여학생들이었고 1,600명이 남학생들이었다. 무디는 캠브리지 7인이 영국에서 했던 것처럼 J. E. K. 스터드(J. E. K. Studd, C. T. Studd의 형제)와 같은 사람들을 미국의 대학 캠퍼스들을 찾아다니며 권면하도록 하였다. 암허스트(Amherst) 대학의 총장인 실리(Seelye)는 이 운동을 근세에 부상한 가장 위대한 선교운동이라고 불렀다.

1888년에 학생자원운동(the Student Volunteer Movement)이 조직되고, 이러한 모임들이 성장해 가면서 "이 세대 안에 세계 복음화"(The evangelization of the world in this generation)라는 표어가 채택되었다. 스터드(J. E. K. Studd)에 의해서 신앙을 갖게 된 학생인 존 모트(John. R.

Mott, 1865-1955)의 광범위한 지도력으로 인해서 이 운동은 놀라울 만치 급속하게 팽창되어 갔다. 거의 반세기 동안 모트는 주도적인 미국 선교운동의 대사(ambassador)가 되었으며, 그 기간 동안 미국의 기독 학생들에 대한 그의 영향력은 경이적(phenomenal)인 것이었다.

1892년에 무디가 부분적으로 은퇴를 하게 된 후부터, 그는 여생을 기독교 봉사 활동에 젊은이들을 동원하고 그가 세운 기관들을 든든하게 세우는 일에 전심전력 하였다. 1886년에 시카고 복음전도협회로 시작된 무디성경학교(Moody Bible Institute)가 미국 전역의 도시들에 있는 성경학교와 대학의 형태를 갖추게 되었다. 무디는 또한 자격을 구비한 젊은 남학생들과 여학생들이 계속적으로 일어남으로 미래세대의 사역을 잘 감당할 수 있으리라 희망했던 노스필드 학교와 대회에 대해서 든든한 신뢰감을 갖고 있었다.

20세기 초의 전도운동

새로운 세기가 시작된 지 얼마 후, 한 현명한 지성인 감리교 감독이 지난 200년간의 복음전도 역사에 관해 깊이 묵상했다. 미국의 기독교 신앙의 지속적인 확장을 위해 필요한 것이 무엇일까 생각하면서, 그는 『위대한 부흥과 위대한 공화국』(*Great Revivals and the Great Republic*)이라는 책을 썼다. 남부 감리교 감독교회의 워렌 캔들러(Warren A. Candler)는 과거에 이루어진 일들에 대해 기뻐하면서도 그의 마음속에는 미래에 대해서 희망과 걱정이 교차하고 있었다. 캔들러는 역사야말로 인간이 믿는 종교가 그들이 건설한 문화와 정치구조에 절대적이고 결정적인 영향을 끼친다는 풍성한 증거를 제공하고 있다고 믿었다. 그는 기독교 세계는 최고의 도덕성과, 동시에 지구상에서 가장 진보된 정부체제를 이룩해 온 것이 조금도 이상할 것이 없다고 기록하였다.

> 국가의 형태와 힘은 국민의 종교에 따라 부상한다. 사람의 믿음이 약하든지, 열정적이든지 한 것처럼, 국가는 그 종교에 따라 허약하게 되든지, 부강하게 되든지 한다… 국민에게 가장 심대하고도 가장 큰 영향을 주는 것은 종교이고, 관습과 규범은 필연적으로 도덕적 확신으로 채색되고 조정된다. 닮은 것이 닮은 것을 낳는 것처럼 무신론은 무정부주의를 양육하고, 가장 하위에 있는 절대주의에서부터 가장 상위에 있는 자유주의에 이르기까지 모든 시민 정부의 단계 속에서 정치체제의 특성은 정확히 그 기저에 깔린 신앙에 의해 좌우된다.

제10장 20세기 초의 전도운동 311

1919년의 구세군 포스터(빌리 그래함 센터 박물관).

모든 이교도 지역의 정부는 그들의 본질로부터 파생된 독재나 전제정치에 의해 압제 받는다. 시민의 자유는 이방 미신을 신봉하는 상황 속에서는 존재할 수 없다…
아브라함이 이 지구상에 진정한 종교를 보존하기 위하여 이민을 떠난 것처럼, 북미의 위대한 공화국 역시 의를 위하여 핍박받으며 또 영웅적인 영혼들을 일으킨 그 구세계의 종교적 부흥에서 태어난 자손인 것이다. 시민정치는 공화국 설립자들의 신앙을 순응하면서 그 초창기에 형성되었으며, 공화정치 체제의 지속적인 성장은 계속되는 역사의 과정들을 특징지었던 "대각성 운동들"에 의해 더 가속화되고 또한 강화되었다. 그것은 복음주의적 기독교의 열매이자 전파자의 역할을 동시에 한 것이었다. 그러한 기독교 신앙 속에서 미국의 기원이 비롯되었고, 또한 그러한 신앙 안에서 미국의 국가적 사명이 이루어져야만 한다.[1]

---

1) Warren A. Candler, *Great Revivals and the Great Republic* (Nashville, 1904), 7-12.

캔들러는 진실로 현대의 상황을 복음주의적으로 빈틈없이 연구한 관찰자였다. 그의 책은 미국의 역사와 1880년부터 1920년까지 활발했던 복음전도 운동에 대한 귀한 시각을 제공하는 미국 기독교 역사에 관한 아주 탁월한 분석서 역할을 하고 있다. 캔들러는 또한 에모리 대학의 전(前) 학장이었고, 수많은 전도자들의 친구였으며, 감리교 공식 정기간행물인 「크리스찬 에드버킷」(*Christian Advocate*)의 편집자이기도 했으며, 또한 코카콜라의 거물이었던 아사 캔들러(Asa G. Candler)의 형제이기도 했다. 그의 책에서, 그 주교는 복음주의 기독교가 현대사회에 미친 직접적이며 간접적인 공헌들을 추적하면서, 현대인들이 누리는 모든 유익들이 복음을 통해 이루어진 것임을 보여주었다. 그는 또한 복음이 질식당했던 곳에 전체주의(totalitarianism)가 창궐했음도 주장했다. "그러나 이 복음주의 기독교는 단지 미 공화국의 보증일 뿐만 아니라, 세계의 희망이기도 하다. 모든 사람들에게 알려지고 읽혀지는 몇 가지 사실들을 생각해 보면 이 주장은 분명한 타당성을 지니고 있음을 알 수 있을 것이다."[2]

1. 무적의 복음(The Invincible Gospel)

캔들러는 역사는 기독교의 편에 서 있으며, 복음은 절대 무적이라고 믿었다.

복음주의 교회의 교리들과 전체 체계는 신앙 전체를 부인하는 사람이든지, 빈궁한 절름발이 믿음을 가진 이성주의나 의식주의와 벗한 사람이든지 간에, 그 모든 사람들에게 대항하는 영역을 가지고 있다… 거기에다, 비록 어느 정도 다른 요소들을 추구하려는 경향이 있음에도 불구하고, 기독교는 지구 전역을 아우를 수 있는 유일한 종교 형태이다. 오직 복음주의 기독교만이 우주성과 영속성의 요소를 그 안에 가지고 있다. 의심은 일시적인 것이며, 모든 형태의 이성주의는 우상 숭배하는 인간들과 호기심 많은 문화가 한시적으로 자신들에게 관심을 가지는 덧없는 유행일 뿐이다… 그러나 불

---

[2] *Ibid.*, 14.

타오르는 영혼의 경험 안으로 성육신한 복음주의 기독교의 교리는 모든 땅 위에서 안식하며, 모든 시대에 유효하며, 모든 존재에게 당혹감을 주지 않는다. 불신의 습격에도 흔들리지 않으며, 지식의 증진에 의해서도 방해받지 않는다. 죄와 회개, 믿음으로 말미암는 칭의, 새로운 탄생, 성령의 증거, 그리스도인의 완전, 그리고 사후의 영생은 내면 가장 깊은 곳의 소망, 최고의 영감 그리고 인생에서 가장 심오한 확신들에 의해 확증되는 것이다.[3]

그러면 20세기 초기의 복음 전도는 어떠했는가? 캔들러 주교는 그의 동시대 사람들(특히, 최근에 고인이 된 무디)이 솔로몬 스토다드와 디어도어 프렐링하이젠, 조나단 에드워즈, 조지 휫필드, 존 웨슬리, 찰스 피니의 전통을 꾸준히 이어가고 있다는 사실을 발견했다. "루터로부터 시작해서 현 시대에 이르기까지의 모든 위대한 부흥운동가들과 마찬가지로 **무디 역시 철저하게 성경적이었다**(Moody was intensely Biblical). 비록 그의 설교가 기교적으로는 뛰어나지 않았을지라도, 그는 교리에 충실한 설교자였고, 그가 신봉했던 교리들은 정통교회의 그것과 부합한 것이었다. 그는 자유주의자도 아니었고, '진보적 정통'이라고 자랑하지도 않았다. 자유주의는 결코 신앙의 부흥을 이루어낸 적이 없고, 그 일을 다가오는 시대에 조만간 이루어 낸다고 약속할 수도 없다."[4]

캔들러는 검소하게 살면서 돈을 목적으로 일하지 않는 그런 유형의 전도자들을 보면 큰 격려를 받게 된다고 말한다. 그는 또한 무디야말로 사례나 보상에 있어서 매우 모범적이었음을 발견했다.

그는 집회에서 받은 수입에 의존해 살지 않았으며… 그는 결코 외형적인 승리를 얻으려고 신앙의 기준을 낮추고, 인기를 얻으려고 교리를 수정하는 유혹에 굴하지 않았으며, 냉소적이고 악의적이며, 무신론적인 세상의 웃음과 동의를 유도하려고 교회를 비하하지도 않았다. 세상은 신실한 자들이 세상의 부덕함을 꾸짖기 때문에 하나님의 교회를 미워하고 깎아 내리는 사람에게 줄 보상을 언제나 준비하고 있었다. 무디는 선동

---

3) *Ibid.*, 262-66.
4) *Ibid.*, 242.

의 기술과는 무관한 사람이었다. 그는 소유하고자 하는 욕심을 가진 사람도, 갈채를 열망하는 사람도 아니었기 때문이다.[5]

2. 존스(Jones)-"남부의 무디"

1899년에 무디가 죽었을 때, 미국에서 잘 알려진 전도자로서 무디의 뒤를 가장 잘 계승할 것으로 간주되었던 사람은, 이미 "남부의 무디"(The Moody of the South)로 불리고 있었던 사무엘 포터 존스(Samuel Porter Jones)였다. 1847년 10월 16일에 앨라배마의 챔버스 카운티(Chambers County)에서 태어난 존스는 어린 시절 어머니가 세상을 떠나자, 조지아의 카터스빌(Cartersville)로 가족과 함께 이주했다. 그는 유할리 아카데미(Euharlee Academy)에서 교육을 받고 변호사가 되기 위해 공부했다. 조지아에서 변호사 자격을 얻고 매우 유능한 검사로 인정받은 후, 그의 건강이 악화되기 시작하였다.

한 전기 작가에 따르면, "그는 일종의 악성 신경성 소화불량으로 고생하고 있었다. 건강이 악화되고 심한 고통을 느끼면서 밤에는 불면증에 시달렸고, 낮에도 편히 쉬지 못했다. 그는 절망하고 낙담하여 술을 통해서만 생존하는 상황에 이르렀다."[6] 존스의 생애의 이 낮은 하향점의 시기에 그의 아버지마저 병석에 눕고 말았다. 임종의 자리에서 아버지는 그에게 "내 가엾고, 악하고, 고집세고, 무모한 녀석아! 너는 네 사랑스러운 아내의 마음을 그토록 아프게 하고, 내 무덤에까지 슬픔을 가져다주는구나. 아들아, 천국에서 나를 만나겠다고 내게 약속해 다오"라고 말했다. 감정이 격해진 존스는 다시는 술을 마시지 않겠다고 약속했다. 몇 년 후, 그는 "하나님, 감사합니다. 그 시간 이후 그 약속을 이루고 지키기 위해 제 생애의 모든 발걸음을 의지를 다해 내딛었다고 말할 수 있습니다"라고 고백하였다.[7]

---

5) Ibid., 243-44.
6) Walt Holcomb, *Sam Jones: An Ambassador of the Almighty* (Nashville, 1947), 40.
7) Ibid., 43-44.

그러나 존스는 아직 그리스도께 나온 것은 아니었다. 자기 자신의 한계를 넘어서는 힘이 필요하다는 것을 깨닫자, 그는 할아버지의 설교를 들으러 무어 채플(Moore's Chapel)로 갔다. 설교를 듣는 중에 깊은 확신을 갖게 된 존스는 설교가 끝나자 앞으로 걸어 나가 할아버지께 손을 내밀며 말했다. "나 자신과 내 마음과 내 삶을, 남겨진 내 생애를 하나님께, 하나님의 목적을 위해 바치고자 합니다." 이후에 즉시 그는 목회에 대한 소명을 느꼈다. 1872년 11월, 그는 남부 감리교 감독교회(Methodist Episcopal Church South)의 북 조지아 대회에서 순회 설교자로 인허를 받았다. 결국 그는 북 조지아 전역에 부흥 설교자로서 명망을 얻었다. 한 순회지역에서 다른 지역으로 옮겨가며, 그는 대개의 설교자들과는 다른 독특한 방식을 개발했는데 젊은 변호사였던 톰 왓슨(Tom Watson)은 다음과 같이 증언하였다.

> 그 엄청났던 1879년에 샘 존스는 이 백귀야행(百鬼夜行, veritable)의 마을 톰슨(Thomson)에 불을 밝히고 전혀 새로운 방식으로 악마와 그의 졸개들을 향하여 진군했다… 6주 동안 그 지역의 농장과 가게들은 완전히 내팽개쳐졌고, 오직 존시 존시 존시만이 전부였다. 집회가 끝이 나고, 마을은 모두 생업으로 돌아갔다. 그러나 이 마을은 더 이상 결코 그 이전의 마을이 아니었다. 도박은 사라졌고, 거리에서도 시끄러운 소동은 더 이상 없었다. 마을의 술집은 폐쇄되었다.[8]

존스가 한 도시 규모의 대중전도 집회를 처음으로 시도한 것은 1884년, 테네시 주의 멤피스(Memphis)에서였다. 집회가 끝나자 한 신문은 "그는 전도자와 부흥사로서 중요한 인물로 서서히 떠올라 이제는 탈미지(Talmage)와 무디 다음의 자리에까지 이르렀다"라고 평했다.[9] 이듬해에 존스는 네쉬빌(Nashville)에서 전국적인 명성을 얻게 되었다. 5천명이 모인 천막집회에는 4주 동안 하루에 세 번씩 사람들로 가득 찼고, 존스는 "남부의 무디"라는 칭호를 얻게 되었다. 동역자였던 월트 홀콤(Walt Holcomb)의 증언은 다음과 같다.

---
8) *Ibid.*, 57-59.
9) Laura M. Jones, *The Life and Sayings of Sam P. Jones* (Atlanta, 1906), 107에서 재인용.

이후 6달 동안 진행된 집회에 대해 언급하면서, 네쉬빌 지역의 수석 장로는 만 명 가량의 사람들이 반경 백마일 내의 네쉬빌의 여러 교회에 새로이 등록한 것 같다고 밝혔다… 아마도 그는 결코 네쉬빌에서 그와 같은 강력한 반대를 어떤 종류의 일을 통해서도 경험해 본 일이 없었다. 그러나 사람들에게 설교할 때의 그의 그 남자답고도 두려움 없는 태도는 청중들에게 깊은 인상을 주었다. 그들은 그의 남자다움과 용기를 존경했다. 그는 자신을 반대하는 사람들에 대해서는 완전히 침묵했고, 전 집회 기간 동안 신문에서는 그에 대한 비난이 거의 없었다.[10]

존스는 청중들에게 그리스도를 주로 영접하러 나오라고 초청하면서도, 점차적으로 "모든 종류의 허위와 위선, 세속성, 탐욕, 술 취함, 도박, 음란함"에 대해 비판하는 설교를 외치면서 자신의 전도운동에 "시민개혁"(civic reform)이라는 요소를 도입하였다. 그의 음주에 대한 반감은 그 자신의 과거의 경험에서 기인되었다. 전도와 개혁을 연결시키면서, 존스는 피니의 발자취를 따라갔다. 무디가 이와 같은 전략을 한정적으로 적용했다면, 존스는 향후 40년 동안의 전문적인 전도체계를 확립하는 이런 "부정적 강조"(상기한 부정적 사회악들을 통렬하게 비판함으로 사회 개혁을 일으키는 전략-역자주) 전략을 도입했다고 할 수 있다.

그리스도를 통하여 구원을 얻게 하는 "긍정적 요소"(상기한 부정적 강조와는 대조적으로 직접 구원에 이르게 하는 사역-역자주)를 무시한 것은 아니지만, 존스의 설교의 많은 부분은 사회악에 대한 공격으로 진행되었다. 그는 이런 방법으로 사람들이 그리스도께로 시선을 돌릴 수 있는 토대를 발견하게 되기를 원했다. 존스는 위선과 죄악을 폭로하는 이런 결정적인 시도를 "강건한 기독교"(muscular Christianity) 또는 "실천적 종교"(practical religion)라고 불렀다. "나는 넓고 유용하며 공격적인 기독교를 좋아한다. 나는 총과 총알 벨트를 가진 기독교를 좋아한다. 사단은 싸워서 이 나라를 빼앗아 갔는데, 우리 역시 같은 방법으로 사단에게서 이 나라를 돌려받아야 한다."[11] 때로 존스의 집회는

---

10) Holcomb, *Sam Jones*, 60-61.
11) *Chicago Tribune*, 6 March 1886, 5.

무슨 금지운동을 위한 대회 같았으며, 이 점에서 그는 교회와 정치를 구분했던 무디와는 달랐다. 그러나 그는 자신의 교단에 큰 영향력을 행사하여, 1886년에 남부 감리교는 공식적으로 주류의 제조와 판매는 죄악이라고 선언하였다.

1885년부터 그가 세상을 떠난 1906년까지, 존스는 점차 전국으로 그의 사역을 확장해 나갔다. 무디가 음악 사역을 담당한 아이라 생키와 함께 동역한 것처럼, 샘 존스도 음악 인도자로 E. O. 엑셀(E. O. Excell)이 그의 사역을 도왔다. 그의 집회에는 언제나 300-400명 규모의 성가단이 대동되었고, 집회의 세부적인 면들을 담당하는 조력자들의 숫자에서는 무디를 능가했다. 1885년 가을에 그는 세인트루이스와 세인트조셉에서 집회를 인도해 달라는 초대를 받았다. 이듬해에는 시카고와 신시내티, 인디애나폴리스, 볼티모어, 토론토, 오마하, 그리고 세인트 폴에서 집회를 열었다. 1887년에는 보스턴과 캔자스 시티로 갔다. 서부 해안을 따라 샌프란시스코, 로스앤젤레스 그리고 새크라멘토에서 1889년에 집회를 개최했고, 1890년에는 윌밍턴과 리틀 락, 차타누가(Chattanooga)에서 모임을 인도했다. 18번째 집회를 위해 내쉬빌로 다시 돌아왔는데, 그 이유는 그곳이 그가 강조한 것들을 가장 잘 수용했기 때문이었다.

3. 자발성의 상실

존스 시대에 이르게 되면, 미국 개신교 복음 전도운동은 여러 가지 면에서 스토다드 시대의 자발성을 상실하였다. 1700년대에는 복음전도의 방법론이 거의 정형화되어 있지 않았다. 대각성은 하나님께로부터 비롯되는 예측할 수 없는 기적으로 이해되었고, 따라서 전도자들의 스타일도 제각기 달랐다. 때때로 "열광주의"가 나타나기 하였지만(길버트 테넌트의 설교에서처럼), 그들의 일반적인 관심은 감정주의를 피하는 것이었다. 이후, 1800년대 초반의 서부 지역의 부흥운동-켄터키와 테네시에서 열린 천막집회의 캐인 리지(Cane Ridge) 전통에서 시작된 것이었다-은 고삐 풀린 감정주의로 바뀌었다.

그러나 동부에서 아사헬 네틀톤과 리만 비처가 주도한 전도운동에서는 경외하는 자세와 엄숙하고 정숙한 분위기를 요구하였다. 피니는 그의 "새로운 방법론"과 논리적이면서, 동시에 법정의 변호사와 같은 언변으로 이전의 모든 선례들을 깨뜨렸다. 한층 더 새로운 것은 "옳은 수단을 사용하여" "부흥을 위해 기도하기만 하면" 부흥은 언제든 일어날 수 있다는 그의 주장이었다. 시대의 흐름과 보조를 맞추면서, 무디는 도시전체를 대상으로 하는 조직화된 대규모 협력 전도 집회를 소개하였다. 이러한 모든 전도자들은 그들이 자신들의 선배들로부터 이어받은 전통을 나름대로 수정하고 변형시켰다. 오랜 기간이 지나면서 전도의 방법론은 변했지만, 예수 그리스도를 믿음으로 구원에 이른다는 영원한 메시지는 시간의 흐름과는 관계없이 변하지 않았다.

무디의 죽음과 더불어, 미국의 전도운동의 대부분은 특화되고 고정된 방법론과 내용에 매이게 되었고, 전문화되었다. 부흥운동은 청교도들의 그 역동성과 획기적인 자발성을 잃었다. 전도설교가 여전히 위력을 유지하고 있었음에도 불구하고, 부흥운동의 결과는 예측이 가능했고, 부흥은 더 이상 사랑의 하나님이 허락하시는 기적으로 인정되지 않았다. 너무 지나친 조직화의 결과가 미국에서 나타나던 바로 그 시기에, 옛날의 그 전통적인 형태의 부흥이 1904년에서 1905년에 걸쳐 웨일즈에서 일어났다. 이 부흥은 미국의 제3차 대각성 운동이 그랬던 것처럼, 완전히 예상치도 못했고 조직화되지도 않은 상태에서 일어난 순수한 평신도 부흥이었다. 영국의 유명한 성경 교사요, 런던 웨스트민스터 채플의 목사였던 캠벨 몰간(G. Campbell Morgan)은 세계적으로 널리 보급된 한 책에서 웨일즈의 부흥을 "오순절의 연속"이라고 묘사했다. "나는 하나님께서 우리에게 이렇게 말씀하시는 것으로 이해하고 싶다. '너희들의 조직은 옳다. 그러나 여기, 이 모든 것들과는 아무런 관계도 없이, 오히려 이것들을 무가치한 것으로 여겨 한 편으로 치워버린 오순절의 능력과 불이 나타나고 있는 것이다.'"[12]

이전 시대에는 찬사를 보내면서 거의 비판하지 않았던 그리스도인들이 다수였음에 반해, 이 시대의 전도자들은 원하는 결과를 얻어내기 위해 거대한 사업

---

12) G. Campbell Morgan, *Lessons of the Welsh Revival* (New York, 1905), 37-38.

찬양 인도자 찰스 알렉산더와 전도자 R. A. 토리가 함께 인도하는
1906년 부흥회 홍보엽서(빌리 그래함 센터 박물관).

을 경영하는 데 필요한 고도의 긴장을 요하는 방법론을 사용하는 것으로 보였다. 그런 문제들에 대한 염려 때문에 1904년 초교파 전도자 협의회(Interdenominational Association of Evangelists, IAE)는 인디애나에서 위노나 호수 성경대회(Winona Lake Bible Conference)를 개최했다. 이 모임의 목적은 복음 전도사역에 일관성과 통찰력을 제공하고 규칙성과 연합을 이루는 데 있었으며, 수년 동안 새로운 방법론들과 과정들이 개발되고 소개된 집회들이 해마다 열렸다. IAE의 의도가 전적으로 선한 것이었고 또 이해할 만한 것이었지만, 그 대회는 결국 복음전도의 정형화와 전문화에 공헌하는 결과를 낳고 말았다. 확실히 에드워즈와 휫필드는 그러한 조직화를 의심과 불안의 눈으로 바라보았을 것이다. 반면에 피니는 순회 전도자들의 모임인 "홀리 밴드"(Holy Band)를 조직했다.

4. 토리-학원 전도자(Torrey-Institute Evangelist)

사무엘 존스, 페이 밀스(B. Fay Mills) 그리고 좀 더 확장해서는 무디를 포함한 이들이야말로 전국에서 사역하는 수많은 전도자들을 위한 체계를 확립한 사람들이다. 존스의 사역이 끝난 이후, 미국에서 가장 유명한 전도자는 루벤 토리(Reuben A. Torrey, 1856-1928)였다. 뉴욕의 은행가의 아들이었던 그는 1875년에 예일대학을 졸업하고, 1878년에는 예일 대학의 신학부에서 훌륭한 교육을 받은 학식이 탁월한 인재였다. 후에는 독일의 여러 대학에서 신학을 연구하기도 하였다. 오하이오의 작은 교회에서 목회한 후에, 그는 1883년에 미네아폴리스의 열린문 교회(Open Door Church)로 부임해 갔고, 1886년에서 1889년까지는 미네아폴리스 시 선교 협의회의 의장을 지냈다. 미래의 사역을 위해 준비하게 된 영직위기를 겪은 것은 바로 이 시기였다. 토리는 다음과 같이 기록하였다.

> 사역을 시작한 이후 내 생애의 가장 결정적인 전환점은 아마도 조지 뮬러(George Muller)가 쓴 『신뢰의 삶』(*The Life of Trust*)을 읽고 난 후였을 것이다. 그 책을 읽고 나는 완전히 다른 사람이 되었다. 내 기독교 사역의 전체 개념과 살아있는 기독교가 정말로 무엇인가에 대한 인식도 급격하게 변화시켜 놓았다. 이 세상에서 내가 소망하고 있던 것들을 내 등 뒤로 던져버리게 하였고, 모든 면에서 하나님께 한 단계 더 나아가고, 더 순종하며, 그리고 더 신뢰하게 해 주었다. 내가 그렇게 하자 하나님께서 내 존재와 내 소유 모두를 내게 선물로 주셨다. 하나님의 이 거룩한 종이 내게 주신 여러 말씀에 대해 하나님께 전심으로 감사하며, 그 날 이후 내 안에서 형성된 모든 것들에 대해 하나님께 영원히 감사를 드린다.[13]

1889년에 무디는 자신의 이름을 딴 성경학교를 시카고에서 시작하고자 했다. 얼마 후 그는 윌리엄스(E. M. Williams)에게 "나는 학교를 관리해 줄 사람

---

13) George T.B. Davis, *Torrey and Alexander: The Story of a World-Wide Revival* (New York, 1905), 37-38.

을 찾고 있네. 그것이 내가 책임져야 할 가장 큰 과제로 보인다네. 내가 지금까지 성취하도록 허락받은 것 이상을 이룩하게 될 것이네."[14] 윌리엄스는 토리가 그 목표에 가장 이상적인 사람이 될 것 같다고 말했다. 무디와의 면담 이후, 토리는 1889년 10월 1일의 개교일에 교장에 취임했다. 그때 그는 단지 33살에 지나지 않았다. 그리고 4년 후에 그는 무디 교회의 목사로 취임하였고, 거기에 1906년까지 사역하였다.

1893년 시카고 세계 박람회(Chicago World's Fair) 기간 중에 무디는 전 세계로부터 온 방문자들이 참여할 수 있게 조직된 대형 전도집회를 개최하였다. 토리가 집회의 여러 영역에서 무디를 도왔다. 1899년 11월, 캔사스 시에서 개최된 집회 도중에 무디는 심장 발작이 일어나자, 토리에게 전보를 쳐서 그곳으로 달려와 나머지 집회를 인도해 달라고 요청했고, 물론 토리는 그렇게 하였다. 그 이후 1901년에 전 세계의 부흥을 위한 기도모임이 무디 성경 학교에서 시작되었으며 그 결과 토리는 전 세계로 전도여행을 떠나게 되었다.

1) 알렉산더와 함께 한 여행

토리는 찬양 인도와 협력 사역을 담당할 전도자로 젊고 쾌활한 찰스 알렉산더(Charles M. Alexander)를 선택했다. 알렉산더는 곧 "20세기의 아이라 생키"로 칭송을 받았다. 1902년 4월, 호주 멜버른에서의 사역을 시작으로 토리와 알렉산더는 한 달간의 집회를 진행했다. 첫 두 주 동안의 집회는 50명의 여러 전도자들이 진행하는 50개의 다른 장소에서 열렸다. 그 후 토리가 전체 집회를 책임지면서, 개회 메시지를 전했다. "저는 전 세계의 부흥이 이미 시작되었다고 믿습니다. 저는 이 집회의 성공을 위해서 호주 밖에서 5,000명 이상의 사람들이 기도하고 있다는 사실을 알고 있습니다." 알렉산더와 성가대의 음악 사역에 크게 의존하면서, 토리는 이후 6달 동안 여러 도시들을 돌면서 호주에서 집회를 인도하였다. 그들이 호주를 떠날 무렵에는 2만명 이상의 사람들이

---

14) *Ibid.*, 41.

그리스도를 믿기로 결신했다. 그 후 그들은 타스마니아(Tasmania, 호주 남동쪽에 있는 섬-역자주), 뉴질랜드, 중국, 일본 그리고 인도에서도 설교했다.

전도자들이 봄베이(Bombay)에 머물러 있는 동안, 런던에서는 엑서터 홀(Exeter Hall)에서 전보를 통해 미리 주어진 정보에 따라 대형 환영 집회가 미리 준비되어 있었다. 이 집회에는 킨네어드 경(Lord Kinnaird), 라드스톡 경(Lord Radstock), 프레드릭 마이어(F. B. Meyer)와 같은 영국의 유명 인사들이 참석했다. 환영사에서 킨네어드 경은 "우리는 당신을 정말 보고 싶었습니다. 당신이 호주와 세계의 여러 다른 지역에서 이룬 일들에 대해서 들었습니다. 우리는 하늘의 하나님께서 당신을 통해서 오랫동안 목격하지 못했던 성령을 부어주시기를 기도합니다"라고 언급하였다.[15]

웨일즈로 간 토리는 에반 로버츠(Evan Roberts)와 셋 조슈아(Seth Joshua)와 같은 이들의 인도 이래 세계에 큰 영향을 준 놀라운 웨일즈 대부흥에 대해 조사하였다. 3년 동안 토리와 알렉산더는 영국 제도의 주요 도시들인 글래스고, 에딘버러, 아버딘, 던디, 더블린, 벨파스트, 리버풀, 맨체스터, 카디프, 볼튼, 런던 등을 비롯한 여러 지역을 순회하였다. 각 도시에서 가장 큰 강당들도 무디와 생키의 계승자로 알려진 이들의 설교를 들으려고 몰려온 수 천 명의 인원을 다 수용할 수는 없었다. 회심자의 통계는 매우 인상적이었다: 버밍엄, 7,700명; 벨파스트, 4,000명; 맨체스터, 4,000명; 카디프, 3,750명; 볼튼, 3,600명; 더블린, 3,000명; 런던, 17,000명. 세계를 순회한 후의 총 회심자의 숫자는 100,000명을 넘었다.

순회 전도여행의 절정은 런던의 로얄 알버트 홀(Royal Albert Hall)과 남부 런던의 커다란 교회에서 열린 5달 동안의 집회였다. 킨네어드 경과 런던의 은행가인 브래드쇼(W. G. Bradshaw)가 실행 위원회의 의장이 되어 활동하였다. 영국에서 토리는 그가 호주의 발라랏(Ballarat)에서 개발한 것을 효과적으로 사용했는데, 그것은 "하나님과의 관계를 바르게 하라"(Get Right With God)는 단지 네 단어만 기록된 작은 백색 카드였다. 호주의 노동자들에게 배포된

---

15) *Ibid.*, 92.

카드는 수만 장이었으나, 영국에서는 수십만 장이 넘었다. 토리는 이 카드가 복음을 직접 대하는 사람들에게 얼마나 지대한 유익을 미쳤는가에 대한 믿을 수 없을 만큼 많은 일화들을 알려 주었다.

토리는 고도의 중요한 원칙들에 아주 충실한 사람이었다. 또한 그는 자신과 동료들을 비판하는 상업주의의 공격에 대해 상당히 마음 아파했다. 영국 제도에서의 헌금과 모금의 액수가 그리 크지 않음을 성경 학교에 알렸다. 세계 순례 여행기간 중에도 교장으로서의 봉급은 계속 나왔지만, 그는 자신이 받은 모든 돈을 학교에 되돌려 주었다. 1904년에 토리는 학교의 비서였던 피트(A. P. Fitt)에게 리버풀에서 다음과 같은 편지를 보냈다.

> 많은 전도자들이 전도사역에 침투한 상업주의(commercialism) 때문에 파멸에 이르고 있네. 우리 사역 안에 강력한 상업주의가 스며들어 왔다네. 내가 느끼기에, 하나님 대신에 수단과 방법에 점점 더 의존하는 듯하네. 나는 이것에 대해 알렉산더와 의논해 보려하네… 난 가능한 한 내 사역에서 재정적인 요소를 제거하려 하네. 어떤 사람이 준 돈이든 받지 않고, 오직 주님께서 때에 따라 내게 주시는 것만 받을 것이네.[16]

토리는 또한 두 사람 사이에 두드러진 차이로 인해 알렉산더에 대한 걱정도 털어놓았다. 토리는 뾰족한 흰색 수염을 기른 기품 있는 사람이었다. 그는 설교하는 동안에 거의 몸동작을 하지 않았고, 무디를 그토록 사랑받게 했던 유머 감각, 설득력, 투박한(rough-hewn) 인간미도 별로 없었다. 많은 사람들에게 토리는 지나간 세대의 전형이었다. 반면, 알렉산더는 부드러운 남부 특유의 사투리를 구사하고, 서민적인 기질에, 더욱 자유스러운 이들의 전형이었다. 그의 비형식적이고, 따뜻하며, 열정적이며, 또 자석처럼 끌어당기는 매력이 많은 청중들을 매료시켰다. 후세의 많은 찬양 인도자들을 위한 틀을 제시한 알렉산더는 그의 역할이 토리가 강단에 등장하기 전에 뜨거운 찬양과 즐거운 의지와 성가대의 밝은 음악을 통해 회중을 "준비시키는 것"(warm up)이라고 믿었다. 그

---

16) R. A. Torrey to A. P. Fitt, 29 November 1904, Moodyana Collection, Moody Bible Institute, Chicago.

는 이 역할을 잘 감당했고, 청중은 그를 좋아했다. 토리와의 차이가 때로 현저히 눈에 띄곤 했는데, 많은 사람들은 단순히 알렉산더의 찬양을 듣는 것이 좋아서 집회에 왔다. 알렉산더가 자신이 만든 집회용 찬송가책을 출판하고 그 책을 판매해서 많은 돈을 번 것 때문에 토리는 화가 났다. 알렉산더가 학교에 수입의 일부를 기부했음에도 불구하고, 토리는 자신의 동역자가 자기 자신을 위해 너무 많은 돈을 소유하고 있는 것이 불쾌했다.

성공적인 세계 순회 전도사역을 마치고 돌아온 후, 토리는 1905년에서 1911년까지 미국의 대부분의 주요 도시에서 집회를 개최하였다. 그 집회를 마치고 전도 사역에서 은퇴한 토리는 로스앤젤레스 성경 학교(Bible Institute of Los Angeles)의 교장이 되었다. 그 시기에, 또 다른 전도자 윌버 채프만(J. Wilber Chapman)이 엄청난 인기를 끌게 되어, 1908년부터 알렉산더는 채프만의 찬양 인도자가 되었다. 그들은 아주 조화롭게 협력하며 동역하였다.

5. 채프만-"가장 위대한 전도자"(The Greatest Evangelist)

1895년에 무디는 윌버 채프만(J. Wilbur Chapman, 1859-1918)을 "미국에서 가장 위대한 전도자"라고 칭했다. 일리노이 주에 있는 레이크 포레스트 대학(Lake Forest College)의 학생 시절, 그는 무디가 인도하는 집회에 참석하여 그리스도께 헌신했다. 1890년에서 1892년까지와 1895년에서 1899년까지 두 기간 동안, 그는 필라델피아에 있는 큰 교회인 베다니 장로교회의 목사를 역임했다. 베다니 장로교회는 부유한 상인인 존 워너메이커가 세운 교회로 1892년부터 1895년까지는 무디를 돕고, 채프먼 자신이 집회를 인도하면서 전임 전도자로 활약했다.

채프만은 가는 검은 색 머리칼에 코안경을 쓴 평균키의 남자였다. 많은 면에서 그는 토리나 존스와는 달랐다. 그는 친구 같은 사람이었고, 결코 존스처럼 청중을 꾸짖지 않았으며, 또 토리가 했듯이 강의하는 방식을 취하지도 않았다. 무디처럼 설교에 이야기와 예화를 많이 사용했고, 은혜롭게 설득하는 방식을 취했으며, "구애하는 소리"와 "호감을 끄는 방식"을 사용했다. 1901년 미 북장로교(PCUSA) 총회는 채프만을 전도협의회 총무로 임명했고, 그는 이 책임을 맡아 수년을 봉사하였다.

전도의 영역에서 채프만의 가장 위대한 공헌은 "동시적 전도 집회"(simultaneous evangelistic campaign)라 불리는 것으로, 이전 40년 동안의 전도 방식들을 논리적으로 발전시킨 것이었다. 채프만의 동료들은 한 도시를 여러 구역으로 나누고, 여러 명으로 구성된 전도자들이 주관하는 집회를 동시에 진행시켰다. 채프만과 알렉산더는 시내 중심가에서 열리는 가장 큰 주 집회를 인도했다. 거대한 대도시 전역에 극대화된 영향을 끼치는 데 효과적인 방식이었다. 이 체계는 많은 수의 전도자들을 필요로 했고, 채프만은 전도자로서 정당한 자격을 갖춘 젊은이들을 적시에 데려와 배치했다. 이들 가운데엔 윌리엄 벨 릴리(William Bell Riley), 윌리엄 비더울프(William E. Biederwolf), 제임스 그레이(James M. Gray), 조지 데이비스(George T. B. Davis), 제임스 부스웰(James O. Buswell) 그리고 빌리 선데이(Billy Sunday)가 포함되어 있었다.

1908년에 필라델피아에서 동시적으로 열린 전도 집회는 도시를 42구역으로 나누었다. 채프만과 알렉산더, 21쌍의 전도자와 찬양인도자 팀이 3주 동안 도시의 절반에 해당하는 다양한 지역에서 집회들을 인도했다. 그 집회가 끝나고 동일한 방식으로 도시의 나머지 절반 지역에서 집회를 진행했다. 지역 집회가 진행되는 동안 채프만과 알렉산더는 남부 필라델피아의 베다니 장로교회에서 3주 동안 예배를 인도했고, 그 이후 도시 북부에 있는 큰 침례교 예배당에서도 동일하게 집회를 인도했다. 대략 400개의 교회가 이 사역에 협력했다. 이들 교회에는 성공회, 루터교, 퀘이커를 비롯한 여러 교파가 포함되었지만, 이들 교회가 언제나 대규모 대중 전도운동에 동조적인 것은 아니었다. 이러한 사실은 채프만이 광범위하게 지지를 받았었다는 증거이다. 전체 집회를 통해 참석한 인원의 총수는 147만 명에 달했다. 1909년 보스턴에서는 동일한 방식으로 채프만의 전도 사역 역사상 가장 큰 성공을 거둔 집회를 진행하였다.

6. 여러 도전에 직면한 교회

남북전쟁 이후 수년 간, 미국의 여러 세력들은 미국이 건국되던 당시 기반이 되었던 그 기본적인 가치들에 도전하는 작업을 진행해왔다. 이 모든 세력들은 기독교 신앙이 전제하는 것들을 직접 혹은 간접적으로 공격했다. 이런 세력들은 무신론, 진화론, 자유주의, 물질주의, 세속주의 그리고 냉소주의라는 이름을 가지고 태어났다. 1920년대에는 교회의 생존 자체가 의심스러울 만큼 위태로워 보였다. 공격은 정통 기독교의 교리들을 더 이상 믿지 않는 성직자들이 있는 교회 내부로부터도 오는 이중적 난항이었다. 그들은 자신들이 속한 교단을 변질시켰고, 특별히 신학교의 신학을 자신들의 신학으로 물들여 놓았다. 그 결과 많은 학교들이 예전과 확연하게 달라졌으며, 그들이 남긴 유산은 주류 개신교 교단들의 점진적인 약화, 자유주의화 그리고 통속화였다.

20세기의 복음전도 역사를 제대로 묘사하기 위해서는 역사적 기독교 신앙의 주요한 몇몇 반대자들에 대해 언급하는 것이 필수적이다. 1888년에 "신은 죽었다"고 선언한 니체(Nietzsche)를 제외하고, 의심의 여지없이 가장 강력한 도전을 준 것은 찰스 다윈(Charles Darwin)이 『종의 기원』(The Origin of Species, 1859)과 『인류의 유래』(The Descent of Man, 1871)를 출판한 것이었다. 『종의 기원』의 주장이 종교인들이 그 책이 암시하는 바에 대해서 그냥 무시해도 좋을 정도로 드러나지 않게 미묘히 자신의 주장을 취급하고 있음에 반해, 『인류의 유래』는 성경의 초자연적 영감과 권위 뿐 아니라 하나님의 인간 창조에 대한 믿음 자체를 공박했다. 이 공격은 무시될 수 없는 것이었다. 인간은 낮은 수준의 동물들로부터 진화했는가, 아니면 창세기에서 언급된 것처럼 하나님이 인간을 창조하였는가?

진화론적 사고가 성경 연구에 영향을 미치게 되면서, 성경에 대한 "고등 비평"이 교육계 전체에 광범위하게 퍼져나가기 시작했고, 기독교 지도자들을 지독한 혼돈의 논쟁 속으로 몰아넣었다. 고등 비평과 신학적 자유주의는 족장들의 역사성, 모세의 오경 저작권, 복음서와 서신서들의 전통적 권위 그리고 예수의 동정녀 탄생과 부활 같은 성경의 진리와 권위에 기초하여 수용된 모든 신앙들을 대부분 훼손시켰다. 그리스도인들은 자유주의자들이 사역을 하고 나면 남는 것이 무엇일까 의구심을 가졌다. 서구 기독교의 예수는 오늘날에도 여전히 하나님과 구원자일 수 있는가? 어떤 사람들은 이런 새로운 사상들이 기독교 신앙과 어느 정도는 조화될 수 있을 것이라고 생각했다. 그러나 프린스턴 신학교의 찰스 하지(Charles Hodge, 1797-1878) 같은 학자들은 하나님의 진리가 상대적이고 변할 수 있다는 개념을 수용하지 않았으며, 이런 사상으로부터 기인되는 결과들과 투쟁하기로 결심하였다.

20세기는 가중된 난제들을 가져왔다. 첫 번째는 특별히 워싱턴 글래든(Washington Gladden)과 월터 라우센부쉬(Walter Rauschenbusch)가 미국에서 발전시킨 사회복음에 대한 관심이었다. 교회의 대부분은 그리스도인들이 중요한 사회문제들, 특히 도시 지역에서 빈번히 드러나는 갖가지 문제들로 인해 고통당하는 자들을 도와야 하는 책임을 갖고 있다고 믿었다. 산업혁명 이후 미국은 급속도로 변하고 있었으며, 미국은 더 이상 일치된 동일성의(homogeneous) 나라가 아니었다. 느긋한 여유를 즐기는 안전지대로 여겨지던 시골 지역과 작은 마을의 교회들은 어마어마한 이민자의 물결(대다수가 카톨릭 교인들이었던), 실업, 슬럼가, 극빈, 인구이동 그리고 너무 바빠서 시간을 이리저리 쪼개야 하는 상황 등을 포함한 새로운 산업질서에 갑작스럽게 직면하게 되었다. 그러나 사회복음은 물질적 필요를 채우는 일을 교회의 사역의 시작과 끝으로 만들어 버렸다.

다음으로는, 근본주의와 현대주의의 논쟁이 있었는데, 그 논쟁의 뿌리는 계몽주의 철학과 낭만주의, 독일 신학 그리고 반(反) 초자연적 물질주의에 그 근원을 두고 있었다. 이 논쟁은 1880년대와 1890년대의 이단재판들과 여러 갈등을 통해 악명을 떨쳤다. "미국 종교적 자유주의의 아버지" 호레이스 부쉬넬(Horace Bushnell, 1802-1876)과 헨리 워드 비처(Henry Ward Beecher)는 현대주의 운동의 길을 예비해 주었다. 비처는 교리가 사람들을 분리시킨다고 믿었기에 결코 예수의 십자가 죽음에 대해 설교하지 않았다. 소위 완화된 기독론(Softening Christology)에서는 예수를 사랑의 왕과 보이지 않는 아름다운 친구와 같은 멋진 모범으로만 제시했다. 인생의 가혹한 실재들에 대해서 비처는 외면해 버렸다. 그에 의하면, 신조들은 어떤 도움도 주지 못하는 것이었다. 그는 "미래의 신조는 오래된 것들이 끝나 버린 곳에서 시작될 것이다. 인간의 본질, 인간의 지상에서의 상태, 인간의 영적 본질, 영역과 가능성들에서 말이다"라고 기록했다. 그러면 하나님과 그리스도에 관한 인식은 어떤가? 비처는 이러한 것들을 단지 견해의 문제로만 간주했다.

기독교 교훈을 이렇게 하찮게 취급한 결과 극소 공통 분모적인 접근방법을 선호하였다. 교리를 극소화하거나 의도적으로 회피하면서, 또 인간을 본질적으로 선한 존재로 규정하고 죄를 진지하게 취급하지 않음으로써, 비처나 리만 애봇(Lyman Abbot), 디어도어 뭉거(Theodore T. Munger) 그리고 뉴만 스미스(Newman Smyth) 같은 사람들은 복음을 자력 구원론을 주장하는 펠라기우스주의처럼 일종의 물 탄 수프로 만들어 버렸다. 시드니 알스트롬(Sydney Ahlstrom)은 이 현상을 평가하면서 "종교적 휴머니즘의 부드럽고 품위 있는 형태"라고 설명했다.[17] 그러한 자유주의자들에 대하여, 알스트롬은 "인간과 사회, 그리고 국가의 운명에 대해 믿을 수 없으리만큼 순진한 그들은 미국인들에게 20세기에 불어 닥칠 잔혹한 도전들을 대비할 수 있도록 도와주지 못했다. 이런 면에서 그들은 미국인들에게 비극과 환상의 토대를 놓았다고 할 수 있다"고 기록하였다.[18] 리처드 니버(H. Richard Niebuhr)는 "그들(자유주의)이 말하는 개혁은 병든 몸을 건강하게 회복한다는 의미라기보다는 전통적인 믿음과 관습이라는 쌓인 쓰레기를 제거한다는 의미이다… 진노하시지 않으시는 하나님이 죄 없는 인간을 십자가 없는 그리스도의 사역을 통해 심판 없는 하나님 나라로 인도하셨다"라고 지적했다.[19]

1870년 이후 많은 교단에서 교리 분쟁이 일어났다. 1910년 북장로교(PCUSA) 총회는 교단의 정통을 유지하기로 결정하고 성직자가 되기를 원하는 모든 사람들은 특정한 신앙 조항들을 고백해야 한다는 원칙을 세웠다. 성경의

---

17) Sydney E. Ahlstrom, *A Religious History of the American People* (New Haven, Conn., 1972), 740.
18) *Ibid.*, 784.
19) H. Richard Niebuhr, *The Kingdom of God in America* (New York, 1937), 192-93.

무오, 예수의 동정녀 탄생, 예수의 이적, 예수의 대 속적 속죄와 부활이 그 조항들이었다. 같은 해에 로스앤젤레스에 사는 두 부자의 재정지원으로 『근본적인 것들』(The Fundamentals)이라는 제목의 시리즈 서적 3백만 부가 무료 배부되었다. 장로교 총회가 채택했듯이, 편집자들은 여섯 개의 본질적인 기독교 신앙을 밝히 드러내고 변증하기 위하여 당시 최고의 보수주의 학자들을 집필진으로 구성하였다. "**근본주의자**"(fundamentalist)"라는 용어는 책에서 비롯되었고, 신앙의 본질적인 것들을 방어하려는 이들의 관심을 잘 나타내고 있다. 그 용어는 그 이후 여러 다양한 의미들로 사용되게 된다. 반면 "**현대주의**"(modernism)라는 용어 역시 정통 기독교에 반대되는 사상체계를 제시하는 것이었다. 현대주의는 기독교 신앙을 재해석하여 현대적인 사고에 맞추었고, 현대의 역사적이고 과학적인 지식의 권위를 성경의 권위보다 더 높게 두었다.

일반적으로, 미국인들은 1차 대전 기간을 전후해서 기독교를 포함한 옛 가치들을 옆으로 제쳐놓았다. 전쟁 이후 도덕적 해이는 일반적인 현상이 되었지만, 1918년 이후 그 해이의 강도는 이전보다 훨씬 두드러졌다. 미국은 전쟁과 민주주의에 대한 위협을 종결시키려는 우드로 윌슨(Woodrow Wilson)의 꿈과 이상을 포용하였다. 그러나 전쟁터에서의 그 영웅적인 희생들은 단지 절망과 냉소만을 낳았을 뿐이었다. 회의주의적 분위기는 "재즈의 시대"(Jazz Age)와 "요동치는 20년대"(Roaring Twenties)의 광기 어린 당시의 시대상과 함께 등장하였다. 물질주의는 냉소주의의 못난 자손이었다. 이러한 것들이 빌리 선데이가 19세기 말기에 전도의 무대에 등장했을 때 직면한 상황이었다.

7. 선데이-강건한 기독교(Muscular Christianity)

윌리엄 애슐리 선데이(William Ashley Sunday)는 1862년 11월 19일, 아이오와 주의 에임스(Ames) 근교의 작은 통나무 오두막에서 태어났다.[20] 북군

---

20) 선데이(Billy Sunday)의 자세한 전기적 사실에 대해서는 다음을 참조하라. Elijah P.

빌리 선데이가 한 스튜디오에서 운동 선수 같은
설교 포즈를 취하고 있다(빌리 그래함 센터 박물관).

(Union Army)의 사병으로 입대한 지 몇 달 만에 질병으로 죽은 아버지의 얼굴을 그는 한 번도 보지 못했다. 그의 어머니는 지독한 가난으로 고통을 받으며

Brown, *The Real Billy Sunday* (New York, 1914); Lyle W. Dorsett, *Billy Sunday and the Redemption of Urban America* (Grand Rapids, 1991); William T. Ellis, *"Billy" Sunday: The Man and His Message* (Philadelphia, 1914); and William G. McLoughlin, Jr., *Billy Sunday Was His Real Name* (Chicago, 1955).

아버지 없는 세 아들을 키워냈다. 열두 살 때 선데이는 2년 동안 고아원으로 보내지기도 했으며, 고등학교로 진학하고자 노력하면서 간헐적으로 학교에도 다녔다. 14살 때는 학교의 청소부로 일했는데, 새벽 2시에 일어나서 난로를 피우고는 바로 공부하는 생활을 지속했다. 험난했던 어린 시절을 후에 회상하면서, 선데이는 "나는 인생의 어두운 이면에 대해 모두 알고 있다. 인간의 삶이 열심히 투쟁하는 것이라면, 나는 정말로 내가 지금 얻은 모든 것을 얻기 위해 열심히 싸웠다"고 말하였다.

20살에 시카고 화이트 삭스(White Sox)의 한 선수가 아이오와의 마샬톤(Marshallton)에서 야구를 하고 있는 선데이를 우연히 보게 되었다. 그의 주루 능력(base-running)이 워낙 탁월했기 때문에, 그는 지역에서 유명한 사람이 되었고, 화이트 삭스 선수의 지도 아래 외야수로 뛰게 되었다. 곧 선데이는 내셔널리그(National Baseball League)에서 가장 발이 빠른 선수가 되었다. 선데이가 위대한 타자가 아니었음은 분명하지만, 그는 메이저리그 전체에서 가장 빠른 발을 가진 선수이자, 가장 과감하게 도루를 감행하는 선수가 되었다. 또한 그는 야구 역사상 14초 내에 모든 베이스를 돈 최초의 선수였다.

1886년의 어느 날, 선데이와 몇 명의 팀 동료들은 시카고 시내의 한 술집에서 술을 마시고 있었다. 그들은 밖으로 나가서 보도의 연석(curbstone)에 앉아 구제 선교하는 사역자들로 구성된 밴드의 음악과 간증을 들었다. 선데이는 당시의 상황을 다음과 같이 들려주었다.

> 반대편 거리에서 일단의 남녀가 호른, 플룻 그리고 작은 트럼본 같은 악기들을 연주하고 있었고, 그 옆에서 얼마의 사람들이 아이오와에 살던 시절 통나무 오두막과 내가 어린 시절에 다닌 주일학교가 열린 교회에서 내 어머니가 부르시곤 했던 그 복음 찬송가들을 부르고 있었다… 나는 계속해서 흐느껴 울었다. 그러자 한 청년이 다가와 말했다. "우린 퍼시픽 가든 선교회(Pacific Garden Mission)로 갈 겁니다. 우리와 함께 가시겠어요? 당신이 분명히 좋아할 것 같군요."
> 나는 일어나 동료들에게 말했다. "나는 이제 그만 있겠네. 예수께로 가려하네. 각자의 길을 가자고." 나는 그들에게서 돌아섰다. 어떤 친구는 비웃었고, 어떤 친구는 나를 조롱했다. 한 친구는 나를 격려해 주었지만, 아무 말도 하지 않는 친구들도 있었다… 나

는 선교회로 가서 무릎을 꿇고, 죄에서 떠나 비틀거리며 걸어가 구세주의 팔에 안겼다. 다음 날 나는 운동장에 가서 연습을 해야만 했다. 매일 아침 10시에 우리는 운동장에 나와 있어야 했다. 나는 그 날 밤 한숨도 자지 못했다. 내가 예수 그리스도께 내 삶을 바친 것 때문에 동료들이 심하게 비웃을까 두려웠다. 나는 오래된 운동장으로 올라갔다. 그때 마이크 켈리(Mike Kelly)가 와서 내게 말했다. "빌리, 나는 자네가 자랑스럽네! 종교가 내 특기는 아니네만, 할 수 있는 한 자네를 돕겠네." 평생 야구를 한 최고의 선수 앤슨도 왔고, 그리고 페퍼, 클락슨, 플린트, 맥코믹… 등이 나를 격려하였다. 결코 잊을 수 없는 풍경이었다. 나를 비난한 친구는 없었다. 모든 동료들이 나에게 용기를 불어넣어 주었다.[21]

회심 후, 선데이는 술과 극장 출입, 그리고 도박을 그만 두었다. 야구를 계속 하기는 했지만, 주일에는 뛰기를 거부했다. 얼마 후 그는 낙농업자의 딸인 헬렌 톰슨(Helen Thompson)에게 관심을 갖게 되었다. 그녀의 가족이 선데이가 교회에 속해 있지 않다는 이유로 처음에 그를 인정하지 않자, 선데이는 톰슨 가족이 다니던 제퍼슨 파크 장로교회(Jefferson Park Presbyterian Church)에 등록했다. 2년 내에 그는 주일학교 부장이 되어 달라는 요청을 받게 되었다.

"넬(Nell)" 톰슨이 1888년 9월 5일에 선데이와 결혼한 얼마 후, 선데이는 피츠버그팀으로 이적했다. 야구를 계속 하면서 그의 기독교 신앙은 점점 더 자라갔다. 그 결과 그는 팀이 경기하는 도시에 머물 때마다 그 도시의 YMCA에서 청년들에게 강연하는 기회를 얻게 되었다. 유명한 야구 선수가 하는 일에 대해 듣게 된 한 신문의 편집자가 그의 이야기를 기사화하기도 했다. 다음의 기사는 그 중의 하나에서 발췌한 것이다.

> 말을 할 때의 그의 전달방식은 재미있기도 하고 문법에도 어긋나지 않다. 그는 영어를 완벽하게 구사하며, 많은 시구(詩句)들도 애용한다. 인간의 본성과 성경에 대한 그의 지식은 어제 오후 YMCA에서 행한 반시간 동안의 강연에서 확실히 증명되었다. 그는 야구에 대해서는 언급하지 않으며, 속어를 사용하지 않고 언제나 선택된 단어를 사용

---

21) Ellis, *"Billy" Sunday*, 41-42; Dorsett, *Billy Sunday*, 23-29.

한다. 그는 열정적으로 말했지만, 처음에는 다소 흥분한 듯했다. 약 800명이 모였는데, 모두 그의 강연에 큰 관심을 가진 젊은이들이었다.[22]

자신의 성장에 힘쓰던 1887년부터 1888년 겨울에 선데이는 에반스톤 아카데미(Evanston Academy)에서 주관한 수사학 과정을 들었다. 이후 2년 동안에는 시카고 YMCA에서 성경 과정을 이수했다. 시간이 갈수록 그는 자신이 사역자로 부름 받았다는 생각을 점점 더 갖게 되었다. 그는 가끔 무디가 YMCA에서 설교하는 것을 들었지만, 그와 친한 친구가 되고자 노력하지는 않았다. YMCA에서는 그에게 영구적으로 함께 사역할 것을 요청했지만, 그는 모든 결정을 뒤로 미루었다. 1891년에 다시 YMCA에서의 전임사역을 요청받았지만, 그는 필라델피아 야구팀과 3년 간의 계약에 서명했다. 팀은 그를 놓아주고 싶어 하지 않았다. 선데이는 하나님의 인도를 구하는 기도를 했고, 3월 17일에 필라델피아 팀이 갑작스레 그를 풀어주었다. 필라델피아가 그를 놓아주었다는 소식을 들은 신시내티 구단이 선데이에게 매달 500달러를 제공하겠다고 밝혔다. 당시 그가 YMCA에서 받은 월급이 83달러에 지나지 않았으므로 그는 마음이 흔들렸다. 넬은 그에게 말했다. "염려할 필요 없어요. 당신이 하나님께 그만 두겠다고 약속했으니까요." 이 말에 안정을 찾은 그는 메이저리그 선수로서의 경력을 거기서 마감했다. 1883년부터 1891년까지 그는 메이저리그 선수로 뛰었다.

그 날 이후 YMCA에서의 선데이의 봉급도 올랐다. 처음엔 1년에 1,200달러를 받았으나, 그 후 1,500달러로 올랐는데, 이는 당시로서는 큰돈이었다. 그러나 1893년에 국가 전체가 경제적인 침체기에 들어섰고, 기부에 의존하던 YMCA 역시 곤경에 처하게 되었다. 선데이도 봉급이 지체되는 경우가 종종 있었다. 당시 빌리와 넬은 양육해야 할 두 자녀가 있었고, 병약한 어머니가 계시는 고향에도 돈을 보내기로 약속해 놓고 있었다. 그러한 상황에서 하나님의 섭리로, 윌버 채프만이 주당 40달러에 자신을 도와 전도 집회를 도울 수 있겠느

---

22) Brown, *Real Billy Sunday*, 51-52.

나는 요청을 해 왔다. 채프만이 집회할 도시에 몇 달 앞서 도착해서 집회를 준비하는 선봉대의 역할이었다. 그는 지역 선정, 성가대 조직, 안내자 훈련, 기도회 조직, 지역 준비 위원회 보조를 담당하였고, 대개는 느슨하게 된 부분들을 조이며 마무리하는 역할을 했다. 천막이 필요할 때면 천막 치는 일을 감독하면서, 때로는 그 자신이 천막을 세우기도 했다. 영구적인 강당에서 열린 집회들은 선데이가 많은 세부적인 부분들에 신경을 써야 했다. 그는 성가대 지휘자인 알렉산더를 위해 찬양집을 팔았고, 헌금을 받는 것을 도왔으며, 집회 후엔 상담을 하기도 했다. 필요할 때는 설교도 했다. 일리노이의 피오리아(Peoria), 인디애나의 테러 호트(Terre Haute), 에반스빌, 인디애나폴리스, 뉴욕 주의 트로이를 비롯한 여러 도시에서 열린 집회들을 도왔다.

1) 자신만의 길을 가다

1895년 12월, 채프만은 다시 필라델피아의 베다니 장로교회를 담임하는 것이 자신의 소명임을 깨달았다. 그는 전도 사역을 그만두었다. 선데이는 실직한 것이나 다름없었다. 그 상황과 필연이 결국 그를 세계적인 기독교 전도자로 만든 길로 그를 밀어 넣었다. 선데이는 다음과 같이 고백했다.

> 일자리를 잃고서 나는 돌아갈 길이 없다는 것을 알았다. 나는 부양해야 할 아내와 두 자녀가 있었다. 야구장으로 돌아갈 수도 없었다. YMCA에서의 역할도 포기했다. 돈도 없었다. 어떻게 해야 할까? 나는 이 문제를 주님 앞에 내려놓았다. 얼마 후 아이오와 외곽에 위치한 가녀(Garner)라는 이름의 작은 소읍에서 전보 한 통이 왔다. 그 전보는 내게 와서 몇 차례 집회를 인도해 줄 수 있는지를 묻는 것이었다. 나는 거기에 사는 누구에게서 온 전보인지도 몰랐고, 아직까지도 왜 그들이 내게 집회를 열어달라고 요구했는지 모른다. 그럼에도 나는 갔다.
> 나는 단지 여덟 편의 설교만을 가지고 있었기 때문에, 열흘 이상을 진행할 수 없었다. 그리고 토요일에 끝나는 집회여야 했다. 이 집회가 나의 첫 번째 단독사역이었다. 그러나 그 날부터 지금까지 나는 다시는 전도 사역에 대한 부르심을 구하지 않았다. 나는 단지 따라갔을 뿐이고, 주님께서 들어가는 모든 문들을 차례로 열어주셨다. 이제

나는 약 100편의 설교를 갖고 있고, 앞으로 인도하게 될 집회들에 대한 초청을 2년이 넘는 기간 동안 받아놓고 있다.[23]

가너는 메이슨 시티(Mason City) 서쪽 지역인 북중부 아이오와에 위치한 곳으로 대략 2,000명의 인구가 살고 있었던 소읍이었다. 집회를 위해서 3개의 개신교 교회가 연합하였고, 1896년 1월 9일부터 1주 동안 지역의 오페라 하우스를 빌려놓고 있었다. 집회가 끝이 나자 한 신문이 회심자가 거의 100여명에 이른다고 보도했다. 선데이의 경력이 시작되었다. 그는 가너에 오기 전에 이미 오툼와(Ottumwa) 근교에 있는 인구 2,000명의 마을인 시고니(Sigourney)에서 집회를 인도해 달라는 초청을 받아놓고 있었다. 시고니에 있는 4개의 교회가 연합했다. 선데이는 참석자들을 보고 진심으로 놀라지 않을 수 없었다. 지역 신문은 "우리 도시를 방문했던 그 어떤 전도자보다 많은 청중이 그의 집회에 모였다… 한 가지 문제는 우리 도시에 그만한 군중을 수용할 만한 건물이 없다는 사실이다… 매일 밤 전국에서 많은 사람들이 몰려들었다"고 보도했다.[24]

선데이는 당시 34살이었고, 또한 메이저리그 야구 선수와 철도 종업원, YMCA 사역자, 채프만의 선발대 역할을 감당했던 다양한 경력을 지닌 사람이었다. 키는 평균치였고, 근육질 체격에 쾌활하지만 아주 잘생기지는 않은 외모를 갖고 있었다. 정수리가 약간 벗겨진 대머리를 감추기 위해 가운데를 가른 밝은 갈색의 머리칼에 푸른 눈을 가지고 있었다. 새로운 전도사역을 시작하던 첫 시기에 그는 자신만의 특별한 설교 스타일을 개발하려고 궁리했다. 그것은 그에게 처음에 영향을 미쳤던 기품 있는 스타일을 극적으로 바꾸는 것이었다.

선데이 일가가 1888년부터 1910년까지 시카고에 살았음에도 불구하고, 빌리는 일부러 자신의 아이오와 출신 배경에 어울리는 미국 시골의 사고방식과 몸가짐을 유지했다. 그는 비록 큰 무리의 청중이 모였을지라도 청중들은 빠르

---

23) Ellis, *"Billy" Sunday*, 58.
24) *Sigourney (Iowa) News*, 30 January 1896, 3, McLoughlin, *Billy Sunday*, 163에서 재인용.

게 "사람을 중시하는" 사람, "시골 사람 특유의 소박함"에 친숙해 지는 것을 알고는 시골풍의 관습과 가치를 채택했다. 초기에는 그의 전도 집회의 중심지는 중서부지역이었다. 이 지역은 선데이의 성격과 메시지를 이해하는 것이 훨씬 빨랐다. 그는 종종 자신을 "시골뜨기 중의 시골뜨기"(a rube of the rubes), "가난이라는 대학의 졸업생"(a graduate of the university of poverty)이라고 불렀다.

여러 해 동안 많은 전도 집회를 경험한 후, 선데이는 많은 살롱과 술 무역으로 유명한 아이오와의 도시, 벌링턴(Burlington)에서 집회를 인도해 달라는 초청을 받았다. 그 도시에 도착했을 때 그에 대한 적대감이 널리 퍼져있는 것을 알 수 있었다. 5주 후, 대중의 견해가 완전히 180도 달라졌다는 것을 알고 모두가 놀랐다. 여전히 많은 살롱들이 있기는 했지만, 그들의 영업은 급속히 축소되고 있있고, 아이오와 전역의 신문들은 "벌링턴, 금수도시가 되다: 빌리 선데이, 환락의 도시를 포도원으로 만들다"와 같은 문구로 헤드라인을 장식했다. 「벌링턴 호크-아이」(*The Burlington Hawk-eye*)(호크 아이는 아이오와 주 사람을 일컫는 미국 구어이다-역자 주)는 다음과 같이 보도했다.

W. A. 선데이 목사의 5주간의 수고가 뜨겁고 열광적인 가운데 벌링턴에서 끝이 났다. 약 반 에이커 가량 되는 공간에 가득 찬 펄럭이는 손수건들과 6천명의 목에서 나오는 갈채와 외침, 격정적인 감정에 못 이겨 외치는 환호… 이후 벌링턴의 교회들에는 2,500명의 교인이 늘었다. 얼마 후 이들은 100명의 교인들이 추가로 늘어나는 것을 목격했다. 한때 아이오와의 주도(州都)였던 이 구 도시에 보수적인 분위기가 안착하면서, 도시의 도덕적 기준은 상승했고, 6주전에 강력한 반대가 만연했던 것을 보았던 도시에 사는 목격자들은 변화의 경이로움에 압도당하고 말았다…

지난 밤 340명의 회심자들이 앞으로 나오는 광경은 너무도 감격스러운 것이라서, 그와 비교할 수 있는 것은 없을 듯하다… 아마도 가장 커다란 함성을 자아낸 때는 측면 통로 아래로 내려와서 강단 앞의 공간을 가로질러 백발의 한 남자가 나올 때였을 것이다. 강한 얼굴과 높은 이마, 로버트 리(Robert E. Lee, 남북전쟁 당시의 남군 사령관-역자주)를 연상시키는 머리의 굴곡은 매우 두드러져 보였다. 그의 머리와 용모는 어느 위치에서나 관심을 집중시키는 것이었다. 그는 수년 동안 학교의 교장을 지낸, 벌링턴

에서는 특별한 존경의 대상이 되는 인물이었다.[25]

선데이는 수년간 성직자들에 대해 비판적이었고, 때로는 설교할 때 그들이 마땅히 해야 할 일을 하지 않는다고 그들을 비판하거나 그들에 대해 농담을 늘어놓기도 했다. 아마도 자신이 안수 받지 않았다는 사실이 짐이 되었던 것 같다. 그는 매일 목사들과 접촉하면서 그들과의 사이에서 위엄을 잃지 않으려고 그들을 비판적으로 대했었다. 1903년에 그는 목사안수 청원을 시카고 노회에 신청하기로 결심했다. 이 당시의 선데이는 유명 인사였으므로 노회는 그 제안을 받아들였다. 그가 신학교 학위를 가지고 있지 않았음에도 불구하고, 노회 고시부에서는 그의 경력과 기독교 사역자들 안에서의 그의 지명도로 인해 그를 매우 특별한 경우로 인정하기로 했다. 고시부에서 열린 자격 심사에서 한 시간 동안 신학적인 질문들에 대해 답변하는 시간이 있었다. "그는 그들의 질문들에 완벽한 답변을 해서 그들을 만족시켰다. 모든 조항에서 그의 정통적 신앙이 건전하게 표명되었다. 그는 솔직함과 정직함, 질문들에 대한 답변의 신속함으로 위원들을 감동시켰다"고 한 전기 작가는 기록하였다.[26] 위원 중 한 사람은 "하나님은 그에게 우리 모두가 힘을 합친 것보다 더 많은 영혼들을 그리스도께로 인도하는 데 사용하셨다. 우리가 생각하기 훨씬 이전부터 그를 임명하셨음에 틀림없다"고 평했다. 채프만이 그의 안수식 설교를 맡았다.

처음에 선데이는 강단에서 채프만의 설교방식을 모방하였고, 그 자신의 것을 가지고 있지 않았기 때문에 채프만의 설교원고를 빌려 설교하기도 했다. 그는 미국 전역에서 명성을 얻고 경험이 풍부한 채프만을 몹시 존경했다. 채프만의 스타일은 그 시대의 화려했던 웅변가들이었던 로버트 잉거솔(Robert G. Ingersoll), 윌리엄 제닝스 브라이언(William Jennings Bryan)과 같은 인사들의 것과 동일선상에 서 있었다. 이들은 셔토우쿼 캠프(Chautauqua Camp Meeting—여름방학 동안 학교시설을 이용하여 개설되는 강좌나 강습회 가운

---

25) Brown, *Real Billy Sunday*, 116-21.
26) *Ibid.*, 200.

338 부흥의 계절

빌리와 넬이 펜실바니아의 윌크스-바르(Wilkes-Barre)의 중심가를 따라 22,000명의 사람들과 함께 주일학교 퍼레이드를 이끌고 있다(빌리 그래함 센터 박물관).

데 대표적인 것으로, 1874년 이후 널리 보급되었다.-역자주) 시대에 탁월한 연설가들로부터 큰 존경을 받은 이들이었다.

처음에 선데이는 채프만처럼 모닝코트를 입고, 칼라를 빳빳하게 세운 채 나비 넥타이를 맸다. 그러나 1900년에 그는 그 복장이 자신에게 어울리지 않는다는 것을 깨닫고 점차적으로 좀 더 자연스러운 복장을 갖추었다. 배웠던 문법을 잘 활용하면서 선데이는 자신이 존스의 서민적인 이야기들과 무디의 설득하는 기술을 더 선호한다는 것을 발견하게 되었다. 그는 어휘를 다채롭게 사용해서 마치 그림 그리듯이 묘사하는 방법을 터득했으며, 그의 능력 있는 웅변의 결과 청중들은 그에게 매료되었다. 아이오와 주 페리(Perry)에서 열린 집회 기간 중에 지역 언론들은 "선데이(Mr. Sunday)가 타고난 능력이 아주 걸출하고, 풍부한 문화적 식견을 지녔으며, 방대한 어휘를 자유자재로 구사하는 탁월한 연설가이자, 매우 열정적 설교자라는 사실이 첫 설교를 듣자마자 곧 증명이 되었다. 그 주가 끝나기 전에 우리 모두는 복음전도 사역의 권위자를 만나게 되었다는 것을 알았다. 설교는 단 하나의 예외도 없이 모두 좋았다. 감정과 정열(pathos), 논증, 논리, 그림 언어, 음성 연기 모두가 그림 그리듯 활용되었고, 복음 진리를 우리의 가정에 전달하는 데 적합하게 사용되었다"고 보도하였다.[27] 그 결과, 매일 밤마다 청중들은 강당을 가득 채웠다.

2) 속사포 화술과 정열(Rapid-Fire Oratory and Athleticism)

그러나 선데이가 그만의 독특한 트레이드마크가 되는 스타일을 정착시키기까지는 몇 년이 더 걸렸다. 그의 스타일은 속사포 화술과 유머 있는 언변, 속어를 섞어 쓰는 직설적인 표현에 정력적이고, 정열적이며, 곡예를 하는 듯한 움직임으로 청중을 손바닥 안에서 완전히 장악하는 것으로 특징지어질 수 있었다. 중서부 집회의 1,000명이든, 대도시의 15,000명이든 숫자는 상관없었다. 그는 1893년부터 1896년까지의 여러 집회에서 함께 동역했던 밀란 윌리엄스(Milan B. Williams)에게서 가장 많이 배웠다. 설교 도중의 윌리엄스의 습관 중의 하나는 코트를 벗고, 소매를 말아 올리고, 넥타이를 풀고, 열정적이고 정력적인 동작을 취하는 것이었다. 윌리엄스보다 좀 더 납득될 수 있는 방식으로 그는 최종적으로 이 모든 것을 다 활용했다. 선데이는 청중들이 지루하고 메마른 설교를 듣고 싶어 하지 않을 때 이 방식이 이들에게 즉각적인 확신을 주는 접근이라는 것을 일찍 간파했다. 이 모든 흥미진진한 오락의 요소를 두루 갖춘 그의 설교는 한 시간 동안 청중들에게 전달되었다. 급속한 속도로 전달된 메시지를 중간 중간 끊어가면서 그는 강단에서 물구나무를 서기도 하고, 강단 전체를 가로질러 뛰기도 하고, 플랫폼의 끝자리 모서리에 아슬아슬하게 매달리기도 하고, 의자 위에 서기도 하고, 주변을 빙빙 돌기도 했다. 하나의 이야기가 절정에 다다르면 때에 따라 홈 플레이트로 슬라이딩해 들어가서 플랫폼 위에

---

27) *Ibid.*, 103-4.

길게 엎드려 있는 야구 선수 같은 모습을 취하기도 했다. 이것이 센세이션을 불러 일으켜 많은 청중들을 모은 것이었다.

선데이가 청중들 안에서 일어난 감정주의에 관대한 모습을 보였다거나, 심지어 "아멘!"을 연발하는 것을 지지했다고 말하는 사람은 없다. 그는 때로는 이런 것들을 무시하며 주의를 주었다. 선데이를 심도 있게 연구한 윌리엄 맥로울린(William McLoughlin)은 그의 부흥에 관하여 "전적으로 질서정연하고 훌륭한 것이었다… 한 개인에게만 특수하게 일어나는 반응과 같은 것들은 거의 허용하지 않는 잘 통제된 대중 반응의 모델이었다"고 평가하였다.[28] 청중들을 다루고 그들에게 감동을 주는 그의 탁월한 능력으로 인해 그는 미국에서 가장 잘 알려진 공적인 설교가가 되어, 온 관심이 선데이에게로 집중되었다. 아마도 그에게 주어진 가장 큰 찬사는 「뉴욕 트리뷴」(New York Tribune)의 드라마 비평가인 헤이우드 브라운(Heywood Broun)에게서 온 것일 것이다. 1915년에 브라운은 조지 코한(George M. Cohan)이 선데이를 패러디한(parodied) 새 연극을 평하면서 다음과 같이 기술했다.

> 조지 코한은 속어를 극적으로 사용하는 능력이 누가 더 탁월한가를 비교하면서 그 비교 대상으로 자신과 자신의 위대한 라이벌을 내세웠다. 그런데 그게 좀 이상하다. 과로로 지친 사람은 빌리가 아니라 코한이다… 조지 코한은 빌리 선데이의 힘도 갖고 있지 못하고, 그의 속도도 가지고 있지 못하다… 코한이 깃발을 먼저 흔든 것은 사실이지만, 선데이가 깃발을 더 열심히 흔들었다… 선데이의 우월함을 가장 탁월하게 잘 증거 해 주는 것은 그의 언어구사력이었다… 우리 모두는 선데이가 코한보다 더 월등한 극적 본능을 갖고 있다고 믿는다.[29]

선데이의 선정주의(sensationalism)에 대해 얼마간의 불평들이 있었음에도, 1905년 이후 집회가 열리는 도시에 있는 나무로 된 성전들(tabernacles)에는 사람들로 늘 가득 찼다. 건물의 좌석이 천 석이나 되었어도, 좌석은 항상 부족

---

28) McLoughlin, *Billy Sunday*, 127.
29) McLoughlin, *Billy Sunday*, 163에서 재인용.

했고, 수백 명의 사람들이 왔다가 그냥 돌아가야 했다. 대부분의 도시에서 주일에는 세 번 열리고, 평일엔 두 번 열리는 집회에 언제나 수많은 사람들이 운집했다. 이런 상황은 전도자에게 감당할 수 없는 부담을 준다. 1915년에 열린 필라델피아 집회에서는 사람들이 문이 열리자마자 자리를 잡으려고 몇 시간 전부터 건물 안으로 들어오기 시작했다. 맥로울린은 다음과 같이 기록했다.

> 2천명이 모인 집회에서도 선데이는 참석자 한 명, 한 명과 친밀감을 느끼려고 노력했는데, 관찰자가 보기에 이는 오직 "엄청난 마력이다!"라고 밖에는 표현될 수 없는 것이었다… 심지어 자기 자신에 사로잡혀 있는 적대적 비평가 맹켄(H. L. Mencken)도 선데이의 설교를 들은 후에 "청중 가운데 많은 사람들이 나와 마찬가지로 박사의 용솟음치는 열정과 너무도 자명한 개인적 매력에 대한 확고한 존경심 때문에 여기에 오는 것이 틀림없다고 감히 말하고 싶다"고 인정했다.[30]

3) 빌리와 로디

1900년, 선데이는 프레드 피셔(Fred Fischer)를 성가대 지휘자로 임명했다. 피셔는 키가 컸고, 팔(八)자 수염을 길렀다. 그는 노래를 잘했지만, 좀 뻣뻣한 사람이었다. 1910년에 피셔가 떠난 후, 호머 로드히버(Homer A. Rodeheaver)가 선데이의 동료로 합류했다. 마침내 선데이는 자신의 스타일에 맞는 음악 사역자를 발견한 것이었다. 사람들이 "로디"(Rody)라고 부른 그는 1880년에 오하이오에서 태어났고, 테네시에서 자랐다. 선데이와 동역하기 전에는, 그는 5년 동안 전도자 윌리엄 비더울프(William E. Biederwolf)의 음악 사역자로 활동하였다. 로드히버는 알렉산더가 발전시킨 모든 기술을 다 사용했지만, 그가 여러 집회에서 인도하는 음악 사역은 그 이전보다 훨씬 더 강력하고 힘찬 것이었다. 성가대도 규모가 더 컸고, 때로는 2천명이 함께 찬양을 하기도 했다. 그는 트럼본을 연주하면서 이 거대한 성가대를 자유자재로 지휘하였다. 그의 머리칼은 어두운 물결모양이었고, 얼굴은 잘 생겼으며 청중에게

---

30) *Ibid*., 154-55.

뉴저지의 패터슨(Paterson)에서 1915년의 십자군 집회를 위해 세워진 "빌리 선데이 (임시) 예배당"이 봉헌되고 있다(빌리 그래함 센터 박물관).

호감을 주는 온화하고 외향적인 성품을 가지고 있었다. 그들은 곧 조화롭게 사역하는 동역자가 되었다.

로디의 역할은 집회가 시작될 때 청중들과 인사하고, 성령이 충만한 찬양과 합창을 부르고 인도하며, 익살과 짧은 이야기로 분위기를 부드럽게 하는 것이었다. 그는 언제나 적당하게 정중했고, 온화한 남부 억양과 부드러운 말씨로 호감을 주었다. 그가 즐겨 불렀던 찬양은 "어느 날"(One Day), "예수, 어찌 좋은 죄인들의 친군지"(Jesus, What a Friend for Sinners: 윌버 채프만과 함께 만든 곡), "주 예수 내 맘에 들어 와 계신 후"(Since Jesus Came Into My Heart), "좀 더 주님과 같이"(More Like the Master), "갈보리산 위에"(The Old Rugged Cross), "난 왕과 함께 걷네, 할렐루야"(I Walk With the King),

"네가 있는 곳에서 구석을 밝혀라"(Brighten the Corner Where You Are)였다. 로드히버는 집회 도중에 갑자기 요청받을 때에도 잘 할 수 있도록 성가대를 훈련시켰고, 수많은 찬송을 발표했으며, 그리고 수초 안에 활기차게 찬송을 부를 수 있는 성가대를 지휘하고 있었다.

제1차 세계 대전 기간에 로드아일랜드의 프라비던스(Providence)에서 열린 부흥회에 관한 일화는 집회의 매끄러운 진행을 잘 보여준 사례이다. 선데이가 거대한 청중들을 향해 헌금으로 헌신할 수 있는지를 묻고는 50달러, 25달러, 10달러, 5달러(당시에는 큰 돈이었다)를 대표하는 사람들을 세웠다. 그가 적어도 1달러를 낼 수 있는 사람은 일어나라고 했더니, 연단 위에 있던 두 명의 피아니스트가 갑자기 그들이 할 수 있는 한 강하게 피아노로 "성조기여 영원하라"(The Star-Spangled Banner, 미국 국가—역자주)를 연주하기 시작했다. 그러자 모든 사람들이 존경의 표현으로 일어났다. 「프라비던스 저널」(*Providence Journal*)은 "어떤 일이 일어났는지는 말할 필요도 없다. 모든 사람들이 기립하여 비웃는 자의 외침을 잠잠케 했다. 달러(greenbacks)를 채워 되돌아 온 헌금 주머니야말로 은보다 더한 증거임에 틀림없다"고 보도했다.[31]

4) "선데이, 열매를 수확하다."

선데이를 좋아하지 않는다는 것은 어려운 일이었다. 그의 "천박함과 추함"에 대해 말한 사람도 얼마간 있었지만, 이들에게 아마도 많은 사람이 선데이가 유쾌하고 마음에 감동을 주는 사람이라고 말해주었을 것이다. 어떤 성직자들은 그가 강단의 위엄을 떨어뜨리고 있다고 정죄하기도 했지만, 심지어 이들도 그의 집회들은 지지했다. 그들은 "선데이가 열매를 얻고 있다"는 사실은 인정해야 했다. 처음에 그를 초대하는 것에 주저했던 많은 목회자들이 후에는 그가 그들의 교회에 얼마나 많은 유익이 되었는지를 고백했다. 아이오와 주의 페어

---

31) McLoughlin, *Billy Sunday*, 107에서 재인용. Dorsett, *Billy Sunday*, 90-91, 115-19, 139-40에서 선데이의 헌금에 대한 견해를 잘 설명해 주고 있다.

필드(Fairfield)의 목사인 피어스 핀치(Pearse Pinch)는 선데이에 대한 질문을 받자 다음과 같이 대답했다. "그 사람은 나와 나의 신학을 모두 뭉개버린 사람입니다… 그는 나의 거룩한 사역과 관련하여 내가 가진 모든 이상을 유린했습니다… 그러나 그가 성취한 결과들에 대해서는 어떻게 설명해야할까요? 우리 교회 교인이 수 백 명씩 늘어나게 될 겁니다."[32]

그를 세련되지 못한 사람으로 생각한 사람이 있음에도 불구하고, 「아메리칸 매거진」(American Magazine) 1914년에 다음 질문으로 독자들에게 투표를 실시했다. "미국에서 가장 위대한 사람은 누구인가?" 선데이가 8위에 선정되었다. 선데이 외에 성직자로서는 셔토우쿼 캠프 운동의 공동 설립자인 감리교 감독, 존 빈센트(John H. Vincent)가 유일했다.

빌리 선데이의 주요 부흥 집회

일 자	도 시	회심자 수
1912-1913	콜럼버스	18,137
1914	피츠버그	25,797
1915	필라델피아	41,724
1915	시러큐스	21,155
1916	트랜튼	19,640
1916	볼티모어	23,085
1916	캔사스 시티(미주리)	25,646
1916	디트로이트	27,109
1916-1917	보스턴	64,484
1917	버팔로	38,853
1917	뉴욕	98,264
1918	시카고	49,165
1920	노포크	20,000

출처: 윌리엄 맥로울린 저, 『빌리 선데이는 그의 진짜 이름이었다』(시카고, 1955), 45ff.

---

32) Lindsay Denison, "The Rev. Billy Sunday and His War on the Devil," *American Magazine* 64 (September 1907): 454-55.

40년이 넘는 기간 동안 선데이는 거의 300회에 이르는 전도 집회를 인도했다. 위 표는 그의 사역의 엄청난 속도와 믿을 수 없는 열매들을 동시에 보여준다. 상기한 표에 있는 집회들을 포함한 그의 가장 성공적인 20번의 집회들에서 총 593,000명이 넘는 사람들이 회심하겠다고 약속했다. 대중 연설 장치나 라디오, 전자 앰프 같은 것들이 등장하기 이전의 시대인 그의 전 생애 동안, 그는 1억 명의 사람들에게 설교했고, 아마도 1백 만 명이 넘는 사람이 회심했을 것이다.[33]

1908년에서 1922년까지가 선데이의 경력의 정점이었다. 이 시기동안 선데이는 그가 이전에 성공을 거두었던 중서부의 작은 도시들을 대신하여 미국의 대도시들로 방향을 전환했다. 1912년 말, 오하이오의 콜럼버스(Columbus)에서 49일간 열린 집회 이후 연달아 피츠버그와 다른 많은 도시들에서 연속으로 집회를 열었는데, 이때 이후 참석자와 회심자의 숫자가 점증하기 시작했다. 1908년에서 1920년까지의 기간은 우연히도 산업 생산력과 농장 가치와 임금이 일반적으로 크게 상승하던 시기이기도 했다.

그러나 산업화는 선데이의 사역과 교회를 위협하는 근본적인 변화를 가져왔다. 사람들이 도시로 몰려듦에 따라, 범죄율이 치솟았고, 읽고 쓸 수 있는 사람의 수도 줄어들었으며, 슬럼이 확장되었고, 여러 가지 위험들이 증폭했다. 1차 대전 이전에 성장한 대부분의 미국인들과 마찬가지로 선데이도 나라가 위험에 처했다고 인정하고 중요한 가치들을 강화하는 메시지를 전했다. 그는 미국이라는 나라가 노동과 애국심, 타인에 대한 관심, 엄격한 개인주의, 그리고 기독교 신앙 위에 건설되었음을 강조하였다. 1차 대전이 발발하고, 이런 가치들이 더 필요하게 되었던 시기에 선데이는 유명세의 정점에 있었던 것이다. 심지어 회의주의자들까지도 그가 모든 올바른 가치들을 강조했다는 사실을 인정해야만 했다.

1918년의 시카고 집회 이후 선데이는 다시 작은 도시들을 방문하기 시작했

---

33) 통계숫자들은 McLoughlin, *Billy Sunday*, 293에서 발견된다.

다. 그러나 1920년이 되자 그는 여러 문제들에 직면하게 되었다.[34] 나라가 변했고, 빌리도 지친 듯이 보였다. 이제 라디오와 영화가 더 큰 매력을 발산하기 시작했고, 집회에 참석하는 사람들의 수도 줄어들었다. 더구나 빌리와 넬의 아이들에게 문제가 발생하였다. 딸인 헬렌에게는 문제가 없었지만, 세 아들이 부모를 슬프게 했다. 아들 조지가 1933년에 자살했다.

빌리 선데이는 1935년 11월 6일, 시카고에서 심장발작으로 그만 세상을 떠나고 말았다. 이 재능 많은 전도자가 이룬 놀라운 역사를 기억하며 부흥을 연구하는 한 저명한 역사가는 다음과 같이 밝혔다.

> 선데이의 집회들에 대해 인쇄된 보고서들은 그의 재능을 불완전하게 그려줄 뿐이다. 그러나 축음기, 영화 그리고 최종적으로는 그의 마지막 몇 해의 역사를 보여주는 발성 영화는 행동을 취하고 있는 전도자를 새미있게 보여주었고, 빌리 선데이라는 사람에게 조화롭게 구성되어 있는 천재성과 기술과 인격에 대한 기록을 후손들을 위하여 남겨주었다. 그는 자신이 가진 부분적 요소들의 총합을 훨씬 뛰어넘는 사람이었다. 그러나 우리는 단지 그의 부분적인 것들만을 기술할 수 있을 뿐이다. 그의 전부는 그 스스로 증언하도록 남겨져야만 하는 것이다.[35]

---

34) Dorsett, *Billy Sunday*, 117-43에서 선데이가 직면했던 문제들에 대한 탁월한 논의를 제공하고 있다.
35) McLoughlin, *Billy Sunday*, 154-55.

11

그래함, 팔라우 그리고 현대 부흥운동

1935년의 빌리 선데이의 사망 이전 몇 년 동안, 대중전도 집회는 생동감이 쇠퇴하고 있었다. 선데이 자신의 전도운동도 1908년에서 1920년까지가 절정이었고, 그 후에는 점점 약해졌다. 선데이와 호머 로드히버가 그들의 눈부신 성장세를 무제한적으로 유지할 수가 없었던 것이 아니라, 쇠퇴에 영향을 준 다른 요소들이 있었다. 제1차 세계대전은 미국에 근본적인 변화를 가져왔다. 대전 이후 도덕은 해이해 졌으나, "재즈의 시대"(Jazz Age) 동안 종교는 약 20여 년 동안 지속적인 반전을 겪었다. 기독교를 비평하는 사람들은 이 쇠퇴가 영원할 것이라고 생각했거나, 혹은 열정적으로 그것을 희망했다. 그러나 그들은 기독교가 1900년이 넘는 역사의 기간 동안에 언제나 새로운 활력을 가지고 소생하면서 여러 주기를 겪으면서 존속해 왔다는 사실을 인식하지 못하고 있었다.

1. 요동치는 20년대

제1차 세계대전이 끝난 이후 유럽에서 돌아온 군인들은 유럽의 도덕성을 맛보고 돌아왔다. 그 결과 미국은 그들의 순결함의 많은 영역을 상실해버렸다. 지그문트 프로이트(Sigmund Freud)가 "억압"(inhibitions)이라 이름 붙인 것

꾸밈없는 열정적 설교, 단순한 제스처 그리고 성경과
밀접하게 연결된 내용 등이 그래함의 설교의 특징이 되었다.(빌리 그래함 전도 협회)

을 스스로 떼어내 버리자 미국인들은 물질주의와 냉소주의로 빠져 들어갔으며, 20년대는 "빨리 부자되기 전략"의 열정으로 가득 찬 10년간이 되었다. 열심히 일하는 노동의 미덕과 주의 깊은 절약 같은 것들은 쉽게 조롱거리로 전락했다. 프로이트 이론 몇 조각을 피상적으로 신봉하면서 많은 이들이 성적 억압이 많은 사회적 일탈의 원인이라고 믿었다. 그 결과 스커트는 올라갔고, 반(半) 나체가 유행하게 되었다. 새침데기 숙녀 대신 "욕망에 불타는 젊은이"로 이미지를 바꿔버린 제임스 몽고메리 플래그(James Montgomery Flagg)는 1910년에 엄청난 매력을 발산하며 등장하였고, 1920년대에는 "건달 아가씨"

(flapper)로 또 변신했다. 새로운 여성의 모델은 단발머리에, 깊게 파인 가슴자락, 립스틱을 바른 입술, 그리고 불그스레한 뺨에 위태롭게 담배를 물고 있는 모습이었다.

이 세대는 교회를, 특별히 시골 교회를 따분한 구닥다리 정도로 취급했다. 술로 가득한 병을 뒷주머니에 넣고 다니던 격앙된 1920년대의 젊은이들은 새로운 거친 춤의 싱커페이션 된 포옹(syncopated embrace) 속에서 철썩 들러붙어 있곤 했다. 금지는 어쩔 수 없이 도덕적 쇠퇴를 부채질했다. 볼스테드 법안(Volstead Act, 금주법)으로 효력을 발휘하게 된 미국 수정헌법 제18조(the Eighteenth Amendment)의 권위로 생겨난 금지 조항은 가장 적절하지 못한 시기에 시행되어 주 정부에게 시행 불가능한 어리석은 부담만 가중시켜 놓고 말았다. 중서부와 남부가 금주령을 지지한데 반해, 동부인들은 그것을 반대했고, 특히 강한 음주 관습을 갖고 있는 문화권에서 이민 온 사람들은 더 큰 반감을 가졌다. "무허가 술집"이 모퉁이 술집을 대신했는데, 여성들의 출입이 점차 증가하는 추세였으며 남녀를 불문하고 그들이 싫어했던 법안을 조롱하는 고도의 궤변을 사용했다. "밀조된 진"(bathtub gin)과 "자가 양조주"(home brew)가 많은 이들을 술독에서 뒹굴게 할 만큼이나 인기를 누렸다.

2. 새로운 "자유"

그 와중에 교회는 지적 지도력을 상실해 가고 있었다. 도덕적 폭동의 예언자들은 문학가였다. 스캇 피츠제랄드(F. Scott Fitzgerald), 디어도어 드레이저(Theodore Dreiser), 조지 나단(George Jean Nathan), 조셉 우드 크루치(Joseph Wood Krutch)를 비롯한 여러 작가들은 미국의 "청교도주의"와 새로운 자유의 조류를 방해하는 것들을 공격했다. 그들은 기독교를 현대인들이 그들 자신을 해방시키거나, 혹은 질식당해야 하는 위선과 체면과 그리고 거룩한 체 하는 것의 혼합체라고 결론을 내려버렸다. 크루치는 "사랑", "의로움" 그리고 "죄" 따위는 "완전히 잊혀진 신학적 교의의 일부이며, 본질적으로는 실재하

지 않는 그림자일 뿐"이라고 선언했다.[1]

새로운 소설가들 가운데 주목할 만한 이는 싱클레어 루이스(Sinclair Lewis)가 있는데, 그는 대단히 인기를 모았던 작은 도읍 사람들의 삶과 위선에 대한 상당한 분량의 풍자극을 써냈다. 그의 책 중 가장 악의를 가진 책은 『엘머 겐트리』(Elmer Gantry)인데, 거기서 그는 한 무리의 잡다한 얼뜨기들을 바보로 만든 한 사악한 성직자 이야기를 다루고 있다. 또 다른 도전적인 현대인인 "볼티모어의 악동"(the Bad Boy of Baltimore) 헨리 맹켄(Henry L. Mencken)은 「볼티모어 선」(Baltimore Sun)과 「아메리칸 머큐리」(American Mercury)지라는 지성의 강단을 그가 동의할 수 없는 모든 것에 대해 혹평하기 위해 사용하였다. 그의 목표물은 결혼, 애국심, 바이블 벨트 지역의 얼간이 부르주아(booboisie: boob과 bourgeoisie의 혼합어) 그리고 종교였다. 그는 "개신교는 소모성 질병과 함께 쇠락 한다"며 의기양양해 하며, "매일 새로운 카톨릭 교회가 세워지고 있는 반면 매일 또 다른 장로교회나 감리교 교회는 차고로 바뀌어 간다"고 언급하였다.[2]

근본주의자와 현대주의자 사이의 거친 알력은 심지어 공립학교에까지 퍼지고 있었다. 기독교인인 부모들은 다윈의 진화론을 가르치는 것이 하나님에 대한 믿음과 하나님께서 인간을 창조하신 사실에 대한 믿음을 파괴한다고 주장했다. 그러나 그들의 주장은 어떠한 "종교적인" 것에 대해서 반대하는 분위기 속으로 매몰될 수밖에 없는 매우 힘이 드는 일이었다.[3] 윈드롭 허드슨

---

1) Joseph Wood Krutch, *The Modern Temper: A Study and a Confession* (New York, 1929), 191-92.
2) Wilbur C. Abbott, *Prejudices*, 5th series (New York, 1926), 157.
3) 남북전쟁 후의 미국의 종교상황에 대해서는 다음의 저서들을 참고하라. George M. Marsden, *Fundamentalism and American Culture* (New York, 1980); E. R. Sandeen. *The Roots of Fundamentalism* (Chicago, 1970); T. P. Weber, *Living in the Shadow of the Second Coming: American Premillennialism, 1875-1925* (New York, 1979); Robert M. Miller, *American Protestantism and Social Issues, 1919-1939* (Chapel Hill. N. C., 1958); and Donald B. Meyer, *The Protestant Search for Political Realism, 1919-1941* (Berkeley, Calif., 1960).

(Winthrop Hudson)은 다음과 같이 기록하고 있다.

> 개신교가 그 최상위의 특권과 확고한 영향력을 끼치고 있었던 그 수십 년 동안에, 200년간의 진보를 주도해 왔던 핵심부분이 잘려 나갔다. 신학적 침식의 오랜 과정은 세상의 기준을 향하여 개신교가 보다 완전히 동화되는 길을 열고 말았다. 신학적 통찰력은 대부분 거세되어 버린 채, 개신교는 독립된 기반을 가진 삶의 이상을 상실했으며, 창조주보다는 오히려 점점 더 미국문화의 산물이 되어갔다.[4]

다수의 교인들이 자신들의 교파가 현대주의와의 교리적 타협으로 빠져 들어가고 있음을 감지했다. 대중 집회와 부흥운동을 바라보는 자유주의적인 태도는 하버드 신학부의 학장인 윌라드 스페리(Willard L. Sperry)의 글을 통해 잘 드러났다.

> 적어도 현시대의 관점에서는 빌리 선데이는 이 특별한 상속권의 마지막 주자인 것으로 보인다… 그는 자신이 서 있었던 전통을 믿지 않았다. 그는 우리의 주요한 종교제도의 최종적인 퇴보를 상징한다… 우리는 지난 반세기 사이에 우리가 경험한 부흥에 지쳤다. 그들의 신학은 거의 믿을 수가 없다. 그들이 사용하는 심리학은 감정적으로 위험한 것들로 가득 차 있으며, 그들의 영향은 지나치게 생명이 짧다. 그들이 사용하는 기술은 뻔하고, 너무 느끼하다. 그리고 그들은 너무 돈을 밝힌다.[5]

3. 두 개의 종교

미국은 현기증 나는 대공황의 절벽 끝에 점점 더 가까이 다가가고 있었다. 주식시장의 투기거품은 계속해서 나선형으로 치솟아 어리석은 바보들의 가공이익의 천국이 되었다. 1929년 10월 29일의 "검은 화요일"(Black Tuesday)에

---

[4] Winthrop S. Hudson, *Religion in America: An Historical Account of the Development of American Religious Life* (New York, 1981), 373.
[5] Willard L. Sperry, *Religion in America* (New York, 1946), 160-61.

엄청나게 많은 사람들이 모든 것을 잃었다. 1932년에는 5천 개가 넘는 은행이 파산했으며, 1천3백만 명의 사람들이 그 해에 실직했다. 배고픔에 절망한 사람들은 거리로 몰려다니며 있지도 않은 일자리를 찾아 다녔다. 빵 급식소와 수프 배급소가 등장했고, 정직하고 성실한 사람들은 길거리에서 사과를 파는 것 이외에는 더 나은 일거리를 찾을 수가 없었다. 대공황은 존경받을 만한 사람들을 시시한 깡통 속 내용물 때문에 다투거나, 소위 "후버빌즈"(Hoovervilles)라 불리는 판자촌에서 생존해야하는 신세로 전락시키고 말았다. 1930년대 내내 어둠과 불행만이 미국의 끝없는 악몽을 이어가고 있는 것처럼 느껴졌다.

대공황은 교회의 일상마저도 바꾸어 놓았다. 수많은 사람들이 실직 중이었으므로, 헌금은 상당히 줄었고 자선사역도 정말로 필요한 사업 외에는 축소되어야 했다. 해외선교 예산은 삭감되었다. 문을 닫은 교회도 상당히 많이 있었다. 1937년에 시카고 신학교의 사무엘 킨클로에(Samuel C. Kincheloe)는 『공황 기간 중의 종교에 대한 연구 보고서』(Research Memo on Religion in the Depression)를 사회과학 협회를 위해 출판했다. 그는 "많은 이들이 절망이 부흥을 다시 가져다 줄 것으로 기대했지만," 거기에 대해서는 어떤 증거도 없었다고 주장하였다. 그는 사회가 너무 세속화되어서 부흥이 크게 확산되는 것은 불가능하다고 믿었다.[6] 되돌아보면, 윌리엄 맥로울린(William G. McLoughlin)은 완전히 다른 전망을 하고 있었던 것을 보게 된다.

> 스페리(Sperry)와 마찬가지로 킨클로에가 놓친 것은 세속화되지 않았던 시민들 가운데서 진행되고 있던 종교의 부흥이 있었다는 사실이다. 그러나 그 사람들은 킨클로에와 스페리가 미국 종교 생활의 유일한 주요 보고인 것처럼 생각하고 주목해 보았던 주류 교단들에 속한 교회들에 꾸준히 출석하는 교인들이 아니었다… 1930년대 중반에 미국은 두 개의 개신교 국교를 신봉하고 있었던 것이다.[7]

---

6) Samuel C. Kincheloe, *Research Memo on Religion in the Depression* (New York, 1937), 44-46, 95.
7) William G. McLoughlin, Jr., *Modern Revivalism: Charles Grandison Finney to Billy Graham* (New York, 1959), 464.

두 가지 종교 중 하나는 자유주의 개신교였고, 다른 하나는 대략 근본주의, 경건주의, 보수주의, 정통파, 또는 (후에는) 복음주의라고 명명된 일종의 혼합 그룹이었다. 이 모든 사람들을 "경건주의자"(Pietist), "성결파"(Holiness), 혹은 "오순절주의자"(Pentecostal)라고 딱지를 붙이는 것은 옳지 않다. 보수주의 진영의 다수는 주류 개신교 교단으로부터 탈퇴해서 순수하게 감리교와 장로교, 침례교를 비롯한 다른 교파의 사람들이 이전에 믿었던 정통신앙의 기반으로 돌아가기를 원했다. 이 거대한 보수주의 진영 가운데 오직 하나의 일파만이 "성결교도"(holiness groups)라는 이름을 갖고 있었다.

4. 오순절 부흥

이미 8장에서 성결 교리를 보완하고 1858년의 부흥을 준비하는 데 있어서 피비 팔머(Phoebe Palmer)의 역할이 얼마나 주목할 만한 것이었는지 언급하였다. 1835년경에 시작된 그녀의 "성결을 증진시키기 위한 화요집회"는 감리교 내에서 완전 성화의 경험을 강조하는 데 막중한 역할을 했다. 많은 이들이 웨슬리의 그리스도인의 완전 교리를 신봉하고 있었지만, 오순절-성결교 운동에서 오랫동안 사용해 온 "성령 세례"(baptism of the Holy Ghost)같은 용어를 대중화시킨 이는 팔머였다.

팔머 이후, 캔사스의 토페카의 찰스 파함(Charles Parham), 보스턴의 찰스 쿨리스(Charles Cullis), 심슨(A. B. Simpson)과 존 알렉산더 도위(John Alexander Dowie)를 포함한 여러 성결운동의 지도자들이 합류했다. 새로운 교파들이 생겨났다. 1895년에는 LA의 J. P. 위드니(J. P. Widney)와 피네아스 브레시(Phineas Bresee)가 최초의 나사렛 교회(Church of the Nazarene)를 설립했는데, 1908년과 1914년에 다른 그룹들과 통합하면서 가장 큰 성결교단으로 발전하였다.

1904년과 1905년에는 전 세계에 있는 그리스도인들이 웨일즈에서 일어난 부흥의 소식으로 흥분하게 되었다. 평신도였던 이반 로버츠(Evan Roberts)가

웨일즈 전역에서 자생적으로 일어난 영적 각성에 진원지 역할을 하였다. 20세기 초반에 성결운동이 급속하게 성장할 수 있었던 요인 중의 하나는 웨일즈의 부흥으로 받은 영향 때문이었음을 부인할 수 없다. 1906년 4월이 시작되면서, 흑인 성결교 설교자인 윌리엄 세이모어(William J. Seymour)가 LA에 있던 자신의 집에서 기도집회를 인도하였다. 집에서 모인 회중은 이전에 감리교회였던 황폐한 아주사 거리에 있던 한 교회로 모임 장소를 바꾸었다. 3년 동안 모임을 지속하면서, 흑인과 백인을 포함한 수천 명의 성도가 "두 번째 축복"(the second blessing)을 받기를 갈구하였다. 전국에서 몰려든 목회자들이 아주사 거리를 방문하였으며, 그들 자신들의 도시인 인디애나폴리스, 아크론, 위니펙, 달라스, 클리블랜드, 샌프란시스코, 나약, 뉴욕을 비롯한 여러 도시로 오순절 부흥을 확산시켰다.

나약(Nyack)에서는 심슨(A. B. Simpson)이 CMA 선교사 훈련원(Christian and Missionary Alliance Missionary Training Center)을 설립했다. 두 명의 대표인 스티븐슨스(W. C. Stevensons)와 파딩턴(G. P. Pardington)은 교회가 곧 성령의 퍼부으시는 "늦은 비"(latter rain)를 받게 될 것이라고 가르쳤다. 이 마지막 때의 축복의 증거는 방언을 하는 그리스도인이 되는 것이었다. 심슨 자신은 성령 세례의 유일한 증거가 방언의 역사라고 인정한 것은 아니었으나, 그 결과 CMA는 이 주제로 인하여 분열되었다.

성결운동은 1920년대에 아이미 셈플 맥퍼슨(Aimee Semple McPherson, 1890-1944)의 사역을 통해 명성을 획득하였다. 1907년 로버트 샘플(Robert Semple)의 사역을 통해 회심한 그녀는 후에 그와 결혼하였다. 1910년에 두 부부는 선교사역을 감당하러 홍콩으로 갔으며, 그 곳에서 활동하다 생애를 마쳤다. 결혼한 이후, 그녀는 미국 동부 연안 지역에서 많은 캠프집회를 인도했으며, 1927년에는 국제복음교단(the International Church of the Foursquare Gospel)을 설립하였다. 1990년대 초반에 약 90,000명 정도의 신자들에 의해 받아들인 그 교단의 신앙은 오순절적 특성들을 매우 강조하였는데, 맥퍼슨 여사의 탁월한 모금활동에 힘입어 LA 시내에 건축비로 150만 달러나 들어간 안젤러스 교회(Angelus Temple)를 세웠으며, 여러 해 동안 괄목할만한 사역이 계속되었다.

2차 대전 이후에 오순절주의 안에는 두 개의 유사한 신앙운동이 부상했는데, 그것은 다름 아닌 치유 운동(the Healing)과 늦은 비 부흥운동(Latter Rain revivals)이었다. 치유 부흥과 관련된 전도자들로는 오랄 로버츠(Oral Roberts)와 윌리엄 브랜함(William Branham)과 잭 코우(Jack Coe), A. A. 알렌(A. A. Allen) 그리고 T. L. 오스본(T. L. Osborn) 등이 있었다. 원래는 감리교 목사였던 오랄 로버츠는 텔레비전 덕에 가장 오랫동안 가장 널리 알려지게 되는 경력을 소유하게 되었다. 브랜함은 로버츠가 사단과 죄와 질병을 향해 명령하는 것보다 더 놀라운 광경을 본 적이 없다고 말했다. 로버츠는 1947년에 「힐링 워터스」(*Healing Waters*)라는 잡지를 창간했고, 1953년경에는 발행부수가 26만 부에 달했다. 이후에 그는 털사(Tulsa)의 500에이커의 대지 위에 1억 2,500만 달러의 캠퍼스로 성장한 오랄 로버츠 대학(Oral Roberts University)을 설립했다. 캠퍼스의 심장부에 있는 2백 피트 기도탑(two hundred-foot prayer)은 털사의 명물로 알려져 있다.

5. 교단 분열

1920년대와 30년대 그리고 40년대는 교회분열로 인하여 많은 교단들이 시련을 겪었던 시기였다. 예를 들면, 미국 (북)침례교에서 1932년에 분열되어 떨어져 나간 많은 교회들이 일반 침례교 연맹(General Association of Regular Baptists, GARB)을 결성하였고, 1947년에는 또 다른 주요 분파가 미국 보수 침례교 연맹(Conservative Baptist Association of America)을 설립하기 위해 떨어져 나갔다. 가장 건강했던 교회들을 포함한 엄청나게 많은 교회들이 분열되어 나감으로써, 미 침례교 총회(American Baptist Convention)는 크게 약화되었다. 침례교의 이반(離反)만큼 숫자적으로는 그리 많지는 않았지만, 장로교의 분열된 그룹들은 프린스턴의 보수적인 신학전통을 지속적으로 고수하려는 성향이 강했다.

프린스턴 신학교가 신학적 포용주의를 표방하면서 재조직된 후, 그래스앰 메이첸(J. Gresham Machen)은 여러 동료 교수들과 함께 1929년에 프린스턴을 떠나 웨스트민스터 신학교(Westminster Theological Seminary)를 세웠고, 약 10년 후에는 정통 장로교회(Orthodox Presbyterian Church, OPC)를 설립했다. 이 그룹들의 일부는 자신들을 **"근본주의자"**(fundamentalists)로 불렀으나, 어떤 이들은 그 용어가 극단주의자라는 의미를 내포하고 있다고 생각하여 자신들을 **"복음주의자"**(evangelical), **"보수주의자"**(conservative), 또는 **"정통주의자"**(orthodox)라고 부르기를 더 선호했다.

초교파 복음주의 연맹(Interdenominational Association of Evangelicals, IAE)에 소속된 다수의 구성원들은 경제적으로 어려운 시대에 복음전도 운동을 후원할 의지를 가진 도시들이나 교회들을 찾기가 더욱 어렵다는 것을 알게 되었다. 많은 구성원들이 여전히 일 년에 한 번씩 인디애나의 위노나 호수(Winona Lake)에서 열린 IAE의 집회에 참석했다. 그러나 많은 저명한 성경교사들과 복음전도자들은 주요 도시들에 자신들의 강단을 가지고 있었으며 그들의 교회를 설립하였다. 1909년에 윌버 채프만(J. Wilber Chapman)의 전도팀을 떠난 이후 자신의 전도팀을 지휘했던 윌리엄 비더울프(William E. Biederwolf)는 플로리다의 팜 비치에 있는 로얄 포인시아나 채플(Royal Poinciana Chapel)의 강단을 이어받았다. 폴 레이더(Paul Rader)는 1922년에 시카고 복음교회(Chicago Gospel Tabernacle)를 설립했고, 디어도어 엘스너(Theodore H. Elsner)는 필라델피아 복음교회(Philadelphia Gospel Tabernacle)를 세웠다. 해리 클락(Harry D. Clarke)은 수 시티(Sioux City)에 있는 빌리 선데이 기념교회(Billy Sunday Memorial Tabernacle)로 갔으며, 에드워드 롤링(Edward J. Rolling)은 디트로이트 메트로폴리탄 교회(Detroit Metropolitan Tabernacle)를, 그리고 드윗 존슨(Dewitt Johnson)은 인디애나 포트 웨인(Fort Wayne)의 피플스 복음 교회(People's Gospel Tabernacle)의 강단을 이어받았다.

6. 선교단체 운동(The Parachurch Movement)

새롭고, 크고, 초교파적인 교회들이 등장하여 청년, 장년층을 위한 연간 사경회, 라디오 프로그램과 방송국, 교도소 전도와 구제 선교, 다양한 출판업과 인상적인 프로그램들을 선보이기 시작했다. 게다가 이런 대부분의 기구적 교회(institutional churches)들은 성경학교나 성경 연구기관, 또 그 기관들의 이사회와 교원으로 섬기고 있는 저명한 목회자들과 친밀한 관계를 유지하고 있었다. 20세기의 초반 40년 동안 실력 있는 교수진과 학생들이 몸 담고 있는 최소한 25개 이상의 성경대학과 성경학교들이 미국 전역에 설립되었다. 그들의 학교체제는 1886년에 시카고에 설립된 무디 성경학교를 모델로 하고 있었다.

이러한 시도들이 주요 교단들의 차갑거나 심지어는 적대적인 반응에 직면하면서, 1930년대와 1940년대의 많은 교회 지도자들은 새로운 방식들과 기관들이 필요하다는 것을 인식하게 되었다. 전통적인 전도법은 더 이상 효율적이지 않았다. 이 시대의 새로운 하나의 해결책으로써 선교단체들이 눈에 띄게 나타났다. 특정교단에 소속하지 않은 기독교 단체들이 19세기의 자원운동의 시대에 급속히 증가했다. 1810년과 1830년 사이에 미국 성서공회와 같은 많은 "자선 협회"(benevolent societies)들이 일약 유명해졌다. 새로운 조직체들은 기존의 선교회들과 한 가지 점이 달랐는데, 옛 단체들이 교단의 신학과 목표에 맞추어 운영되었다면, 20세기의 조직들은 주로 개신교 교파들로부터 자유로이 방임된 상태로 성장하였다. 보수주의자들은 이런 새로운 단체들이 강한 성경적 영향이 열악한 사역에서 많은 기여를 해 주리라 소망하였다.

처음에 선교단체 운동은 성장 속도가 느렸지만, 1930년대에, 그리고 특히 2차 대전 이후에는 급속한 속도로 성장했다. 때맞추어, 독립된 지원을 받는 교회연합 단체들이 수많은 출판사, 기독교 TV와 라디오 방송 프로그램, 천 개가 넘는 라디오 방송국들, 국내 및 해외 선교회, 성서공회, 전도 단체, 정기간행물, 신학교, 신학대학, 성경학교, 주간학교, 여성 및 남성사역, 청년사역, 교도소 선교, 여름 수련회와 캠프집회, 전문인 선교회, 변호사회, 은사주의 모임, 그리고 다양한 성경연구 모임 등과 같은 생각할 수 있는 모든 사역 분야에 진출했다. 1950년 이후에는 선교단체들이 전통적으로 교단들이 해 오던 사역의 많은 부분을 대신 감당하게 되었으며, 거기에다 그들은 완전히 새로운 기독교 활동들을 개발해 냈다. 그러나 이것은 많은 그리스도인들이 그들의 확신과 헌신을 제도권 교회 밖의 기관들로 이동시킬 때, 교단들이 수백만 달러 분의 재정적 손실을 입게 되었다는 것을 뜻하기도 했다. 이 모든 것이 미국 기독교에서 일어난 극적인 혁신이었는데, 그것은 다름 아닌 복음주의 신앙의 뚜렷한 초교파적 전이(version)였으며, 1970년에 이르게 되면, "복음주의"(evangelicalism)는 미국과 전 세계에서 가장 빠르게 성장하고 가장 역동적인 개신교로 자리매김하게 되었다.

7. 미 복음주의 연맹(The National Association of Evangelicals, NAE)

1942년, 미 복음주의 연맹(The National Association of Evangelicals, NAE)의 설립은 파벌성을 지양하는 복음주의적 일치성을 급속도로 촉진시키는 데에 크게 기여하였다. NAE 설립에 이상과 힘을 공급한 지도자들은 그 자신들이 바로 중요한 교회의 강단 목회자들이거나, 여러 교육 기관과 정기간행물, 그리고 선교부 이사회에서 주요한 직분을 감당하고 있었던 이들이었기에 더욱 권위가 있었다. 그들 가운데는 초대 NAE의 회장이었던 보스턴 파크 스트리트 교회의 헤럴드 오켄가(Herald J. Ockenga), 「크리스차나티 투데이」(*Christianity Today*)의 초대 편집자이자 풀러 신학교의 칼 헨리(Carl F. H. Henry), 필라델피아 제10 장로교회의 도날드 그레이 반하우스(Donald Grey Barnhouse), 뉴욕 갈보리 침례교회의 윌리엄 워드 에이어(William Ward Ayer), "옛 부흥의 시간"(The Old Fashioned Revival Hour) 라디오 방송을 담당했던 찰스 풀러(Charles E. Fuller) 그리고 휘튼 대학의 레이먼드 어드만(V. Raymond Edman) 등과 같은 인사들이 포함되어 있었다.

다른 중요한 지도자들로는 존 브레드베리(John W. Bradbury), R. T. 데이비스(R. T. Davis), 러더포드 데커(Ruther L. Decker), 하워드 페린(Howard

W. Ferrin), W. H. 휴튼(W. H. Houghton), 토리 존슨(Torrey M. Johnson), L. R. 말스턴(L. R. Marston), 제임스 드포레스트 머치(James deForest Murch), 에드윈 오어(J. Edwin Orr), 스티븐 페인(Stephen W. Paine), 폴 리스(Paul S. Rees), 찰스 템플턴(Charles Templeton) 그리고 엘윈 라이트(J. Elwin Wright)가 있었다. 이들은 수많은 교인들로부터 존경받는 떠오르는 복음주의 운동의 지적 엘리트들이었다. NAE의 준(準) 공식 기관지라 할 수 있는 「유나이티드 이벤절리컬 액션」(United Evangelical Action)의 편집자였던 머치는 일찍이 "이 운동의 핵심은 복음전도이다"라고 선언하였다.[8]

1950년경 NAE는 최소한 천만 명의 그리스도인과 거의 30개에 이르는 복음주의 교단과 기관들을 대표하게 되었다. 복음주의자들은 개혁교회, 침례교, 알미니안, 성결교, 오순절과 같은 주요한 개신교 신앙전통을 망라했다. NAE의 헌장은 그 설립목적을 명확히 반영하고 있었으며, 엄청난 숫자의 그리스도인들이 복음과 예수 그리스도께 충성하기를 원했다. 비본질적 영역에서는 신학적 차이가 있음에도 불구하고, 그들은 믿음을 통해 은혜로 얻는 구원과 성경의 권위에 관해서는 전적으로 일치했다. 그러나 개신교 기독신앙을 대표하려는 다양한 기독인들의 시도들 속에는 점점 그리스도에 대한 신앙으로부터 이탈하고 있었기 때문에, 이들과 교회들 사이의 조직적인 연합을 필요로 하고 있었다.[9]

1957년 12월 8일자 뉴스를 발간하면서 초대 NAE 회장이었던 오켄가는 미래에 대한 그들의 전망을 다음과 같이 요약하였다.

> 신복음주의는 분리의 전략으로부터 침투의 전략으로 입장을 전환하였다. 정적인 정면전투 대신 우리의 운동은 새로운 신학적 전쟁의 국면으로 돌입했다. 그 결과들이 이제 가시적으로 나타나고 있다… 10년 전, 내가 처음 '신복음주의' 운동에 합류한 이래로 복음주의의 힘은 조직적인 협력으로 결집되었다. 우선, 교단적 차원의 일을 조정하고 연결하는 기구인 NAE가 있다. 둘째로, 26개국의 국가별 연맹을 하나의 세계적 조직으로 결속시키는 세계 복음주의 협의회(World Evangelical Fellowship, WEF)가 있다.

---

8) *United Evangelical Action*, 17 April 1944, 9.
9) *Ibid.*, 3 March 1943, 7.

셋째로, 맥밀란(Macmillans)과 하퍼스(Harpers) 같은 훌륭한 출판사들을 통해 출판되고 있는 많은 변증저서들이 이 운동의 입장과 관점을 효과적으로 증언하고 있다. 넷째로, 정통 기독교와 그 결과로서 생겨진 사회철학에 충실하려는 풀러 신학교를 비롯한 여러 복음주의 신학교들이 있다. 다섯째로, 복음주의의 확신을 효과적으로 대변하는 격주간지 「크리스챠니티 투데이」가 발간되고 있다. 여섯째, 신복음주의의 믿음과 사상을 대중적으로 확산하고 있는 복음 전도자 빌리 그래함(Billy Graham)의 존재와 영향력이다. 이 운동의 힘은 미국의 주도적인 자유주의 신학 잡지 「크리스찬 센츄리」(Christian Century)도 인정한다. 그 잡지는 우리의 운동이 미국의 종교적 상황에 상당한 도전을 주고 종교적 풍토를 급격하게 바꿔놓고 있다고 두려움을 표한 바 있다.

8. 종교에 대한 관심의 갱신

제2차 세계대전이 미국을 대공황으로부터 구해 냈다. 1945년에 전쟁이 종결되었을 때, 미국은 다시 부강해졌고, 평화시대의 관심으로 돌아올 수 있게 되었다. 미국은 1920년대와 1930년대 와는 많은 면에서 현격히 달라진 국가였다. 대공황과 전쟁으로 정신을 차린 미국은 기독교로부터 또 다른 조언을 들으려는 준비가 된 것처럼 보였다. 1953년, 드와이트 아이젠하워(Dwight D. Eisenhower)가 갑작스레 대통령이 되자 교회의 소속교인이 되는 것이 다시 인기 있는 일이 되었는데, 이는 아이젠하워의 개인적인 모범이 영향을 끼친 풍조였다. 윈드롭 허드슨(Windrop Hudson)은 다음과 같이 말한다.

1950년대에, 미국이 종교적인 부흥의 한복판에 있었다는 것이 증명되었다. 비판적인 목소리들은 잠잠해졌고, 종교는 인기의 파도를 타고 부상하고 있었다. 교회 출석률이 치솟았고, 헌금 액수도 증가했다. 전례 없는 재정이 교회 건축에 사용되었다. 출판사들은 종교 서적도 수지가 맞는다는 것을 알아차렸고, 인기 있는 책들은 오랜 기간 동안 베스트셀러 목록을 차지하고 있었다. 종교가 사회에서 이 보다 더 큰 존경을 받은 때는 거의 없었다.[10]

---

10) Hudson, *Religion in America*, 384.

1950년대의 종교의 부흥은 모든 종교를 구별 없이 강력하게 만들었던 형식과 구조에 매이지 않는 특성이 있었다. 기독교 교회가 새로운 환경으로부터 커다란 혜택을 보고 교회가 성장하는 동안, 다른 종교들도 성장하였다.

1950년대의 모든 종교의 부상의 한 중심에는 피상성이 자리 잡고 있었는데, 미국 복음주의는 그 자신의 분열성과 당파성을 뛰어넘기 시작했다. 생명력 있는 "순전한 기독교"(mere Christianity)를 향한 새로운 합의로 표현되었다. 1948년에 세계 전도대회(World Congress on Evangelism)에서 시작되고 1966년에 베를린 전도대회에서 추가적으로 자극을 받으면서, 복음주의자들은 전 세계를 향한 기독교적인 전망을 갖게 되었다. 그 결과는 전세계로부터 기독교적 실천과 복음전도에 대한 대표와 전문가들이 모여 거대한 국제 복음주의 대회, 협의회, 각종회의 그리고 지도자 회의들을 여는 특징화된 시기로 나타나게 되었는데 많은 중요한 복음전도자와 신학자들이 국제적인 존경과 주목을 받으며 등장했다. 어떤 이들은 NAE의 설립자들이었고, 또 어떤 이들은 시간이 더 지난 이후에 부상하기도 했다. 이들 가운데에는 빌리 그래함(Billy Graham)과 루이스 팔라우(Luis Palau), 존 스토트(John Stott), 제임스 패커(J. I. Packer) 그리고 빌 브라잇(Bill Bright) 같은 유명한 이들도 있었다.

9. 그래함-대변인 전도가(Statesman Evangelist)

전 세계에 걸친 복음전도 운동이 모르데카이 햄(Mordecai F. Ham)이라는 이름을 가진 열정적인 전도자로부터 태동하였다. 햄은 노스캐롤라이나 샬롯의 도시 한 구획에 소나무 판자로 지어진 커다란 "성전"(tabernacle)에서 11주간의 전도 집회를 열었다. 그 해가 1934년이었는데, 집회는 다소간 천천히 시작되었다. 햄은 자신의 남부식의 예의범절을 지켜나가면서도, 그 도시의 목회자들을 비난했는데 목회자들은 그의 집회를 반대하며 이에 대응하였다. 지역 신문들도 그를 공격했다. 햄은 담대하게 계속 밀고 나갔고, 참석자는 늘어났다. 햄은 구식의 전형적인 지옥불-유황불 전도자였다. 월터 램지(Walter

Ramsey)는 찬양 인도자로 그와 동역했다. 햄은 샬롯 중앙 고등학교의 학생 몇몇이 간음죄를 저지르고 있다는 소식을 듣고 이를 도시에 알렸으며 이것이 센세이션을 불러 일으켜 신문이 그 소식을 실었고, 격분한 학생들은 햄의 집회장으로 쳐들어갔다. 부흥 집회는 참석자들로 북적였고, 도시 전체가 들썩거렸다. 16살 된 한 학생이 다음에 어떤 일이 일어나는지 보기 위해 집회에 참석하기로 결심했고, 그의 가족들도 동행하였다.

이 학생은 키가 크고, 부드러운 금발의 푸른 눈 그리고 햇볕에 적당히 탄 피부를 가진 인기 있는 고등학교 야구와 농구 선수였다. 그는 교회에는 아무런 관심도 없었지만, 한 친구와 함께 모임에 참석하여 그가 전에 한 번도 본 적이 없었던 거대한 무리의 뒤에 앉았다. 5천명이 넘는 그 회중은 모든 좌석을 꽉 채우고 있었고, 어떤 사람들은 벤치와 의자, 심지어는 게시판 벽 위의 상자 위에 앉아 있기도 했다. 램지가 회중을 인도하여 "할렐루야! 놀라우신 구세주!"를 합창하게 하자 교회가 약간 흔들렸다. 그 후 백발의 햄이 설교하기 시작했다. 그 학생은 "마법에 걸린 것 같았다!" "모든 청중들이 당혹스러움을 느낄 만큼 그들의 죄와 약점을 지적하며 하나님의 심판의 극한 고통 앞에서 현재 가고 있는 길을 수정하라고 요구하는 그 전도자에게 깊이 사로잡혀 있었다. 설교를 들으며, 나는 이전에는 결코 해 보지 못한 생각을 하기 시작했다"고 그는 30년 후에 기록하였다.[11]

그 날 밤 방에서 그는 창문을 통해 보름달을 응시하면서, "기쁘면서도 동시에 두려움이 내 가슴 속에 일종의 동요를 일으켰다. 다음날 밤, 아버지의 모든 노새와 말도 나를 그 집회에서 떨어지게 하지는 못했다"고 회상하였다. 몇 주 이상 그 젊은이는 위대한 회심을 경험하게 되었다. 어느 날 밤 햄은 설교를 하는 도중에, 손가락으로 그를 분명히 지적하면서 천둥치는 목소리로 "너는 죄인이다!" 하고 외쳤으며 그는 앞에 앉은 여자의 모자 뒤로 자신을 숨겼다. 그 후에 그는 설교자의 뒤에 앉으면 그를 피할 수 있다는 이유로 음치였음에도 불구하고 성가대에 등록하였다.

---

11) John Pollock, *To All the Nations* (San Francisco, 1985), 15.

며칠 동안의 저녁이 더 지난 후, 햄은 "오늘 밤 이 자리에 큰 죄인이 하나 있습니다"라고 말했다. 학생은 "어머니가 설교자에게 나에 대해 말한 것이 분명하구나"라고 혼잣말을 했다. 마지막으로 햄이 구원초청을 하고, 성가대가 "큰 죄에 빠진 날 위해"(Just As I Am)를 합창했다. 사람들이 강단 아래로 모여들었을 때, 그 학생은 여전히 머물러 있었다. 그때 성가대가 "거의 설득된 자여! 그리스도를 믿으라"(Almost Persuaded, Christ to Believe)를 부르기 시작했다. 더 이상 버틸 수 없게 되자 그는 친구 그레디 윌슨(Grady Wilson)을 돌아보며 "가자!"하고 말했다. 그들은 제단 앞으로 나갔다. 눈물도, 압도하는 감정도, 환상도 없었지만, 그는 후에 "바로 거기에서 나는 그리스도를 믿기로 결단했다. 그것은 단순하고도 확정적이었다"라고 확언했다. 그의 아버지는 그를 따라 내려와서는 두 팔로 그를 끌어안고, 그의 결단에 대해 하나님께 감사를 드렸다. 이렇게 그 학생, 윌리엄 프랭클린 그래함(William Franklin Graham)은 그의 인생을 예수께 바쳤다.[12]

그래함은 1918년 11월 7일에 노스캐롤라이나의 샬롯 근교에서 태어났다. 그의 아버지 프랭크 그래함(Frank Graham)은 매우 강한 성격을 가진 6피트 2인치의 키에 평생 농부로 살았던 인물이었다. 1916년에 그는 샬롯 근교 스틸 크릭(Steele Creek)에 살던 모로우 커피(Morrow Coffee)와 결혼했으며, 첫 아들 윌리엄은 부유한 삼백 에이커의 낙농농장의 목조 농가에서 태어났다. 적당하게 세 명의 자녀가 더 태어났는데, 그들의 이름은 캐더린(Catherine)과 멜빈(Melvin)과 진(Jean)이었다. 빌리가 비록 샤론 고등학교의 1루수를 맡을 기회가 별로 없기는 했지만, 야구는 그의 지대한 관심의 대상이었다. 탁월한 학생은 아니었지만, 역사 과목에 조예가 깊었고, 15살쯤 되었을 때에는 이미 100권 이상의 역사서적들을 읽었다.

---

12) *Ibid.*, 14-17. 그래함에 관한 다른 전기들로는 다음과 같은 저서들을 참고하라. Stanley High, *Billy Graham* (New York, 1956); John Pollock, *Billy Graham, Evangelist to the World: An Authorized Biography* (New York, 1971); William Martin, *A Prophet with Honor: The Billy Graham Story* (New York, 1991).

그래함 일가는 일주일 내내 열심히 일했지만, 아이들을 즐겁게 해 주는 일에는 시간을 아끼지 않았다. 주일인 안식일은 엄격하게 준수했고, 그 날의 하이라이트는 차를 타고 5마일 가량을 달려 샬롯에 있는 자그마한 연합개혁장로교회(Associate Reformed Presbyterian Church)로 가는 것이었다. 이 교회가 소속된 교단은 스코틀랜드 장로교 전통을 엄격하고도 성실하게 지키고 있었다. 오직 시편에 음을 붙인 찬송만을 불렀고, 아이들은 엄격하게 신앙훈련을 받았다. 다른 모든 이들과 마찬가지로 빌리도 웨스트민스터 소요리 문답을 공부했다. 그러나 그는 종교에 관심이 없었고, 오히려 시시한 돼지죽 정도로 생각했다. 그가 관심을 가지고 즐거워하는 것은 아버지의 차로 다른 친구들과 황폐한 뒷길에서 두 바퀴로 커브를 돌며 경주를 하는 것이었는데, 최고 속도를 내며 운전하곤 했다. 그는 고등학교 졸업반 때에 회심하게 되었는데, 빌리는 여전히 야구를 하고 싶어 했다. 그러나 그의 부모님이 자신을 위해서 기도하고 있다는 사실을 알게 되면서 그의 계획은 차츰 변해갔다. 몇 년 후 아버지가 그에게 말했다. "내가 회심했을 때 난 바로 설교자가 되고 싶었단다. 그렇지만 하나님께서 내게 최소한의 지지도 해 주지 않으셨다. 나는 마음이 불타서 왜 하나님이 내게 응답하지 않으시는지 궁금해 했지. 이제 나는 해답을 찾았다. 이제 나는 나의 책임이 내 아들을 설교자로 키우는 것이라고 확신한다."[13] 빌리의 어머니는 수 년 동안 해오던 대로 매일 따로 시간을 떼어놓고 아들을 위해 기도하였다. 설교자가 되기로 즉각적인 결단을 했던 그의 친구 그레디 윌슨의 영향도 중요한 요인이었다.

졸업 후에 빌리는 대학에 들어가고 싶었다. 그의 부모님은 아들이 당시 테네시 주의 클리블랜드에 있었던 밥 존스 대학(Bob Jones College)에 들어가기를 원했는데, 당시 그들이 존경하던 몇 분들이 그 학교의 졸업생이었기 때문이었다. 빌리와 그레디가 풀러 브러시(Fuller Brush)의 판매원으로 일하면서 빌리가 최고의 실적을 보여주었던 여름이 지난 이후, 그들은 1936년 가을에 밥 존스 대학에 입학했다. 한 전기 작가는 그때의 경험을 이렇게 묘사했다. "확실히

---

13) Pollock, *To All the Nations*, 20.

정해지지 않은 마음 상태의 그에게 그 학교의 종교적인 엄격함은 압박감을 주었다. 존스 박사는 대하기가 어려운 사람이었다. 규칙과 원칙이 너무 많았고, 일상은 지나치게 경직되어 있었으며 학교 간의 경기대회 같은 것도 없었다… 그는 첫 학기가 끝날 즈음에 학교를 떠났다."[14] 그러나 그가 떠날 때 준 밥 존스 총장의 조언은 그의 귓전을 울렸다. "빌리, 네가 떠나 네 삶을 작은 시골 성경학교에다 맡겨버리면 너는 결코 좋은 기회를 갖게 되지 못할 수도 있다. 기껏해야 네가 할 수 있는 전부는 두메산골의 가난하고 촌스러운 침례교 설교자가 되는 것뿐이다."[15]

1) 플로리다 성경학교(Florida Bible Institute)

빌리는 현재는 트리니티 대학(Trinity College)이 된 템파(Tampa) 근처의 플로리다 성경 학교에서 좀 더 편안함을 느꼈다. 이 학교는 파산한 골프장 부지를 싼값에 사들인 설립자 W. T. 월튼(W. T. Walton)에 의해 설립되었다. 학교에는 커다란 건물 안에 있는 여러 방에서 40명의 여자와 30명의 남자가 기거했다. 건물의 나머지 부분은 성경 대회시에 호텔과 손님 숙소로 이용되었다. 템파에서 빌리는 봄 훈련 중에 있는 메이저리그 야구팀들을 볼 수도 있었다.

그래함은 활짝 웃는 미소와 활기찬 기질, 키 그리고 선한 인상으로 눈에 띄었다. 그는 밝은 나비 넥타이를 매고 늘 세탁소에서 단정하게 다린 옷을 입었다. 그러나 내면으로는 그는 여전히 자신에 대해 확신하지 못했고, 진지하게 학업에 임하려는 어떤 실제적인 동기가 부족했다. 그러나 학장 존 민더(John Minder)는 그의 가능성을 보았고, 1937년의 부활절 휴일 기간 중 한 시골 교회에서 설교할 수 있게 해 주었다. 찬양 인도자가 가끔씩 담배 때문에 갈색으로 변한 침을 타구(唾具, spittoon)에 뱉으면서 찬송으로 예배의 분위기를 고조시키고 있었다. 젊은 그래함은 설교를 준비하면서 식은 땀을 흘리고 있었다. 민

---

14) High, *Billy Graham*, 72.
15) Pollock, *To All the Nations*, 19.

더 학장이 그를 소개한 후에, 그는 크고 빠르게 설교하기 시작했다. 그는 자신이 한 시간 동안 설교할 만큼 충분히 자료를 만들어 왔다고 생각했는데, 그래함은 설교를 8분 만에 끝내버렸다. 그러나 민더는 전체적으로는 젊은이에게서 희망을 볼 수 있었기 때문에 기뻤다. 그 이후, 민더는 그래함에게 그가 목회하는 템파 복음교회(Tampa Gospel Tabernacle)에서 젊은이들에게 설교해 줄 것을 부탁했다. 그래함은 자신에 대한 불신으로 괴로워했으나, 주일 오전 일찍 도마뱀과 새가 노니는 텅 빈 골프 코스로 갔다. 저녁, 그가 설교하는 시간이 되자 그는 강력하고 역동적인 설교를 하기 시작했고, 청년들은 곧 그에게 자신들의 지도자가 되어 달라고 요청했다.

그가 여전히 확신의 부족으로 갈등하고 있었음에도 불구하고, 그에게 커다란 영향을 미칠 일들이 일어나고 있었다. 그래함은 방학 기간 동안 템파 지역에서 설교했던 저명한 복음주의 지도자들의 설교를 들었다. 더 넓은 세계의 기독교적 영향이 그의 목전에 제공되고 있었던 것이다. 1937년에는 대공황이 미국 전역에 무겁게 내려앉아 있었고, 그는 미국에서 기독교가 쇠퇴하고 있으며, 교회 예산이 줄어들고, 교인 수는 떨어지며 설교자들은 도덕적으로 문란해지고 있다는 이야기를 들었다. 미국은 하나님께로 돌아와야 한다고 그들은 외쳤으며 젊은 지도자들이 그 일을 해야만 했다.

모든 상황으로 보건대, 사람들은 그를 향한 하나님의 부르심을 그에게 인식시키려고 노력하는 것으로 보였다. 성경학교의 간사는 종종 그에게 "빌리, 하나님께서 너를 설교자로 부르셨어"라고 말하곤 했다. 그는 이런 문제들과 홀로 씨름하며 시간을 보냈다. 만약에 정말로 하나님께서 그를 목회의 길로 부르시고 계셨다면, 그것은 최고의 진지함을 가지고 받아들여야 할 변경할 수 없는 선택임에 틀림없었다. 만약 그래함이 결정하고 받아들인다면, 그는 다른 야망도 직업도 가지지 못하는 것이고, 다만 그의 생애에 할 수 있는 한 많은 사람들에게 복음을 선포해야 하는 것이었다.

그때 당시, 그가 존경했던 여러 그리스도인들이 갑작스레 중대한 도덕적 실책으로 지탄받는 일들이 생겼다. 이것이 빌리에게 큰 충격을 주었는데, 그에게 가까이 했던 어느 누구도 그런 지탄을 받은 사람이 없었기 때문이었다. 그는 자신의 삶을 깨끗하게 지키고 죄의 사슬로부터 자유롭게 자신을 보존하기로 결심했다. 그는 또한 성경학교의 학생 가운데 가장 활기차고 인정받는 여학생이었던 에밀리 카버너프(Emily Cavanaugh)를 사랑하고 있었다. 1937년 여름 방학기간에 그는 편지로 그녀에게 청혼했고, 에밀리는 몇 달 후 그것을 받아들였다. 그들은 결혼 날짜를 3년 내지는 그 후 얼마간으로 잡았지만, 그 후 그녀는 4학년이었던 찰스 멧세이(Charles Massey)에게 관심을 갖게 되었다. 그리곤 빌리에게 멧세이와 결혼하겠다고 알렸다. 몇 년 후 그는 다음과 같이 말했다. "두 가지 중 하나는 그때처럼 한 번에 일어날 수 있습니다. 당신은 저항할 수 있고 그러면 더 견딜 수 없게 됩니다. 그렇지 않으면 당신은 하나님께서 당신을 부서뜨리도록 하실 수 있지요. 나는 하나님께서 당신의 뜻대로 하시게 하기로 했지요."[16] 그가 집으로 보낸 모든 편지들을 읽은 빌리의 부모는 그의 마음이 산산이 조각나 있음을 알았다.

2) 기회의 증가

설교초청이 증가했고, 빌리는 유명한 설교자가 되었다. 1939년 여름, 민더가 캘리포니아에 가 있는 6주 동안 그는 템파 복음 교회의 모든 목회 사역을 대신해 줄 것을 요청받았다. 그 책임은 그에게 가치 있는 경험이 되었고, 그를 성숙하게 해 주었다. 부모님의 인정 하에 그는 남침례(Southern Baptist) 교단에 가입했고, 1940년에 성 존스 협회(St. John's Association)로부터 안수를 받았다.

1940년 5월에 플로리다 성경학교를 졸업한 이후엔 공부를 지속하기 위해서 일리노이에 있는 휘튼 대학(Wheaton College)으로 갔다. 등록하면서, 빌리와 다른 학생은 아르바이트로 트럭을 사용해서 돈을 벌 계획을 세웠다. 그는 전공으로 인류학을 택했고, 때마침 많은 학교 교수들과 학생들이 출석하던 휘튼과 글렌 엘린(Glen Ellyn)의 연합 복음교회(United Gospel Tabernacle)의 파트

---
16) *Ibid.*, 22-23.

타임 목회자가 되었다.

    진주만 폭격 이후 그래함은 군목으로 지원하였지만, 선발위원회는 그에게 적합한 경험과 훈련 모두가 부족하다는 이유로 그가 대학을 우선 졸업해야한다고 요구했다. 그는 중국 북부로 나가 있는 장로교 의료 선교사의 딸인 룻 벨(Ruth Bell)에게 자신을 알리는 데 성공했다. 1943년, 빌리는 휘튼을 졸업하며 문학사(B.A.) 학위를 취득했고, 그 해 8월 13일, 룻 벨과 결혼했다. 짧은 기간의 신혼여행 후, 그는 열심을 다해 침례교 목사로 목회하던 휘튼 근교의 웨스턴 스프링스(Western Springs)로 돌아왔다. 그는 인생의 나머지를 미국의 여러 지역에서 다양한 크기의 교회를 섬기는 침례교 목사로 보낼 것으로 보였다.

    그런 그의 미래가 1943년 10월, 신약 헬라어 교수였고, 큰 교회의 목사였으며, NAE의 설립자 가운데 한 사람이었던 휘튼 대학 졸업생 토리 M. 존슨(Torrey M. Johnson)에게서 온 전화 한 통 때문에 바뀌기 시작하였다.[17] 라디오 방송으로 유명했던 존슨은 일요일 저녁의 라디오 프로그램인 "한밤중의 찬송들"(Songs in the Night)을 빌리의 작은 교회가 대신 맡아 줄 수 있는지를 물어왔다. 그 프로그램은 시카고에서 가장 영향력 있는 방송국에 소속된 것이었다. 그래함은 그러한 기회에 고무되었고, 그의 교회는 프로그램을 위한 재정을 지원하기로 했다. 그는 즉시 유명한 베이스 바리톤이며 인기 있는 새로운 찬송가, "주 예수 보다 더"(I'd Rather Have Jesus)를 쓴 조지 비벌리 셰어(George Beverly Shea)를 찾았다. 그래함의 설득과 함께 셰어는 그 프로그램에 독창자로 참여하게 되었다.

    라디오 프로그램이 번창하자, 존슨은 다른 기회를 또 제공하였다. 전쟁이 계속되던 1944년에, 매 주말마다 시카고를 배회하며 쾌락과 술과 섹스와 그 밖의 것들을 찾던 수천 명의 군인들에게 관심을 갖게 되었다. 그 응답으로 존슨은 "시카고 십대 선교회"(Chicagoland's Youth for Christ)를 조직하고, USO 센터 옆에 있던 3천석 규모의 오케스트라 홀을 매주 토요일 저녁마다 쓰기 위해서 21년간 빌렸다. 이것은 마치 어리석은 모험인 것처럼 보였다.

---

17) High, *Billy Graham*, 138.

3) 십대 선교회(Youth for Christ, YFC)

그 자신이 미국에 널리 알려진 설교자였음에도 불구하고, 존슨은 빌리를 첫 번째 모임의 설교자로 선정했다. 그는 청중의 필요를 본능적으로 꿰뚫어 보고, 그 세대의 갈망을 아는 설교자를 원했으며, 그런 면에서 그가 알기에 그래함을 능가하는 그런 설교자는 없었다. 1944년 5월 20일, 토요일에 그래함과 존슨을 비롯한 수많은 지도자들은 아무것도 모른 채 오케스트라 홀의 무대로 갔다. 이 때 빌리는 "자신의 인생에서 최대의 무대공포를 맛보았다." 놀랍게도 그들은 아래층과 첫 번째 발코니에, 심지어 2층 발코니에까지 사람들로 가득 차 있는 것을 보았다. 존슨이 소망했던 것처럼, 그들 대부분은 군인들이었으며 생동감 넘치는 음악으로 개회 프로그램이 진행된 후, 그래함이 설교하였다. 그가 설교를 시작하자, 그의 긴장된 신경은 자연스럽게 풀렸고, 메시지가 부드럽게 흘러나왔다. 그리고는 그래함이 구원초청을 하자, 놀랍게도 42명이 통로를 따라 나오는 것을 보게 되었다.

1944년 10월, 그래함은 군종장교 소위로 임명되어 군목 훈련을 받을 명령서를 기다리라는 지시를 받았는데 그 무렵 그는 악성 유행성 이하선염(耳下腺炎, mumps)에 걸려 고열로 고통을 받았다. 그 당시 룻은 그가 생명을 잃을까 두려워했다. 6주를 침대에서 보낸 후, 회복되었으나 체중이 많이 빠졌다. YFC에 대한 존슨의 계획은 미국 전역에서 주말마다 대규모 청년들을 위한 집회를 여는 것이었다. 전쟁이 잠잠해지자 존슨은 주당 75달러의 급여에 이 운동의 첫 번째 설교자와 야전 책임자가 되어 달라고 빌리에게 부탁했다. 회복된 후에도 군대에서는 그를 사무실에서만 근무시켰으며, 존슨이 그에게 군목과 교회 목사직을 사임할 것을 부탁하자 빌리는 그것을 받아들였다.[18]

1945년 내내 빌리는 캐나다와 미국을 오고가며 연속적인 YFC 대회를 개최하며 지역 스텝들을 조직했다. 빌리와 룻은 노스캐롤라이나의 몬트릿(Montreat)에 가정을 꾸몄고, 첫 아이 버지니아(Virginia)가 그 해 9월에 태어

---

18) *Ibid.*, 141.

났다. 그러나 빌리가 집에서 많은 시간 머물 수는 없었다. YFC의 표어는 "시대에 맞추어, 반석에 닻을 던지라"(Geared to the Times, Anchored to the Rock)였으며 스텝들은 신학적 혼돈의 시대에 그리스도를 두려움 없이 전하기로 결심했다. 그들은 젊은이들이 여전히 직설적으로 제시되는 복음에 반응한다는 것을 확신했다. 전도여행을 하는 가운데 빌리는 1만 5천명에 이르는 청중들 앞에서 설교하는 경험을 했다. 그는 중요한 복음전도자들과 지도자들을 접촉하고 만났다. 1945년 말에는 비행기로 20만 마일을 여행하며, 47개 주에서 말씀을 선포했고, 7천명의 젊은이들이 그의 사역을 통해 그리스도를 영접하는 결단을 하였다.

그래함은 그의 전도 팀의 두 번째 구성원을 추가했다. 노스캐롤라이나에서 열린 집회에서 찬양 인도자가 나타나지 않았다. 누군가가 청중 가운데 찬양 인도 경험이 있는 사람을 추천했다. 그래함은 아마추어에게 역할을 맡기는 것을 주저했고, 젊은이 역시 사양했다. 그러나 다른 대안이 없었다. 그는 청중들 앞에 섰다. 그가 몇 곡의 찬양을 인도한 후, 그래함은 깊은 감동을 받았다. 그는 22살의 건장한 캘리포니아 사람으로, 아내 빌리(Billie)와 신혼여행 중이었던 클리프 배로우스(Cliff Barrows)였다. 배로우스는 아름다운 목소리를 가진 성품이 좋은 사람이었다. 트럼본 연주를 잘했고, 아내는 탁월한 피아니스트였다. 배로우스는 침례교 목사로 안수 받았고, 미네소타에서 부목사로 1년 가량을 섬겼다. 그래함은 즉시 배로우스와 그의 아내에게 그의 전도 팀에 합류해 달라고 부탁했고, 그들은 그것을 받아들였다. 배로우스는 곧 아이라 생키가 무디에게 그리고 로드히버가 빌리 선데이에게 중요했던 것 이상으로 그래함과 그의 사역에 있어서 없어서는 안 될 동역자가 되었다. 그는 찬양 인도자이자 집회 진행자였지만, 또한 그래함의 가장 중요한 조언자였고, 그 팀의 다른 어떤 구성원보다 그래함의 가까이에서 일했다. 후에 그래함은 배로우스에 대해 "그는 내 곁에 있는 없어서는 안 될 사람이다"라고 말했다.[19]

---

19) *Ibid.*, 142.

4) 영국 제도

1946년 3월에 그래함과 존슨 등의 지도자들은 잉글랜드와 아일랜드 그리고 스코틀랜드를 돌며 YFC 대회를 개최하였다. 그래함은 영국을 사랑하며 성장했고, 늘 영국에 다시 가고 싶어했다. 1946년 여름, 미국에서 후원금을 모금하여 10월에 배로우스 부부와 함께 다시 영국에 갔다. 그들이 절약해서 지내기만 한다면, 6개월 동안 영국에 머물 수 있는 충분한 돈을 준비했다. 그러나 그들의 포부는 원대한 것이었으며, 그들은 한 달 동안에 천 명의 회심자들과 선교 현장으로 가기로 결단하는 천 명의 젊은이를 달라고 하나님께 간절히 기도했다. 순회 전도여행은 고르세이넌(Gorseinon)이라는 이름을 가진 조그만 웨일즈의 마을에서 시작되었다. 1946년 10월부터 1947년 3월까지 그래함이 27개 도시와 마을에서 360여회의 집회를 인도했다고 사람들은 말했다. 종종 그들은 반대와 무관심에 직면하기도 했으나 이는 영국인들이 전쟁에 지치고 신앙은 쇠퇴기에 있었기 때문이다.

1946년에는 100만 명이 넘는 버밍엄(Birmingham) 시 인구의 90%가 넘는 사람들이 교회에 출석하지 않고 있었다. 지역 교회의 성직자들은 분명히 YFC를 반대했다. 성직자들은 예약된 시 강당 사용허가를 방해하기 위해 시의회에 압력을 행사하기도 했지만, 그래함은 그를 반대하는 성직자들 대부분의 명단을 얻어서 그들 한 사람 한 사람에게 전화하기 시작했다. 협력을 거절했던 목회자들 가운데 하나였던 스탠리 베이커(Stanley Baker)는 "그는 증오에 차 있지 않았다. 그는 나를 비난하지도 않았다. 그는 한 마디도 나를 가르치려고 하지 않았다. 그는 단지 놀라웠다… 한 시간 안에 나는 빌리의 호텔 방에 앉아 있었다… 그는 내가 만난 이들 가운데 가장 주님께 가까이 붙어 있는 영혼이었다." 베이커는 즉시 목사들에게 전화를 걸기 시작했다. 곧 많은 수의 목회자들이 그래함의 편에 서게 되었다. 매일 밤 더 많은 이들이 왔다. 그들은 토요일과 일요일마다 시 강당을 안전하게 지켰고, 남녀노소 할 것 없이 수많은 인파가 몰려왔다. 메이어 경(Lord Mayor)은 취소했던 차(tea) 초대를 되살렸다. 버밍엄의 자유주의자 주교였던 어네스트 반즈(Ernest Barnes)는 감독 교구 집회

에서 "20세기의 복음전도"에 관해 강론해 줄 것을 요청하기도 했다.[20]

1947년에 그래함은 조지 비벌리 셰어(George Beverly Shea)를 독창자로, 그레디 윌슨을 "협력 전도자"로 영구 임명했다. 빌리 그래함 전도 십자군 팀을 초청한 도시들은 계속 늘어났다. 초청 도시들은 미시간의 그랜드 래피즈, 노스 캐롤라이나의 샬롯, 아이오와의 디모인(Des Moines), 조지아의 오거스타(Augusta), 캘리포니아의 모데스토, 플로리다의 마이애미, 메릴랜드의 볼티모어 그리고 펜실바니아의 알투나(Altoona) 등이었다. 그러나 1949년, 그의 생애에서 가장 엄청난 약진이 있었던 해가 다가오고 있었다.

5) 1949년 LA 전도대회(campaign)

LA 기독 실업인 협회(Christian Businessmen's Committee)는 매년마다 3주간 열리는 전도 대회에 설교자로 그래함을 초청했다. 6천명을 수용할 수 있는 거대한 천막이 도심의 비어있던 한 지역에 세워졌으며, 도시 전역으로 엄청난 광고가 퍼져나갔다. 윌슨은 후에 "LA에서 우리가 직면하고 있었던 어마어마한 일에 대해서 확신을 가진 사람은 아무도 없었다. 아마도 우리의 믿음은 그것을 감당할 수 없었던 것 같다"[21]고 고백했다. 첫 두 주 동안 집회는 일상적인 과정에 따라 진행되었다. 청중이 많았지만, 수용인원을 넘는 정도는 아니었다. 헌금도 필요한 경비에 알맞은 정도였다. 계획된 폐회 시간이 다가올 때에도 협회의 구성원들은 집회를 한 주 더 연장해야 할지, 마쳐야 할지 결정을 내리지 못하고 있었다. 그래함은 한 번도 집회를 연장해 본 적이 없었다. 그러나 LA의 이 집회는 한 가지가 달랐는데, 무엇보다도 기도 모임이 조직되어 집회 몇 주 전에 이미 기도 모임을 갖고 있었고, 그 기도 모임의 수가 천 개를 넘었다는 사실이었다. 기도 체인은 24시간 내내 이어지고 있었으며, 그래함과 배로

---

20) Pollock, *To All the Nations*, 36-37.
21) High, *Billy Graham*, 147.

우스는 주님으로부터 오는 표적을 확인하기 위해 사사기의 기드온처럼 "양털을 깔아보기로"(put out the fleece) 결심했다.

늦은 밤에 덩치 큰 카우보이이며, 남부 캘리포니아에서 가장 유명한 라디오 명사였던 스튜어트 햄블런(Stuart Hamblen)에게서 전화가 걸려왔다. 그가 비록 목사의 아들이고 "카우보이 처치 오브 디 에어"(Cowboy Church of the Air)라는 어린이 라디오 프로그램을 운영하고는 있었어도, 그는 신앙에서는 멀리 떠나 있었다. 16년 동안 남편을 위해 기도해 왔던 그의 아내 수지(Suzy)는 그래함을 그녀의 남편에게 소개했다. 햄블런은 남부사람 친구를 좋아하게 되었고, 그를 자신의 라디오 토크쇼에 출연시켰다. 그 후 그는 집회에 참석하기 시작했다. 설교가 너무 강하게 양심을 찔러서 햄블런은 그 도시를 떠나기로 마음먹었다. 그러나 얼마 후 그는 다시 돌아와서 집회의 맨 앞줄에 앉아서 예배를 드리게 되었다. 그렇지만 그는 너무 화가 나서 설교 시간 중간에 자리를 박차고 나가버렸고 집으로 돌아가기 전까지 그는 온 술집을 배회하였다. 새벽 2시에 그래함에게 전화를 걸어 그에게 호텔 앞으로 당장 나오라고 했다. 몇 시간 후 햄블런은 그리스도를 영접했다. 그 날 라디오 쇼에서 "나는 담배와 술을 끊었습니다. 오늘 밤 빌리가 초청하면 나는 앞으로 나갈 겁니다"라고 방송했다. 햄블런의 인기 때문에 이 뉴스는 캘리포니아 전역에 엄청난 파장을 불러 일으켰다. 거대한 천막이 갑자기 사람들로 넘쳐났고, 집회는 연장되었다. 그들은 이것을 바로 그들이 찾고 있었던 표적으로 이해했다.

이른 시간에 천막에 도착한 전도 팀은 기자들과 사진 기자들이 넘쳐나는 것을 발견하였다. 플래시가 곳곳에서 터지고 있었다. 심지어 집회가 시작된 후에도 빌리가 사진 기자들에게 무대 앞으로 직통으로 연결되어 있는 계단 아래로 내려가 달라고 부탁해야 했다. 다음 날 아침 LA의 「헤럴드 익스프레스」(Herald Express)와 「이그제미너」(Examiner)는 집회 소식을 헤드라인 기사로 올렸다. 고참 윌리엄 랜돌프 히어스트(William Randolph Hearst)는 단 두 단어, "엄청난 그래함"(Puff Graham)이라는 전보를 신문사 편집자들에게로 보냈다. 미국은 이제 서른한 살의 전도자와 그의 유명한 회심 이야기를 듣게 되었다. 그들은 다음번에는 무슨 일이 일어나는지를 보려고 주의를 온통 집중했다. 집회는 LA의 화제 거리가 되었고, 수천 명의 사람들이 매 집회마다 자리를 잡기 위해서 이른 시간에 도착했다.

천막은 9천 석으로 확장되었고, 여러 명사(名士)들이 그리스도께로 돌아왔다. 매시간 일어난 일들이 헤드라인으로 기사화되었다. 올림픽 장거리 선수이자 미국에서 가장 유명한 전쟁 영웅 가운데 한 사람이었던 루이스 잠페리니(Louis Zamperini)가 전쟁 후 술독에 빠졌지만, 그의 아내는 그를 위해서 끊임없이 기도하고 있었다. 그래함의 설교를 들은 후 그 역시 그리스도를 영접하였다. 가장 놀라운 것은 전과 2범의 중죄인인 도청전문가이자 악명 높은 협잡꾼인 미키 코헨(Mickey Cohen)의 친구 짐 바우스(Jim Vaus)의 회심이었다. 이 세 명의 회심은 진실한 것으로 입증되었다. 잠페리니는 기독교 소년 캠프를 열었고, 바우스는 전임 기독교 사역자의 길로 들어섰으며, 햄블린은 그의 징주마늘을 팔고 "하나님이 하실 수 있는 것에는 비밀이 없네"(It Is No Secret What God Can Do)와 같은 노래를 작곡하였다.

11월 20일 일요일에 대회가 막을 내렸다. 청중들은 북적이는 천막 바깥 먼 곳에까지 서 있었다. 4천명 이상이 회심했고, 「라이프」(Life), 「타임」(Time) 그리고 「뉴스위크」(Newsweek) 같은 잡지들은 "떠오르는 젊은 전도자"를 표지 인물로 다루었다. 그래함은 후에 "우리는 아무것도 모른 채 LA로 갔다. 그러나 떠날 즈음에 우리는 하나님의 성령께서 결코 이전에는 없었던 방식으로 캘리포니아 위에서 운행하셨음을 알게 되었다"고 회상하였다. 전례가 없는 성공이 전도자의 앞에 놓여 있었다.

6) 결단의 시간

그가 사역하던 기간 중에 일어났던 많은 감동적인 사건들 가운데 특별히 언급할 만한 몇 가지 사건들이 있다. 이들 가운데에는 그가 방송 사역에 뛰어든 것이 있었다. LA 전도 대회 이후, 집회를 인도해 달라는 요청이 수많은 주요 도시들로부터 계속해서 들어왔고, 그래함은 그 많은 요청들 때문에 탈진할 정도가 되었다. 1950년에 미국 종교 방송가 협회(National Religious

Broadcasters)의 대표이자 유명한 필라델피아의 목사였던 디어도어 엘스너 박사(Dr. Theodore Elsner)는 미 전역에서 사랑을 받았던 라디오 설교가 월터 마이어(Walter A. Maier)가 사망하자 고민에 휩싸였다. 엘스너는 그래함이 마이어가 했던 역할을 대신할 적임자라고 확신하고 그에게 연락을 취했다. 그래함은 자신이 이미 너무 많은 짐을 지고 있다고 답변했다. 라디오 사역은 매주 지나치게 많은 시간을 투자해야만 하는 사역이었던 것이다.[22]

한 달 후 엘스너는 많은 종교 프로그램을 담당했던 홍보 전문가들인 월터 베넷(Walter Bennett)과 프레드 디어넛(Fred Dienert)을 빌리에게 보냈다. 그들은 그의 방송이 일요일 오후 시간대의 ABC 라디오 방송의 전국적인 방송망을 탈 수 있을 것이라고 알렸다. 13주 계약에 9만 2천 달러의 비용이 든다는 말에 그래함은 깜짝 놀랐다. 그는 그만한 돈을 모금할 수 없었으며, 그것으로 끝났다고 생각했다. 그 달 내내 이 전문가들은 계속해서 빌리에게 전화를 해서 한 주당 7천 달러의 비용만 감당하면 된다고 설명하였다. 그가 만약 2만 5천 달러만 모금한다면, 그의 방송은 방송망을 타게 될 것이고, 라디오 청취자들이 기부하는 후원금이 부족분을 채워줄 것이었다. 그래함은 다시 한 번 더 거절했다. 그는 이미 너무 많은 짐을 지고 있었던 것이다.

몇 명의 부유한 그리스도인들이 2천 달러를 헌금하며 라디오 기금을 모으기 시작하자, 그래함은 최종 결정은 "내게 달린 것이 아니라 주님께 달린 것입니다"라고 말했다. 이들 셋은 함께 무릎을 꿇고, 그래함이 대표로 기도했다. "이 기도는 내가 이전에는 한 번도 해 본 적이 없는 종류의 기도였다."[23] 그는 LA에서와 같이, 기드온의 "양털"을 보여주셔서 주님의 뜻을 알려달라고 기도했다. 그 날 자정까지 2만 5천 달러가 모인다면, 그것이 바로 결정적 증거가 될 것이었다.

그때까지 그래함이 받아 본 단일 선물 가운데 가장 큰 액수는 500달러였다. 그렇게 짧은 시간 안에 그토록 많은 돈을 모금하는 것은 불가능하다고 생각하

---

22) *Ibid.*, 161.
23) Pollock, *To All the Nations*, 53-55.

빌리 그래함이 사역하던 기간에 전도기술은
라디오에서 시작해서 위성 네트웍에까지 진보했다(빌리 그래함 전도 협회).

면서 두 사람은 떠났다. 이 때가 1950년 7월이었는데, 그 당시 그래함은 그때까지 가장 성공적인 전도 대회였던 오레곤 주의 포틀랜드 집회를 인도하는 중이었다. 1만 8천명의 청중들이 집회를 위해 새로 지어진 성전에 매일 밤 운집했다. 그 날 밤 메시지를 전하기 전, 그는 미국 전역에 방송되는 라디오 프로그램의 가능성과 비용 문제로 인한 거절, 그리고 하나님의 뜻을 따라 그 일을 결정하려는 자신의 소망에 대해 먼저 설명했다. "만약 여러분들이 그 책임의 일부를 나누기를 원하신다면, 오늘 밤 예배가 끝난 후 이곳의 뒤에 있는 사무실에 있는 저를 찾아 주십시오."[24]

예배가 끝난 후, 그레디 윌슨은 헌금과 약정서가 들어있는 다소 오래 된 신발상자를 들고 뒤편 사무실에 서 있었다. 아이다호에서 온 한 벌목업자가 2,500달러를 약정했다. 다양한 교파에서 발행한 어음들이 상자에 들어있었다.

---

24) *Ibid.*, 55.

제11장 그래함, 팔라우 그리고 현대 부흥운동 377

그래함의 전도대회는 이 독일 집회에서 볼 수 있듯이, 인공위성을 통해 지리적으로 점점 더 넓은 지역으로 방송을 타게 되었다(빌리 그래함 전도 협회).

약정서들은 종이 위에 갈겨 쓴 글씨들로 기록되어 있었다. 오레곤 출신의 교사 한 사람은 그의 저축액 전부인 1,000달러를 약정하며, "이보다 더 나은 투자를 생각할 수가 없습니다"라고 써놓았다. 총액은 23,500달러였다. 모두가 외쳤다. "기적이야!" 그러나 그래함은 그 자리에 똑바로 서서 "아니에요. 기적이 아니에요. 사단도 우리에게 23,500달러를 보낼 수 있어요. 전부가 아니면 아무 것도 아니에요"라고 중얼거렸다.[25]

호텔로 돌아오던 중에 윌슨은 데스크에서 편지를 건네 받았다. 그래함에게 온 세 통의 편지가 있었는데, 그 중 하나에는 1,000달러 짜리 수표가, 다른 두 봉투에는 각각 250달러 짜리 수표가 들어있었다. 총 25,000달러가 모인 것이었다. "이제야…" 그래함이 말했다. "저는 이것이 기적임을 인정합니다."[26]

1950년 11월 5일 일요일, 첫 번째 "결단의 시간"(*The Hour of Decision*)이

---

25) *Ibid.*, 56.
26) *Ibid.*

ABC 방송망의 150개 라디오 방송국을 통해 방송되었다. 전도 집회가 열리고 있던 조지아 주 애틀랜타의 폰스 드 리온 공원(Ponce De Leon Park)에서 송출된 것이었다. 배로우스가 성가대를 지휘했고, 셰어는 노래를 불렀으며, 윌슨이 성경을 읽고, 그리고 그래함이 설교했다. 얼마 지나지 않아 "결단의 시간"은 종교 프로그램 역사상 최대의 청취자를 확보했다. 그의 목소리는 한 번도 개인적으로 그래함을 본 적이 없는 수백만 명의 청취자들에게도 친숙해졌다. 또 "결단의 시간"은 그래함을 설교자로서도 성장시켜 주었다. 여러 전도 집회를 다니다 보면 설교가 때로 반복되는 경우도 있었지만, 라디오 프로그램에서는 언제나 새로운 설교를 준비해야만 했다. 이 때문에 그는 신학과 성경을 새로이 공부해야 했고, 제대로 된 사례 언급을 위해서 국제 정세에도 깊이 관심을 가져야 했다. 이후, 몇 년 안에 텔레비전이 급속도로 보급되었지만, 방송이 수(weekly) 단위로 편성되지는 않았다. 대신 모든 전도 대회에서는 일련의 TV 프로그램들을 개발하여 미국 전역에 집회 후, 한 주 또는 두 주 내에 방송을 내보냈다.

7) 1954년 런던 십자군 대회

그래함은 1954년에 개최된 거대한 런던 전도대회를 통해서 세계적인 주목을 받게 되었다. 영국은 드와이트 무디의 19세기 부흥운동, 혹은 조지 횟필드와 웨슬리 형제들을 통해 진행된 18세기 복음주의 부흥운동 이후로 더 이상의 도전을 받지 못하고 있었다. 런던 대회가 그때까지의 전도 집회들 가운데 가장 잘 준비된 대회였음에도 불구하고, 중요한 장애물들이 있었다. 그 방해물들은 주로 헤드라인을 눈에 확 띄는 중상모략으로 장식해 놓거나, 추문이 될 만한 것들로 보도해 버리는 영국의 세속언론들로부터 왔다. 1950년대에 미국은 영적인 관심이 상승하는 좋은 분위기였으나, 영국은 신앙생활이 바닥을 치고 있었다. 미국인의 교회 등록 비율은 60%가 넘고 더 올라가고 있었지만, 영국은 5%에서 15% 정도에 머물고 있었으며, 교회의 출석률은 그보다 더 낮았다.[27]

---

27) High, *Billy Graham*, 170.

언론의 적대적인 분위기에 더하여, 교회마저 "부흥주의"(revivalism), 특히 미국식 부흥주의에 반감을 가지고 있었다. 천 개 이상의 런던의 교회들과 그들 가운데 3분의 2를 차지했던 영국 국교회가 전도대회를 후원하고 있었지만, 많은 교회들은 주저하며 협력했을 뿐이었다.

빌리의 생애에서 가장 추악했던 언론의 흑색선전이 그래함의 도착을 맞이해 주었다. 신문들은 누가 가장 편협한 헤드라인을 기재하는가 하는 문제로 서로 경쟁하는 것처럼 보였다. "빌리의 100년 된 구닥다리 신학", "바보 빌리", "뜨거운 복음 전도자", "헤링게이(Harringay)에서 서커스하다", "현대적 선동가의 모든 속임수들" 등이 당시 신문들의 헤드라인들 장식했던 헤드 기사였다. 이들 가운데 많은 부분이 사회주의 신문인 「데일리 헤럴드」(Daily Herald)의 칼럼니스트이자 심령술사였던 해넌 스워펫(Hannon Swoffat)에게서 나온 것들이었다. 그는 그래함이 도착하기 이전부터 "빌리의 복음 전도는 야만적인 광신주의"라고 독설을 퍼부었고, "얼씬도 하지마라"(stay away)는 헤드라인이 인쇄된 신문을 유포했다.[28] 스워펫의 유도에 따라 영국 신문들은 가장 야만적인 헛소리들을 믿고 보도하면서 야단법석을 떨어댔다. 조롱, 편협, 모욕, 부정확, 그리고 정의가 상실된 고발로 인하여 수많은 이들이 상처를 받았다. 그러나 종교계와 세속의 여러 지도자들이 보낸 지지도 만만찮은 것이었다. 그 중 바킹(Barking)의 국교회 주교였던 고흐 박사(Dr. H. R. Gough)는 다음과 같이 말하기도 했다. "그래요. 빌리. 당신이 만약 그리스도를 위해 기꺼이 바보가 되고자 한다면, 나 역시 당신과 함께 바보가 되려 하오."[29]

반대에도 불구하고, 집회는 원활하게 진행되었다. 12,000명을 수용할 수 있는 헛간 모양의 헤링게이 경기장(Harringay Arena)은 1954년 3월부터 5월까지의 12주 집회 기간 동안 한 주에 6일 밤이 청중들로 가득 찼다. 매일 저녁 두 번씩, 때로는 세 번의 예배가 이 넘쳐나는 청중들을 위해 드려졌다. 통신망을 통해 영국과 웨일즈, 스코틀랜드 전역의 4백 개 도시의 잠재적 청중들에게도

---

28) Pollock, *To All the Nations*, 60-61.
29) *Ibid.*, 62.

예배가 방송되었다. 여전히 그래함을 "히스테리에 사로잡혀 뱀을 다루는 근본주의자"와 연결시키던 언론도 그의 위엄과 진실함에는 당혹스러워 했다. 그들은 자신들이 스스로를 바보로 만들었다는 것을 차츰 알게 되었고, 이후 보도 분위기는 크게 달라지기 시작했다.

 3주째가 되자, 반대는 상당히 누그러지고 있었다. 한 영국인 편집자는 "캔터베리 대주교가 열광적인 지지자가 되었고, (윈스턴 처칠) 수상이 그래함 박사에게 사람을 보냈으며, 제1 해군 군사 위원(First Sea Lord: 영국 해군 본부 위원회의 제1 군사 위원으로 다른 나라의 해군 참모 총장에 해당-역자 주)이 집회에서 공개적으로 일어나 상담실로 향했다. 이와 같이 다양한 삶의 여정을 살아온 수많은 사람들과 교육받은 전문가들과 대사업가들과 같은 고위 계층의 사람들이 바로 그들이었다… 이와 같은 놀라운 사건은 가장 중요한 역사적 사건이 아닐 수 없다"라고 기록했다.[30] 전도집회 마지막 날 오후에 65,000명이 야외 경기장인 화이트 시티(White City)를 가득 메웠고, 그 날 저녁에는 120,000명이 웸블리 경기장(Wembley Stadium)에 들어차서 1948년 올림픽 때 보다 더 많은 사람들이 모였다. 캔터베리 대주교와 함께 서서 그래함이 초청을 하자, 2,000명이 넘는 사람들이 빗속에서도 믿음의 결단을 하기 위해 플랫폼으로 나와 섰다. 이전에 그래함을 영국에서는 "환영하지 않는다"고 선언했던 「데일리 미러」(Daily Mirror)의 칼럼니스트, 카산드라(Cassandra)는 그와 인터뷰하고는 다음과 같이 보도했다. "이제 우리는 이전 앵글로 색슨식 자제력을 팽개쳐 둔 채 얼굴을 붉히고 열광적으로 그를 환영하게 되었다. 나는 친숙함이란 것이 그런 식의 최첨단을 달릴 수 있는 것인지 미처 생각해 보지 못했다. 나는 단순함이라는 미덕이 그토록 우리 죄인들을 강하게 닦달할 수 있는지 미처 생각해 본 일이 없다."[31] 모두 합쳐 대략 200만 명의 사람들이 그래함의 설교를 듣고, 그 중 40,000여 명이 결신하였다.

---

30) High, *Billy Graham*, 169에서 재인용.
31) *The Daily Mirror* (London), 4 May 1954.

8) 계속되는 승리

1954년 이후 그래함은 수백 회의 전도대회를 열었다. 가장 눈에 띄는 집회 중 하나는 1957년의 뉴욕 전도대회였는데, 그때 그래함은 구 메디슨 스퀘어 가든(Madison Square Garden)에서 6주 동안 집회를 열어달라는, 뉴욕의 모든 교파의 1,700개 교회를 대표하는 기관인 뉴욕 시 개신교 협의회의 초청을 수락한 것이었다. 역시 강력한 반대가 있었지만, 그 결과는 다시금 놀라운 열매로 나타났다. 총 200만 명 이상의 사람들이 참석하였고, 그 중 60,000여 명이 결신했다. 1959년에는 그래함 전도 팀은 호주와 뉴질랜드의 주요 도시들을 순회하였다. 그러나 숫자의 면에서 가장 어마어마한 집회는 한국의 서울에서 열린 1973년 대회였는데, 개회 예배에 약 삼십만 명이 운집했다. 1974년에 열린 로잔 세계 복음화 대회(Losanne Congress on World Evangelism)에서 그래함은 이전에 열렸던 어떤 모임보다 더 넓은 영역의 국제적 사역을 시작했다. 여기에는 150개국에서 온 4,000명의 기독교 지도자들이 미래 전략을 나누기

1982년 모스크바에서 그래함은 미하일 고르바초프를 만났다.
소련에서의 그의 종교 개방이 그래함의 전도 순회의 길을 터 주었다.

위: 1991년, 그래함이 소련의 지도자인 보리스 옐친과 인사하고 있다.
아래: 모스크바에서 통역을 통해 말씀을 전하는 그래함

제11장 그래함, 팔라우 그리고 현대 부흥운동 383

그래함이 북한의
김일성 주석에게
자신이 쓴 책
『하나님과의 평화』를
선물하고 있다.
그래함이 북한의
봉수 교회에서 자리를
꽉 메운 청중들에게
설교하고 있다.
(다섯 장의 사진
모두 빌리 그래함
전도 협회 자료)

위해 모였다. 존 폴락(John Pollock)에 따르면, "로잔 1974 대회는 빌리 그래함의 생애에서 1949년과 1954년에 비견될 만한 의미를 지닌 해였다." 1949년에 열린 로스앤젤레스 전도대회는 그를 미국 전역에 널리 알린 계기가 되었다. 5년 후인 1954년 런던 대 전도대회를 통해 그는 세계적인 명성을 얻게 되었다. 그때로부터 20년 후인, 로잔 대회를 통해서 그는 한 개인 전도자 이상의 역할을 훨씬 초월하는 인물이 되었음을 여실히 보여주었다. 그는 세계 기독교의 대변인(statesman)이 되었고, 각 개인들과 운동들을 통합시켜 하나님의 영광을 위하여 새로운 길을 잘 닦은 촉매자의 역할을 감당하였다."[32]

인내를 요하는 5년 간의 외교적 시도를 한 후, 1977년이 되어서야 그래함은 헝가리에서 집회를 인도해 달라는 초청을 받았고, 1978년에는 로만 카톨릭 국가인 폴란드에서 열흘 동안 전도 집회를 인도했다. 그러나 카톨릭 교회들은 그래함에게 자신들의 교회를 전례 없이 개방하였고, 크라코프의 보이티야 추기경(Cardinal Wojtyla of Krakow)은 그래함의 입국을 강력히 지지했다. 이 추기경은 얼마 후 교황 요한 바오로 2세(Pope John Paul II)로 선출되었다. 1980년에는 일본 전역에서 집회를 개최했고, 1981년의 멕시코 시티 집회는 멕시코에 있는 소수의 개신교인들에게 새로운 미래의 희망을 열어 주었다.

1982년에 러시아 정교회가 그를 모스크바로 초대했을 때는 결정하기가 매우 어려웠다. 비판이 거셌기 때문이다. 어떤 사람들은 그가 공산주의자들에게 이용당하지 않을까 걱정했고, 그가 너무 순진하다고 여긴 사람도 있었으며, 그가 크렘린 궁의 종교정책에 지지를 보낼까 우려하기도 했다. 그러나 그래함은 모스크바로 갔고, 그들의 걱정은 오직 기우였음이 증명되었다. 1984년과 1988년 그리고 1992년에는 러시아 내지로 더욱 깊숙이 들어갔으며, 모스크바로 돌아와서는 이전에 소련이었던 전 지역의 많은 도시들을 위해 방송집회를 개최했다. 1983년에는 전 세계 4천명의 기독교 지도자들이 열흘 동안 모인 "암스테르담 1983" 대회라 불린 "국제순회전도자대회"(International Conference of Itinerant Evangelists)에 참여하였다. 그는 또한 런던에서 전도대회를 1989

---

32) Pollock, *To All the Nations*, 124.

년에 다시 개최했고, 1991년에는 스코틀랜드의 여러 도시들에서, 1992년에는 필라델피아와 오레곤 주의 포틀랜드, 그리고 다시 모스크바에서 집회를 인도하였다.

그래함은 수 십 년 이상 유지되며 발전하고 있었던 회심자들을 위한 상담 프로그램과 양육 프로그램을 개설하였다. 이 웍샵들은 그래함의 집회가 찬사를 받던 1961년도 이전에 이미 시작되어 상담가들을 훈련하고 있었는데, 「선데이 텔레그레프」(Sunday Telegraph)지는 이에 대해 다음과 같이 언급했다. "교회들이 관심을 가지는 한도 안에서, 이 프로그램은 모든 전도대회 영역들 가운데서 가장 중요한 부분이다. 훈련반의 큰 유익은 후방을 책임질 훈련된 평신도 집단이 형성된다는 것이다."[33]

한 평론가는 전도자들을 조롱하며 다음과 같은 글을 쓰기도 했다.

> 미디어의 향상된 효력은 그래함을 이전 시대의 다른 어떤 전도자보다도 더 급속한 속도로 유명하게 만들어 주었다. 그러나 똑같은 이유로, 이 일을 하는 그에 대한 관심도 더 빠른 속도로 떨어질 수 있다. 1957년 중반, 그래함의 집회를 표지에 보도한 신문은 존중의 자세를 상실했다. 피니, 무디, 샘 존스, 빌리 선데이는 단지 10년 정도만 그들의 인기를 유지했다. 그래함의 쇠락은 피니와 무디, 존스의 경우와 같이 점차적일 수도 있고, 선데이의 경우처럼 급속할 수도 있다.[34]

1950년대에는 그래함이 더 오랫동안 사역하지는 못할 것이라는 전망이 우세했다. 그러나 그래함의 사역은 그의 선배들의 각 사역 기간들보다 더 오랫동안 강력하게 지속되었다. 16권의 베스트셀러, 세계 각 지역에서의 400회 이상의 전도대회들을 통해서 그는 우리시대 기독교 최고의 대변인이 되었고, 40년 동안 미국에서 가장 존경받은 명사 목록의 최상위에 이름이 올려져 왔다.

그의 수많은 전도 집회들을 통해 그래함은 역사상 살았던 어떤 사람보다 더 많은 1억 8천만여명의 사람들을 개인적으로 만났다. 텔레비전과 라디오를 통

---

33) *Sunday Telegraph* (London), 28 May 1961, 20.
34) McLoughlin, *Modern Revivalism*, 473.

중국 본토에서 어린 여자아이들을 만나고 있는 그래함(빌리 그래함 전도 협회).

해서도 다른 어떤 사람들보다 많은 사람들에게 복음을 전했으며, 그의 영향력을 통해 다른 어떤 전도자들보다도 많은 사람들이 그리스도를 영접하도록 도왔다.

1995년 3월, 그래함은 푸에르토리코의 산 후안(San Juan)에서 세계 165개국에 인공위성을 통해 방송된 집회를 인도했다. 이 방송을 통해 그는 한 번에 그가 이전에 사역한 모든 해에 접한 사람들을 합친 숫자보다 더 많은 사람들에게 설교할 수 있었다. 아마도 청취 인구가 10억에 달했을 것이다. 이 텔레비전 방송은 40개국 이상의 언어로 통역되었고, 방송을 접할 수 있는 전 세계 수백 개의 방송 지역에서 사역하는 50만여 명이 넘는 그리스도인 사역자들이 그래함의 메시지에 응답한 사람들을 상담하였다.[35]

---

35) *Decision*, March 1995.

10. 팔라우-다음 세대를 위한 전도자

지난 200년 간의 모든 전도자들의 사역 기간이 짧았다고 하는 것은, 전 세계를 대상으로 활동한 한 사람의 역동적인 인물, 루이스 팔라우(Luis Palau)만 보아도 하나의 편견에 지나지 않는다는 것을 알 수 있다. 팔라우의 사역은 30년 이상을 거슬러 올라간 1963년에 시작되었다. 전 세계를 돌며 그토록 놀라운 숫자의 회심자들을 얻어낸 놀라운 재능의 인물이 동시에 두 사람이 있었다. 그리고 이 두 사람이 서로 독립되어 있었지만, 서로를 지원했다는 사실은 정말로 놀라운 일이 아닐 수 없다. 그러나 이전 시대에도 이와 같이 사역한 두 명의 탁월한 선배 지도자가 있었으니, 그들은 휫필드와 웨슬리였다. 양쪽 모두 전도자로서 오랜 경력을 가졌고, 친한 친구들이었으며 상대를 지원했다.[36]

팔라우는 1934년 11월 27일, 아르헨티나의 부에노스 아이레스(Buenos Aires) 지역에서 태어났다. 아버지는 스페인계 가문의 성공한 사업가였고, 그의 어머니는 프랑스와 스코틀랜드계의 혼혈이었다. 두 분 모두 영국에서 온 기독교 형제단(Christian Brethren)의 선교사들에 의해 회심했다. 8살에 루이스는 집에서 40마일 가량 떨어진 퀼메스 예비 학교(Quilmes Preparatory School)로 보내졌다. 2년 후 아버지가 돌아가셨다는 연락을 받고 집으로 돌아왔다. 그가 비록 아버지와 매우 가깝긴 했지만, 자신의 아버지가 주님과 함께 있다는 것을 알았기 때문에 아버지의 죽음 이후에도 마음에 평안을 얻었다. "그 일이 내 평생의 사역과 성인으로 살아간 모든 일생에 영향을 미쳤지요"라고 그는 고백했다. 루이스의 어머니는 남편의 죽음에 대해 소년에게 다음과 같이 말했다. "'아빠는 숨을 쉬려고 노력했단다. 그러다가 갑자기 일어나 앉더니 찬송을 부르기 시작했다.' 이것은 죽은 사람이 지옥으로 갈까봐 두려워 우는 전형적인 남미의 분위기와는 사뭇 다른 것이었다. 내 아버지가 그토록 구원을

---

[36] 휫필드와 웨슬리가 신학적으로는 입장이 달랐다는 것은 잘 알려진 사실이며, 주지하는 바와 같이 전자는 칼빈주의자였고, 후자는 알미니안주의자였다. 웨슬리는 초기에 이 문제로 고민하기도 했지만, 휫필드는 그들 간의 갈등이 공개화되거나 심화되지 않도록 노력한 결과, 후기에는 두 인물간의 우정은 신학적인 차이에도 불구하고 아름답게 존속되었다.

확신하는 모습이 나를 전율시켰다."[37] 그러나 아버지 없이 성장해야 했던 것이 그의 인생을 어렵게 만들었다.

11살에 팔라우는 캠브리지 대학교의 해외 프로그램 중의 하나였던 부에노스 아이레스 근교의 영국계 기숙학교인 성 알반스 대학(St. Alban's College)에 입학했다. 그 후 1947년에는 여름 캠프에 참가하여 그리스도를 구주로 영접했다. 1951년, 팔라우는 자신의 삶을 그리스도께로 다시 바쳤다. 그는 전문대학(junior college) 수준의 학위 과정을 마쳤지만, 그의 불확실한 재정 상황 때문에 대학 학사 학위 과정으로 진학할 수 없었다. 그는 부에노스 아이레스의 런던 은행에서 일하게 되었고, 라디오를 통해 처음으로 빌리 그래함의 설교를 들었다. 그는 몹시 흥분해서 하나님께 자신을 전도자로 만들어 달라고 기도했다. 18살이 되자, 그는 거리의 한 구석에 모인 집회에서 설교하기 시작했고, 짧은 라디오 방송을 내보냈다. 그가 속한 교회에서 그를 후원하였으며 시간이 흐르면서 그는 아르헨티나에서 전도 사역에 점점 더 깊이 관여하게 되었고, 은행을 그만 두는 것을 진지하게 고려하게 되었다.

팔라우의 전환의 순간은 해외 십자군 운동의 남미 지부였던 세팔(SEPAL)에서 사역하기 시작한 1959년에 일어났다. 스페인어와 영어를 모두 능숙하게 구사했던 그의 첫 책임은 기독교 잡지를 번역하는 일이었다. 1960년에는 교회개척 사역에 합류했다. 얼마 후 팔라우는 캘리포니아 주 팔로 알토(Palo Alto)의 목사였던 레이 스태드맨(Ray Stedman)의 권유를 받아 몇 명의 그리스도인 사업가들의 후원 하에 미국에서 공부할 수 있게 되었다. 팔라우는 일 년간의 신학대학원 과정의 신학연구를 위해 오레곤 주 포틀랜드에 위치한 멀토마 성경신학교(Multnomah Biblical Seminary)에 등록하였다. 그는 그 신학교에서, 또 다른 신학생 페트리시아 스코필드(Patricia Scofield)를 만나 결국 결혼하게 되었고, 졸업 후에는 국제 해외 십자군(Overseas Crusades International, OC)에 합류하였다

캘리포니아 프레즈노(Fresno)에서 열린 1962년 빌리 그래함 전도대회의 일

---

37) Luis Palau, *Luis Palau: Calling the Nations to Christ* (Chicago, 1983), 43.

원으로 일하면서 얼마간의 훈련을 쌓게 한 후, OC는 1964년에 팔라우를 과테말라로 보냈다. 거기서 그는 여러 친구들을 사귀며 교제를 돈독히 했는데, 후에 전도대회 때문에 그곳에 돌아왔을 때에 그 유익들이 얼마나 가치 있는지가 증명되었다. 팔라우는 여전히 "지구상에서 내가 설교했던 어떤 나라들에서 보다 과테말라에서 더 환영받는다고 느낀다"고 말한다. 과테말라의 복음주의 교회의 성장은 그 나라 인구의 약 3분의 1 가량을 복음주의 진영으로 인도했다.

팔라우가 자신의 대중전도 집회의 꿈을 실현하기 시작한 것은 1964년 콜롬비아에서였다. 인구 백만 명의 칼리 시티(City of Cali)가 다른 어떤 지방 도시들보다 더 수용성이 높을 것으로 보였기 때문에 그들은 그 도시에 본부를 설치했다. 팔라우는 에콰도르의 퀴토(Quito)에서 HCJB 라디오 프로그램을 매일 방송하기 시작했고, 이 방송은 지금도 여전히 대략 2천만 명에 이르는 전 남미인들이 듣고 있다. 1965년에는 **응답**(*Responde*)이라는 TV 상담 프로그램을 시작하여, 사람들이 복음과 여러 삶의 문제들을 가지고 팔라우와 대화하는 자리에 초청을 받았다. 두 프로그램 모두 즉각적인 성공을 가져왔고, 특히 사람들이 복음을 이해하도록 준비시켜 전도집회와 연결시키는 데 아주 적합했다. TV 시청자들은 집회에 초청을 받았고, 집회에 참석한 청중들은 이후에 프로그램을 시청할 것을 권유받았다. 수많은 방송국들로부터 방송이 송출되었고, 특별집회 광고를 내보냈으며, 남미 전역에 후대의 전도운동을 위한 기반을 조성하는 데 큰 도움을 주었다.

1966년, 팔라우는 콜롬비아의 보고타(Bogota)에 있는 대통령 광장에서 2만여 명의 거대한 군중 앞에서 설교했다. 이는 이후 남미에서의 연속적인 대규모 전도대회의 시작을 알리는 집회였다. 3백여 명이 그의 초대에 응답하며 그리스도를 구주로 믿기를 소망했다. 이후 4일 동안 진행된 집회를 통해 수백 명 이상이 동일한 결단을 하였다. 이런 위대한 승리가 그에게 루이스 팔라우 전도팀(Luis Palau Evangelistic Team)을 형성할 마음의 감화를 일으켰다. 그 전도 팀의 목표는 그리스도께로 사람들을 돌이키게 하고, 교회를 효율적으로 전도할 수 있게 자극하고 동원하며, 많은 이들을 사역자가 되게 하며, 지역교회를 개척하는 것이었다.

루이스 팔라우가 코스타리카에서 1991년에 열린 개신교 선교 100주년 기념집회에서 설교하고 있다(루이스 팔라우 전도 협회, 샘 프리센〈Sam Friesen〉사진).

1) 더 많은 승리들

1966년 팔라우는 베를린에서 열린 세계 복음전도대회(World Congress on Evangelism)에 참석했다. 거기서 그는 자신과 대화를 나누었던 몇 나라의 해외 전도대회 위원회 구성원들에게 "여러분, 멕시코에 관심을 가지세요. 여러분이 멕시코 본부의 지원을 받는 현장 지도자가 될 수 있을 겁니다"라고 제안했다. 이것은 아주 놀랍고도 어려운 도전이었다. 멕시코는 엄청난 잠재력이 있는 나라이기는 했지만, 복음주의자들이 핍박받고 있는 나라이기도 했다. 1968년 중반에 팔라우와 그의 팀은 멕시코에 도착하여, 1969년에 전도활동을 위한 조직구성에 착수했다. 몬테레이(Monterrey)에서 30,000명 이상의 사람들이 9일간 열린 집회에 참석하여, 약 2천명이 결신했지만, 더 이상은 어려웠다. 팔라우는 다음과 같이 설명한다.

아메리카 대륙에서의 사역과 함께 그는 유럽에서도 역동적인 사역을 펼쳤다.
팔라우가 루마니아의 콘스탄챠에서 설교하고 있다. 이 집회에서 16,300명이 결신한 것으로
집계되었다(루이스 팔라우 전도 협회, 데이빗 존스〈David L. Jones〉 사진)

멕시코 시티에 있는 야구장에서 우리가 개최하기로 하고 추진했던 거대한 규모의 전도대회는 정부의 제재로 인해 막바지에 취소되고 말았다. 우리 모두는 실망했다… 다음 해인 1970년에 우리는 다른 종교 그룹이 대규모 집회에 어마한 군중을 끌어 모았다는 소식을 들었다. 그래서 우리도 전도대회를 열게 해달라고 요청하여, 단지 입으로만 알리는 광고를 통해서 열흘 동안 약 106,000명이 모였다. 여러 가지 면에서 이 집회는 하나님께서 남미에서 행하고 계셨던 많은 역사에 대해 우리가 관심을 집중하기 시작하는 촉매의 역할을 하였다.[38]

멕시코 시티에서는 6,670여 명이 결신하면서, 멕시코에서 종교의 자유가 시행되는 결정적인 전환점이 되었다. 전도 팀은 회심자들에 대한 후속적인 신앙 관리를 시행하였고, 수많은 교회들이 새로 세워졌다.

---

38) *Ibid.*, 194.

팔라우가 1987년의 홍콩 전도대회 중 경기장을 가득 메운 청중들에게 말씀을 전하고 있다(루이스 팔라우 전도 협회, 데이빗 존스〈David L. Jones〉 사진).

그 이후 몇 년 이상 팔라우는 파라과이, 베네수엘라, 온두라스, 과테말라, 페루와 다른 여러 남미 국가들에 관심을 집중했다. 많은 군중들이 계속된 집회들에 참석했다. 그의 사역은 더욱 널리 확장되었다. 1974년에는 유럽지역에서는 처음으로 스페인의 세비야(Seville)에서 집회를 인도했고, 1980년에는 10개의 영국(British) 도시들과 6개의 스코틀랜드 도시들 그리고 6개의 남미의 도시들에서 집회를 개최했다. 1978년에는 루이스 팔라우 전도협회를 독립된 조직으로 만들었지만, 해외전도협회와는 여전히 친밀한 관계를 유지하였다.

더 많은 위대한 일들이 일어났다. 거의 20만여 명의 사람들이 1981년 스코틀랜드의 글래스고에서 열린 집회에 참석했다. 1982년 11월 28일에는 대략 70만 명이 과테말라 시에서 열린 집회에 운집하였다. 9일에 걸쳐서 열린, 팔라우의 사역 중 가장 오랜 기간 동안 열렸던 1983년과 1984년의 런던 전도대회에는 528,000명이 모였으며 그 중 28,000여명이 결신하였다. 1986년에는 대략

337,000명이 아시아에서는 최초로 싱가포르에서 열린 집회에 참석했는데, 그곳에서 선포되어진 팔라우의 메시지는 선교 라디오 방송국을 통해 8개국 언어로 아시아 전역에 퍼졌다.

2) 역사상 가장 엄청난 반응

홍콩과 덴마크, 인도, 웨일즈, 소련 그리고 태국에서 개최된 집회 이후인 1990년 5월, 정말 놀라운 일이 루마니아에서 일어났다. 약 50년 만에 처음으로 실시된 자유선거가 치루어진 지 이틀 후에 팔라우는 루마니아 전역에서 설교하였고, 대략 46,100명이 그리스도를 믿기로 결심했다. 이러한 반응은 그의 24년 동안의 대중전도 집회 사상 최고의 반응이었다. 동유럽 사람들의 믿을 수 없는 영적 기갈을 인식하면서 1991년, 팔라우는 루마니아 복음주의 연맹의 초청을 받아 루마니아로 다시 들어가 5개 도시에서 전도집회를 열었다. 1991년 6월 4일에는 콘스탄챠(Constanta)의 경기장에 모인 10,500명의 청중들에게 예수 그리스도를 영접하기를 원하거든 강단으로 나오라고 초청했다. 8,100명 이상의 사람들이 공적으로 그리스도를 믿겠다고 선언했는데, 그 숫자는 모인 전체 청중의 거의 80%에 달하는 것이었다! 같은 경기장에서 열린 전날 밤의 집회에서는 14,000명 가운데 8,120명이 그리스도께 헌신하기로 결심했는데, 이는 거의 60%에 해당하는 숫자였다. 이 통계들은 대중전도 집회 역사상 백분율로 볼 때 최대의 반응이라고 할 수 있는 것들이었으며, 여러 집회들에 참석한 전체 125,000명 가운데 39,446명이 그리스도께 헌신하기로 결심하여 총 31%의 반응률을 나타냈다. 루마니아 이후, 1991년에는 불가리아의 소피아에서도 50여 년 만에 처음으로 전도집회가 열렸는데, 아카데믹 경기장(Academic Stadium)에서 열린 3번의 집회에서 16,200명 가운데 5,900명이 그리스도께 헌신하기로 결정하였다. 한 집회 당 평균 36%가 결신한 것으로 나타났는데, 이는 루이스 전도 팀 역사상 최고의 비율이었으며, 동시에 대중전도 집회 전체 역사상 제일의 기록이기도 했다.

1992년에 팔라우는 복음주의가 성장할만한 더 많은 기회들이 부각되고 있었던 멕시코로 다시 들어갔다. 그는 멕시코 시티에서 3주간의 집회를 인도했는데, 모든 교회에 대한 종교의 자유를 제안한 멕시코 대통령 살리나스(Salinas)의 지지 하에 연속적으로 집회를 개최하여 총 425,000명의 복음주의 교인들을 만났다. 이 모든 팔라우의 사역에 대한 통계들은 정말로 인상적이다. 그는 300회 이상의 집회를 약 30년에 걸쳐서 인도했는데, 그 가운데 560,000명이 그리스도를 믿기로 결신한 것으로 알려지고 있다. 60개 국가의 1천 1백만 명을 사역기간동안 직접 대면했고, 그가 라디오를 통해 만난 청취자는 대략 2천 2백만 명으로 추산된다. 그의 최신 라디오 프로그램, "루이스 팔라우가 대답한다"(Luis Palau Responds)는 전 세계의 170개 이상의 방송국을 통해 영어로 방송되고 있다.

이 글을 쓰는 시점에서도 팔라우는 대규모 전도집회의 미래를, 특히 남미에서의 미래를 긍정적으로 본다. "내가 보기에, 우리는 복음전도의 최후의 파도를 타고 있습니다. 수십만 명이 매일 새로 그리스도인들이 되어 교회로 돌아오고 있습니다. 지난 50년간 얼마나 많은 사람들이 회심했는지 한 번 보십시오! 역사상 그 어느 때보다 오늘날 더 많은 그리스도인들이 있습니다… 나는 곧 성경적 윤리와 그리스도에 대한 사랑을 고백하는 복음주의 교인들이 다수를 이루는 세 나라가 남미에 존재하는 것을 보게 될 것을 믿습니다."[39]

팔라우는 또한 그의 제2의 조국, 미국이 비록 복음을 세속화된 시대에 좀 더 시대에 맞는 방법으로 선포해야 할 책임이 있다는 것을 믿고 있음에도 불구하고, 미국 안에 희망이 있다고 믿는다. 1960대의 혼란기에 미국 포틀랜드에 공부하러 왔을 때, 그는 많은 이들이 그리스도께로 돌아서는 것이 불가능하다고 생각했다. 그는 "미국은 정말로 지옥으로 향하고 있는 것처럼 보였다. 이 세상의 모든 악마가 미국을 붕괴시키고 있는 것 같았다"고 회상한다. 이제 그는 미국인들이 복음화 될 수 있다는 사실을 좀 더 희망적으로 받아들인다. 다만 그 복음은 좀 더 현대적인 수단의 옷을 입어야 할 것이다. 미국은 탐욕과 돈의 지배를 받아 복음화되기 더욱 어려운 지역을 양산하며 인종적으로 분리되어 있

---

39) *Ibid.*, 200-201.

다. 그는 이 상황을 계속 설명한다. "미국은 무저갱의 바닥이 아닙니다. 저를 오해하지 마십시오. 더 악한 곳들이 있습니다. 그러나 미국은 이미 이기심으로 가득 차 있습니다." 연합통신(Associated Press)에서는 팔라우와 관련해 다음과 같이 보도하였다.

> 미국에서 폭력과 절망에 맞서는 싸움은 반드시 좀 더 현대적인 무기를 이용한 싸움이어야 한다. 이것은 팔라우의 말이다. 그래서 그는 그의 전도집회에 현대적인 수단들을 통합시킨다. 어떤 모임에서는 기독교 랩 음악이 경우에 따라서 전통적인 찬송가를 대신한다. 개인적으로, 또는 기독교인 운동선수의 비디오 화면을 커다란 스크린에 비추면서 그들의 간증을 보여주는 것이 젊은 청중들에게 관심을 갖게 하기도 한다.
> "우리가 그러한 조류와 투쟁하기보다는 적절하게 적용하는 것이 필요하다고 나는 생각합니다"라고 그는 말한다.[40]

「내셔널 앤드 인터내셔널 릴리전 리포트」(National & International Religion Report)와의 인터뷰에서 팔라우는 이것은 복음을 희석시키는 것은 아니라고 주장했다. 오히려 이는 기독교 사역의 초점을 이미 구원받은 자들에게 하는 "좋은 충고"에서 잃어버린 자들을 향한 복음으로 전환시키는 것을 의미한다.

> 거의 모든 기독교 라디오와 TV방송은 기독교인들, 또는 기독교인으로 예상되는 사람들에게만 방향이 맞추어져 있고 차별성이 없습니다… 나는 상류층의 사람들과 부자들, 지도자들에서부터 가장 가난한 사람들과 최소한의 교육을 받은 사람들에 이르기까지, 모든 사람들에게 그리스도가 여전히 적실성(relevance)이 있다는 것을 보여주려 합니다… 나는 복음에 대해서는 지성적이고 싶지만, 내가 말하는 것을 모든 사람이 다 이해할 수 있도록 단순한 언어를 사용하려고 노력합니다. 이것은 얕은 생각이 아닙니다. 오히려 단순한 언어 안에 있는 깊은 사고인 것이지요.[41]

---

40) *Philadelphia Inquirer*, 24 October 1993, 11.
41) Harry Covert, "An Interview with Luis Palau," *National & International Religion Report* 7.17 (9 August 1993): 1-4.

팔라우에 대한 커다란 찬사는 복음전도 세계에서 그를 가까이서 지켜본 사람으로부터 왔다. 그래함의 전기를 쓴 라이스 대학(Rice University)의 사회학자인 윌리엄 마틴(William Martin)은 "나는 팔라우가 정말로 훌륭하다고 생각한다. 당신은 현대 복음전도자들 가운데 여러분이 발견할 수 있는 최고의 열매임이 틀림없다"고 언급하였다.[42]

그래함과 팔라우 이래로, 20세기의 지난 수십 년 동안 국내사역과 더불어 해외사역을 성공적으로 감당한 여러 명의 전도자들이 등장했는데, 그들은 랄프 벨(Ralph Bell), 아크바르 하크(Akbar Haqq), 존 웨슬리 화이트(John Wesley White), 론 허치크래프트(Ron Hutchcraft), 로버트 컨빌(Robert Cunville) 등을 포함한 자들이다. 이들 모두는 세계 복음화의 사역이 주께서 부르신 모두를 연결시킬 만큼 방대한 사역임을 인정하면서 서로 협력하고 있다. 대중전도 집회는 이전엔 경험할 수 없었던 방식으로 인간의 영적이고, 도덕적인 영역 그리고 궁극적으로는 인간의 육체적 차원의 필요들까지도 채우고 섬긴다. 방대한 인류의 영적 기갈과 기독교 신앙을 온 세계에 광범위하게 전할 수 있는 기회들은 그 어느 때보다도 점증하고 있다.

---

42) *Philadelphia Inquirer*, 24 October 1993, 11.

결론

 하나님께서 강력한 영적각성으로 축복하셨던 미국과 영국을 비롯한 여러 나라에 사는 그리스도인들은 다른 여러 지역에서 일어나는 부흥에 대한 소식에 두려움을 가질 수도 있다. 서구에서 다시 부흥이 일어날 수 있을까? 산업화되고 고도로 과학적인 이 세계가 너무 냉소적이고 물질적이며, 세속적이고, 인본주의적인 사회가 된 것은 아닌가? 교회는 너무 냉랭해진 것이 아닌가?
 1990년대는 명목상의 기독교 국가들인 서구권 전역이 영적 사망에 이른 시대였음을 보여주었다. 유럽과 미국의 많은 교회들이 번영을 누리고 있었던 반면, 다른 영역은 그들 교회의 주변부 세계로서 살아남기 위해 투쟁하고 있었다. 수백만 명의 사람들, 특히 젊은이들이 성적 집착, 쾌락주의, 냉소주의, 폭력 그리고 자기소외의 나락으로 떨어지지 않아야 할 이유를 발견하지 못했던 것이다. 많은 이들이 공개적으로 "제도화된 종교"(institutional religion)에 대한 증오심을 표현했다.
 동시에, 그럼에도 불구하고 희망이 보이지 않았던 것은 아니다. 적지 않은 비율로, 삶의 의미를 추구하는 이들은 종교에서 최상의 도움의 근원을 발견하곤 했다. 고등학교 학생들을 대상으로 한 갤럽 조사에서 절반이 그들에게 종교가 중요하다고 답했다. 미국인들의 3분의 1은 그들 자신을 "거듭난" 그리스도인으로 간주했으며, 특히 "베이비 붐" 세대들은 더욱 그랬다. 1960년대와

1970년대의 반항하는 잃어버린 세대(lost generation) 출신 중 다수가 복음주의 그리스도인이 되었다. 2차 세계 대전 이후에 복음주의가 재등장한 것은 기념비적이었고, 기존의 교파들과는 독립된 새로운 사역과 출판사 그리고 새로운 신학교와 교회들이 생겨났다.

사실상, 세계 기독교의 미래가 이보다 밝아 보인 적은 없다. 20세기에는 많은 놀라운 사건들이 일어났다. 1900년에 대략 5억 5천 8백만 명이 그리스도인이었다. 오늘날에는 20억의 그리스도인들이 전 세계에 퍼져있다.[1] 기독교는 제3세계의 개발도상국가, 특히 아프리카의 나라들에서 신앙으로 받아들여졌다. 지구상의 모든 사람이 사는 나라에는 기독교인이 있다. 전 세계 국가의 3분의 2는 그리스도인들이 다수를 이루고 있다.

아프리카에서 1900년에 약 천만 명이었던 회심자의 숫자가 1990년경에는 거의 2억 7천만 명에 이르게 되었다. 1990년대의 아프리카에서의 성장은 연간 7백만 명에 달하는 새 신자들을 가능케 하였고, 이는 하루에 거의 2만 명이 신자가 되었음을 의미한다. 1994년에 UN은 세상에서 가장 혹독한 기아가 수단에서 발생하여 백팔십만여 명이 굶주리고 있고, 추가로 3백만 명이 굶주릴 위험에 처해 있다고 발표했다. 처절한 내전으로 인하여 2백만 명의 수단인들이 피난을 떠났고, 이는 끔찍한 난민문제를 양산하였다. 그러나 이 시기 동안에 수단은 놀라운 기독교의 부흥을 경험했다. 수단을 섬기는 기독교 구제 협의회(Association of Christian Relief Organizations Serving Sudan)의 빌 로우리(Bill Lowery)는 수단 교회의 성장은 근래에 세계 도처에서 일어난 부흥 중에 가장 획기적인 것이라고 말했다. "전통종교와 정령숭배에서 많은 이들이 돌아왔고, 악의 세력으로부터 해방되었다. 하나님의 영의 강력한 역사가 있었다."[2]

남아시아(연간 450,000명)와 동아시아(연간 370,000명)에서도 많은 회심자들이 생겨나고 있다. 강력한 이슬람 국가인 인도네시아는 1980년대에 그리스

---

1) David B. Barrett, ed., *World Christian Encyclopedia*(Nairobi, 1982). 3. 결론 부분에 나오는 통계숫자는 대부분 이 저서에서 참고하였다.
2) *The Church Around the World* (January 1994): 1.

도인들이 7백만 명에 이르렀는데, 그들 가운데 3분의 1은 교회 밖에서 회심을 경험하고 들어온 자들이었다. 매일 무너진 정의와 압제 그리고 기근에 시달리던 제3세계의 많은 사람들에게 하나님의 사랑과 은혜의 복음은 매우 매력적인 것이었다. 중국에서는 공산주의자들의 박해에도 불구하고, 교회가 급속하게 성장하는 현상을 보여주었다. "분열의 와중에도 불구하고 기독교가 중국에서 인기 폭발"(Christianity is Booming in China Despite Rifts)이라는 제하의 「뉴욕 타임즈」 기사는 "중국의 지하교회는 매우 담대하고 강력하며, 유례를 찾을 수 없을 만큼 부흥하고 있다. 현대 중국의 여러 역설적인 현상 가운데 하나는 선교사들이 복음을 전하는 데 자유로웠던 금세기 초반에서의 성장률보다 오늘날 공산당 정부의 압제 아래서 더욱 급속한 속도로 성장하게 될 수도 있다는 점이다… 교회 조직에 대한 비공식적인 통계에 의하면 중국 전역에 8천 만 명이나 되는 그리스도인들이 존재하고 있다."[3] 한 연구가의 통계에 의하면, 중국 기독교는 최악의 핍박이 있었던 30년 동안 그야말로 폭발적으로 성장하였다.

남미에서도 복음주의 교인들이 엄청나게 늘어나고 있다. 특히 오순절 교인들의 성장세가 두드러진다. 20세기 후반에 가장 열정적이고 많은 열매를 맺은 대규모 집회의 인도자들이 오순절주의자이며, 이들은 남미에서 다른 교파 사람들보다 더 많은 성장의 결과를 거두고 있다. 전 세계적으로 가장 큰 개신교 그룹은 7천만의 교인을 가진 오순절 교회라고 할 수 있다.

1989년의 공산주의의 몰락과 함께, 예전의 소련지역 전역에 엄청난 기독교 부흥의 기회들이 생겼다. 수십 년 동안, 기독교는 소련지역에서 엄청나게 쇠퇴했었다. 1900년에 83.6%였던 기독교 인구가 1980년에는 36.1%로 줄어들었

---

[3] *New York Times*, 7 February 1993, 3. 중국의 기독교인들의 숫자를 분명히 파악하는 것은 여전히 어려운 난제임이 분명하다. 1990년대 중반에 그들의 숫자는 일반적으로 5천만에서 6천만 명으로 추산되며, 혹자는 5천만 명으로 주장하기도 한다. 중국은 1978년에 들어서야 서방과의 접촉이 재개되었다. 선교사들을 모두 추방하고 중국의 문호를 서방세계와는 단절했던 1948년에 신자들의 숫자는 대략 1백만 명 미만에서부터 5백만 명 미만까지라고 알려지고 있다.

다. 서구 사회의 기독교는 공산주의의 최종적 몰락을 고대해왔고, 즉각적으로 교회와 성경학교, 신학교, 방송국, 출판사역 그리고 다른 기독교 단체들을 세우기 위해 분투했다. 모든 유형의 전도자들이 러시아에 입국한 후, 그들의 활동을 제한하고 러시아 정교회를 보호하기 위해 정부 당국이 관여하기도 했다. 가장 어려운 문제는 현지 지도자가 부족하다는 것과 그들이 새로운 사역을 감당할 수 있도록 훈련시킬 시간이 필요하다는 점이다.

이 모든 나라들의 미래는 어떻게 예견될 수 있을까? 제3세계의 교회 성장이 여전히 지속될 것인가? 성령께서 다시 서구 사회에 부흥을 일으키실까? 미래의 부흥은 기독교가 거의 알려지지 않은 지역에만 한정될까? 하나님의 은혜의 역사에 무감각한 쾌락주의가 서구 사회에서 더 강화될까? 교회는 이 황량한 시대에 부흥을 위한 기도를 멈추어서는 안 될 것이다. 그리스도인들에게 가장 어둡고 황량한 것으로 보여졌던 우상숭배와 미신이 지배했던 천년의 기간이 지나자마자 종교개혁이 왔다. 그러나 그때, 오순절 이래로 가장 강력한 부흥이 일어났다.

1. 열방의 증인

마태복음 24장 14절에 의하면, 예수께서는 감람산 강화(Olivet Discourse)에서 "이 천국 복음이 모든 민족에게 증거되기 위하여 온 세상에 전파되리니 그제야 끝이 오리라"고 말씀하셨다. 예수의 말씀은 복음이 모든 민족 그룹에 전파된다고 하신 것 같다. 복음을 전 세계에 전파하려는 기념비적인 노력에도 불구하고, 그들 나라의 국경 내에 선교사들의 입국이나 활동을 금지하는 나라들이 늘고 있다. 1980년에 25개 국가들이 선교를 금했고, 24개국은 부분적으로만 허용했다. 그 결과 13억의 사람들이 복음을 들을 기회를 박탈당했다. 18개의 또 다른 국가들은 부분적으로 선교 활동을 제한한다. 복음화된 국가들 가운데 적어도 9개 국가에는 약 5천만 명에 이르는 무슬림과 불교도들도 혼재한다.

그럼에도 불구하고, 지상명령은 성취되고 있다. 여러 나라로 방송되는 강력한 라디오 방송들은 이런 미접근 지역으로 송출되고 있다. 어떤 나라들에서는 기독교 TV가 효과적으로 활용되고 있는데, 위성을 통해 수백만 명이 시청할 수 있다. 강력한 장/단파 방송들이 괌, 에콰도르의 퀴토(Quito), 몬테 카를로 및 여러 지역에서 송출되어 지구상의 대부분의 나라들에 이르고 있다. 라디오 방송사역은 1921년에 폭발적으로 성장하며 시작되었다. 1980년에는 정기적으로 방송을 듣는 청취자들이 전 세계 인구의 22.6%인 9억 9천만 명에 이르렀다. 1994년에는 청취자들의 비율이 26%로 증가했다. 가장 중요한 약진의 시기는 라디오 모스크바(Radio Moscow)를 비롯한 시베리아와 알바니아의 전(前) 공산당 방송국의 방송시간들을 살 수 있게 되면서부터였다. 제3세계 교회들이 서구 교회의 책임의 무게를 어느 정도 덜어주면서 세계 곳곳에 선교사들을 파송하는 비율도 늘어나고 있다. 보츠와나(Botswana) 출신의 선교사가 뉴욕 시의 일부를 복음화하기 위해 와서 미국을 흔드는 모습을 한번 상상해 보라.

2. "모든 이스라엘이 구원을 얻으리라"

미래에 교회가 부흥하고 성장할 가능성을 언급하는 또 다른 성경구절은 로마서 11장이다. 유대인의 구원과 관련하여 바울은 말한다. "그러므로 내가 다시 말하노니 저희가 넘어지기까지 실족하였느뇨 그럴 수 없느니라"(롬 11:11). 계속해서 바울은 24절에서 26절 상반절까지에서 "네가 원 돌감람나무에서 찍힘을 받고 본성을 거스려 좋은 감람나무에 접붙임을 얻었은즉 원 가지인 이 사람들이야 얼마나 더 자기 감람나무에 접붙이심을 얻으랴 형제들아 너희가 스스로 지혜 있다 함을 면키 위하여 이 비밀을 너희가 모르기를 내가 원치 아니하노니 이 비밀은 이방인의 충만한 수가 들어오기까지 이스라엘의 더러는 완악하게 된 것이라 그리하여 온 이스라엘이 구원을 얻으리라"고 주장한다.

이 구절이 민족으로서의 유대인(영적인 이스라엘, 즉 '교회'라기보다는)을 말한다고 믿는 사람들은 유대인들에게 위대한 부흥이 있을 것과 그들 가운데

다수가 구원받을 것을 기대한다. 오늘날 예수를 이스라엘의 메시아로 예배하는 "유대인 기독교도"(Messianic Jews)의 숫자가 증가하고 있음에도 불구하고, 로마서 11장에서의 예언 성취는 아주 소수에 지나지 않는다. 바울은 참다운 부흥이 일어나 시대의 종말이 이르기 직전에 유대인들이 그리스도 안에서 하나님께로 전향하게 될 것이라고 기대했다. 핸들리 몰(Handley C. G. Moule)은 다음과 같이 기록한다.

> 이것은 기억할 만한 구절이다. 서신서의 모든 예언적인 언급들 가운데서 가장 명백한 예언으로 수위를 차지하는 구절인 것이다. 모든 문제점들에 대한 상세한 설명을 차치하고, 이 구절은 우리에게 전체적인 하나의 메시지를 던져 준다. 넘치는 축복이 임할 결정적인 한 시기에 이스라엘 민족을 위한 숨겨진 미래가 있다는 사실이다… 우리는 사도가 가차 없이 이스라엘의 죄악에 대해, 강퍅한, 또는 절름발이가 된 영적 지각력에 대해, 순결한 은혜에 복종하기를 거부한 것에 대해, 자기 의를 쉼 없이 추구하는 악에 대해, 깊은 배타적 오만에 대해 말하는 것을 충분히 들었다. 그러므로 세계를 놀라게 할 다가오는 자비의 약속은 오히려 주권적이고 광대한 것으로 보인다… 그 위대하고 명백한 은혜의 시대는 이스라엘에게는 그것이 이스라엘에게 축복의 사건이었던 것처럼, 또한 충격의 사건이 될 것이다. 그리고 이 이스라엘의 축복을 통해 세상을 향한 하나님의 측량할 수 없는 선한 뜻이 세상에 나타나는 그 날을 추정할 수 있게 될 것이다… 비교적 즉각적이고 놀라운 이 전환을 통하여 하나님께 죄를 고백하며, 신실하며, 거룩하고, 자신을 바치는 한 나라가 탄생하는 것을 보게 될 것이다.[4]

유대인 통계국(Jewish Statistical Bureau)에 따르면, 전 세계에 대략 1천6백만 여명의 유대인들이 살고 있다. 몰이 옳다면, 이들 가운데 많은 이들이 미래에 반드시 일어나게 될 거대한 역사 속에서 그리스도께로 돌아오게 될 것이다. 오늘날 유대인들은 전 세계에 흩어져 있다. 북미에는 가장 많은 6백만 명 정도가 거주하고 있다. 유럽에는 4백만여 명이 살고 있으며, 이스라엘에도 약 4백만 명이 있다. 대략 2백만 명이 거주하는 뉴욕은 유대인이 가장 많이 집중

---

4) Handley G. G. Moule, *The Epistle to the Romans* (London, 1954), 308-12.

되어 있는 도시이다.[5] 이들 유대인 공동체가 메시아이신 예수께로 돌이키는 길을 안내하는 인도자가 될 것인가? 그 일이 곧 일어날 것인가? 성령께서는 이 일을 어떻게 성취시키실까? 우리는 바울이 설명한 것 이상을 말할 수 없다. 그러나 단지 상세한 영역들이 비밀로 숨겨져 있다고 해서 곧 결과가 불확실하다고 단정할 수만은 없는 것이다. 어쨌든 위대한 한 부흥이 세상을 뒤흔들게 될 것이고, 하나님이 선택하신 사람들이 하나님께로 돌아오게 될 것은 분명하다.

---

5) S. V. McCasland, G. E. Cairns, and D. C. Yu, *Religions of the World* (New York, 1982), 215.

참고문헌

Abbey, C. J. and J. H. Overton. *The English Church in the Eighteenth Century*. London, 1878.

Abbott, Wilbur C. *Prejudices*. 5th series. New York, 1926.

Ahlstrom, Sydney E. *A Religious History of the American People*. New Haven, Conn., 1972.

Aikin, Samuel C. *A Narrative of the Revival of Religion in the Country of Oneida, Particularly in the Bounds of the Presbytery of Oneida, in the Year 1826*. Utica, N. Y., 1826.

Alexander, Archibald. *Biographical Sketches of the Founder and Principal Alumni of the Log College*. Philadelphia, 1851.

Alexander, James W. *Forty Years Familiar Letters of James W. Alexander*. Ed. John Hall. New York, 1860.

Allen, Ethan. *Reason the Only Oracle of Man, or a Compendious System of Natural Religion*. Bennington, Vt., 1784.

Anderson, Courtney. *To the Golden Shore*. Grand Rapids, 1972.

Asbury, Francis. *The Journal and Letters of Francis Asbury*. Nashville, 1958.

Asbury, Herbert. *A Methodist Saint: The Life of Bishop Asbury*. New York, 1927.

Bailey, Thomas A. *The American Pageant: A History of the Republic*. Boston, 1961.

Baird, Robert. *Religion in America*. New York, 1970.

Barnes, Gilbert H. *The Antislavery Impulse, 1830–1844*. Gloucester, Mass., 1964.

Barrett, David B., ed. *World Christian Encyclopedia*. Nairobi, 1992.

Beardsley, E. E. *History of the Episcopal Church in Connecticut*. Boston, 1983.

Beardsley, Frank G. *A History of American Revivals*. New York, 1904.

Beecher, Lyman. *Address of the Charitable Society for the Education of Indigent Pious Young Men for the Ministry of the Gospel*. Concord, Mass., 1820.

―――. *Autobiography*. Ed. Barbara Cross. Cambridge, Mass., 1961.

Beecher, Lyman, and Asahel Nettleton. *Letters on "New Measures" in Conducting Revivals of Religion*. New York, 1828.

Belden, A. D. *George Whitefield, The Awakener*. Nashville, 1930.

Bennett, William W. *A Narrative of the Great Revival Which Prevailed in the Southern Armies*. Philadelphia, 1877.

Benson, Louis F. "President Davies as a Hymn Writer." *Journal of the Presbyterian Historical Society* 2(1903): 277–86, 343–73.

Billingon, Ray A. *Westward Expansion*. New York, 1949.

Boles, John B. *The Great Revival: 1787–1805*. Lexington, Ky., 1972.

Bradford, William. "History of Plimoth Plantation." In *The Puritans*, Perry Miller and Thomas H. Johnson. New York, 1963.

Brown, Elijah P. *The Real Billy Sunday*. New York, 1914.

Burke, Edmund. *Reflections on the Revolution in France*… 9th ed. London, n. d.

Calvin, John. *Commentary upon the Acts of the Apostles*. Edinburgh, 1844.

―――. *Institutes of the Christian Religion*. Grand Rapids, 1953.

Candler, Warren A. *Great Revivals and the Great Republic*. Nashville, 1904.

Cartwright, Peter. *Autobiography of Peter Cartwright*. London, 1856.

Chambers, T. W. *The Noon Prayer Meeting of the North Dutch Church*. New York, 1858.

Chapman, J. Wilbur. *Dwight L. Moody*. Philadelphia, 1900.

Chauncy, Charles. *Seasonable Thoughts on the State of Religion in New England*. Boston, 1743.

Christ in the Army; A Selection of Sketches of the Work of the U. S. Christian Commission. Philadelphia, 1865.

Cochran, William C. *Charles Grandison Finney*. Philadelphia, 1908.

Cole, Charles. *The Social Ideas of the Northern Evangelists 1826-1860*. New York, 1954.

Conant, William C. *Narratives of Remarkable Conversions and Revival Incidents…* New York, 1858.

Conkin, Paul K. *Cane Ridge: America's Pentecost*. Madison, Wis., 1990.

Cossit, Franceway R. *The Life and Times of Rev. Finis Ewing*. Louisville, 1853.

Coupland, R. *Wilberforce*. 2d ed. Oxford, 1945.

Covert, Harry. "An Interview with Luis Palau." *National & International Religion Report* 7. 17(9 August 1993): 1-4.

Cross, Whitney R. *The Burned-over District: The Social and Intellectual History of Enthusiastic Religion in Western New Enthusiastic Religion in Western New York, 1800-1850*. Ithaca, N. Y., 1950.

Cuningham, Charles E. *Timothy Dwight, 1752-1817*. New York, 1942.

Dallimore, Arnold. *George Whitefield: The Life and Times of the Great Evangelist of the Eighteenth-Century Revival*. Westchester, Ill., 1980.

Daniels, William H. *D. L. Moody and His Work*. Hartford, 1876.

Davis, George T. B. *Torrey and Alexander: The Story of a World-Wide Revival*. New York, 1905.

Denison, Lindsay. "The Rev. Billy Sunday and His War on the Devil." *American Magazine* 64(September 1907).

Dorchester, Daniel. *Christianity in the United States*. New York, 1895.

Dorsett, Lyle W. *Billy Sunday and the Redemption of Urban America*. Grand Rapids, 1991.

Dwight, Timothy. *Theology: Explained and Defended*. Middletown, Conn., 1818-1819.

──────. *Travels in New-England and New York*. Cambridge, Mass., 1969.

Ecclesiastical Records (of the) State of New York. Albany, 1902.

Edwards, Jonathan. *A Divine and Supernatural Light, Immediately Imparted to the Soul by the Spirit of God, Shown to be both a Scriptural, and Rational Doctrine*. Boston, 1734.

──────. *A Faithful Narrative of the Surprising Work of God in the Conversion of Many Hundred Souls in Northampton and the Neighboring Towns and Villages*. Boston, 1737.

──────. "The Justice of God in the Damnation of Sinners." In *Puritan Sage*, ed. Vergilius Ferm. New York, 1953.

──────. "Pressing Into the Kingdom of God." In *Puritan Sage*, ed. Vergilius Ferm. New York, 1953.

──────. *Sinners in the Hands of an Angry God: A Sermon Preached at Enfield, July 8, 1741*. Boston, 1741.

──────. *Some Thoughts Concerning the Present Revival of Religion in New England*. Boston, 1742.

Ellis, William T. *"Billy" Sunday: The Man and His Message*. Philadelphia, 1914.

Elsbree, Oliver. *The Rise of the Missionary Spirit in America*. Williamsport, Pa., 1928.

Engles, William M., ed. *Minutes of the General Assembly of the Presbyterian Church, 1789-1820*. Philadelphia, 1847.

Faulkner, H. U. *American Economic History*. New York, 1938.

Fielding, Henry. *Enquiry Into the Late Increase of Robbers*. London, 1751.

Findlay, James F., Jr. *Dwight L. Moody, American Evangelist 1837-1899*. Chicago, 1969.

Finney Papers, Oberlin(Ohio) College Library.

Finnery, Charles G. *Lectures on Revivals of Religion*. Ed. W. G. McLoughlin, Jr. Cambridge, Mass., 1960.

_____. *The Memoirs of Charles G. Finney*. Ed. Garth M. Rosell and Richard A.G. Duuis. Grand Rapids, 1989.

_____. *Memoirs of Rev. Charles G. Finney*. New York, 1876.

_____. *Sermons on Various Subjects*. New York, 1835.

First Annual Report of the American Bible Society. New York, 1816.

Foster, Charles I. *An Errand of Mercy: The Evangelical United Front, 1790–1837*. Chapel Hill, N. C., 1960.

Franklin, Benjamin. "Autobiography." In *A Benjamin Franklin Reader*, ed. Nathan Goodman. New York, 1945.

Frelinghuysen, Peter H. B., Jr. *Theodorus Jacobus Frelinghuysen*. Princeton, 1938.

Frelinghuysen, Theodore J. *Sermons*. New York, 1856.

Furman, Wood, ed. *A History of the Charleston Association of Baptist Churches*. Charleston, S. G., 1811.

Gaustad, Edwin S. *The Great Awakening in New England*. New York, 1957.

Gay, Peter. *Deism: An Anthology*. Princeton, N. J., 1968.

Gewehr, W. M. *The Great Awakening in Virginia, 1740–1790*. Gloucester, Mass., 1965.

Gillett, E. H. *History of the Presbyterian Church in the United States of America*. Philadelphia, 1864.

Goen, C. C., ed. *The Great Awakening*. In vol. 4 of *The Works of Jonathan Edwards*. New Haven, Conn., 1972.

Goodrich, Chauncey A. "Narrative of Revivals of Religion in Yale College." *American Quarterly Register* 10(1838).

Goodykootz, Colin. *Home Missions of the American Frontier*. Caldwell, Idaho, 1939.

Green, Ashbel. *A Sermon Delivered… on the 19th of February, 1795*. Philadelphia, 1795.

Griffin, Clifford S. *Their Brothers' Keepers: Moral Stewardship in the United States, 1800–1865*. New Brunswick, N. J., 1960.

Gundry, Stanley N. *Love Them In: The Proclamation Theology of D. L.

Moody. Chicago, 1976.

Hardman, Keith J. *Charles Grandison Finney, 1792-1875: Revivalist and Reformer*. Syracuse, 1987; reprint, paperback edition, Grand Rapids, 1990.

Harkness, Georgia. *John Calvin: The Man and His Ethics*. New York, 1931.

Harmelink, Herman, Ⅲ. "Another Look at Frelinghuysen and His 'Awakening.'" *Church History* 37. 4(December 1968): 423-38.

Hatch, Nathan O. "Can Evangelicalism Survive Its Success?" *Christianity Today*(5 October 1992).

High, Stanley. *Billy Graham*. New York, 1956.

Holcomb, Walt. *Sam Jones: An Ambassador of the Almighty*. Nashville, 1947.

Hudson, Winthrop S. *Religion in America: An Historical Account of the Development of American Religious Life*. New York, 1981.

Johnson, Charles A. *The Frontier Camp Meeting: Religion's Harvest Time*. Dallas, 1955.

Jones. J. William. *Christ in the Camp; or, Religion in the Confederate Army*. Richmond, Va., 1904; reprint, Harrisonburg, Va., 1986.

Jones, Laura M. *The Life and Sayings of Sam P. Jones*. Atlanta, 1906.

Keller, Caharles R. *The Second Great Awakening in Connecticut*. New Haven, Conn., 1942.

Kincheloe, Samuel C. *Research Memo on Religion in the Depression*. New York, 1937.

Klett, Guy S. *Presbyterians in Colonial Pennsylvania*. Philadelphia, 1937.

Krutch, Joseph Wood. *The Modern Temper: A Study and a Confession*. New York, 1929.

Lee, Jesse. *History of the Methodists*, Baltimore, 1810.

Love, W. DeLoss. *Samson Occum and the Christian Indians of New England*. Boston, 1899.

Lucas, Paul R. "An Appeal to the Learned: The Mind of Solomon Stoddard." *William and Mary Quarterly* 30(1943): 257-92.

Marsden, George M. *Fundamentalism and American Culture*. New York, 1980.

Martin, William. *A Prophet with Honor: The Billy Graham Story*. New York, 1991.

Mather, Increase. *A Dissertation Concerning the Strange Doctrine of Mr. Stoddard*. Boston, 1708.

Mathews, Donald G. "The Second Great Awakening as an Organizing Process, 1780-1830: An Hypothesis." *American Quarterly* 21. 1(Spring 1969).

Maxson, Charles H. *The Great Awakening in the Middle Colonies*. Chicago, 1920.

McCasland, S. V., G. E. Cairns, and D. C. Yu. *Religions of the World*. New York, 1982.

McCrie, Thomas. *Sketches of Scottish Church History*. London, 1846.

McGready, James. "A Short Narrative of the Revival of Religion in Logan County, in the State of Kentucky, and the Adjacent Settlements in the State of Tennessee, from May 1797, until September 1800." *New York Missionary Magazine* 4(New York, 1803).

McIlvaine, Charles P. *Bishop McIlvaine on the Revival of Religion…* Philadelphia, 1858.

McLean, J. P. "The Kentucky Revival and Its Influence on the Miami Valley." *Ohio Archeological and Historical Publications* 12(April 1903).

McLoughlin, William G., Jr. *Billy Sunday Was His Real Name*. Chicago, 1955.

_____. *Modern Revivalism: Charles Grandison Finney to Billy Graham*. New York, 1959.

McNeill, John T. *The History and Character of Calvinism*. New York, 1967.

Mead, Sidney Earl. *Nathaniel William Taylor, 1786-1858: A Connecticut Liberal*. Chicago, 1942.

Mercer, Jesse. *A History of the Georgia Baptist Association*. Washington, Ga., 1838.

Meyer, Donald B. *The Protestant Search for Political Realism, 1919-1941*. Berkeley, Calif., 1960.

Miller, Perry. *Jonathan Edwards*. New York, 1949.

참고문헌 411

_____. *The Life of the Mind in America: From the Revolution to the Civil War*. New York, 1965.

_____. *The New England Mind: From Colony to Province*. Boston, 1953.

_____. "Solomon Stoddard." *Harvard Theological Review* 34(1941): 277-320.

Miller, Perry, and Thomas Johnson, eds. *The Puritans*. New York, 1963.

Miller, Robert M. *American Protestantism and Social Issues, 1919-1939*. Chapel Hill, N. C., 1958.

Mode, Peter G. *Source Book and Bibliographical Guide for American Church History*. Menasha, Wis., 1921.

Moody, William R. *The Life of Dwight L. Moody*. New York, 1900.

Moodyana Collection, Moody Bible Institute, Chicago.

Morgan, G. Campbell. *Lessons of the Welsh Revival*. New York, 1905.

Morrison, Howard A. "The Finney Takeover of the Second Great Awakening During the Oneida Revivals of 1825-1827." *New York History* 59. 1(January 1978).

Moule, Handley C. G. *The Epistle to the Romans*. London, 1954.

Niebuhr, H. Richard. *The Kingdom of God in America*. New York, 1937.

Noble, W. F. P. *A Century of Gospel Work*. Philadelphia, 1876.

Orr, J. Edwin. *The Second Evangelical Awakening in America*. London, 1952.

_____. *The Second Evangelical Awakening in Britain*. London, 1949.

Palau, Luis. *Luis Palau: Calling the Nations to Christ*. Chicago, 1983.

Palmer, Elihu. *Principles of Nature; or, A Development of the Moral Causes of Happiness and Misery among the Human Species*. London, 1823.

Pears, Thomas C., and Guy S. Klett, eds. *Documentary History of William Tennent and the Log College*. Philadelphia, 1940.

Pollock, John. *Billy Graham, Evangelist to the World: An Authorized Biography*. New York, 1971.

_____. *To All the Nations*. San Francisco, 1985.

Prime, Samuel I. *The Power of Prayer*. New York, 1859.

Purcell, Richard J. *Connecticut in Transition: 1775-1818*. Middletown, Conn., 1963.

"Review on the Employment of Evangelists in Our Older Settlements." *Quarterly Christian Spectator* 1(September 1829).

Richards, Thomas C. *Samuel J. Mills: Missionary Pathfinder, Pioneer, and Promoter*. Boston, 1906.

Richardson, James D., ed. *A Compilation of the Messages and Papers of the Presidents, 1789-1904*. New York, 1904.

Rippon, John. *The Baptist Annual Register*. London, n. d.

Romilly, Sir George. *Observations on the Criminal Code*. London, 1810.

Rosell, Garth M. *Charles Grandison Finney and the Rise of the Benevolence Empire*. Ann Arbor, Mich., 1971.

Ryle, J. C. *A Sketch of the Life and Labors of George Whitefield*. Edinburgh, 1850.

Sandeen, E. R. *The Roots of Fundamentalism*. Chicago, 1970.

Schafer, Thomas A. "Solomon Stoddard and the Theology of the Revival." In *A Miscellany of American Christianity*, ed. Stuart C. Henry. Durham, N. C., 1963.

Schoulder, J. *History of the United States under the Constitution*. New York, 1922.

Seward, Thomas. *Address: A Memorial of the Semi-Centennial of the Founding of the Sunday School of the First Presbyterian Church, Utica, New York*. Utica, 1867.

Shattuck, Gardiner H., Jr. *A Shield and Hiding Place: The Religious Life of the Civil War Armies*. Macon, Ga., 1987.

Shaw, John. *Twelve Years in America*. London, 1867.

Smith, H. S., R. T. Handy, and L. A. Loetscher. *American Christianity: An Historical Interpretation with Representative Documents*. New York, 1960.

Smith, Timothy L. *Revivalism and Social Reform: American Protestantism on the Eve of the Civil War*. New York, 1957.

Sperry, Willard L. *Religion in America*. New York, 1946.
Sprague, William B. *Lectures on Revivals of Religion*. Edinburgh, 1958.
Steiner and Schweinitz. *Report of the Journey of the Brethren*. n. p., n. d.
Stephen, Sir Leslie. *English Thought in the Eighteenth Century*. New York, 1949.
Stephens, Sir James. *Essays in Ecclesiastical Biography*. London, 1849.
Stevens, Abel. *History of the Methodist Episcopal Church*. New York, 1864-67.
Stiles, Ezra. *A Discourse on the Christian Union*. Boston, 1760.
Stoddard, Solomon. *The Defects of Preachers Reproved in a Sermon Preached at Northampton, May 19, 1723*. New London, Conn., 1724.
_____. *The Doctrine of Instituted Churches Explained, and Proved from the Word of God*. London, 1700.
_____. *The Efficacy of the Fear of Hell*. Boston, 1713.
_____. *A Guide to Christ*. Boston, 1714.
_____. *The Inexcusableness of Neglecting the Worship of God, Under a Pretense of Being in an Unconverted Condition*. Boston, 1708.
_____. *The Presence of Christ with the Ministers of the Gospel*. Boston, 1718.
_____. *The Safety of Appearing at the Day of Judgment, in the Righteousness of Christ*. Boston, 1689.
Stoeffler, F. Ernest. *The Rise of Evangelical Pietism*. Leiden, 1965.
Stone, Barton W. "A Short History of the Life of Barton W. Stone." In *The Cane Ridge Meeting-House*, by James R. Rogers. Cincinnati, 1910.
Stout, Harry S. *The Divine Dramatist: George Whitefield and the Rise of Modern Evangelicalism*. Grand Rapids, 1991.
Sweet, William Warren. *Religion on the American Frontier: The Methodists*. Chicago, 1946.
_____. *The Story of Religion in America*. New York, 1950.
Tanis, James. *Dutch Calvinistic Pietism in the Middle Colonies: A Study in*

the Life of Theodorus Jacobus Frelinghuysen. The Hague, 1967.

Tawney, R. H. *Religion and the Rise of Capitalism.* New York, 1926.

Thomas, John L. *The Liberator.* New York, 1963.

Tipple, Ezra S. *Francis Asbury, The Prophet of the Long Road.* New York, 1916.

Torrey, Samuel. "A Plea for the Life of Dying Religion." In *The Christian History, Containing Accounts of the Revival and Propagation of Religion in Great Britain, America, &c.*, ed. Thomas Prince, Jr. Boston, 1743.

Tracy, Joseph. *The Great Awakening: A History of the Revival of Religion in the Time of Edwards and Whitefield.* Boston, 1842.

Trinterud, Leonard J. *The Forming of an American Tradition: A Re-examination of Colonial Presbyterianism.* Philadelphia, 1949.

Trumbull, J. R. *A History of Northampton.* Northampton, Mass., 1898.

Tyerman, Luke. *Life of George Whitefield.* London, 1890.

Walker, Williston., *A History of the Christian Church.* 3d ed. rev. New York, 1970.

Weber, T. P. *Living in the Shadow of the Second Coming: American Premillennialism, 1875-1925.* New York, 1979.

Weisberger, Bernard A. *They Gathered at the River.* Boston, 1958.

Westerkamp, Marilyn J. *Triumph of the Laity: Scots-Irish Piety and the Great Awakening, 1625-1760.* New York, 1988.

White, Charles E. *The Beauty of Holiness: Phoebe Palmer as Theologian, Revivalist, Feminist, and Humanitarian.* Grand Rapids, 1986.

Whitefield, George. *Journals.* London, 1960.

_____. "Sermon 9: The Folly and Danger of Being Not Righteous Enough." In vol. 5 of *The Works of Whitefield.* London, 1954.

Woodward, William W. *Surprising Accounts of the Revival of Religion in the United States of America.* Philadelphia, 1802.

Wright, George F. *Charles Grandison Finney.* New York, 1891.

색인/찾아보기

ㄱ

가드너, 오르빌(Gardner, Orville) 252
각성(awakening) 16-18, 29-34, 397, 400
감리교 부흥 165-67
감리교회 247, 250, 315, 354
    각성 152
    기독교 옹호(Christian Advocate) 312
    기원 111-14
    미국에서의 성장 165-73
    복음주의자들 243-244
    성탄절 집회 168
    순회 전도자들(circuit riders) 168-71
    신학 116, 171-73, 353
    아주사 거리 354
    에즈베리 166-73, 176
    에큐메니즘 254
    전도지 배포 272, 274
    절제 316-317
    제3차 각성 246, 258-63
    카트라이트 181, 190-99
    칼빈주의 27-29

캔들러 310
캠프집회 170-71, 183-88
횟필드 131-32
감옥개혁 226
감정주의(emotionalism) 188-92, 317
"강건한 기독교," 316
개신교 종교개혁 23-29, 51, 400
개혁교회 69, 71, 78, 125-26, 221, 248-50
거룩한 밴드 216-17, 239, 319
게일, 조지(Gale, George W.) 207-11, 216
겔라거, 제임스(Gallagher, James) 243
갤럽 조사 36
게리슨, 윌리암(Garrison, William L.) 231, 245
게스퍼(Gasper) 캠프집회 184-86, 191
결단의 시간(Hour of Decision) 374-78
경건주의 28, 71-72, 84-85, 253
경건한 모임(Collegia Pietatis) 85

고든, 존(Gordon, John B.) 271
고르바초프, 미카일(Gorbachev, Mikhail) 31, 381
고흐(Gough, H. R.) 379
공자(Confucius) 110

광란의 20년대 347-49
교단들(denominations)
　분열 355-56
　자유주의 326, 351, 353, 357
　협력
　　그래함 381
　　선데이,(Sunday, B.) 335
　　연합계획 203-04
　　제3차 대각성 250-51, 254, 260-61
　　채프맨 324-25
　　캠프집회들 183-88
　　퍼니 216-17, 219
　　휫필드 95, 137-38
　　NAE 358-59
교회
　앵글리칸 111, 292
　　18세기 90-91
　　감리교 165-67
　　엘리자베스의 종교정책 40
　　칼빈주의 29
　　휫필드 123
　침례교 133
　　뉴욕 250
　　복음주의자 359
　　서부로의 이주 174-76
　　에큐메니즘 254
　　자유주의 353
　　제3차 각성운동 246, 261-63
　　채프만 324-25
　　캐인리지 캠프 집회 187-88
　　휫필드 95, 122-23
구도석(anxious seat) 215
구 빛(Old Light) 101
구세군 229, 311
구스타드, 에드윈(Gaustad, Edwin) 95
구학파 칼빈주의 219-20, 227
군목 154, 267-68, 269

굿리치(Goodrich, C. A.) 159
권징서(Book of Discipline) 196
"규칙주의자들"(Regulators) 192
그래함, 루스 벨(Graham, Ruth Bell)
　　　　　　　367-68, 369
그래함, 윌리암 "빌리"(Graham, Willia
　　　　"Billy" F.) 29, 32, 348, 361-86
　교육 362-67
　결혼 368
　동역자들
　　베로우스 370-71, 378
　　세아 368, 372, 378
　　윌슨 363, 372, 376, 377
　　팔라우 361, 387, 388
　사역
　　결과들 384-86
　　라디오 368, 374-78, 386
　　로잔 대회 381, 384
　　명성 384-85
　　세계 지도자들 28-29, 380-83
　　십대선교회(Youth for Christ) 369-70
　　안수 367
　　채플린 369-70
　　초기 사역 365-67
　　텔레비전 376, 377, 385-86
　유년시절 361-65
　전도대회들
　　기도 모임들 372-73
　　남한 32, 381
　　뉴욕 32, 381
　　뉴질랜드 381
　　동 유럽 384
　　로스앤젤레스 372-74
　　멕시코시티 384
　　모스크바 31, 382, 384
　　북한 383
　　상담자 훈련 385

언론 보도내용들 373-74, 379-80
영국 371-72, 378-80, 384-85
오스트레일리아 381
일본 384
중국 386
포틀랜드, 오래곤 385
필라델피아 385
회심자 교육 385
특징들 364-65
회심 361-65
그랜저, 아더(Granger, Arthur) 243
그랜트, 울리세스(Grant, Ulysses) 274
그레이, 제임스(Gray, James M.) 325
그리피스, 에드워드(Griffith, Edward D.) 152
그린, 아쉬벨(Green, Ashbel) 144, 147
그린달, 에드먼드(Grindal, Edmund) 41
그릴리, 호레이스(Greeley, Horace) 251-52
『근본적인 것들』(Fundamentals) 329
근본주의 29-30, 353, 356
근본주의 대(對) 현대주의 논쟁 328-29, 350-51, 353
근본주의자들 329
글래든, 워싱톤(Gladden, Washington) 327
금지(Prohibition) 316, 349

기니스, 오스(Guiness, Os) 39
기도집회들 248, 54
 그래함 372-73
 풀턴거리 348-5
기독교 310-12, 326-29, 349-51, 398
『기독교 강요』 25, 26
기독교 세기(Christian Century) 360
기독교인들, 세계전체의 37-39
기독형제애 137-38
긴 시대(Gin Age) 107-10
김일성 383

ㄴ

나단, 조지 진(Nathan, George Jean) 349
나사렛(Nazarene) 353
낙스, 존(Knox, John) 25, 27-28
남북전쟁 265-68, 326
 병사들
  군목회 268-72, 289-90
  금식 270, 276
  사기 265-67
  회심 269, 276
 부흥 268-77
 제3차 각성 265-77
 주일 예배 266-67, 270
 주일 전쟁 366-67
 채플린 268-71
냅, 제이콥(Knapp, Jacob) 241
네쉬, 다니엘(Nash, Daniel) 216
네이티브 인디안, 아메리칸 인디안을 보라
네틀톤, 아사헬(Nettleton, Asahel) 203, 205, 239
 감정주의 317-18
 뉴 레바논 회의 217-22
 제2차 대각성 163-64
 피니 216
NAE(National Association of Evangelicals) 358-60, 368
노예도망법(Fugitive Slave Law) 245
노예폐지제 217, 225, 228, 230-32
노예제도 199, 230, 243
 노예제 폐지 217, 225, 228, 230-32
노톤, 헤르만(Norton, Herman) 216
노트, 헨리(Nott, Henry) 237
뉴 디비니티(New Divinity) 220, 241
뉴 레바논 회의 217-22
뉴욕 기도운동 250-54
뉴엘, 사무엘(Newell, Samuel) 237

뉴튼, 존(Newton, John) 231
니버, 리차드(Niebuhr, H. Richard) 328-29
니체, 프레드리히 빌헬름(Nietzsche, Friedrich Wilhelm) 326

ㄷ

다비,(Darby, J. N.) 292-93
다윈, 찰스(Darwin, Charles) 326
대공황(Great Depression) 351-52, 360, 366
대 여덟(Great Eight) 236
대중전도 18, 351
   미래 394-96
   변화들 278-79, 317-19
   통계수치들 385 86, 390-94
대학들
   다트무스(Dartmouth) 135, 160, 307
   라이스 대학교(Rice University) 396
   럿거스(Rutgers) 135
   레이크 포레스트(Lake Forest) 324
   로스앤젤레스 성경대학(Bible Institute of L.A.) 324
   무디성경학교(Moody Bible Institute) 309, 320, 321, 323, 357
   물트노마 성경 신학교(Multnomah Biblical Seminary) 388
   밥 존스(Bob Jones) 364-65
   보도인(Bowdoin) 147
   브라운(Brown) 135
   설립(foundings) 134-37
   성 알반스(St. Alban's) 388
   성경(Bible) 357, 400
   시카고 신학교(Chicago Theological Seminary) 352
   앰허스트(Amherst) 257-58, 308
   에딘버러(Edinburgh) 298, 307
   에모리(Emory) 321
   예일 신학부(Yale Divinity School) 203
   예일(Yale)
      드와이트 146, 153-63
      무디 307
      에드워즈 89
      설립 81
      스타일즈(Stiles) 133, 140
      제3차 대각성 257-58
   오랄 로벗츠 대학교(Oral Roberts University) 355
   오벌린(Oberlin) 227-29, 239, 241, 243
   옥스퍼드(Oxford) 110, 111-13, 307
   워싱톤(Washington) 191
   웨스트민스터 신학교(Westminster Theological Seminary) 356
   윌리암 앤드 메어리(William and Mary) 80-81, 147
   윌리암스(Williams) 237
   캠브리지(Cambridge) 307, 388
   크리스챤(Christian) 357
   통나무 대학(Log College) 81, 124, 126, 128, 137
   트랜스바니아 대학교(Transvania University) 147
   트리니티(Trinity, Fla.) 365
   펜실바니아 대학교(University of Pennsylvania) 127, 135
   풀러신학교(Fuller Theological Seminary) 368
   프린스턴 신학교(Princeton Theological Seminary) 210, 242, 327, 356
   프린스턴(Princeton) 104, 128, 135, 136, 137, 147, 160, 307
   플로리다 성경학교(Florida Bible Institute) 365-67
   하버드 신학부(Harvard Divinity School) 351
   하바드(Harvard) 80, 97, 160, 307
   햄든 시드니(Hampden-Sydney) 152, 181
   헤밀톤(Hamilton) 241

휘튼(Wheaton) 358, 367, 368
데마레스트, 윌리암(Demarest, William) 74
데븐포트, 제임스(Davenport, James) 102, 188
데이비스, 사무엘(Davies, Samuel) 135-36
데이비스, 조지(Davies, George T.) 325
데이비스,(Davies, R. T.) 358
데일,(Dale, R. W.) 300
덱커, 루더포드(Decker, Rutherford) 358
도드리지, 필립(Doddridge, Philip) 120
도위, 존 알렉산더 (Dowie, John Alexander) 353
독립전쟁 141-43, 268
독일 개혁파 221
두포어, 주디스(Dufour, Judith) 108
드레드 스코트 결정(Dred Scot decision) 245
드레이저, 디어도어(Dreiser, Theodore) 349
드와이트, 티모시(Dwight, Timothy) 153-64
   계승자들 204, 205, 219-20
   교육 153-54
   변증학 157-58
   불란서 영향 141, 145-47
   신학 161-63
   아카데미 155
   예일에서의 부흥 155-60
   유년시절 153-54
   채플린 154, 267-68
디데로트, 데니스(Diderot, Denis) 141
디알렘버트, 진 디 론드(d'Alembert, Jean Le Rond) 147
디어본, 헨리(Dearborn, Henry) 148
디에너트, 프레드(Dienert, Fred) 375
딕슨, 데이빗(Dickson, David) 48-49
딕킨슨, 조나단(Dickinson, Jonathan) 68, 137

ㄹ

라더, 폴(Rader, Paul) 356
라디오 373
   그래함 368, 374-78, 386
   기독교 357, 358, 359, 400
   전도 30
   청취자 숫자 38, 389, 401
   팔라우 389, 394-96
라이스, 루터(Rice, Luther) 237
라이스, 사무엘(Rice, Samuel) 247
라이트, 벤자민(Wright, Benjamin) 202, 207
라이트, 엘윈(Wright, J. Elwin) 359
라이트, 리차드(Wright, Richard) 167
라일(Ryle, J. C.) 110, 119
라일리, 윌리암 벨(Riley, William Bell) 325
라우센부쉬, 월터(Rauschenbusch, Walter) 327
라틴 아메리카, 영적 상태 399
란킨, 존(Rankin, John) 182
람세이, 월터(Ramsey, Walter) 361-62
레벨, 엠마(Revell, Emma C.) 290
랜피어, 제레미아(Lanphier, Jeremiah) 248-49
랜싱, 덕(Lansing, Dirck) 217
래터 레인 부흥(Latter Rain revival) 354
레이몬드, 르위스(Raymond, Lewis) 243
로드, 윌리암(Laud, William) 42
로드히버, 호머 "로디"(Rodeheaver, Homer "Rody") 341-43, 347, 370
로마가톨릭교회 142, 281-82, 300, 327, 384
로마가톨릭 142, 281-82, 300, 327, 384
로버츠, 오랄(Roberts, Oral) 355
로버츠, 이반(Roberts, Evan) 353
로빈슨, 윌리암(Robinson, William) 135
로어리, 빌(Lowery, Bill) 398
로우랜드, 존(Rowland, John) 135
로이드-존스, 마틴(Lloyd-Jones, D. Martyn) 17-8
로잔 세계전도대회 135, 381, 384
로젤, 가르스(Rosell, Garth) 216

로크, 존(Locke, John) 89
롤링, 에드워드(Rolling, Edward J.) 356
루소, 장-작스(Rousseau, Jean-Jacques) 141, 142, 148, 177
루이스 16세(Louis XVI) 141, 233
루이지애나 구매 149, 175
루카스, 폴(Lucas, Paul R.) 53
루터, 마틴(Luther, Martin) 16, 23, 26, 313
루터란 교회 250, 254, 260, 325
르위스, 싱클레어(Lewis, Sinclair) 350
리, 로버트(Lee, Robert E.) 268, 270, 271, 273, 274, 336
리, 제세(Lee, Jesse) 165
리, 찰스(Lee, Charles) 148
리빙스톤, 존(Livingstone, John) 49
리스, 폴(Rees, Paul S.) 359
링컨, 아브라함(Lincoln, Abraham) 199, 280

◻

마더, 엘리저(Mather, Eleazer) 52
마더, 인크리지(Mather, Increase) 46-48, 52
마랫, 진-폴(Marat, Jean-Paul) 143
마세이, 찰스(Massey, Charles) 367
마스톤(Marston, L. R.) 359
마이어, 월터(Maier, Walter A.) 375
마틴, 윌리암(Martin, William) 396
마핏, 존 뉴랜드(Maffitt, John Newland) 243, 246
막스, 제임스(Marks, James) 268
매튜스, 도날드(Mathews, Donald G.) 234
맥그레디, 제임스(McGready, James) 180-84, 186
맥기, 윌리암(McGee, William) 182-84
맥기, 존(McGee, John) 182, 184
맥네일, 존(McNeil, John T.) 26
맥로인, 윌리암(McLoughlin, William G. Jr.) 223, 340, 341, 344, 352
맥밀란, 존(McMillan, John) 180
맥베인, 찰스 페팃(McIlvaine, Charles Pettit) 256
맥슨, 찰스(Maxson, Charles) 84
맥코믹, 사이러스(McCormick, Cyrus) 293
맥클레란, 조지(McClellan, George) 266, 267, 268
맥퍼슨, 에이미 셈플(McPherson, Aimee Semple) 354
맥퍼슨, 헤롤드(McPherson, Harold) 354
맨켄(Mencken, H. L.)
맨켄, 헨리(Mencken, Henry L.) 350
머서, 실라스(Mercer, Silas) 177-78
머쉬, 제임스 디프레스트(Murch, James deForest) 359
멍거, 티오도어(Munger, Theodore T.) 328
메이나디(Meynardie, E. J.) 268
메이어(Meyer, F. B.) 296, 322
메이첸, 그레스엠(Machen, J. Gresham) 356

모라비안들 28, 95, 116
모르간, 캠프벨(Morgan, G. Campbell) 318
모리슨, 하워드(Morris, Howard) 219
모아, 조수아(More, Joshua) 135-36
모어하우스, 헨리(Moorehouse, Henry) 293, 294, 296
모울, 헨들리(Moule, Handley C. G.) 402
모트, 존(Mott, Jon R.) 308-9
모하멧(Mohammed) 22, 110
몰몬교 215
무디, 드와이트 리만(Moody, Dwight Lyman) 205, 217, 278, 309, 315-17, 338, 370, 385
　결혼 290
　구두판매원 283, 284, 287
　사역
　　노스필드 대회 306-9

성경학교 309, 320
영적 위기 293-94
주일학교 279-83
YMCA 264, 272, 288, 289, 291, 292, 333
심장발작 321
유년시절 273, 284
전도방법 278, 304, 305-9, 318-19
설교 294, 315
전도집회
뉴욕 278, 292, 304
브루클린 304, 305
시카고 세계박람회 321
영국 294-303, 378
캔사스 시티 321
필라델피아 303-4
친구들
사업 292
생키 291, 292, 294-303
챕프만 324
킥 217, 242, 284
특징들 301, 304, 314
회심 284-86
무디, 엠마 레벨(Moody, Emma Revell) 290
물렌버그, 헨리 멜콰이어(Muhlenberg, Henry Melchoir) 85
물러, 조지(Muller, George) 320
미국 독립혁명 141-43
미국 이민 327
미국성서공회 235, 236, 357
미이드, 시드니(Mead, Sidney) 162
미 합중국
개척지 삶 192-94
도덕적 타락 139-40, 143-49, 347-49
사회적 변화 328, 345, 347-51
선교적 비전 178-80
영적 상태 360-61, 395, 397-400
민더, 존(Minder, John) 356, 366

밀러, 윌리암(Miller, William) 244, 45
밀러, 페리(Miller, Perry) 52-54, 56, 205, 228
밀스, 사무엘(Mills, Samuel J. Jr.) 237
밀스, 페이(Mills, B. Fay) 320

ㅂ

바네스, 길버트(Barnes, Gilbert H.) 232
바네스, 어네스트(Barnes, Ernest) 371
바눔,(Barnum, P. T.) 301
바렛, 데이빗(Barrett, David B.) 37
바우스, 짐(Vaus, Jim) 374-75
박스터, 조지(Baxter, George A.) 191
반성약(half-way covenant) 53, 103, 132
반하우스, 도날드 그레이(Barnhouse, Donald Grey) 358
방언운동 354
백과사전학파(encyclopedists) 142
뱅크로프트, 리차드(Bancroft, Richard) 41
버논 산의 100(Mount Vernon Hundred) 308
버니, 제임스(Birney, James G.) 231
버크, 에드먼드(Burke, Edmund) 233
베네트, 윌리암(Bennett, William W.) 274-76
베네트, 월터(Bennett, Walter) 375
베네트, 제임스 고든(Bennett, James Gordon) 252
베로우스, 클리프(Barrows, Cliff) 370, 372, 373, 378
베를린 전도모임(Berlin Congress on Evangelism) 361, 390
베어드, 로버트(Baird, Robert) 238
베이커, 다니엘(Baker, Daniel) 243
베이커, 스탠리(Baker, Stanley) 371
베인브리지, 쿠스버트(Bainbridge, Cuthbert) 295
베일리, 토마스(Bailey, Thomas) 232-33
베만, 나단(Beman, Nathan) 217

벨, 랄프(Bell, Ralph) 30, 396
벨, 루스(Bell, Ruth) 368-69, 370
벨처, 조나단(Belcher, Jonathan) 137
보나, 앤드류(Bonar, Andrew A.) 299
보드맨, 윌리암(Boardman, William E.) 271
보편주의(universalism) 101, 254
voorlesers 85
복음(gospel), 복음(evangel)을 보라 15-21, 312-14
복음전도 15-18, 19, 30, 34, 35-38, 310-46, 394-96, 401-3
복음주의356, 358-60, 398
복음주의자 384
    상업주의 313-14, 323
    전문화 239-43, 318-19
    협회 319, 357
복음주의적 각성 (Awakening, Evangelical) 107-9, 230-31, 236, 378
볼링브로크 경,(Bolingbroke, Lord/Henry St. John) 109-10, 130-31
볼스, 존(Boles, John) 189
볼스테드 약정(Volstead Act) 349
부스, 윌리암(Booth, William) 229
부스, 캐더린(Booth, Catherine) 229
부흥 16-18, 48-50, 354, 400
    각성을 보라
『부흥론 강의』(Lectures on Revivals) 220, 228
부흥의 광적현상 188-91, 211, 218-19
부흥운동, 현대 353-55
북서부 영토 174-75
분, 다니엘(Boone, Daniel) 174
불교 400
불란서 계몽주의(French Enlightment) 141-43
불탄 거리(burned-over district) 214
불리, 헨리(Bewley, Henry) 295
브라운, 로버트(Browne, Robert) 40

브라운, 헤이우드(Broun, Heywood) 340
브라이트, 빌(Bright, Bill) 361
브래드베리, 존(Bradbury, John W.) 358
브래드포드, 윌리암(Bradford, William) 43
브래드쇼(Bradshaw, W. G.) 322
브리지, 핀니아스(Bresee, Phineas) 353
브류스터, 윌리암(Brewster, William) 43
브루스, 로버트(Bruce, Robert) 48, 49
브라이언, 윌리암 제닝스(Bryan, William Jennings) 337
블레어, 사무엘(Blair, Samuel) 81, 135
블렉스톤, 윌리암(Blackstone, William) 109, 110
블래키, 윌리암 가든(Blaikie, William Garden) 299
비더울프, 윌리암(Biederwolf, William E.) 325, 341, 356
비어드슬리, 프랭크(Beardsley, Frank G.) 262
비유리가드, 피에르(Beauregard, Pierre G. T.) 265
비처, 리만(Beecher, Lyman) 162, 164, 218, 224
    감정주의 316
    노예제 230
    뉴레바논 컨벤션 217-19
    드와이트(Dwight) 156-57, 203, 204
    예일 148
    자선제국(Benevolent Empire) 233, 235
    제2차 대각성 165
비처, 헨리 워드(Beecher, Henry Ward) 252, 303, 327
빈센트, 존(Vincent, John H.) 344

ㅅ

사복음(Foursquare Gospel) 354

사회복음 327
사회개혁 225-26, 233-36, 242, 315-16
산업혁명 327
새로운 방법들 216, 220, 227, 241, 242
생키, 이라(Sankey, Ira D.) 291, 295-300, 317, 321, 370
서부, 영적 상태 397-98
서부 개척지, 영적 상태 176-77
서부 부흥운동, 제2차 대각성을 보라
선교 34, 237-38, 264, 390, 400-1
선데이, 윌리암 "빌리"(Sunday, William "Billy" Ashley) 30, 329-46, 370
 가족 346
 결혼 332
 사역
  로드히버 341-43
  명성 345, 347, 385
  비판 343-45, 351
  안수 337-38
  전도대회 336-46
  채프맨 324, 334
  YMCA 332-33
 야구 331-33
 유년시절 329-32
 죽음 346
 특징들 334-36
 회심 331-32
선데이, 헬렌 "넬"(Sunday, Helen "Nell" T.) 332, 333, 340, 346
성공회 111, 292
성경
 권위 359
 병사들에게의 배포 271-72
 부족 194, 236-38
 비판(attacked) 143-45, 326-28
 제네바 번역 27-8
성결운동 246, 353, 354, 359

성령세례 353, 354
성탄절 모임(Christiamas Conference) 168
세계전도공의회 361
세아, 조지 베벌리(Shea, George Beverly) 368, 372, 378
세이머, 윌리암(Seymour, William J.) 354
셈플, 로버트(Semple, Robert) 354
소비에트 연방, 영적 상태 399
쉬어다운, 토마스(Sheardown, Thomas) 243
스미스, 존 블레어(Smith, John Blair) 181
스미스, 나다니엘(Smith, Nathaniel) 216
스미스, 티모시(Smith, Timothy L.) 246, 254, 255
스미스, 뉴만(Smyth, Newman) 328
스완, 야베스(Swan, Jabez) 242
스워페트, 하논(Swoffat, Hanon) 379
스코필드, 패트리샤(Scofield, Patricia) 388
스탠톤, 헨리(Stanton, Henry B.) 231
스탠호프, 필립 도머(Stanhope, Philip D./Lord Chesterfield) 130
스터드, 찰스(Studd, Charles T.) 307, 308
스터드(Studd, J. E. K.) 308
스테드맨, 레이(Stedman, Ray) 388
스테워톤, 식니스(Stewarton, Sickness) 48-49
스테픈, 레슬리(Stephen, Leslie) 109-10
스테픈스, 제임스(Stephens, James) 235
스토다드, 솔로몬(Stoddard, Solomon) 50-68, 87, 90, 125, 313, 317
 공헌 66, 68
 마더, 인크리스(Mather, Increase) 55-56
 신학 51, 52, 56-68, 104, 139
 에드워즈 91
 영적 수확들 54-56, 88
 저서들 55, 57, 62, 63
 후손들 164
스톤, 바톤(Stone, Barton W.) 175, 181, 186, 191

스토로브리지, 로버트(Strawbridge, Robert) 165
스토에, 해리에트 비처(Stowe, Harriet Beecher) 245
스토트, 존(Stott, John R. W.) 361
스튜어트(Stuart, J. E. B.) 271
스튜어트, 조지(Stuart, George H.) 271
스튜어트, 찰스(Stuart, Charles) 231
스티븐스(Stevens, W. C.) 354
스틸레스, 에즈라(Stiles, Ezra) 131, 133, 140, 155
스펄전, 찰스 하돈(Spurgeon, Charles Haddon) 29, 254
스페너, 필립 제이콥(Spener, Philip Jakob) 71
스페리, 윌라드(Sperry, Willard L.) 351, 352
승리주의 38-39
시카고 화재 293-94
신대륙으로의 이주 42-44
신 빛(New Light) 95, 133, 135
신생 34, 398
신적 치유(divine healing) 355
심슨(Simpson, A. B.) 353, 354
십대선교회(Youth for Christ) 368, 369, 370, 371

ㅇ

아담스, 존(Adams, John) 148, 166
아메리칸 인디안 134-35, 206
아모어, 조지(Armour, George) 293
아시아, 영적 상태 398-99
아울드,(Auld, J. B.) 253
아이젠하워, 드와이트(Eisenhower, Dwight D.) 360
아이킨, 사무엘(Aikin, Samuel C.) 215, 217
아주사 거리 부흥(Azusa Street revival) 354
아프리카, 영적 상태 398

알렉산더, 제임스(Alxander, James W.) 254
알렉산더, 찰스(Alexander, Charles M.) 321, 322, 323, 324, 334, 341
알렌, A. A.(Allen, A. A.) 355
알미니안주의(Arminianism) 28
　감리교(Methodism) 173
　드와이트(Dwight) 163
　로드(Laud) 42
　복음주의자들(Evangelicals) 359
　에드워즈(Edwards) 90
　웨슬리(Wesley) 115, 116
　촌시(Chauncy) 101
알스트롬, 시드니(Ahlstrom, Sydney) 86, 98, 172, 328
알코올 중독 109-10
애봇, 리만(Abbot, Lyman) 328
애봇, 조지(Abbot, George) 41
애즈베리, 프란시스(Asbury, Francis) 166-73, 176, 196, 246
앤더슨, 로버트(Anderson, Robert) 265
앤드류스, 리디아(Andrews, Lydia) 212
앤드류스, 에머슨(Andrews, Emerson) 243
어드만, 레이몬드(Edman, V. Raymond) 358
어린이 보호(care) 108-9, 116, 120-22, 127, 230
언론인들의 종교관
『엉클 톰의 오두막』(*Uncle Tom's Cabin*) 245
에드워즈, 조나단(Edwards, Jonathan) 86-94, 97-105, 127, 313, 319
　교육 89
　목회
　　교회문제들 103-4
　　노스햄톤 87-88
　　설교들 97-100
　　스톡브리지 104
　　제1차 대각성 134, 162-63
　　첫 결과(first harvest) 89-92

프린스턴 104
성직자
  네틀톤 163
  드와이트 153, 154
  스토다드 52, 67-68
  촌시 101-4
  피니 205, 227
  휫필드 97
소천 104-5
신학
  공헌 161
  부흥 91-94
  성령의 역할 92-94
  칼빈주의 28, 29
유년시절 88-90
저서들 79, 90-94, 97, 103, 104
출생지 87
에드워즈, 조나단, 2세(Edwards, Jonathan, Jr.) 154
에이어, 윌리암(Ayer, William Ward) 358
HCJB 방송국 389
엑셀(Excel, E. O.) 317
엑소시즘(exorcism) 354
엘리자베스 1세,(Elizabeth I, 영국의 여왕) 40
엘스너, 디어도어(Elsner, Theodore) 375
엘스너, 디어도어 H.(Elsner, Theodore H.) 356, 375
엠베리, 필립(Embury, Philip) 165
여성신학운동(feminist movement), 여성인권을 보라
여성인권 216, 219, 226, 240
연합계획 203-4
열정(enthusiasm) 317
영국교회(Church of England), 성공회를 보라
영국언론 262, 301-2, 378-79
영국의 도덕성 108-9, 139-40, 371, 379
옐친, 보리스(Yeltsin, Boris) 31, 382

오글리토프, 제임스(Oglethorpe, James) 120, 128
오네이다 부흥 212
"오늘의 기독교"(Christianity Today) 360
오르, 에드윈(Orr, J. Edwin) 263, 359
오순절(Pentecostal) 353, 359, 399
오순절 운동(charismatic movement) 353-55
오스본(Osborn, T. L.) 355
오켕가, 헤럴드(Ockenga, Harold J.) 358, 359
오톤, 사무엘(Orton, Samuel G.) 243
오쿰, 삼손(Occum, Samson) 134
와나메이커, 존(Wanamaker, John) 303, 324
YMCA 229, 242, 264, 332-34
  남북전쟁 272, 276, 289
  무디 288, 291, 295-96
와이스버거, 버나드(Weisberger, Bernard) 189, 214
완전성화(entire sanctification) 353
완전주의 116, 170, 215, 227, 247, 353
왓슨(Watson, W. T.) 365
왓슨, 톰(Watson, Tom) 315
왓츠, 아이삭(Watts, Isaac) 120, 188
울시, 메어리(Woolsey, Mary) 154
워싱톤, 조지(Washington, George) 148, 268
월커, 윌리스톤(Walker, Williston) 23
웨이랜드, 프랜시스(Wayland, Francis) 243
웨슬리, 존(Wesley, John) 107, 132, 149, 165, 167, 313
  교단적 독립 168
  복음주의적 각성 378
  알더스게이트 경험 113
  알미니안주의 162
  에드워즈 94
  장외 설교 119
  초기 실패 115-116
  홀리클럽 111-14
  휫필드 111-16, 387

웨슬리, 찰스(Wesley, Charles) 28, 111-16, 364
웨스트민스터 소요리문답 364
웨스트민스터 신앙고백 210
웨슬리안 부흥 231
웨슬리안주의 170
웰드, 티어도어 드와이트(Weld, Theodore Dwight) 217, 225, 231
웰쉬 부흥, 1904-05 318, 322, 353-54
웹, 토마스(Webb, Thomas) 165-66
위드니(Widney, J. P.) 353
워즈틸라, 카롤(Wojtyla, Karol) 384
위클리프 성경번역자들 22
위클리프, 존(Wycliffe, John) 22, 23
윈스롭, 존(Winthrop, John) 43, 179
윌리암스(Williams, E. M.) 320
윌리암스, 밀란(Williams, Milan B.) 339
윌리암스, 조지(Williams, George) 229
윌버포스, 윌리암(Wilberforce, William) 230
윌슨, 그래디(Wilson, Grady) 363, 372, 376, 377
윌슨, 우드로우(Wilson, Woodrow) 329
윌슨, 제임스(Wilson, James P.) 221
유니테리아니즘 101, 161, 204, 254, 260, 284
유대인구 402-3
유대인 전도 401-3
유대주의 403
유럽, 영적 상태139-49, 397
이성주의 161
이스라엘, 미래의 대각성 401-3
이신론(Deism) 122, 140-47, 151, 158, 176
이슬람 21, 22, 400
잉거솔, 로버트(Ingersoll, Robert G.) 337

ㅈ

자선제국 205, 225-27, 233, 235
자선협회들 236

장로교회 41, 133, 150, 250
  그래함 364
  뉴레바논 집회 217
  무디 297
  분열 355-56
  선데이, B. 337-38
  신학 329, 353
  에큐메니즘 254
  연합계획 204
  제2차 대각성 151-52
  제3차 대각성 258, 259, 261
  채프만 324-25
  캠프집회 183, 181-86
  컥(Kirk) 242
  테넌트가(家) 79-83, 95-97, 123-26
  프린스턴 104
  피니 207, 210, 214, 220, 221, 224, 227, 228
  휫필드 95, 122-23
장로교회, 개혁 364
장로교회, 정통 356
재림설(Adventism) 243-45
잭슨, 토마스(Jackson, Thomas) "Stonewall" 조나단 270, 271
잼퍼리니, 루이스(Zamperini, Louis) 374
저드슨, 아도니람(Judson, Adoniram) 237
전도지 배부 271-72
전천년설 235, 293
절제운동 225, 236, 242, 315-17
제네바 25, 27
제네바 성경 27-28
제레미아드(jeremiad) 46-48
제렛, 디버록스(Jarratt, Devereoux) 149-50
제이콥스(Jacobs, B. F.) 293
제1차 대각성운동
  기원 78-79, 83, 88
  스토다드 52-54
  에드워즈 93-94

영향 132-38, 139, 230
　　　프렐링하이젠 85
　　　휫필드 122-26, 128-29
　　제1차 세계대전 347
　　제2차 대각성운동 220
　　　동부 139-73
　　　　교회의 쇠퇴 149-50
　　　　네틀톤 163-64
　　　　대학생들의 불신 147-49
　　　　드와이트 153-64
　　　　성령의 부어주심 151-53
　　　　에즈베리 166-73
　　　　지도자들 203-4
　　　서부 174-99, 221-22, 316-17
　　　　맥그리디 180-84
　　　　카트라이트 192-99
　　　　캠프집회 184-92
　　　영향 230-38
　　제2의 축복 354
　　제3차 대각성운동 239-77
　　　기도회 248-61
　　　　전국적 255-61
　　　　풀턴거리 248-54
　　　기원 246-48
　　　남북전쟁 265-77
　　　무디 285-88
　　　성결운동 246-48
　　　영향들 254, 262-65
　　　　남부 261-62
　　　　중서부 255-60
　　　　해외 253, 262
　　　　회심자들 254, 256-61
　　　전국적인 소요 243-45
　　제임스 1세(영국 왕) 41
　　제임스, 조지(James, George S.) 265
　　제퍼슨, 토마스(Jefferson, Thomas) 146, 175
　　조수아, 셋(Joshua, Seth) 322

　　존, 폴 2세(교황 John, Paul 2) 384
　　존스, 밥(Jones, Bob) 365
　　존스, 윌리암(Jones, J. William) 269, 275, 276-77
　　존스, 사무엘 포터(Jones, Samuel Porter) 314-17, 320, 324, 338
　　존슨, 디윗(Johnson, Dewitt) 356
　　존슨, 에드워드(Johnson, Edward) 179
　　존슨, 토레이(Johnson, Torrey M.) 359, 369
　　종교개혁 40-43
　　종교자유 137-38
　　종교적 자유주의 313, 326-29
　　죽어가는 교회의 전형(dying-church stereotype) 35-38
　　중국, 영적상태 398-99
　　중생(born again) 새생명(new birth)을 보라
　　진화론 326, 350
　　질렛(Gillet, E. H.) 151
　　질렛, 모세스(Gillet, Moses) 212, 217
　　질리스, 네일(Gillis, Neil) 269

　　ㅊ

　　차우타우카 캠프집회(Chautauqua camp meeting) 337, 344
　　찰스 1세(영국 왕) 41
　　채프맨, 윌버(Chapman, J. Wilbur) 5, 324-25, 337, 342, 356
　　채플린(chaplains) 154, 267-69, 271, 368-69
　　처칠, 윈스턴(Churchill, Winston)
　　천년왕국 215, 235
　　천년왕국론자 244-45
　　『철학』(philosophes) 145
　　청교도들 28, 40-41, 178-80
　　체리,(Cherry, S. M.) 274
　　체스터 경,(Chester, Lord/Philip Dormer Stanhope) 130

촌시, 찰스(Chauncy, Charles) 97, 101-3, 161
치유사역 355
침례교회 133
침례교회, 미국(북) 355
침례교, 보수적 355
침례교, 일반 355
침례교, 남부 367, 368

ㅋ

카바노우, 에밀리(Cavanaugh, Emily) 367
카일러, 티어도어(Cuyler, Theodore L.) 303
카트라이트, 토마스(Cartwirght, Thomas) 40
카트라이트, 피터(Cartwright, Peter) 181, 190, 192-99
　결혼 197
　사역 190, 196-99
　유년시절 193-94
　회심 195
칼드웰, 제임스(Caldwell, James) 268
칼빈, 존(Calvin, John) 24-28, 32, 42, 51
칼빈주의
　게일(Gale) 207
　경건주의 71
　구학파 220-21, 227
　드와이트(Dwight) 162-63
　전도 27-29, 67-68
　청교도들 42
　촌시(Chauncy) 161
　플렐링하이젠(Frelinghuysen) 125
　피니(Finney) 210
　휘필드(Whitefield) 116
캔들러, 아사(Candler, Asa G.) 312
캔들러, 워렌(Candler, Warren A.) 246, 262, 310, 13
캠브리지 세븐 308, 309
캠브리지 플래트폼(Cambridge Platform, 1648) 44-45
캠프 집회 170-71, 184-92, 195, 198, 247, 354
커닝햄, 찰스(Cuningham, Charles) 160
커버데일, 밀스(Coverdale, Miles) 27
컥, 에드워드 노리스(Kirk, Edward Norris) 217, 242, 284
컥크랜드, 사무엘(Kirkland, Samuel) 206
컨빌, 로버트(Cunville, Robert) 396
케인 리지 캠프집회(Cane Ridge camp meeting) 187-92, 211, 219, 317
코에, 노아(Coe, Noah) 217
코에, 잭(Coe, Jack) 355
코크, 토마스(Coke, Thomas) 168
코한, 조지(Cohan, George M.) 340
코헤이, 제임스(Caughey, James) 243, 246
코헨, 미키(Cohen, Mickey) 374
콜맨, 벤자민(Colman, Benjamin) 97
콜퀴트,(Colquitt, A. H.) 271
쿨리스, 찰스(Cullis, Charles) 353
퀘이커 교도들 117, 122, 260, 325
크랜머, 토마스(Cranmer, Thomas) 41
크러치, 조셉 우드(Krutch, Joseph Wood) 349
크로스, 휘트니(Cross, Whitney R.) 223, 244
클라크, 해리(Clark, Harry D.) 356
클락슨, 토마스(Clarkson, Thomas) 231
킨첼로, 사무엘(Kincheloe, Samuel C.) 352
킴볼, 에드워드(Kimball, Edward) 284
킹슬리(Kingsley, A. C.) 243

ㅌ

타우니, 리차드 헨리(Tawney, Richard Henry) 109
타잉, 더들리(Tyng, Dudley A.) 260
타잉, 스티븐 히긴슨(Tyng, Stephen Higginson) 259-60
탈미지, 토마스(Talmage, Thomas) 303, 315

태평양 선교(Pacific Garden Mission) 331
테넌트, 길버트(Tennent, Gilbert) 80, 84, 95, 102, 124, 317
　프렐링하이젠 81-84
　휫필드 122-28
테넌트, 윌리암 시니어(Tennent, William, Sr.) 79, 80, 95, 121-22, 124
테넌트, 윌리암 주니어(Tennent, William, Jr.) 80-81, 95, 125
테넌트, 존(Tennent, John) 81
테넌트, 찰스(Tennent, Charles) 359
테일러(Taylor, G. B.) 272
테일러, 나다니엘 윌리암(Taylor, Nathaniel William) 162, 164, 203, 220
텔레비전 35
　그래함 376, 378, 386
　기독 357, 399
　시청자 규모 37, 400-1
　전도 30, 400-1
　팔라우 389-90, 393-96
테판, 르위스(Tappan, Lewis) 224, 225, 226-28, 231, 238, 243
테판, 아더(Tappan, Arthur) 222, 225, 226-28, 231, 238, 243
템플턴, 찰스(Templeton, Charles) 359
토레이, 르우벤(Torrey, Reuben A.) 319-24
토레이, 사무엘(Torrey, Samuel) 46
트레이시, 조셉(Tracy, Joseph) 95, 117, 124
통나무 대학 81, 124, 126, 128, 137
트럼불(Trumbull, J. R.) 52

ㅍ

파딩톤(Pardington, G. P.) 354
파라처지 운동 39, 357-58
파렐, 기욤(Farel, Guillaume) 25
파웰, 존(Farwell, John V.) 282, 293

파커, 매튜(Parker, Matthew) 41
파커, 오르손(Parker, Orson G.) 243
파함, 찰스(Parham, Charles) 353
팔라우, 루이스(Palau, Luis) 30, 361, 387-96
　결혼 387-89
　교육 387-89
　그래함 388, 389
　유년시절 387
　전도대회
　　독일 31
　　동유럽 31, 389, 393
　　라틴 아메리카 389-92
　　레닌그라드 31
　　멕시코 390-91
　　아시아 393
　　유럽 393
　　코스타리카 390
　　통계숫자들 390-94
　　홍콩 393
　전도방법 33-34
　　방송 389-90, 394-96
　회심 387
팔라우, 패트리샤 스코필드(Palau, Patricia Scofield) 388
팜머, 엘리후(Palmer, Elihu) 143-47
팔머, 월터(Palmer, Walter) 240, 243, 246
팔머, 푀뵈(Palmer, Phoebe) 240, 243, 246, 353
패커(Packer, J. I.) 361
팬네피더, 윌리암(Pennefeather, William) 295
팬들톤, 윌리암(Pendleton, William) 271
팸버톤, 에벤에저(Pemberton, Ebenezer) 124
페린, 하워드(Ferrin, Howard W.) 358-59
페인, 스티븐(Paine, Stephen W.) 359
페인, 토마스(Paine, Thomas) 143-47, 194
패터슨, 제임스(Patterson, James) 221

펠라기안주의(Pelagianism) 328
펠프스, 안손(Phelps, Anson G.) 222
포스터(Foster, C. I.) 233
포트 섬터(Fort Sumter) 265
폴크, 레오니다스(Polk, Leonidas) 271
폴록, 존(Pollock, John) 384
푸트, 호라티오(Foote, Horatio) 217
풀러, 찰스(Fuller, Charles E.) 358
풀턴거리 기도회 248-54
프랑스 계몽주의 141-43
프랑스-인디안 전쟁 139, 141, 174
프랑스, 영적 상태 141-47
프랑스 혁명 141-42, 146, 151, 233
프랑케, 헤르만(Francke, A. Hermann) 71
프랭클린, 벤자민(Franklin, Benjamin) 122, 127-28
프랠링하이젠, 티어도어(Frelinghuysen, Theodore J.) 69-79, 125-26, 313
  각성운동 78-79
  개혁 84-85
  공헌 83-85
  교육 71
  반대 69-70, 74-76
  신학 71, 73-74, 75-79
  초기 영향 71-72
  테넌트 79-83
프로이드, 시그먼드(Freud, Sigmund) 347
프로스트, 존(Frost, John) 217
프리만, 버나드(Freeman, Bernard) 69, 75
플래트, 제파니아(Platt, Zephaniah) 222
플레그, 제임스 몽고메리(Flagg, James Montgomery) 348-49
플리머스 형제단 252, 292
피니, 리디아(Finney, Lydia Andrews) 212
피니, 찰스 그랜디슨(Finney, Charles Grandison) 5, 162, 200-30, 231, 313, 385
  결혼 212

교육 206, 209-10
사역 210-14
  음악적 재능 200, 207
  뉴레바논 모임 217-22
  오버린 대학 227-30, 239
  목사안수 210
  로체스터 부흥 223-24
  사회개혁 225-27, 228, 230
  태판스가(家), 222, 224, 225-27, 243
  제3차 대각성 256, 262
신학 29, 208-10, 221, 226-27
유년시절 200, 205-7
전도방법들 239-42, 278, 316-19
  홀리 밴드 216-17, 239, 319
  「부흥론」 220, 228
  네틀톤 164, 215-21
  새로운 방법들 215, 228, 242
  설교 209-14, 215, 242
죽음 230
초기 교육(early development) 205-7
특성들 206, 212-14
회심 200-3, 208-9
피어슨, 아더(Pierson, Arthur T.) 306
피셔, 프레드(Fisher, Fred) 341
핀리, 사무엘(Finley, Samuel) 135, 187
핀치, 피어스(Pinch, Pearse) 344
필딩, 헨리(Fielding, Henry) 108
필립스, 웬델(Philips, Wendell) 245
핏(Fitt, A. P.) 323
핏, 윌리암(Pitt, William) 231
핏츠제랄드, 스코트(Fitzgerald, F. Scott) 349

ㅎ

하워드, 올리버(Howard, Oliver O.) 266
하이드, 알반(Hyde, Alvan) 152
「하퍼스 위클리」(Harper's Weekly) 185, 267

학, 아크바(Haqq, Akbar) 30, 396
핫지, 윌리암(Hodge, William) 182
핫지, 찰스(Hodge, Charles) 179, 327
해치, 나단(Hatch, Nathan O.) 29
해이굿, 아티쿠스(Haygood, Atticus G.) 275
핵, 바바라(Heck, Barbara) 165
핸더슨(Henderson, C. N.) 288
햄, 모르드게(Ham, Mordecai) 361
햄블랜, 스튜어트(Hamblen, Stuart) 373
허드슨, 윈스롭(Hudson, Winthrop) 350-51, 360
허치크래프트, 론(Hutchcraft, Ron) 396
헌팅톤 여사,(Huntingdon, Lady/Selina Shirley Hastings) 130

헤이스탁(Haystack) 기도모임 235-36
헨리, 칼(Henry, Carl F. H.) 358
헨리, 패트릭(Henry, Patrick) 148
현대부흥운동 353-61
현대주의 329
호가스, 윌리암(Hogarth, William) 108
홀, 고든(Hall, Gordon) 237
홀콤, 월트(Holcomb, Walt) 315
홉킨스, 사무엘(Hopkins, Samuel) 161
화란개혁파 69, 71, 78, 125-26, 248-50
화이트, 존 웨슬리(White, John Wesley) 396
회중교회 133
    뉴레바논 컨벤션 217
    뉴욕 250
    데일 300
    무디 282, 283-85
    에큐메니즘 254
    연합계획 203-5
    제3차 각성운동 258, 264
    피니 212-14, 219, 224, 226
    휫필드 95
    YMCA 242

후스, 존(Huss, John) 23
후천년설 235
휘트기프트, 존(Whitgift, John) 41
휠록, 엘리저(Wheelock, Eleazer) 135-36
휫필드, 조지(Whitefield, George) 96, 103, 149, 230, 319
    교육 106, 110
    사역 239, 278, 313
        결과들 128-32
        교단적 협동 94-95, 137-38
        명성 114-16, 127-28
        미국으로의 전도여행 95-97, 115, 120-23, 126
        반대 116-20
        복음적 각성 378
        사회적 필요들 115, 120-21, 126-28, 230
        설교 114-15, 116-20, 128-32
        제1차 대각성 84-85, 123
    신학
        칼빈주의 28-29, 116
        홀리클럽 111-14
    유년시절 106, 110
    친구들
        에드워즈 95, 97, 127, 128
        웨슬리 일가 111-16, 387
        테넌트 일가 123-26
        프랭클린 122, 127-28
        프렐링하이젠 79, 125-26
    특성들 113-14
    회심 113-14
휴톤(Houghton, W. H.) 359
히어스트, 윌리암 랜돌프(Hearst, William Randolph) 373

부흥의 계절: 미국의 전도와 부흥운동역사
Seasons of Refreshing: Evangelism and Revivals in America

2006년 6월 30일 초판 발행
2014년 3월 20일 초판 2쇄 발행

지은이 | 키드 하드먼
옮긴이 | 박 응 규

펴낸곳 | 사)기독교문서선교회
등 록 | 제16-25호(1980. 1. 18)
주 소 | 서울시 서초구 방배로 68
전 화 | 02) 586-8761~3(본사) 031) 942-8761(영업부)
팩 스 | 02) 523-0131(본사) 031) 942-8761(영업부)
홈페이지 | www.clcbook.com
이메일 | clckor@gmail.com
온라인 | 기업은행 073-000308-04-020, 국민은행 043-01-0379-646
예금주: 사)기독교문서선교회

ISBN 978-89-341-0915-7(03230)